14

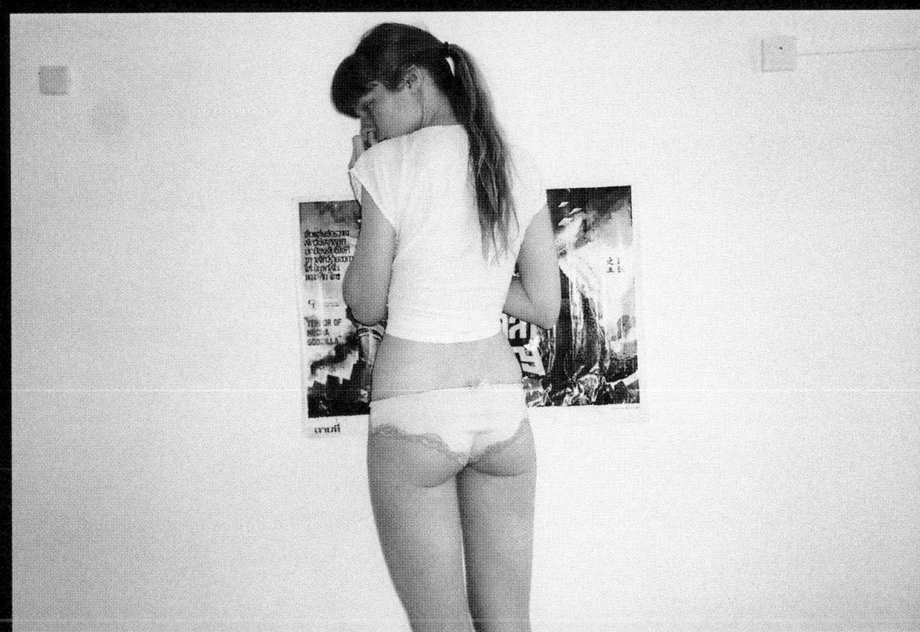

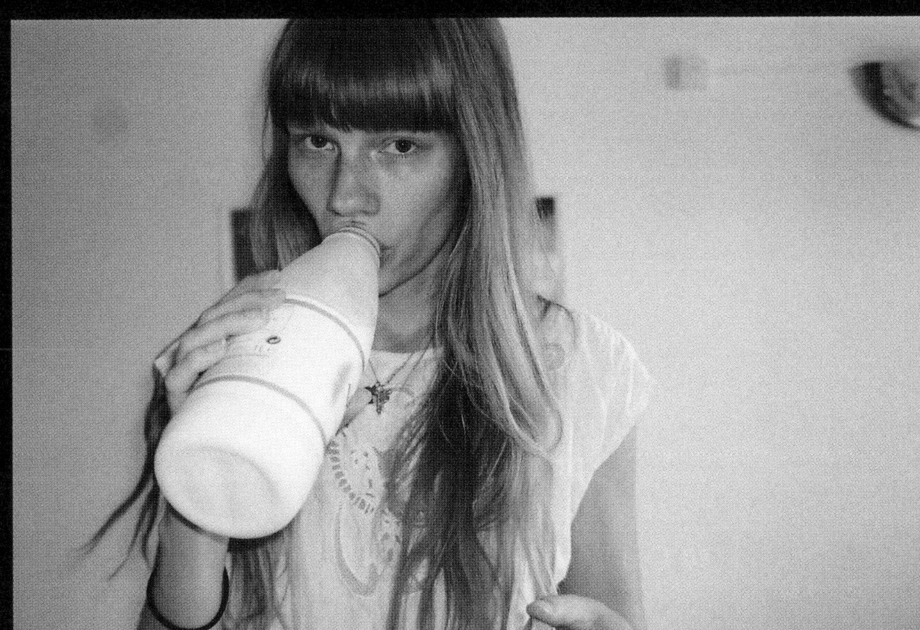

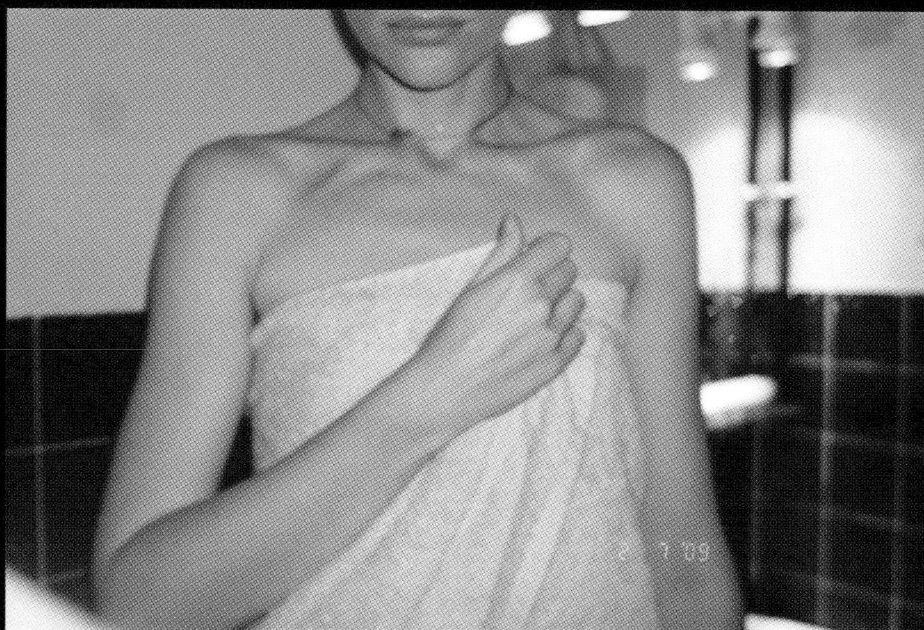

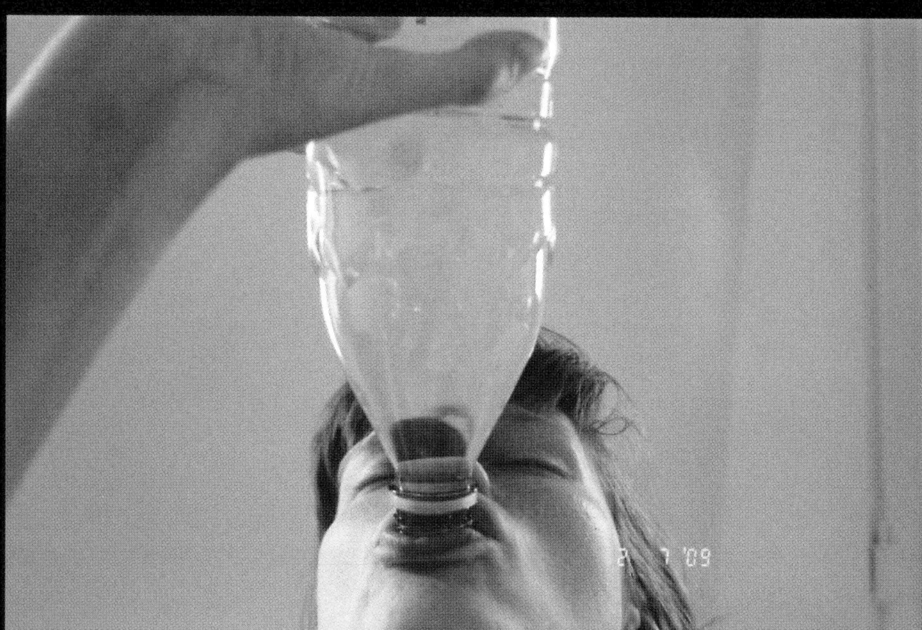

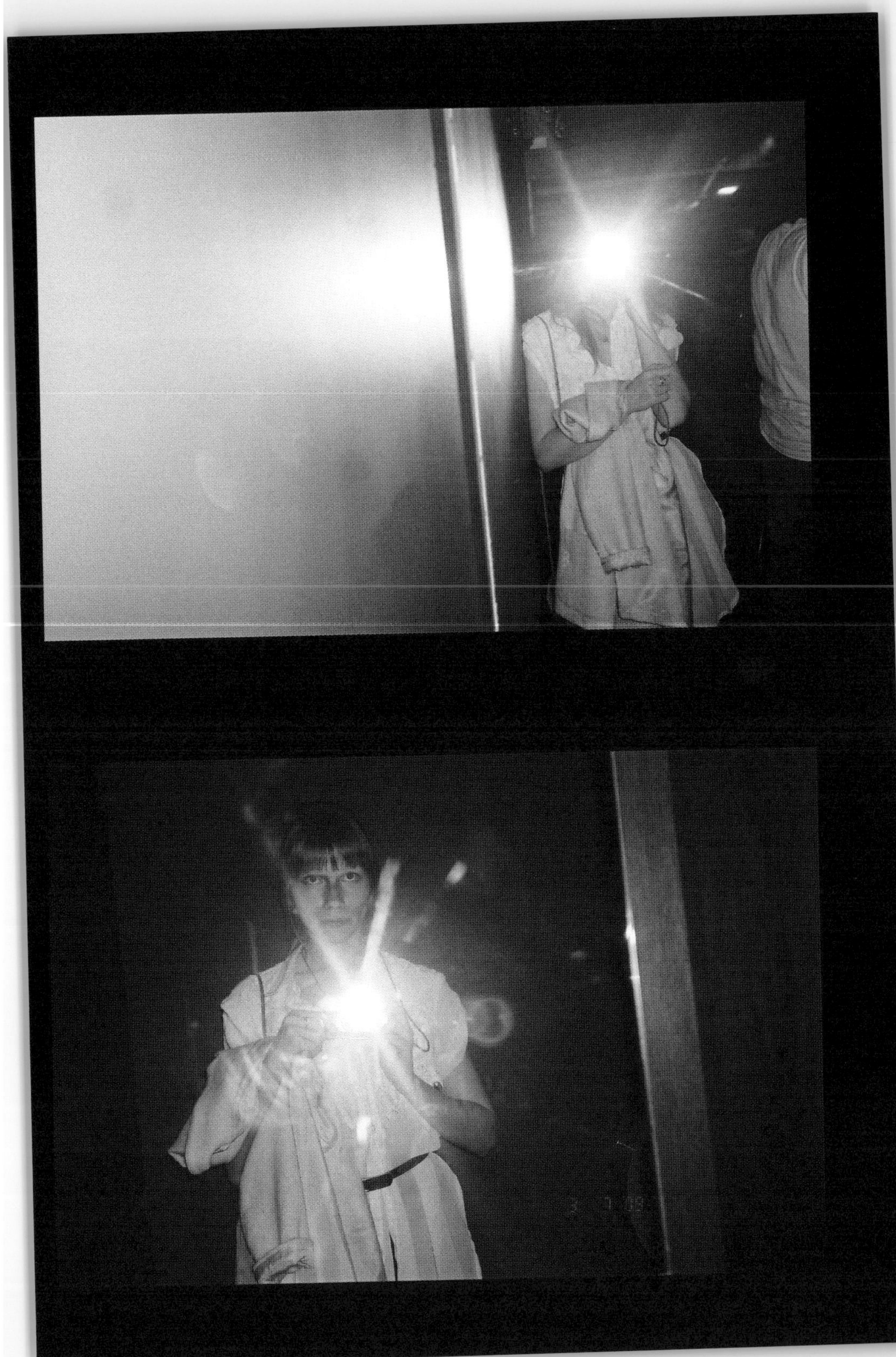

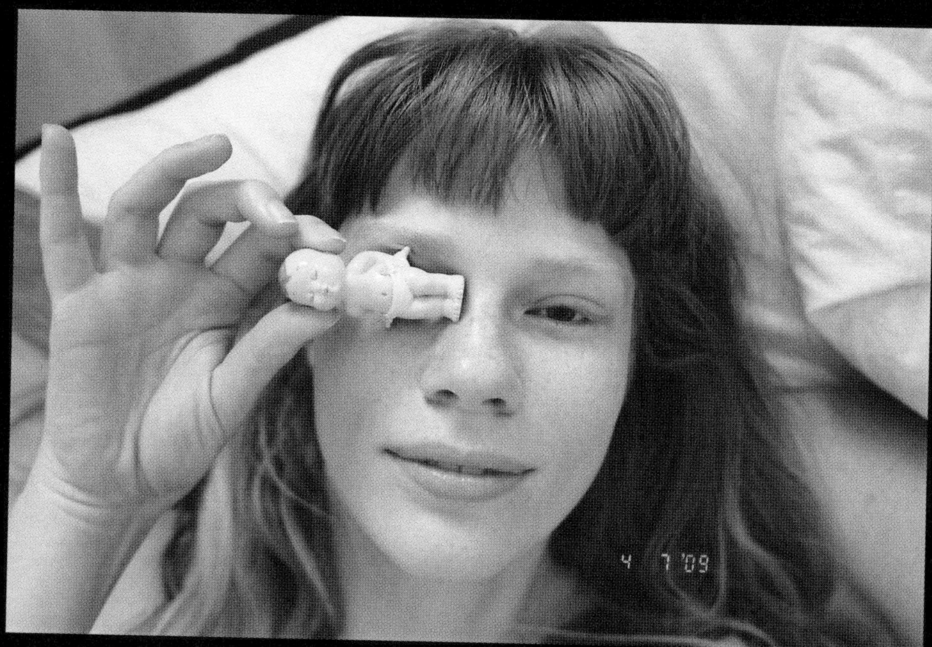
4 7 '09

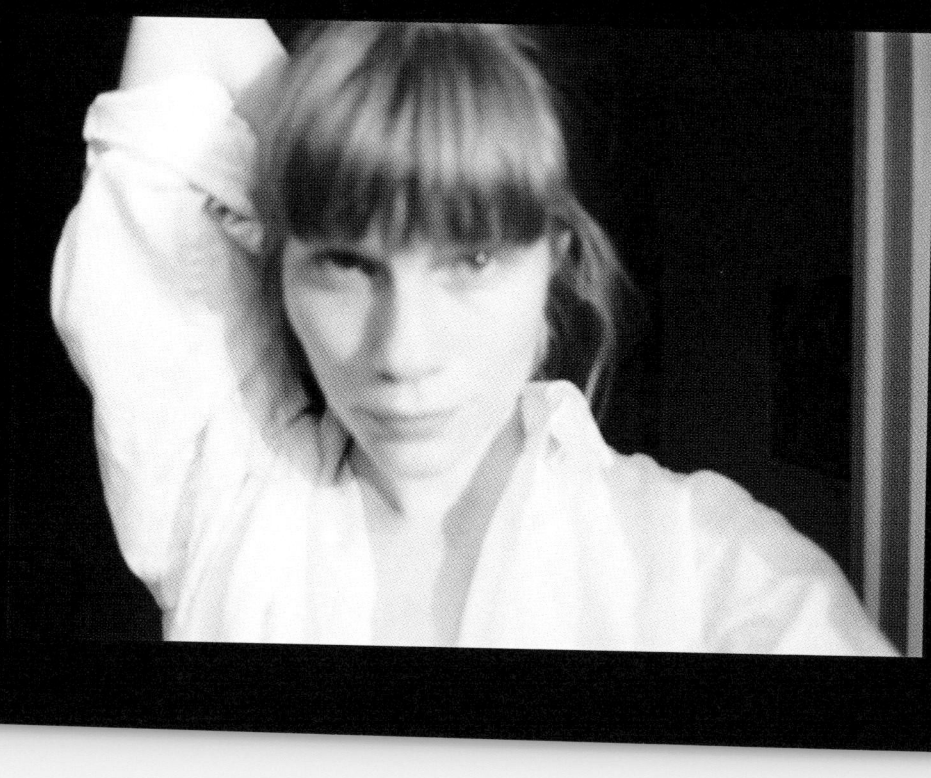

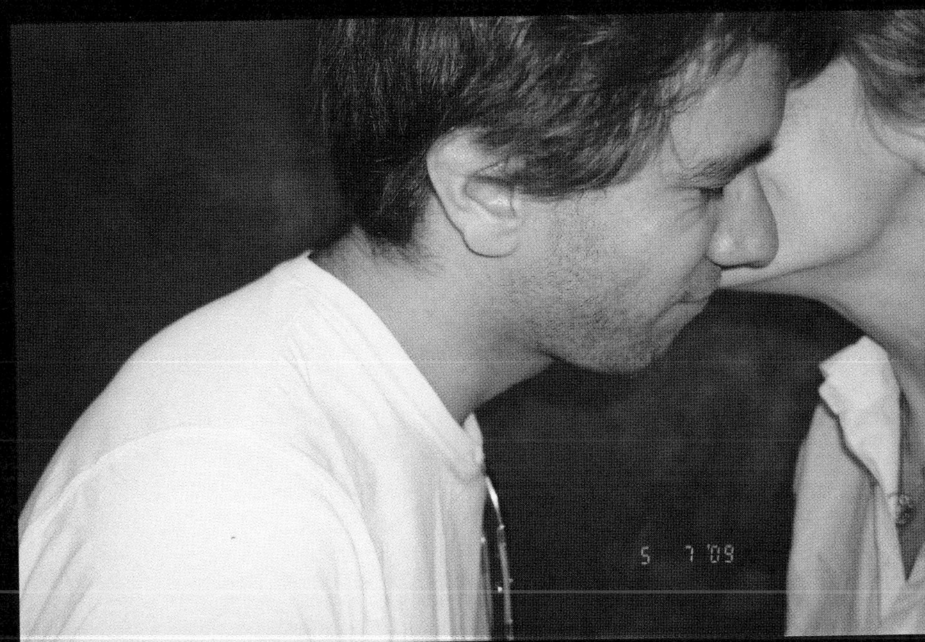
5 7 '09

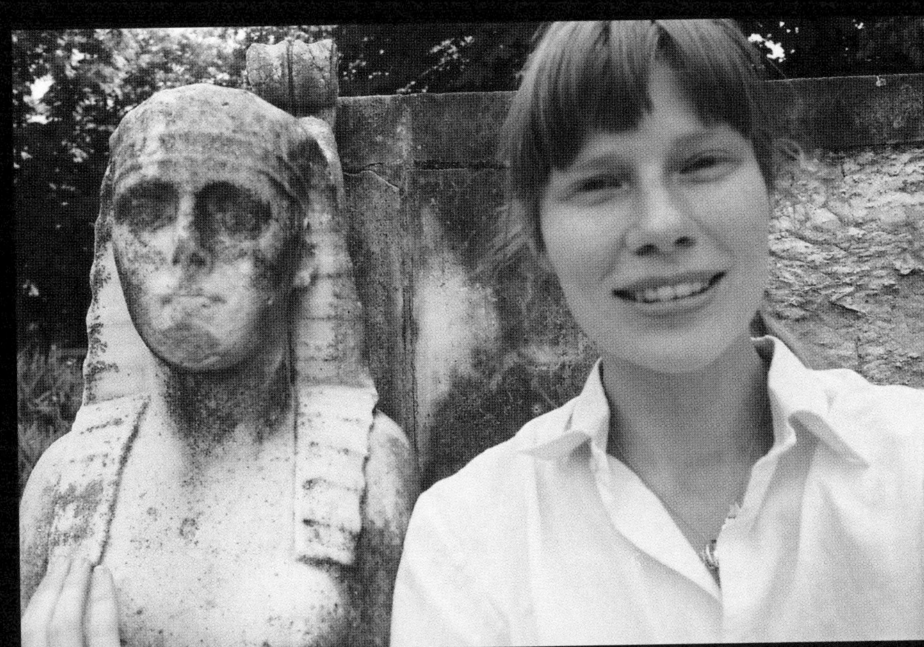

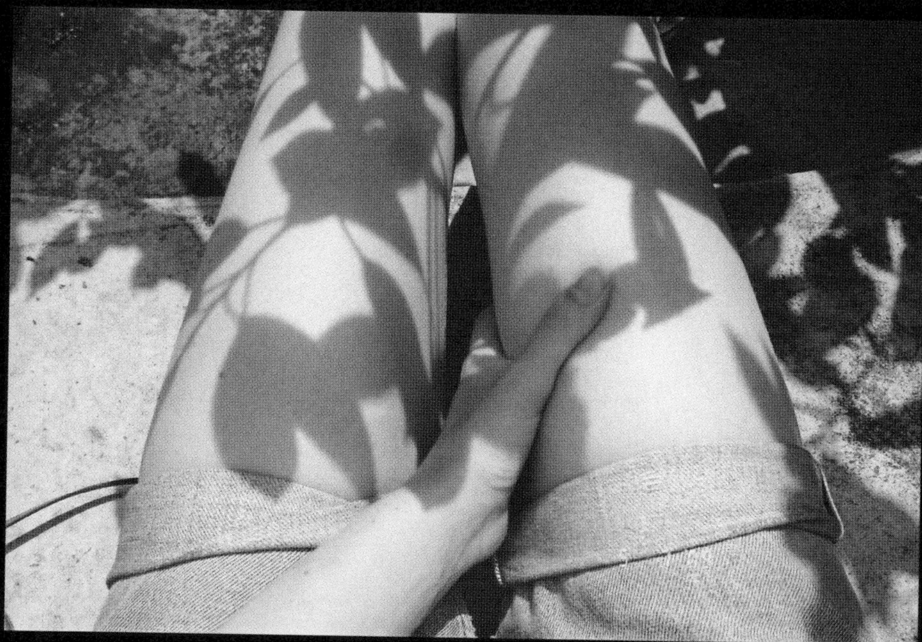

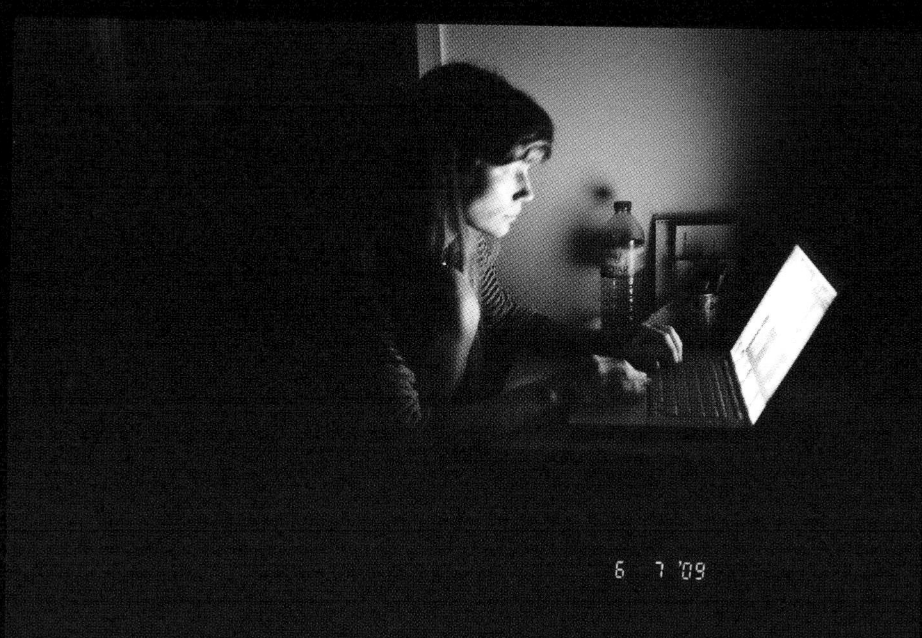
6 7 '09

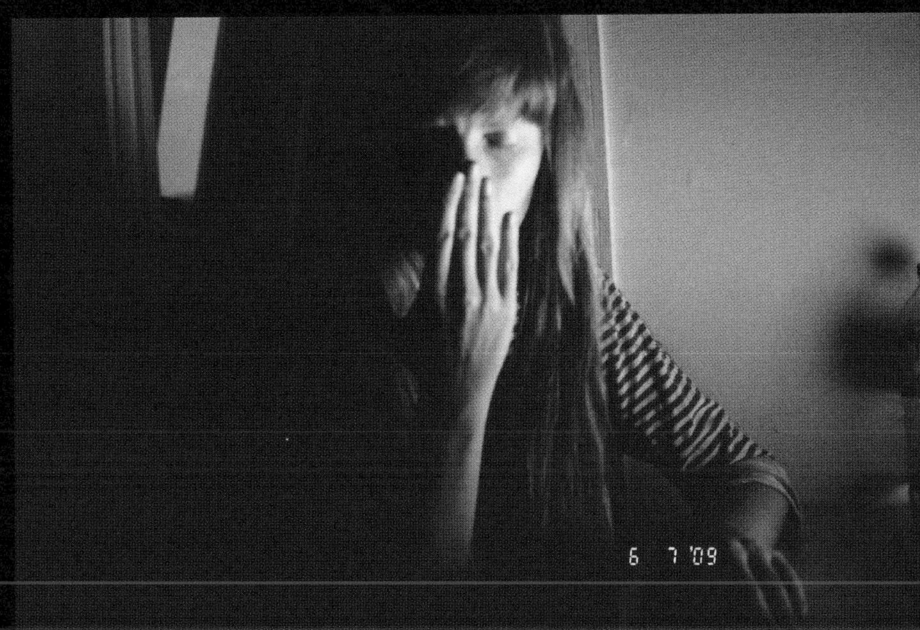
6 7 '09

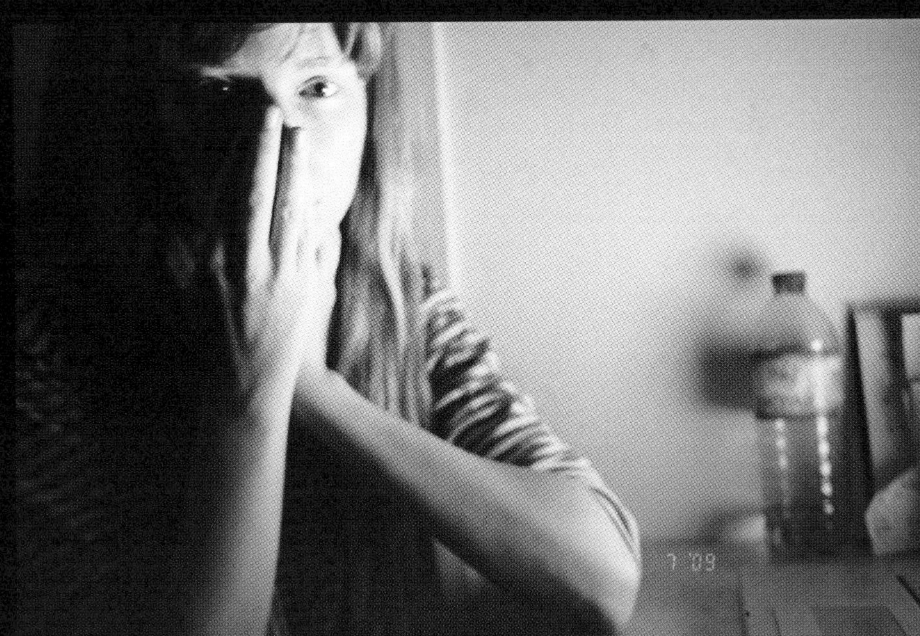
7 '09

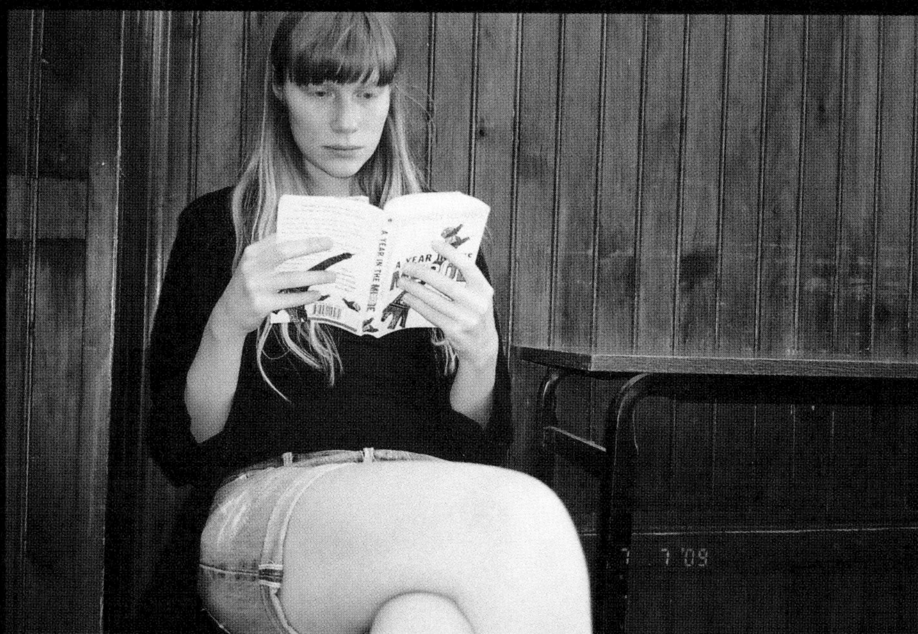

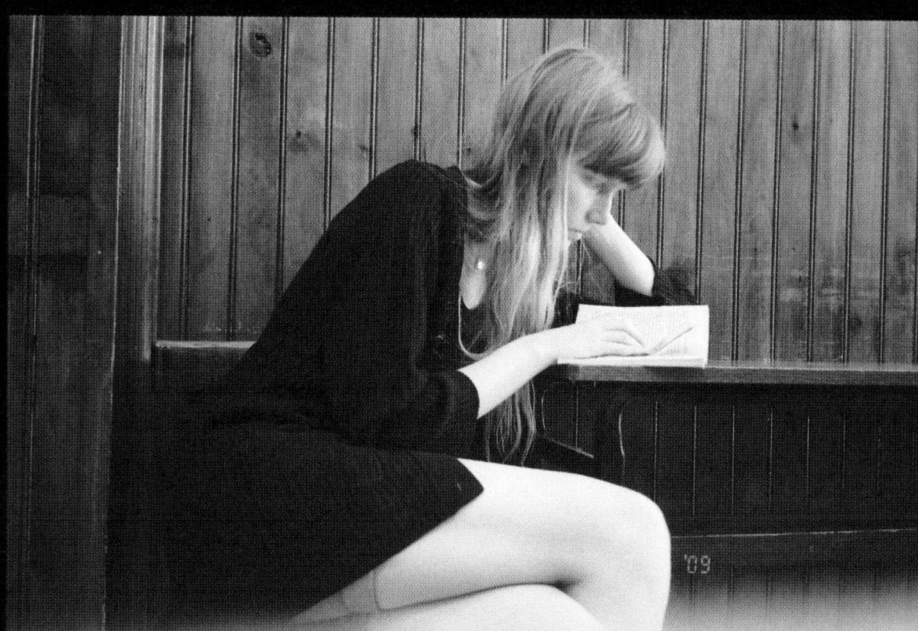

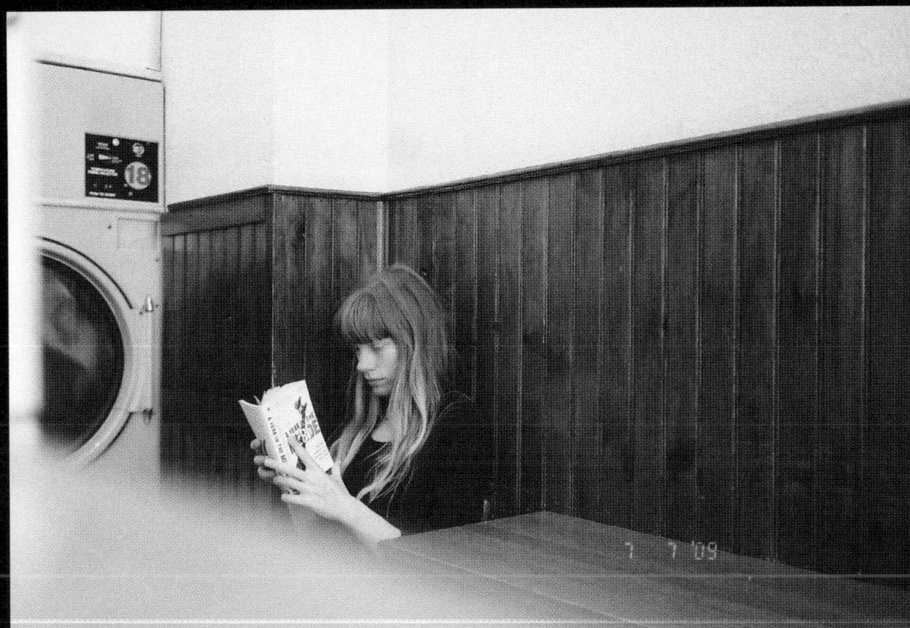
7 7 '09

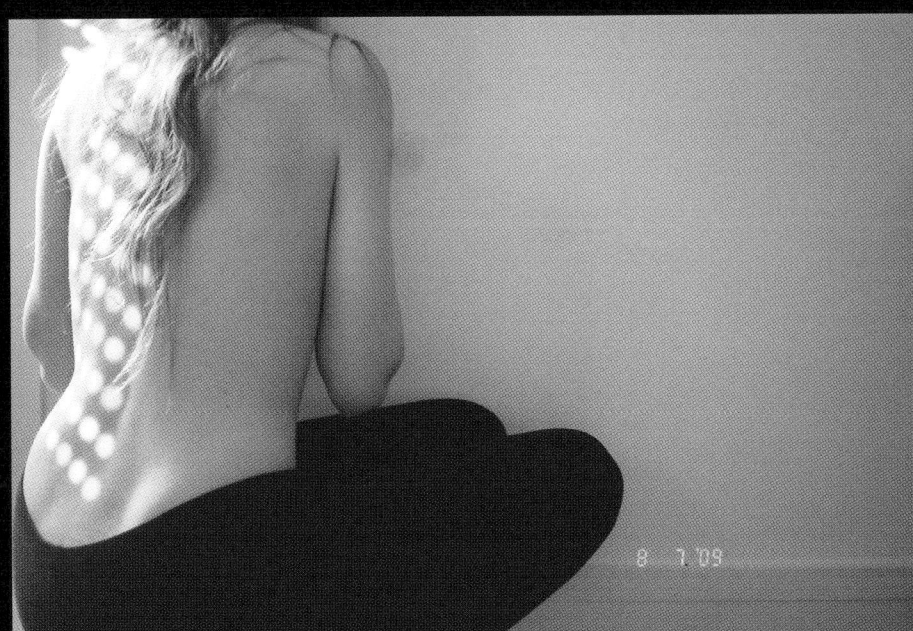
8 7 '09

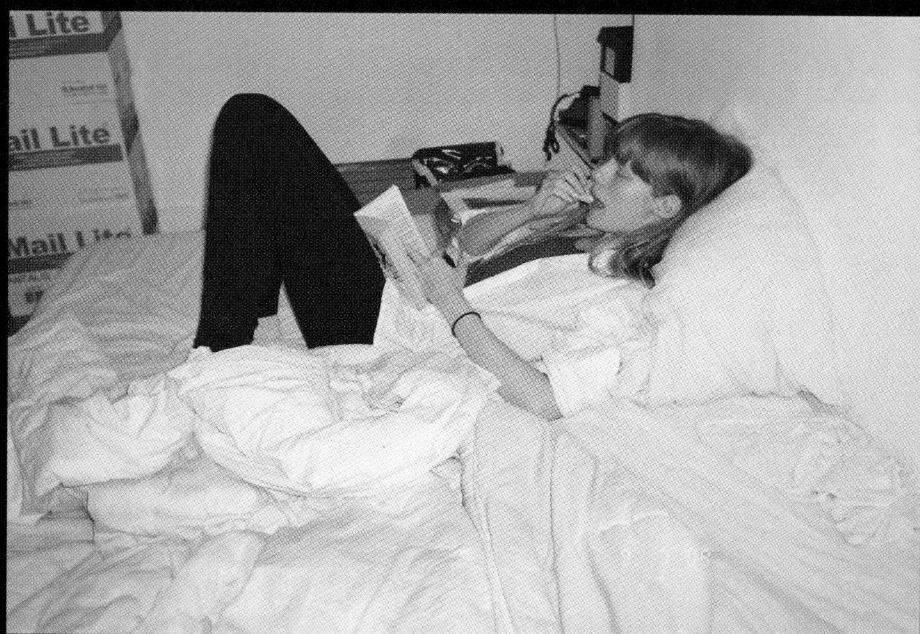
Mail Lite

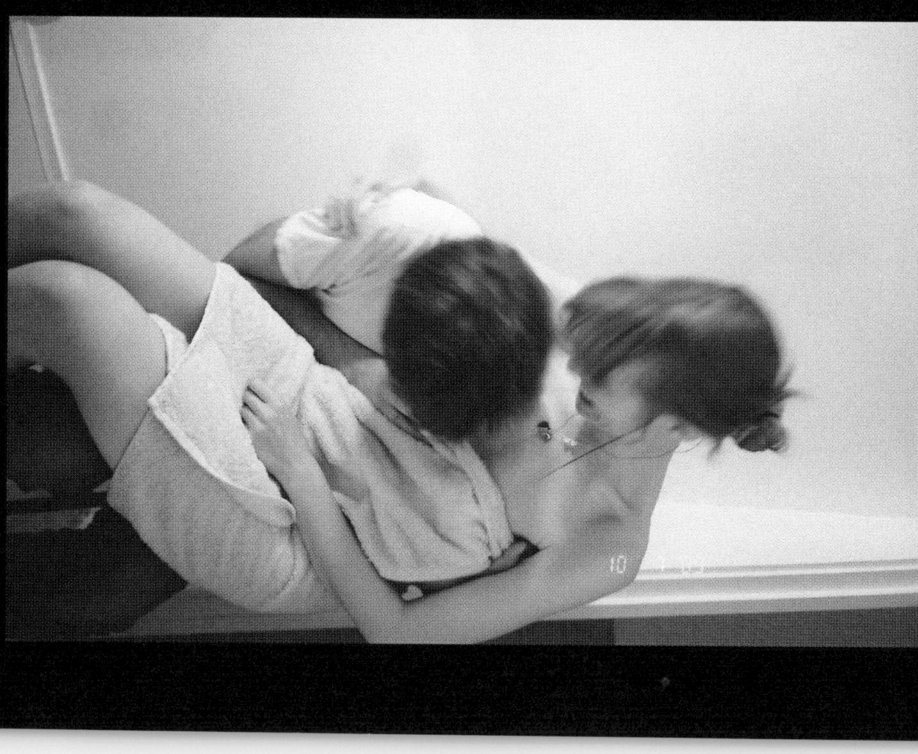

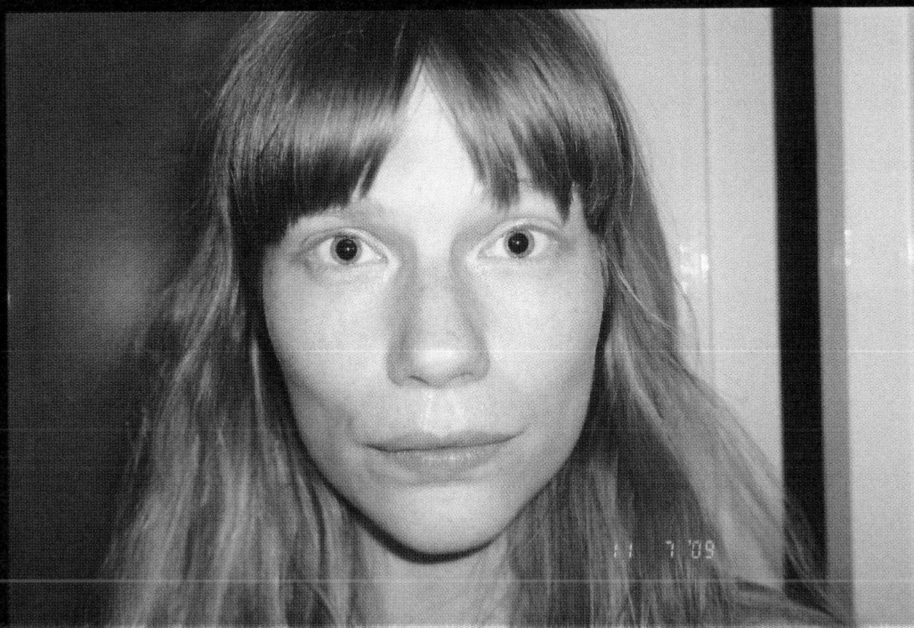
11 7 '09

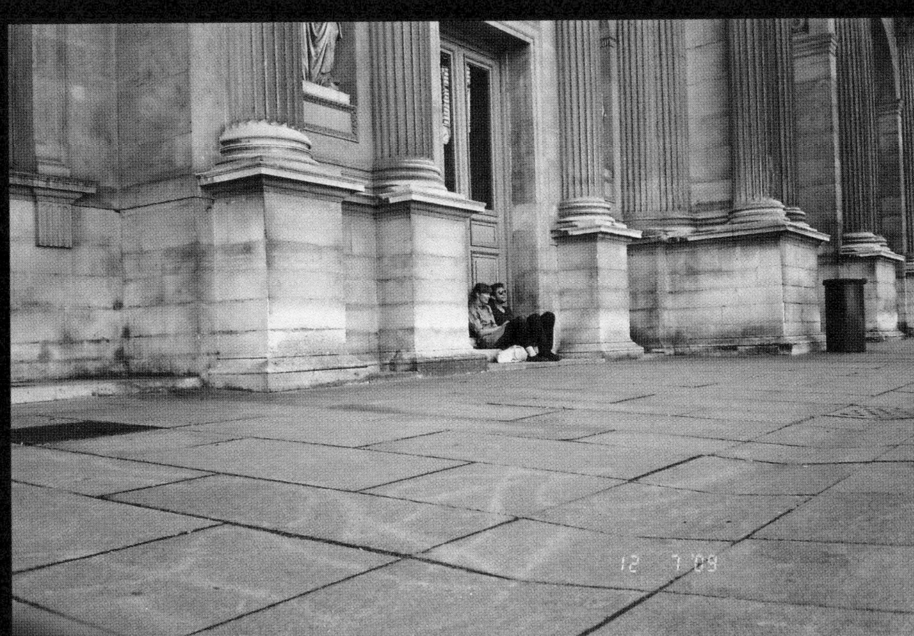
12 7 '09

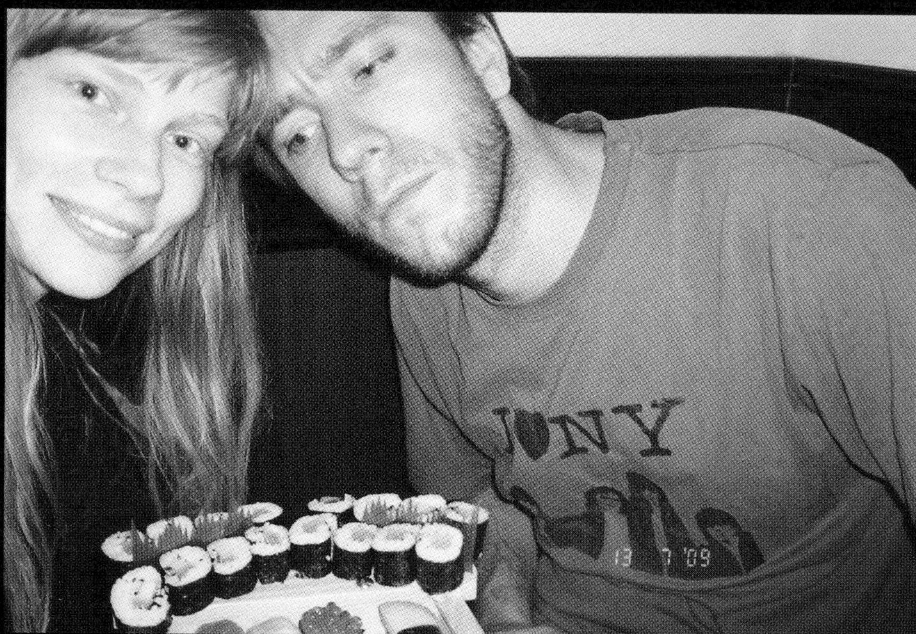
13 7 '09

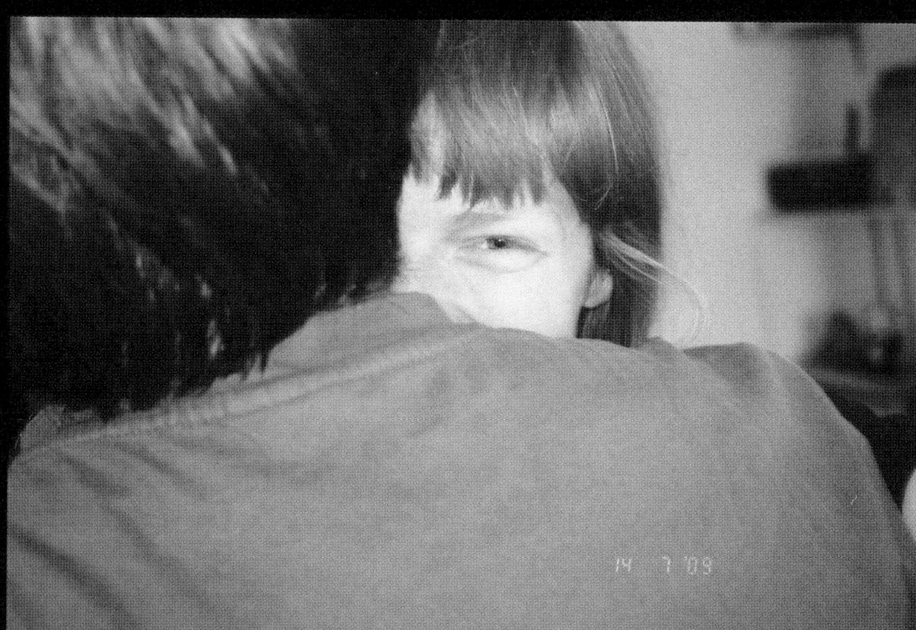
14 7 '09

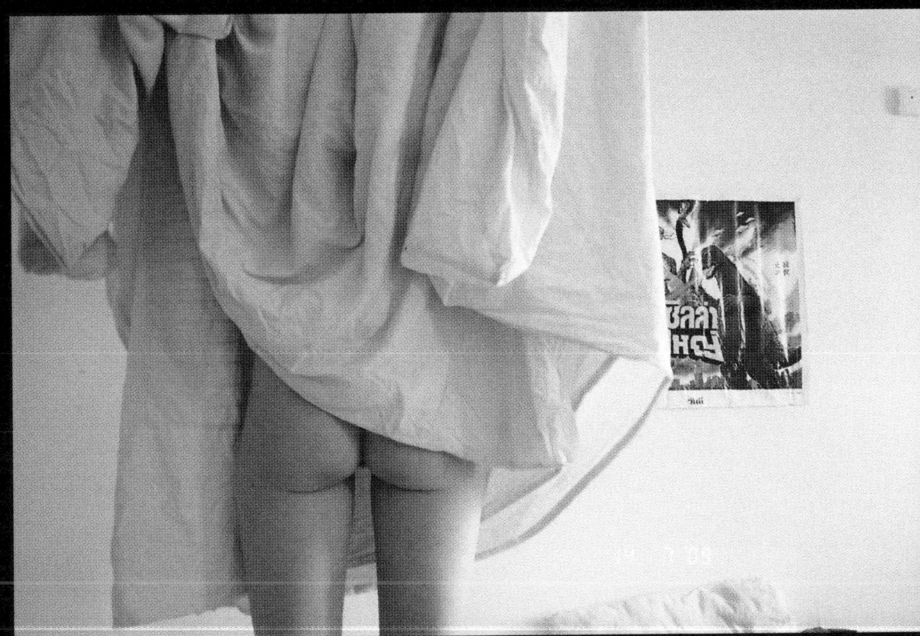

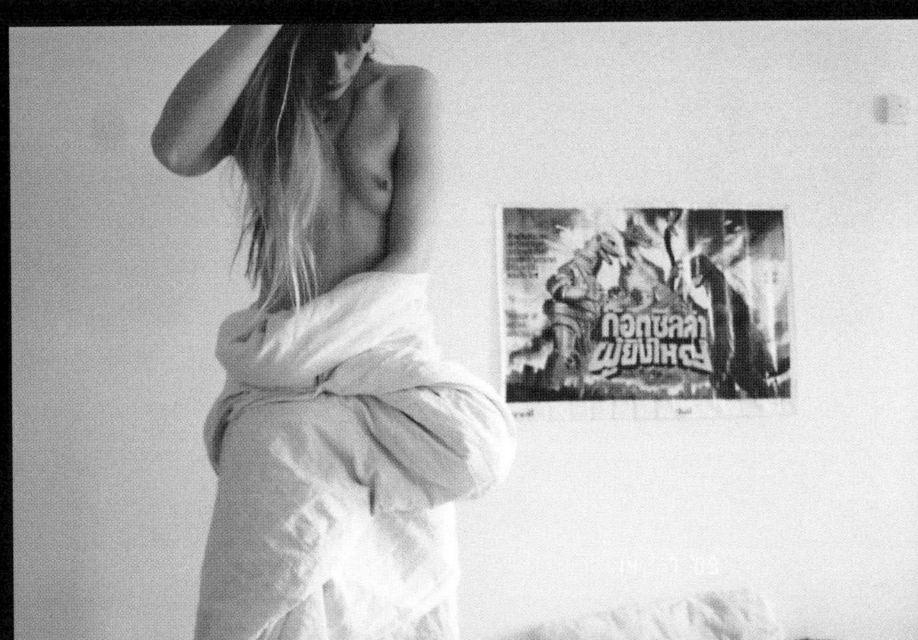

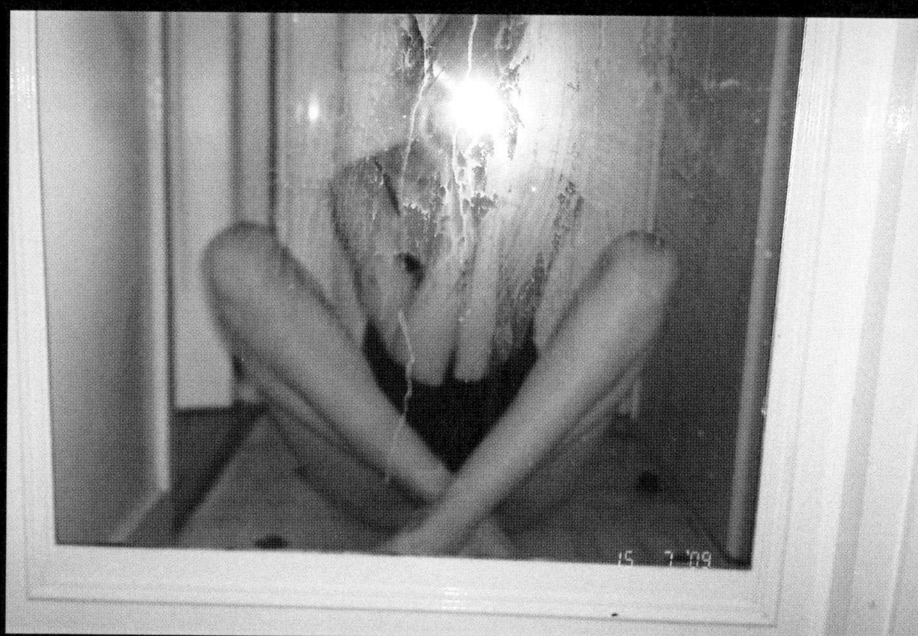
15 7 '09

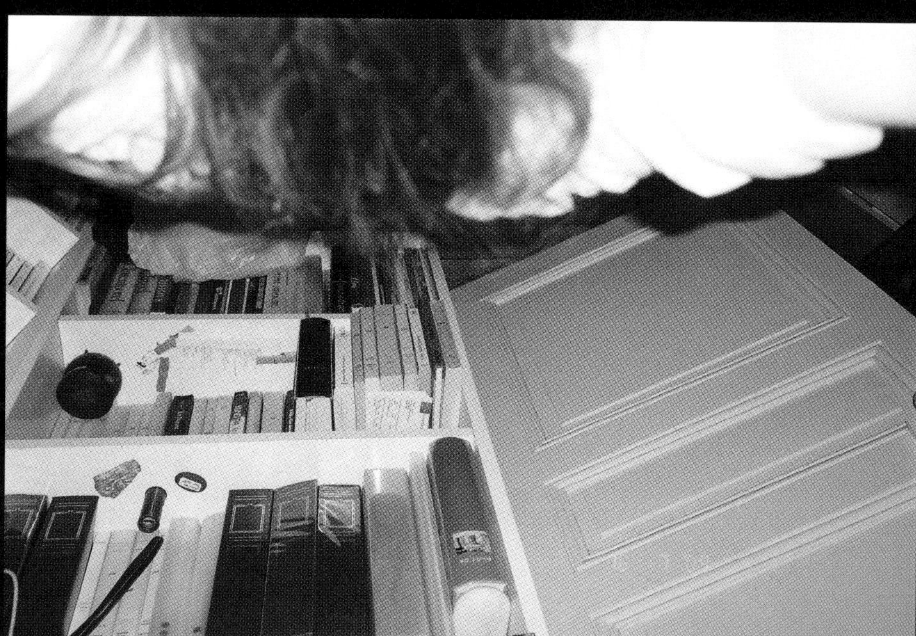

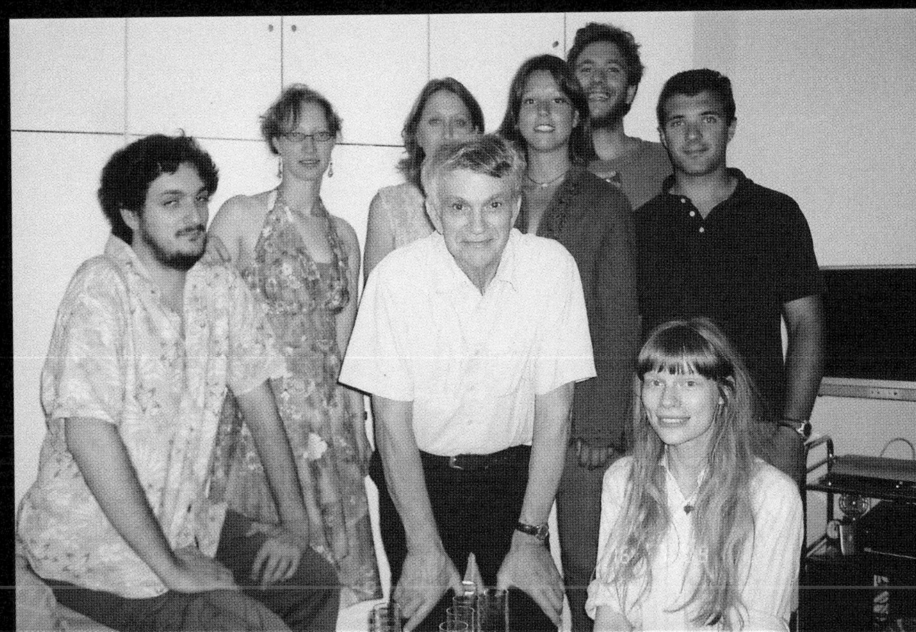

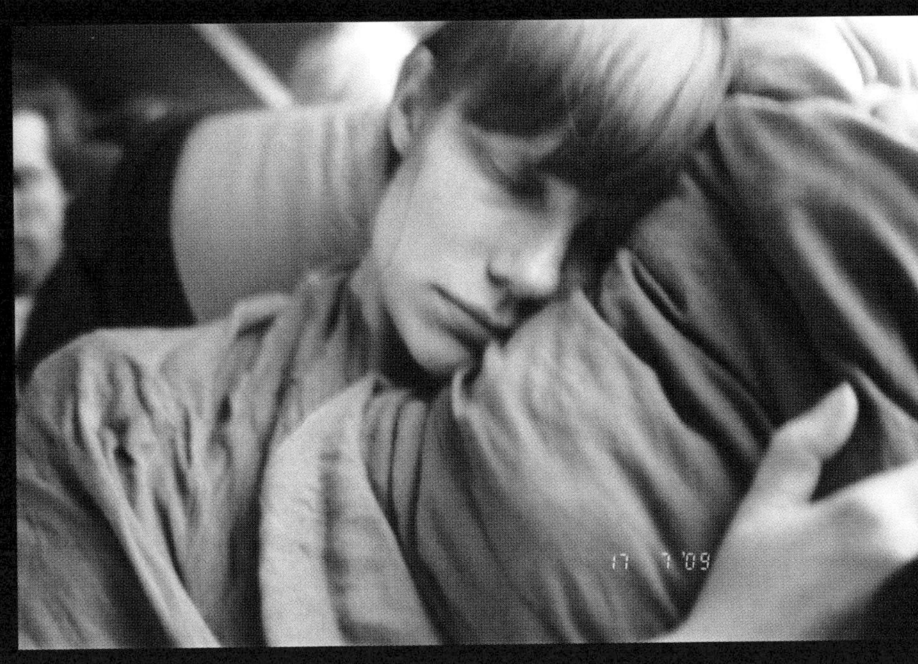
17 7'09

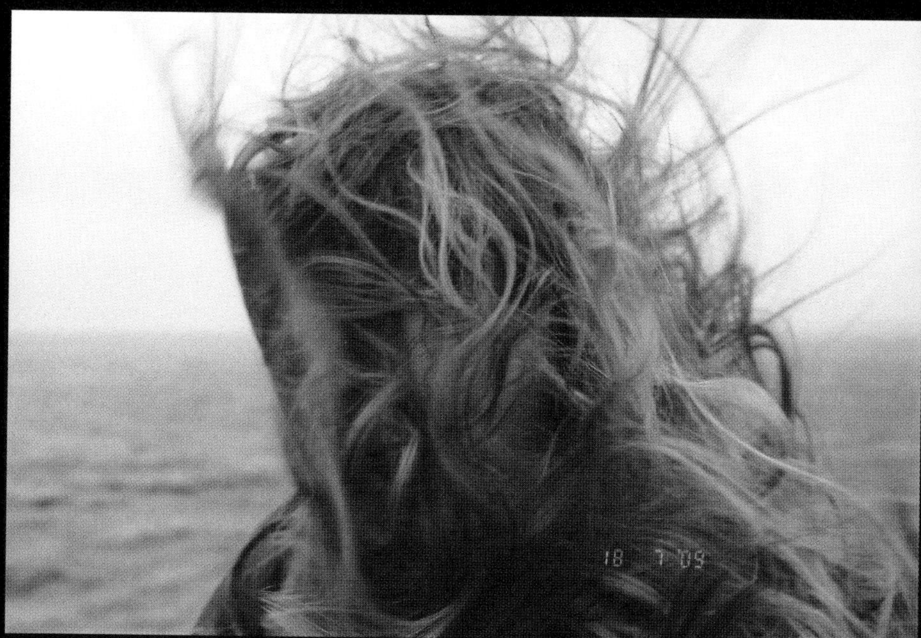
18 7 09

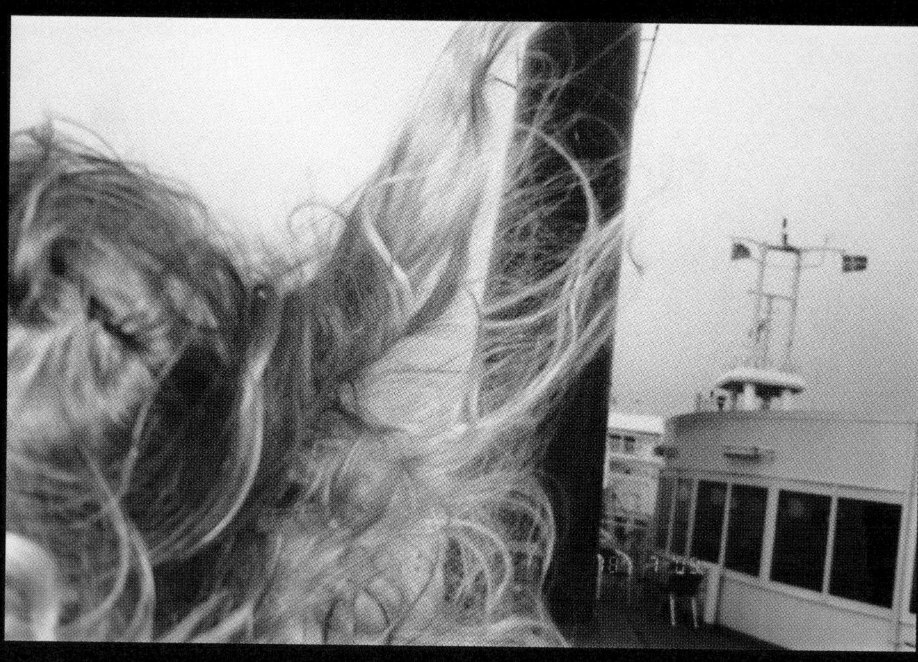

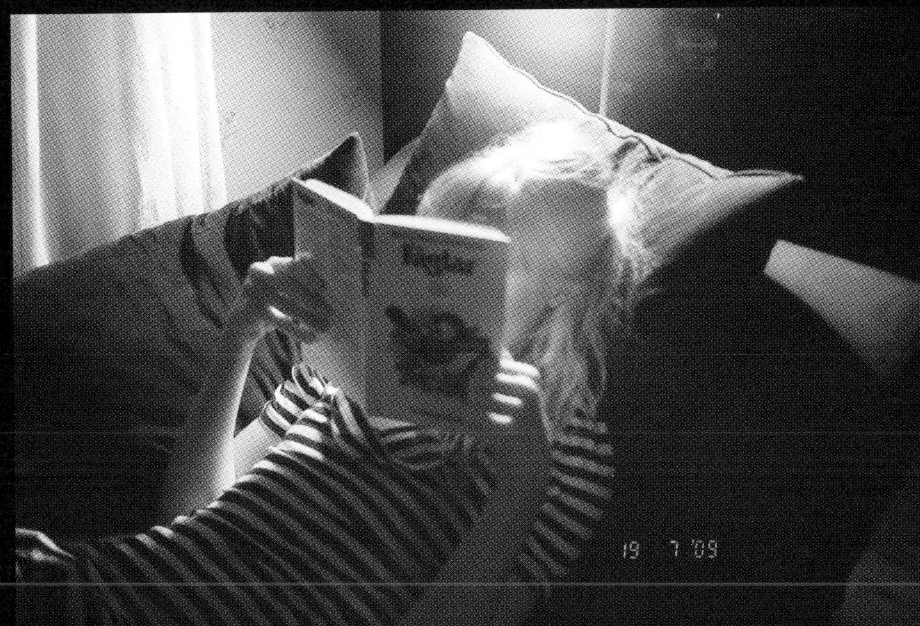
19 7 '09

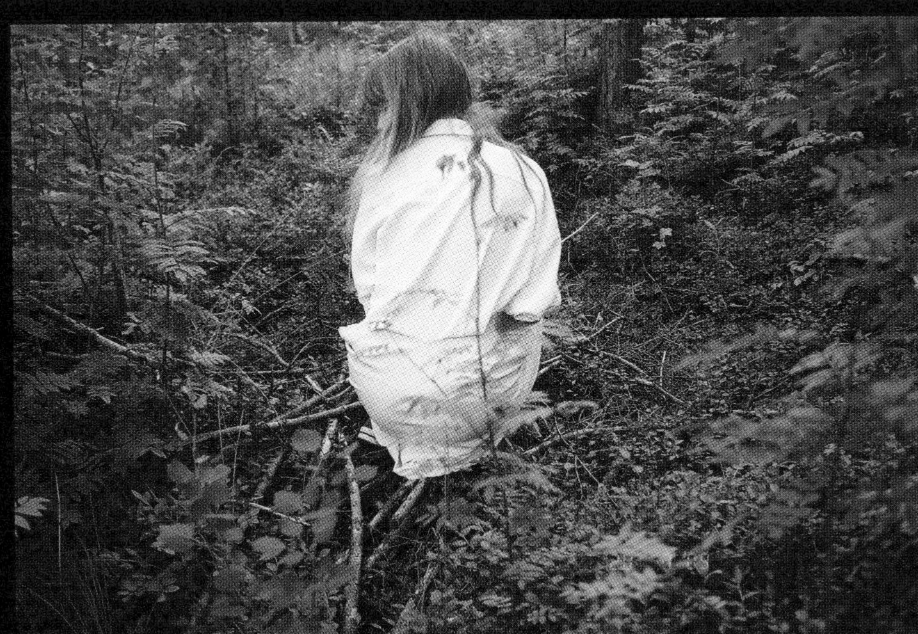

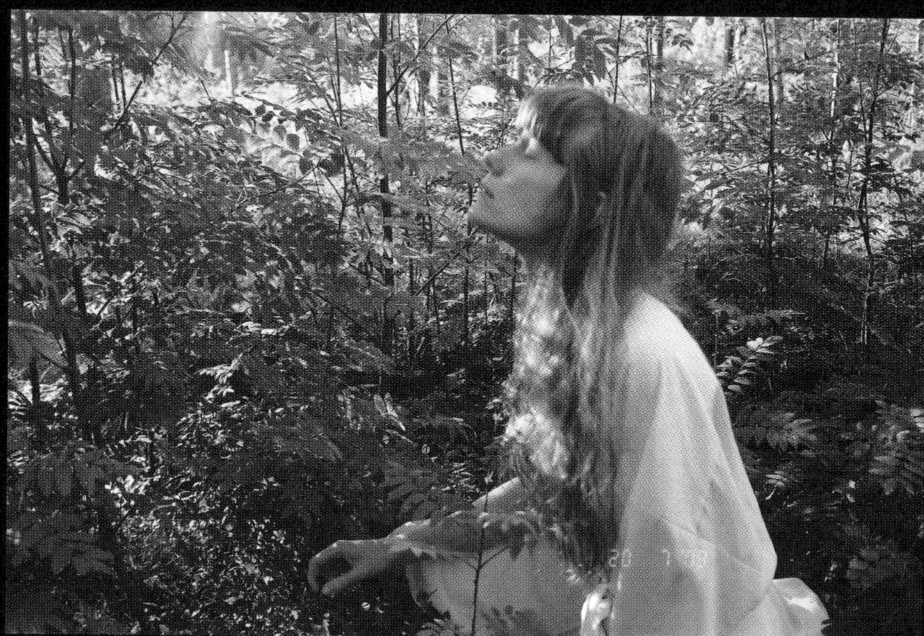

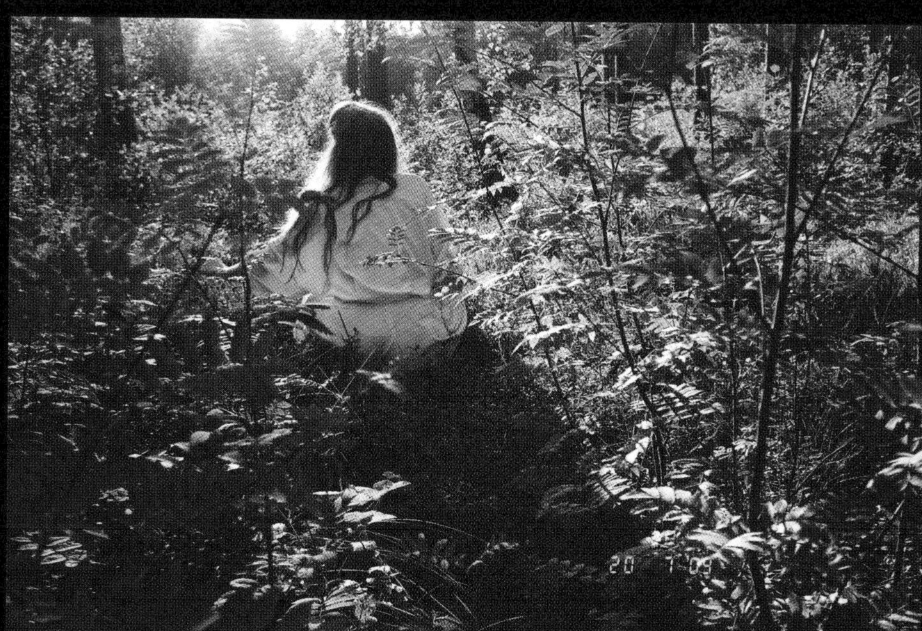

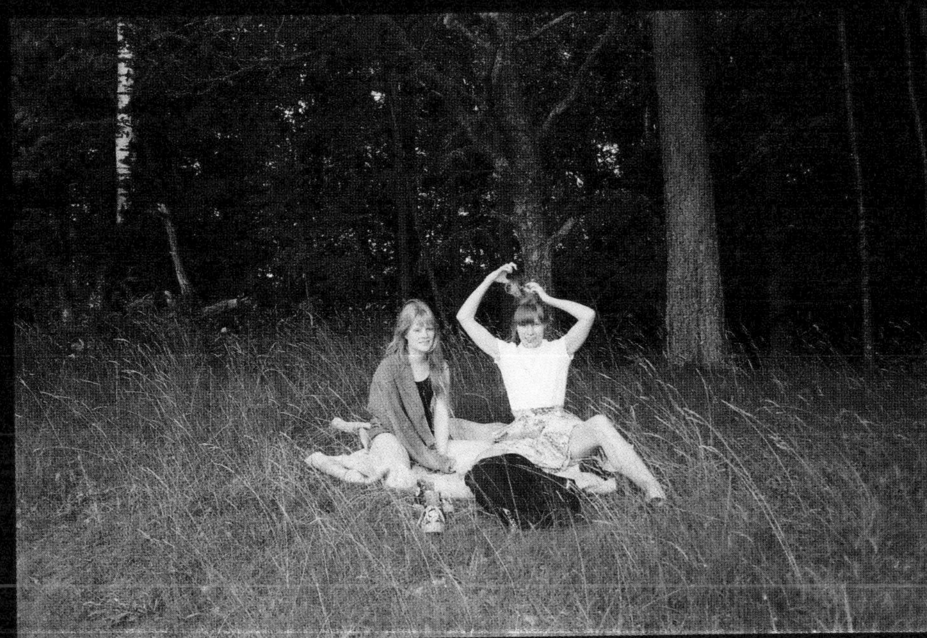

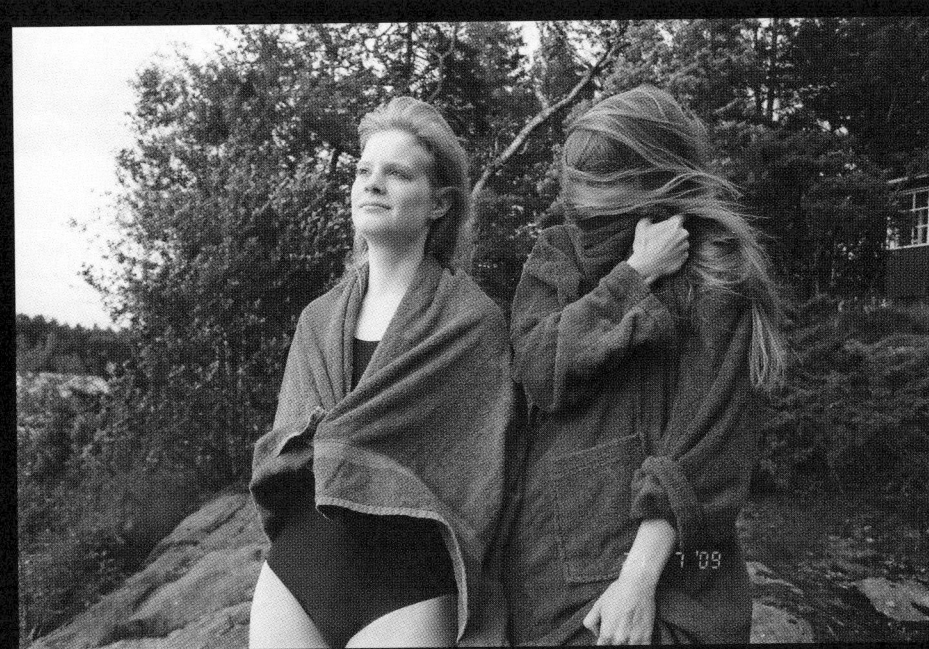

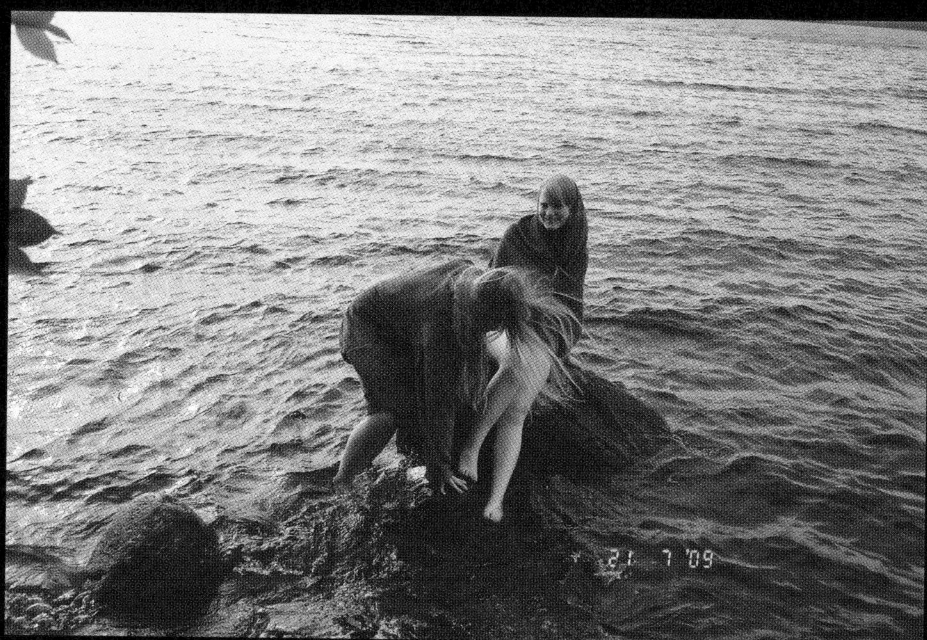
21 7 '09

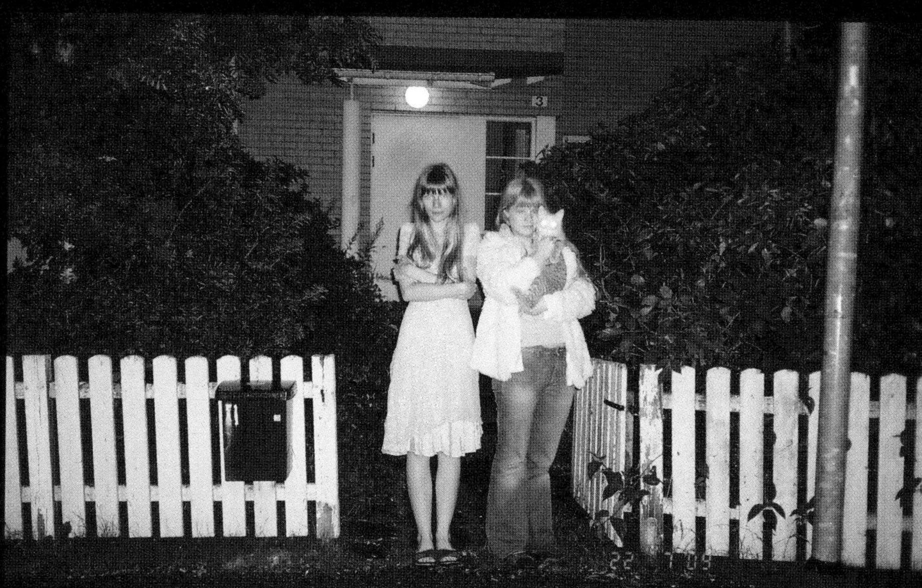
22 7 '09

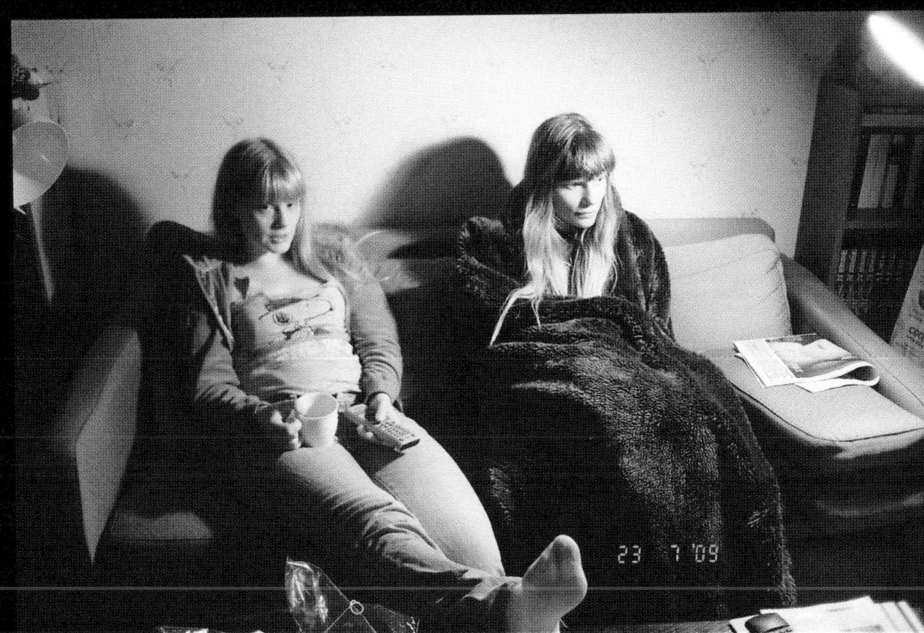
23 7 '09

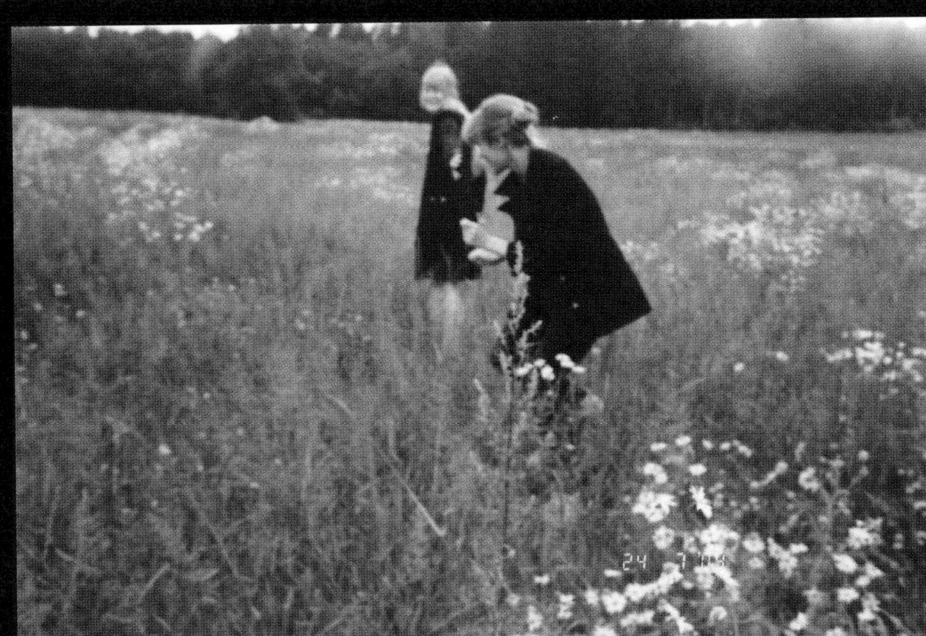

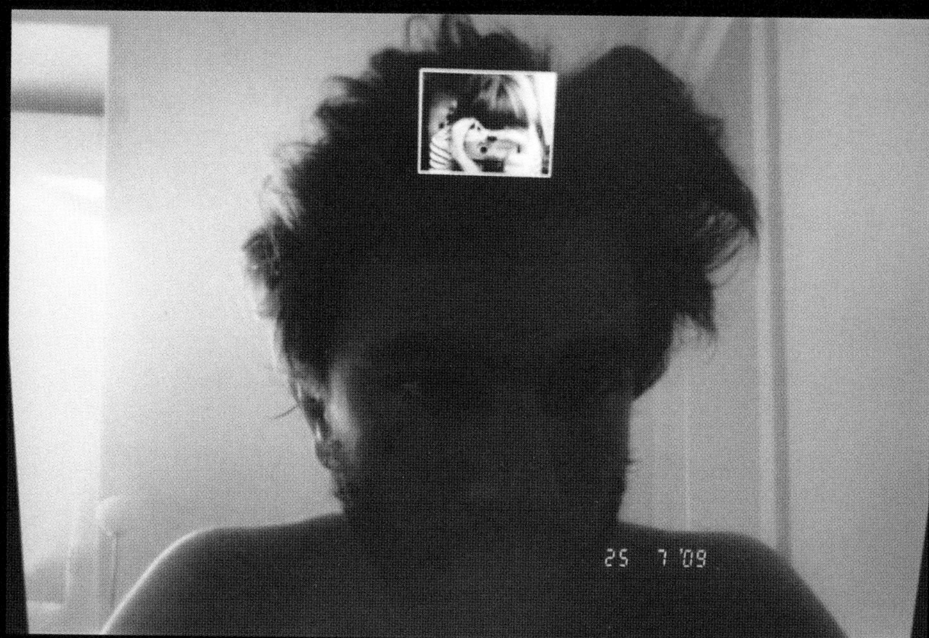
25 7 '09

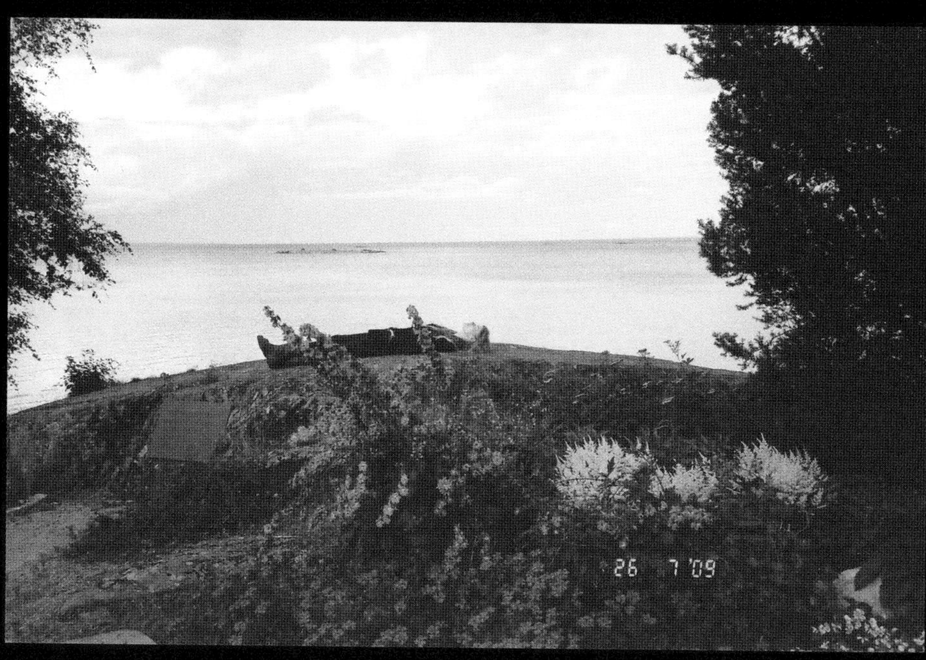
26 7 '09

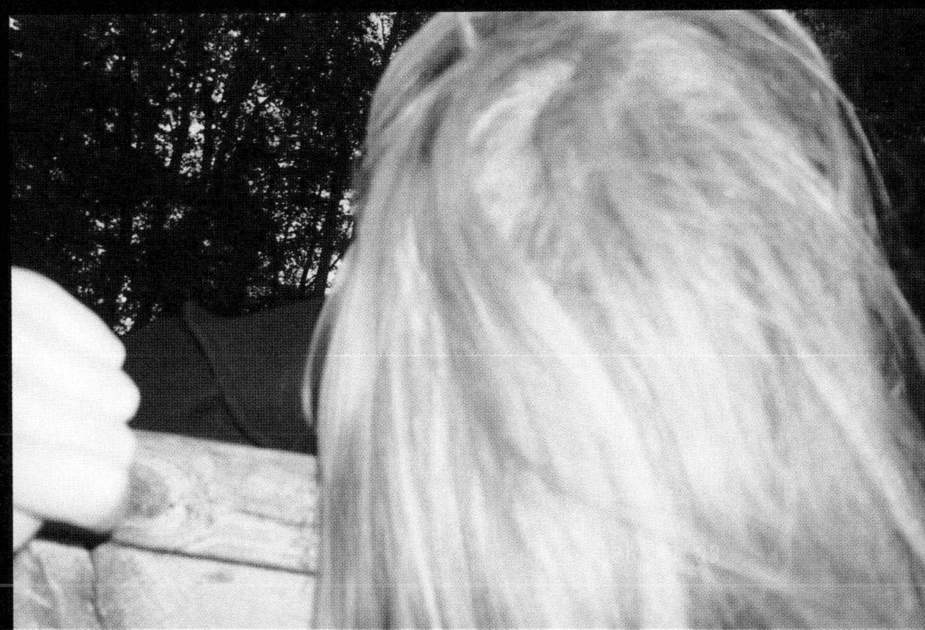

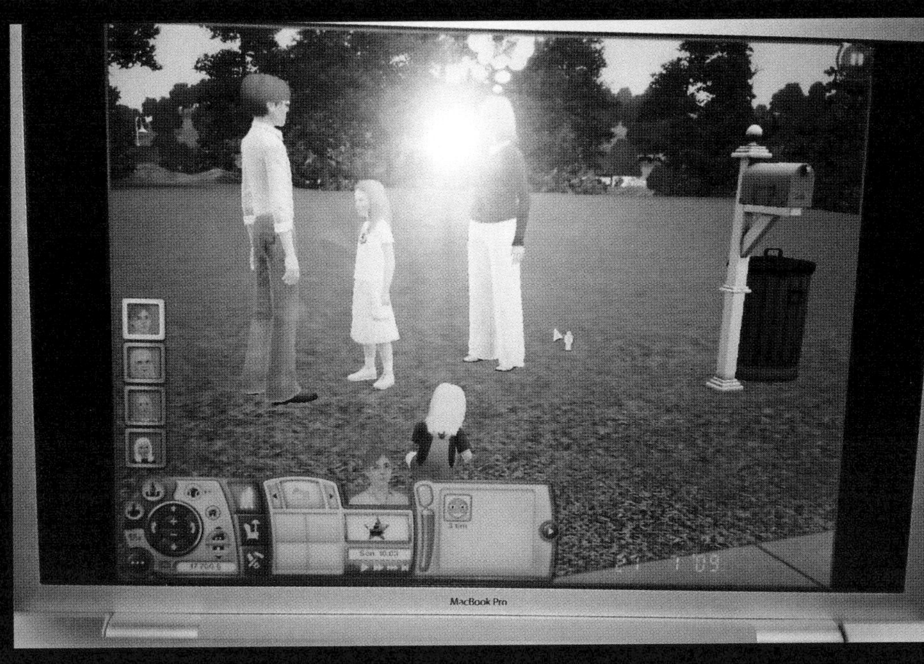
MacBook Pro

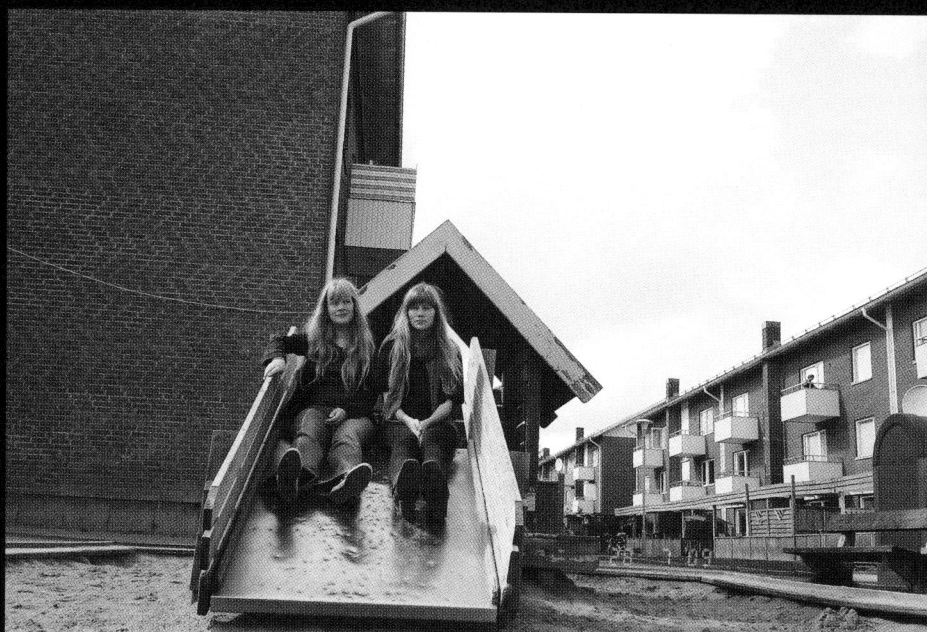

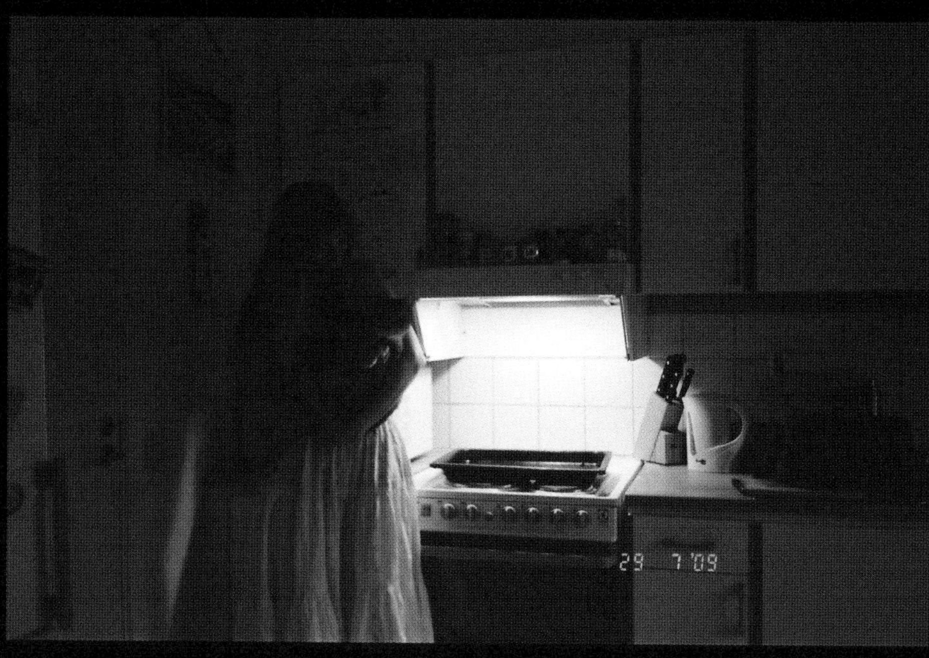
29 7 '09

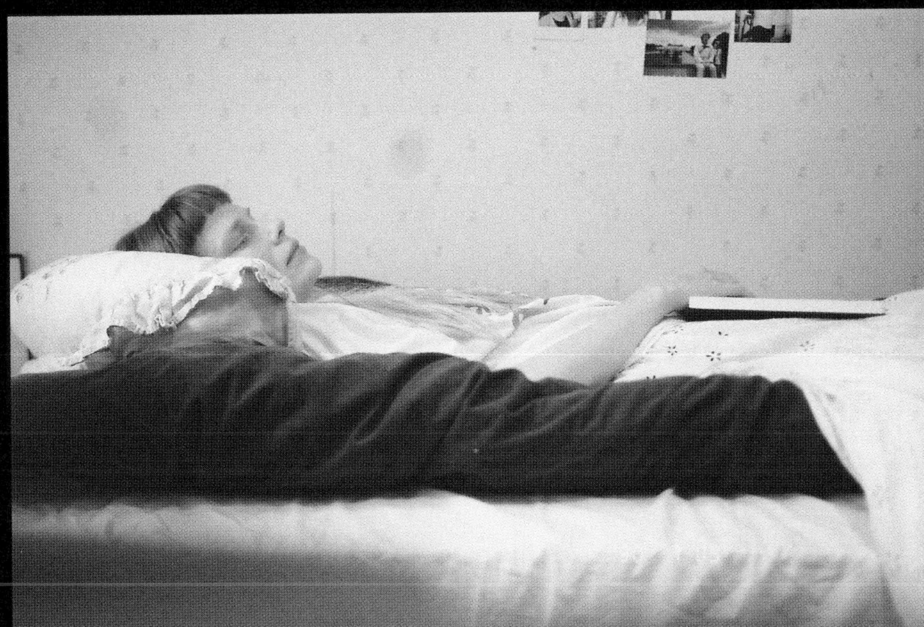

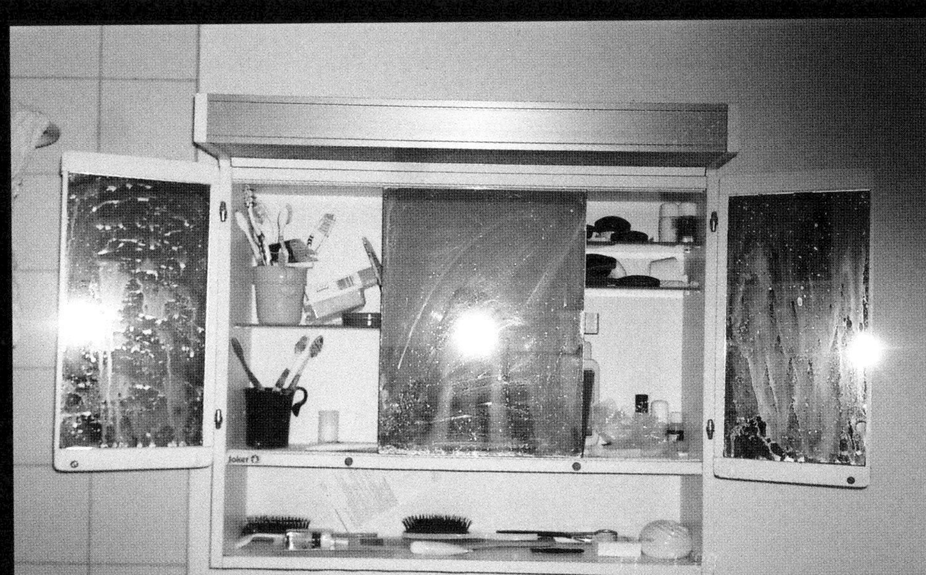

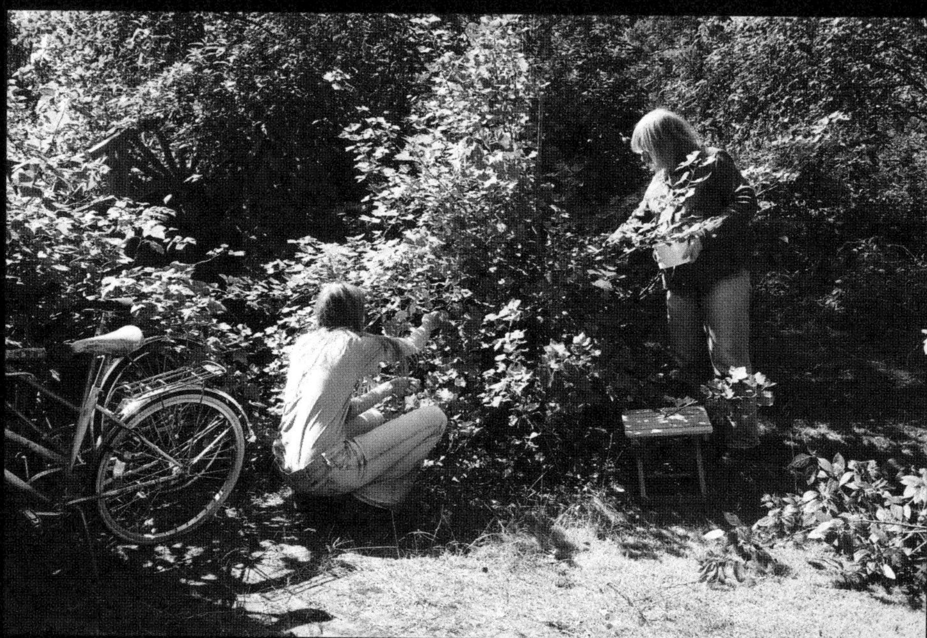

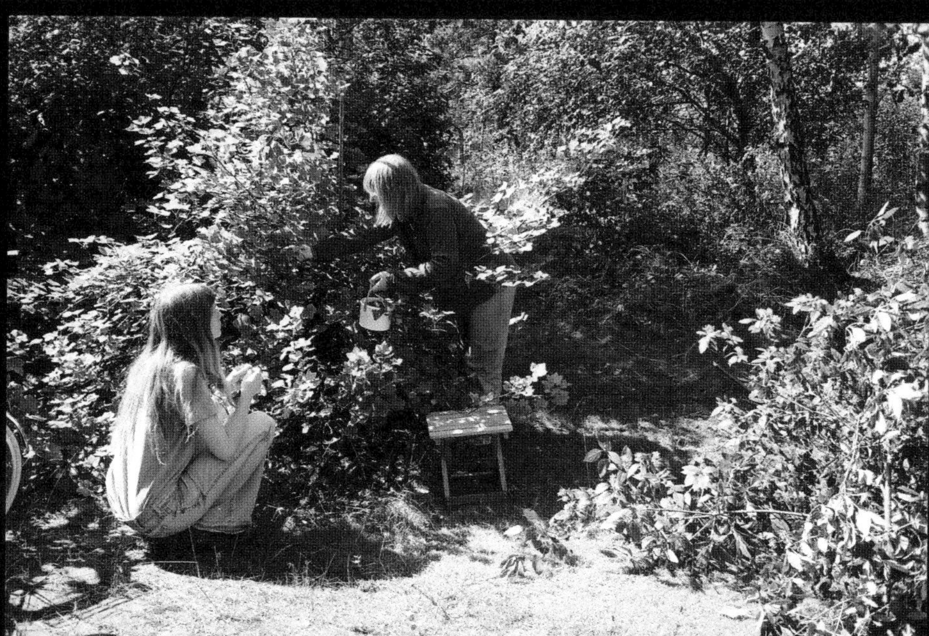

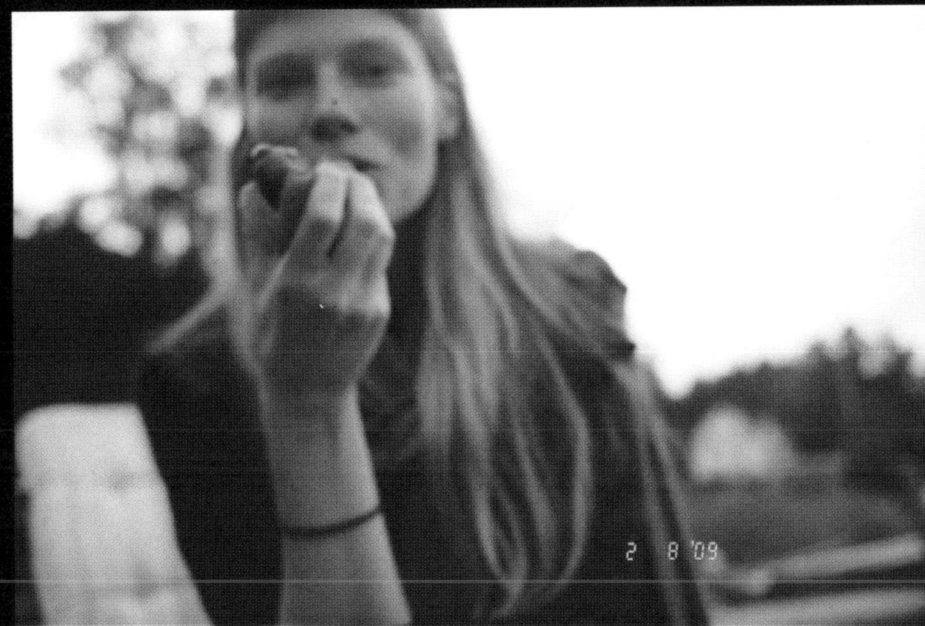
2 8 '09

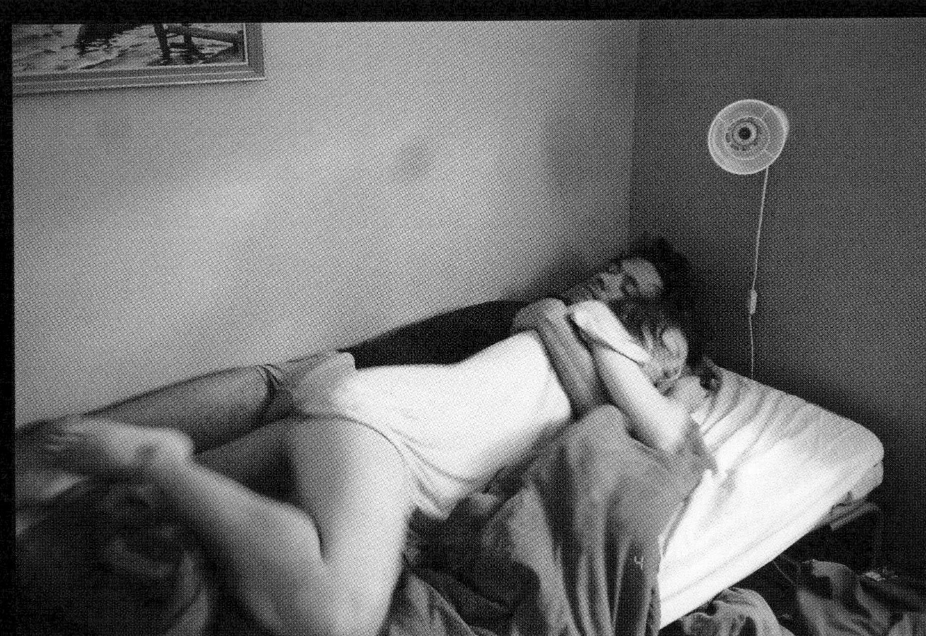

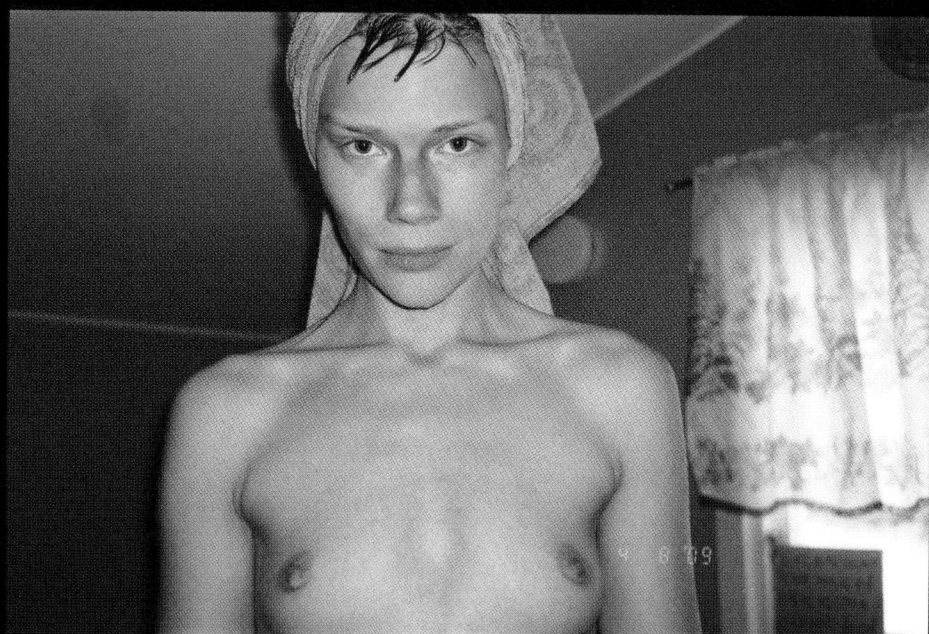
4 8 '09

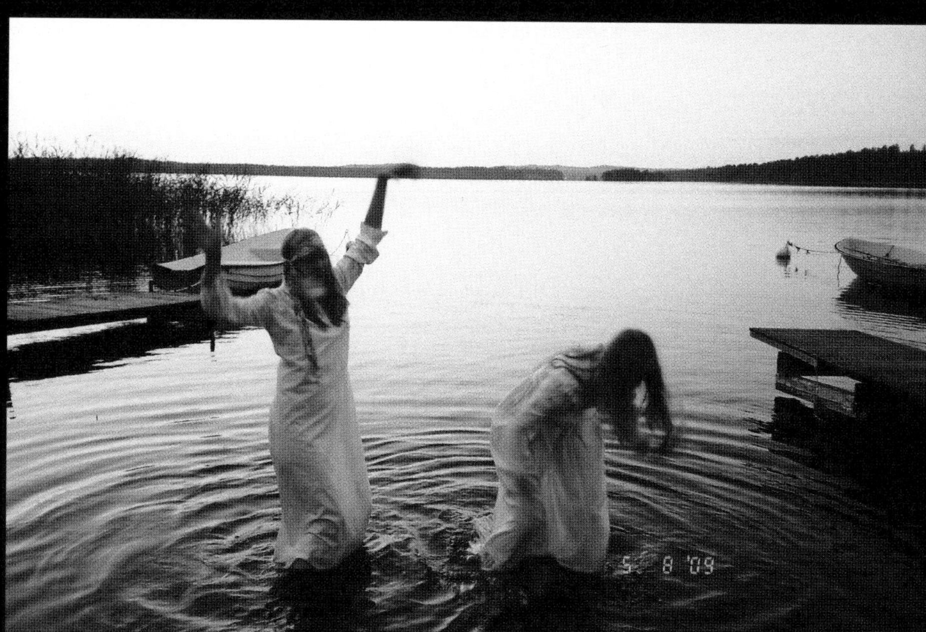
5 8 '09

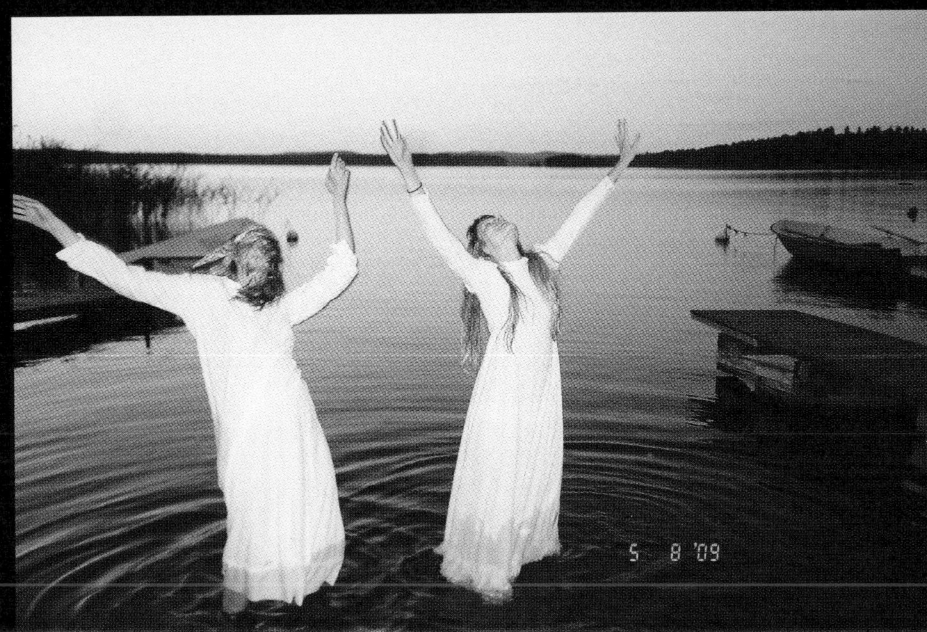
5 8 '09

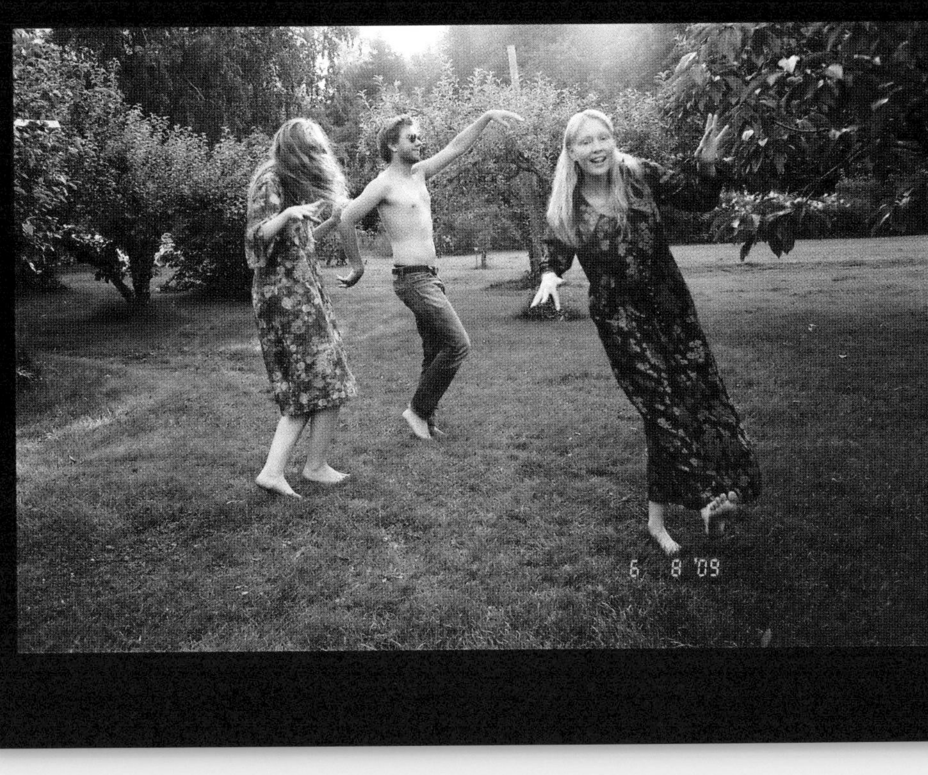
6 8 '09

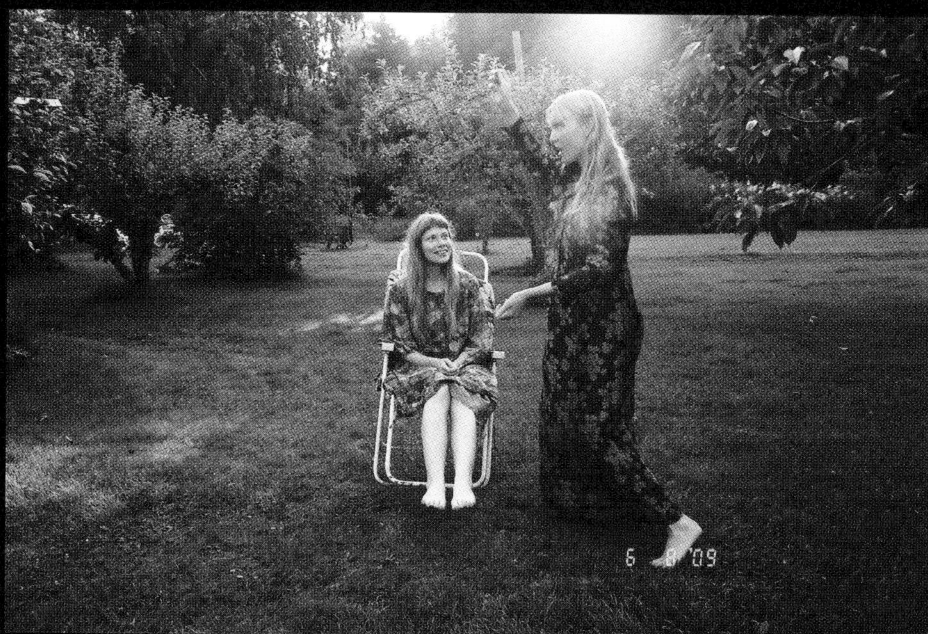
6 8 '09

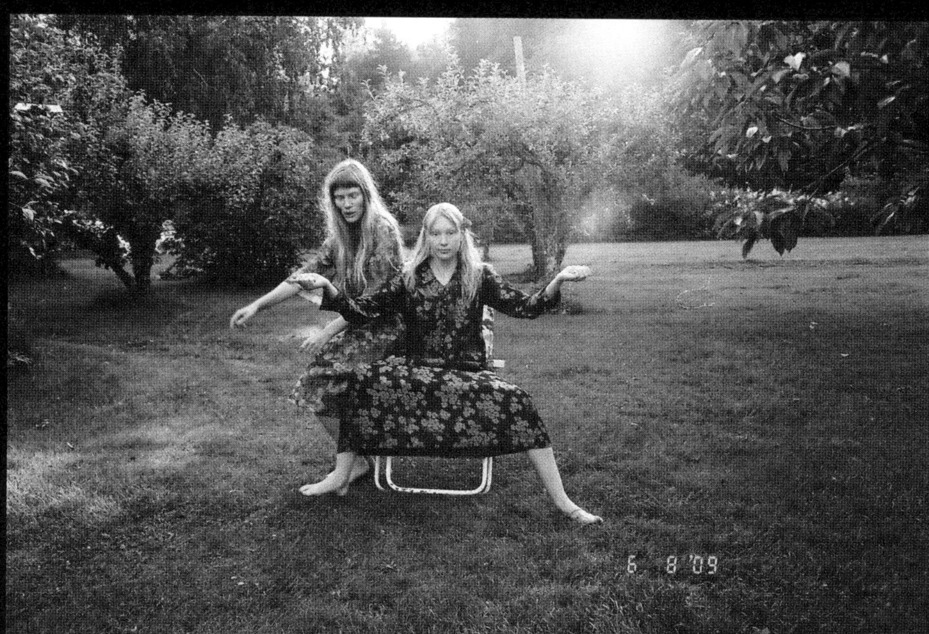
6 8 '09

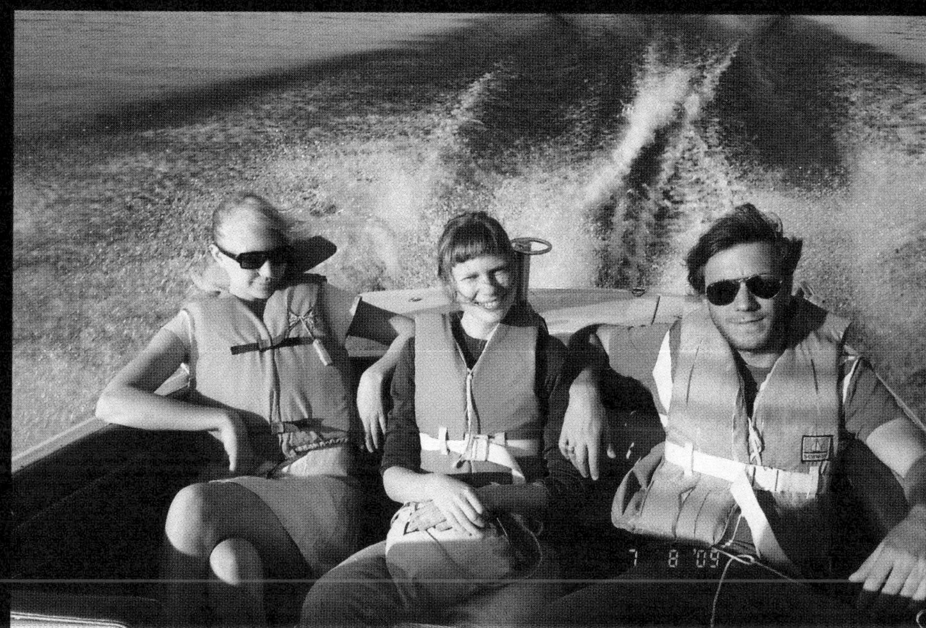

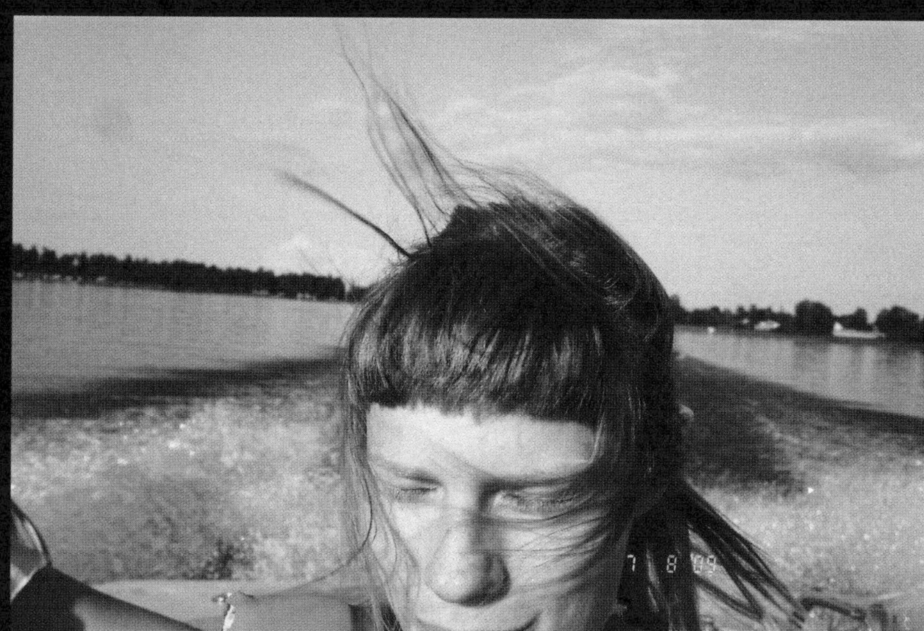

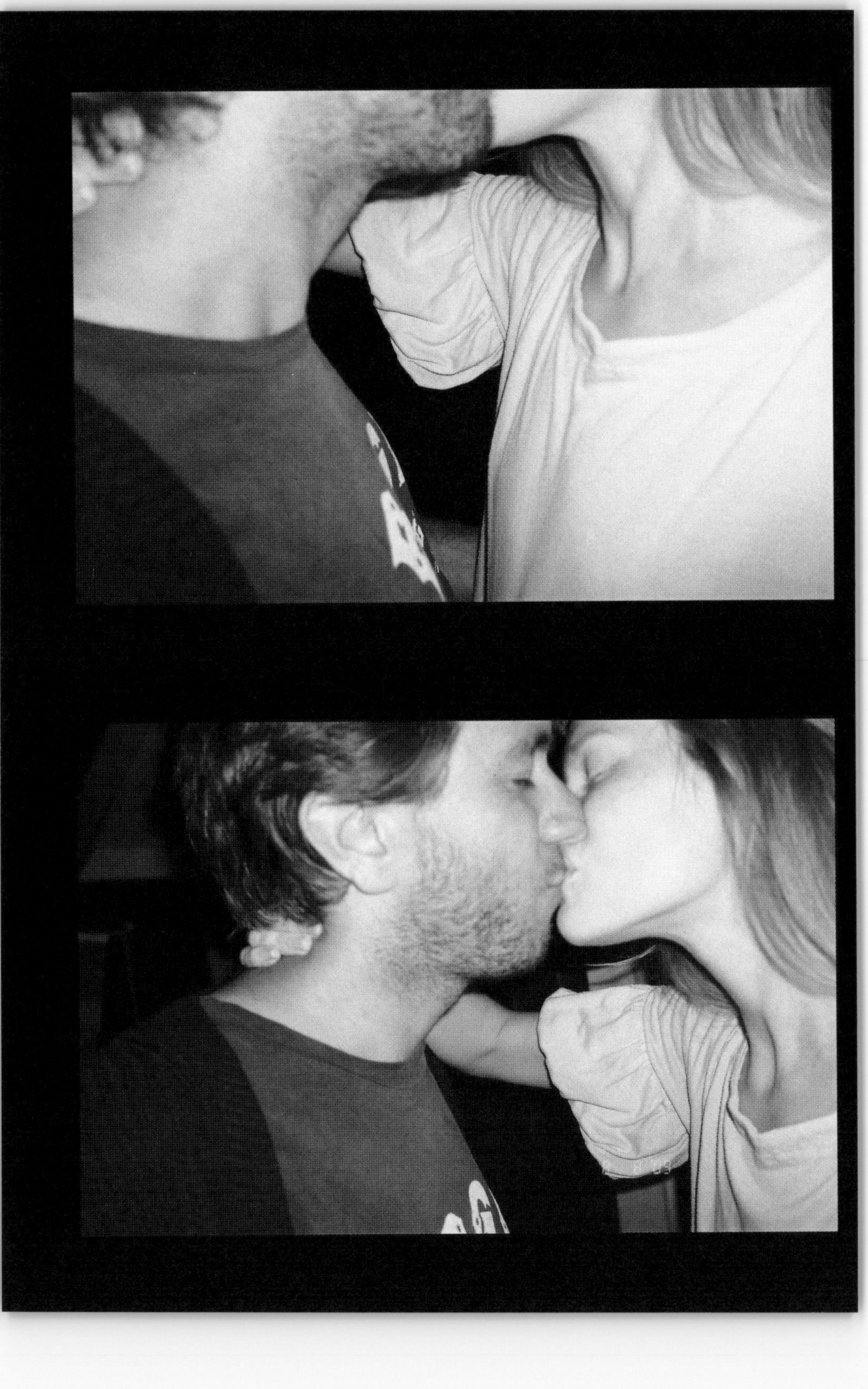

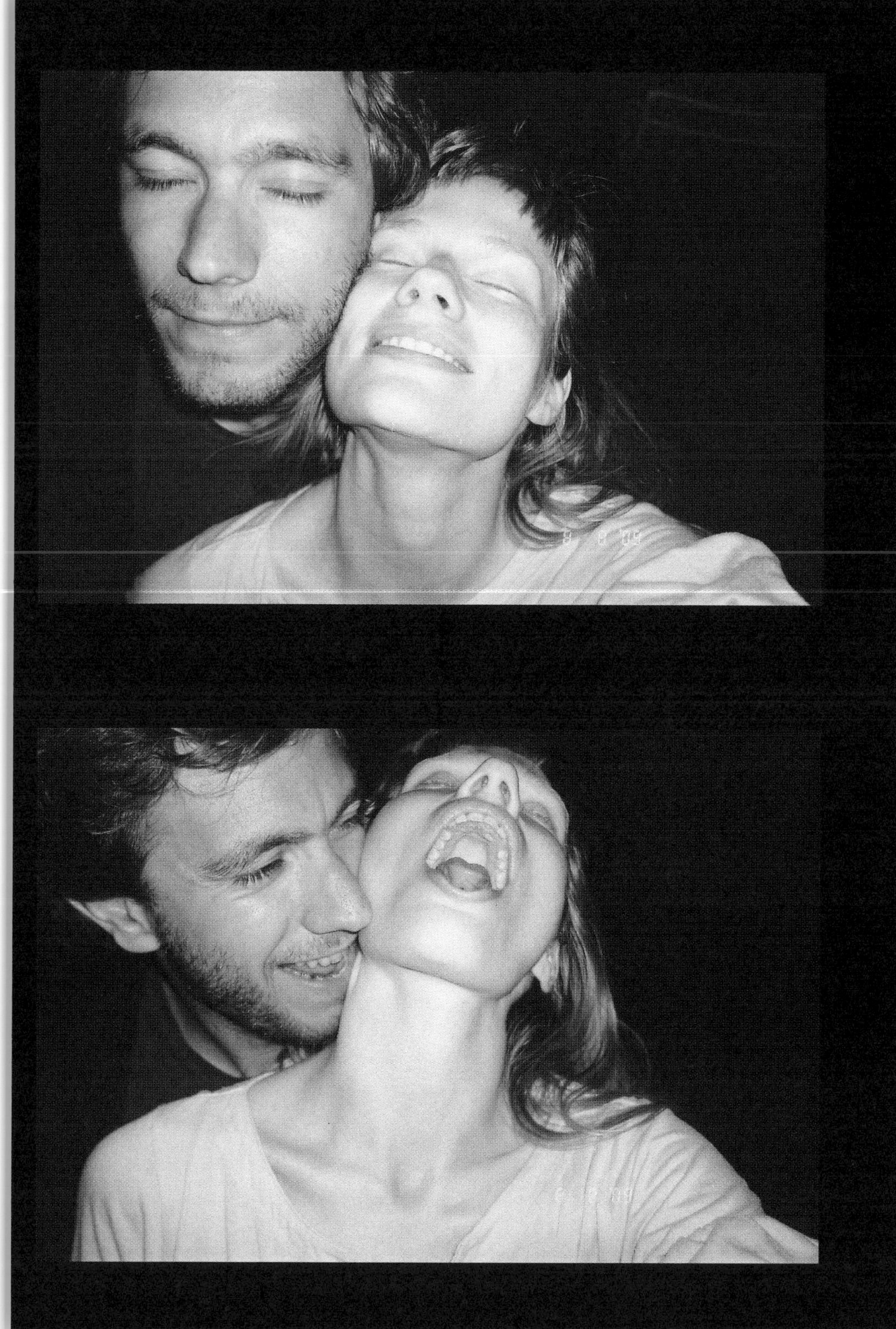

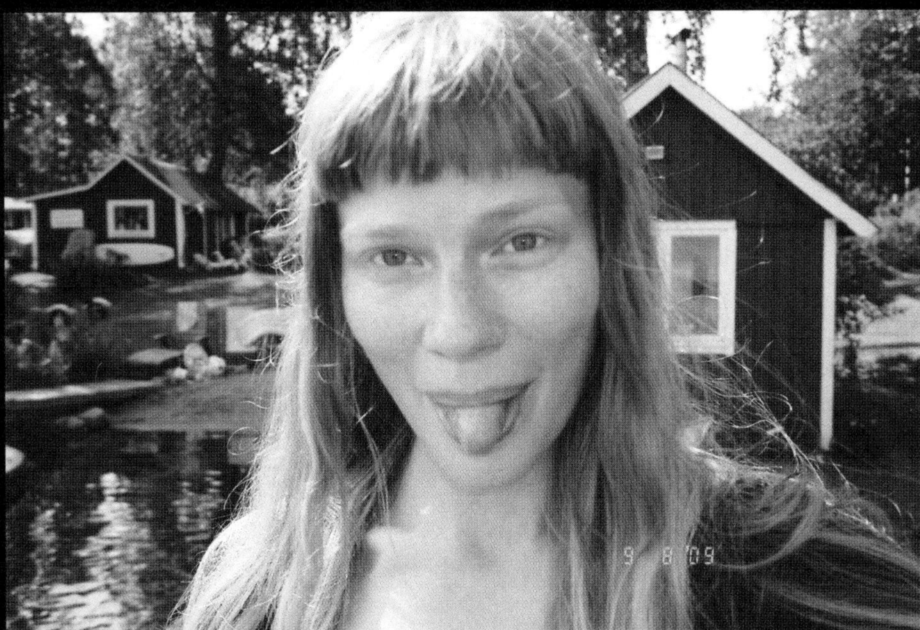
9 8 '09

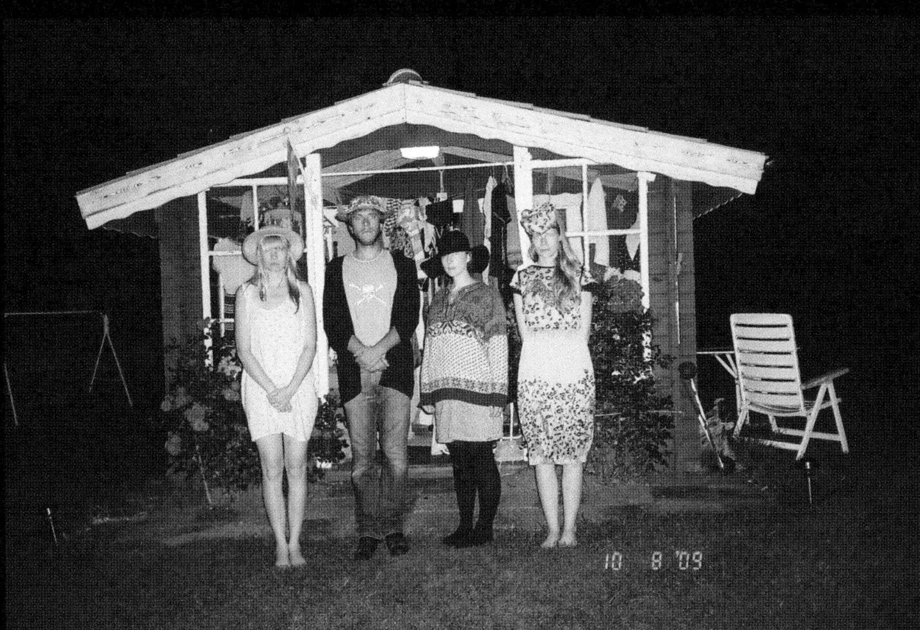
10 8 '09

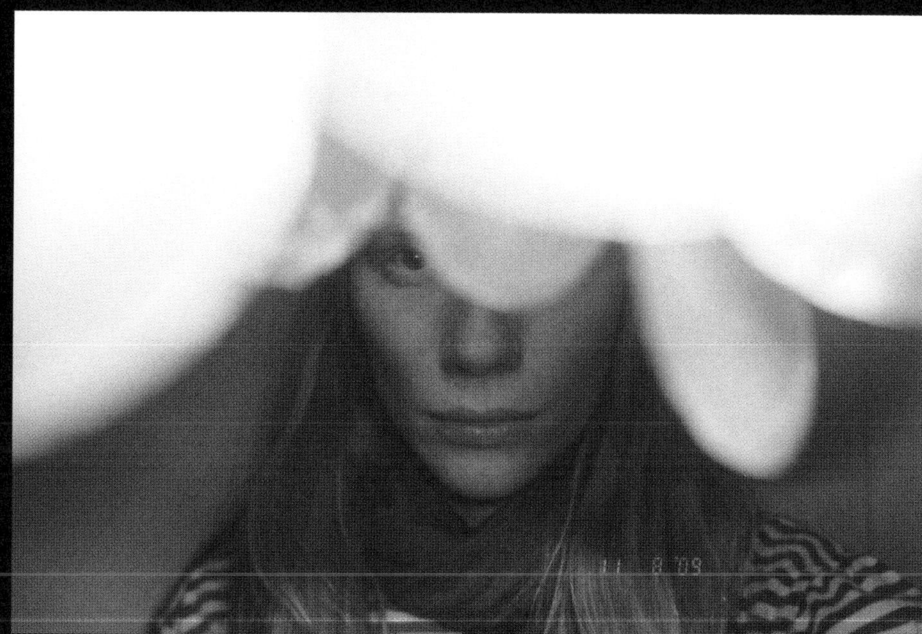

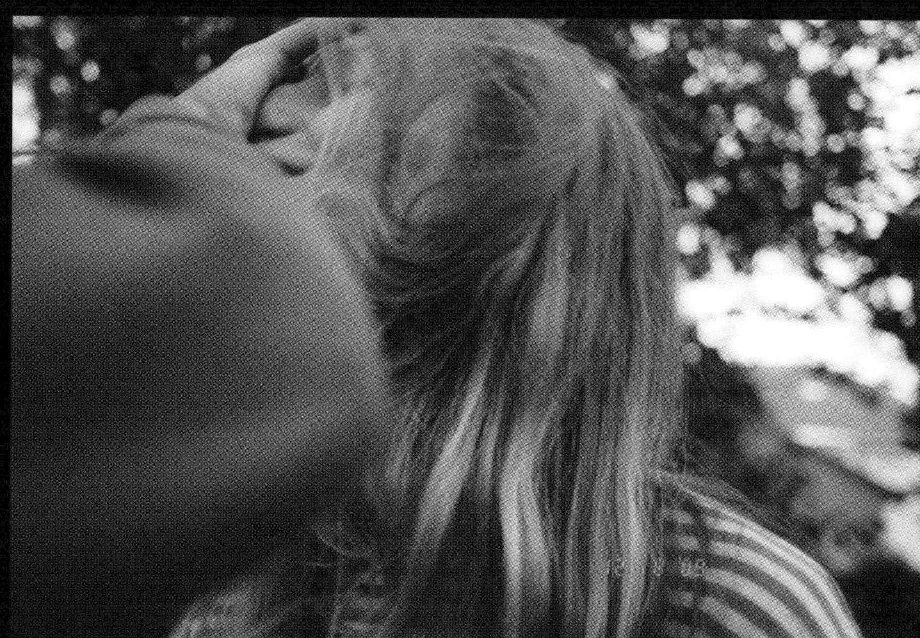

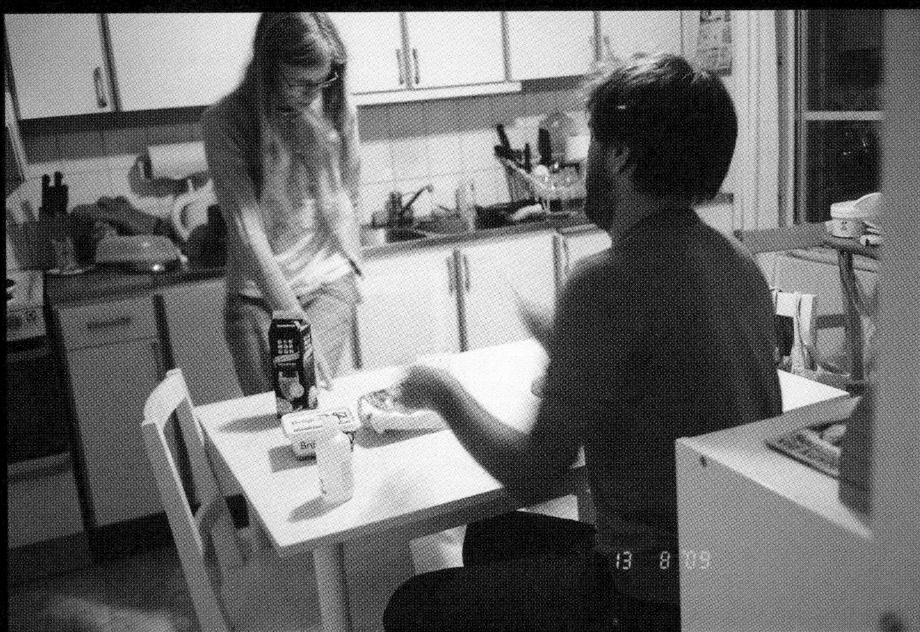
13 8 '09

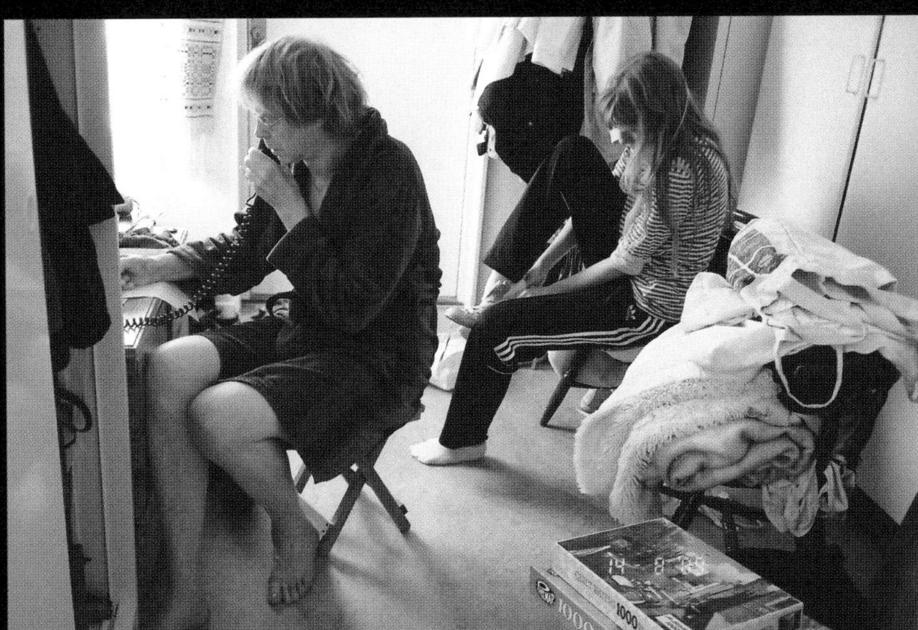
1000

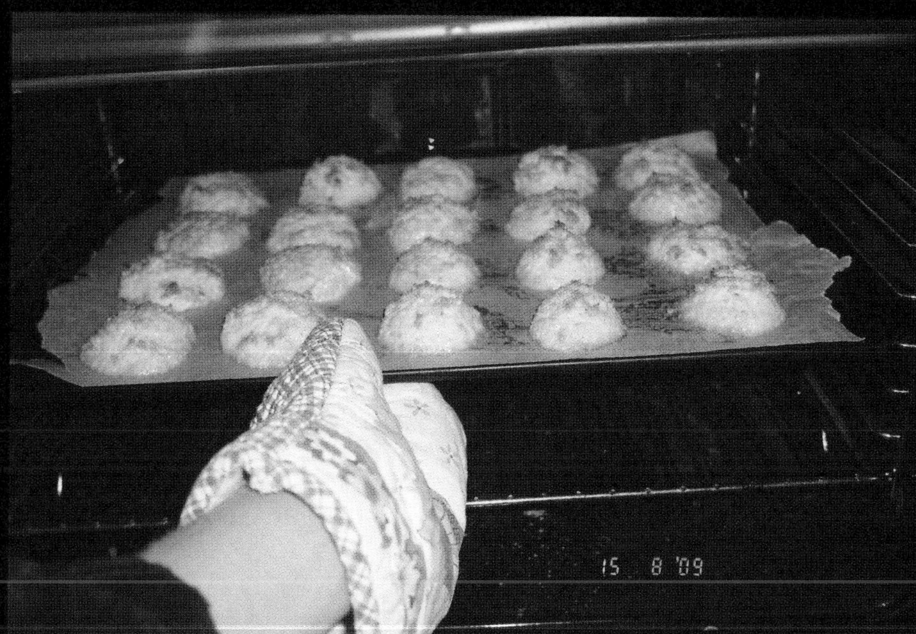
15 8 '09

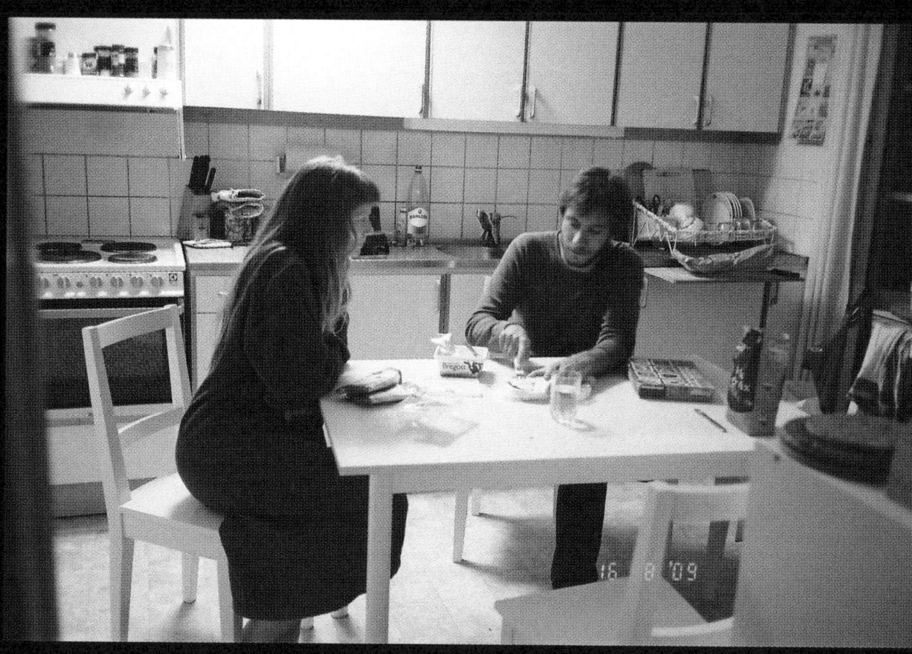
16 8 '09

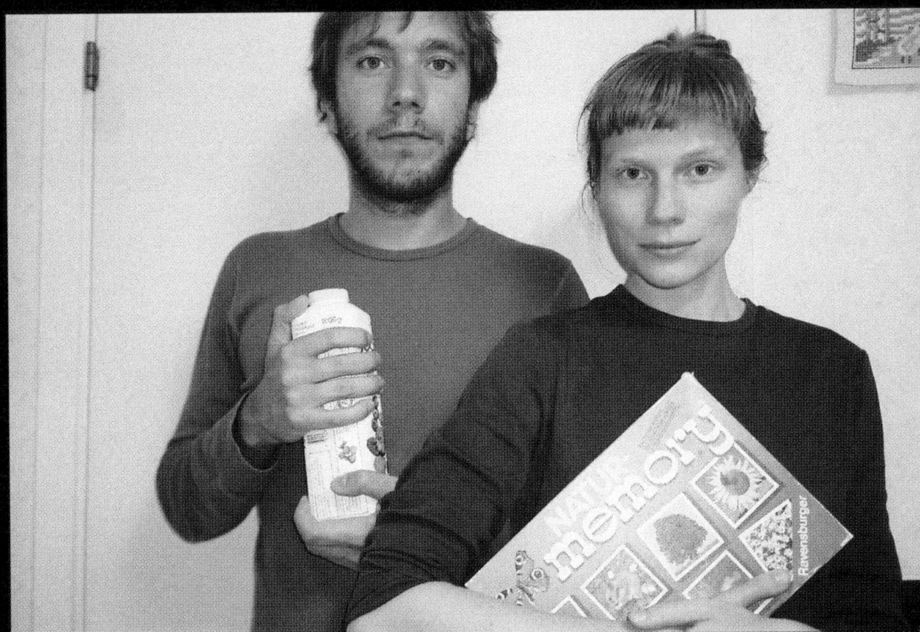
NATUR
memory
Ravensburger

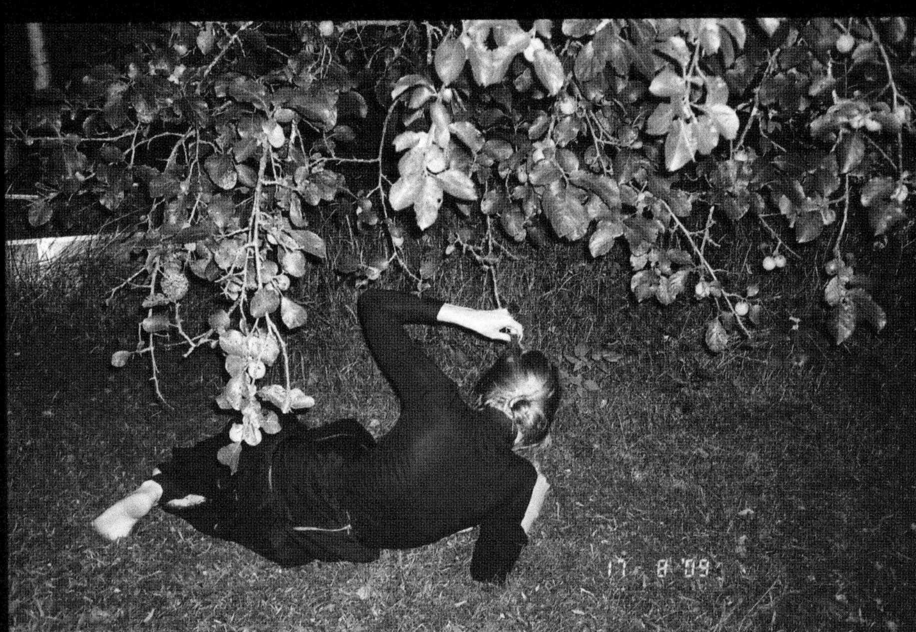
17 8 '09

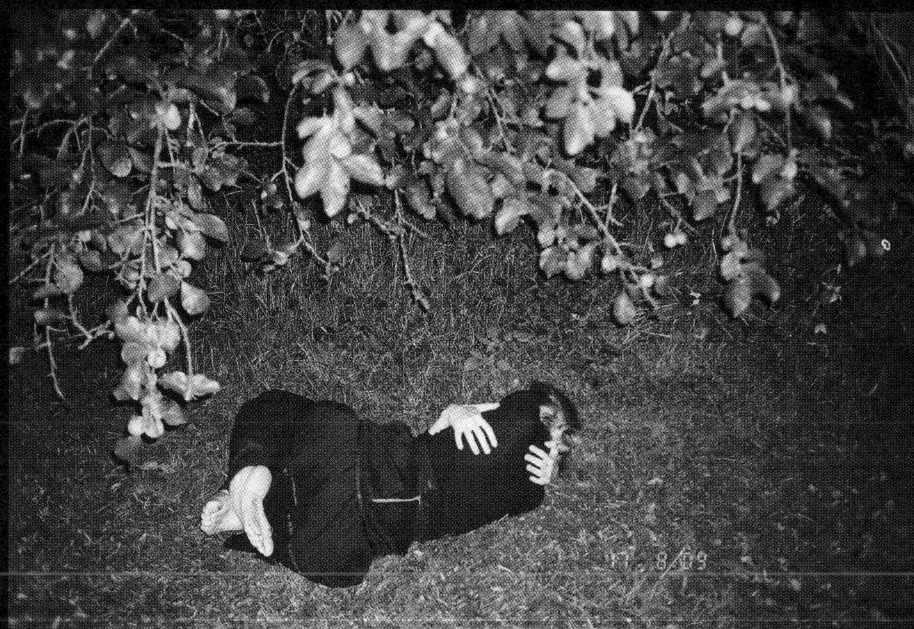

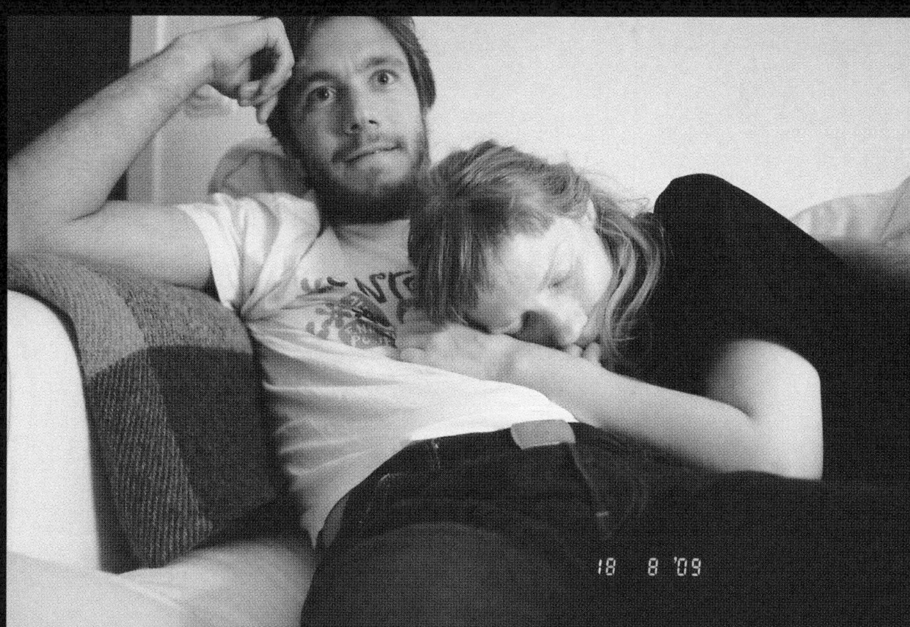
18 8 '09

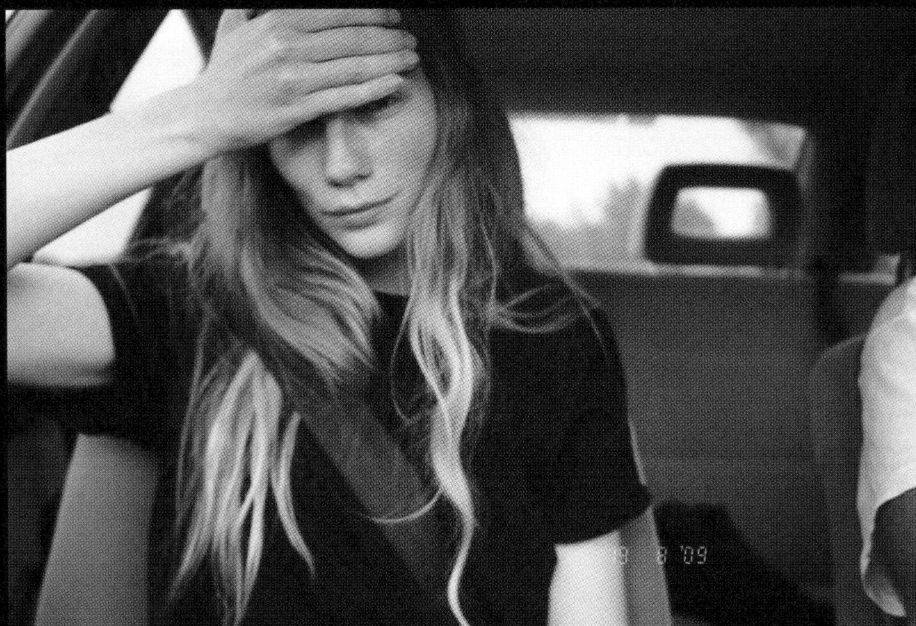
19 8 '09

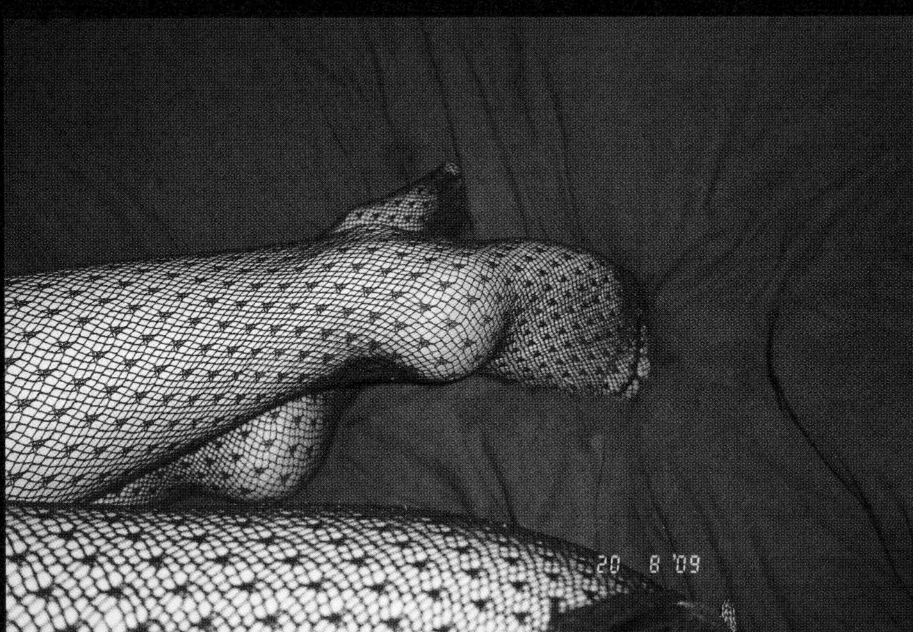
20 8 '09

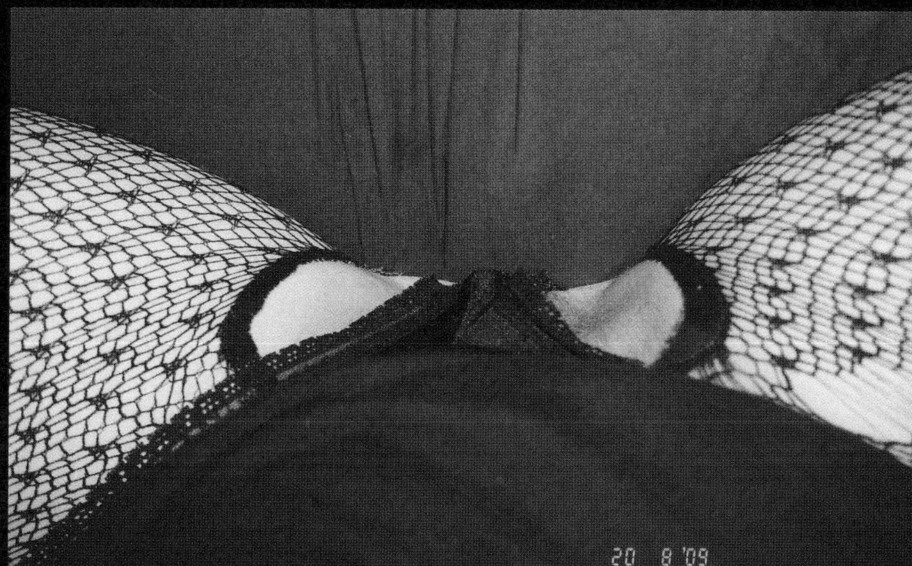
20 8 '09

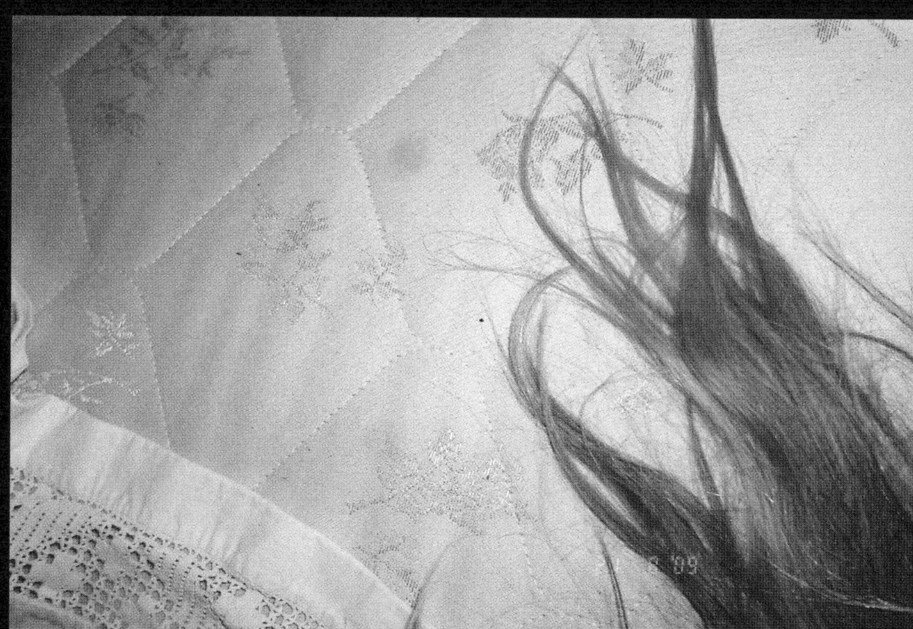

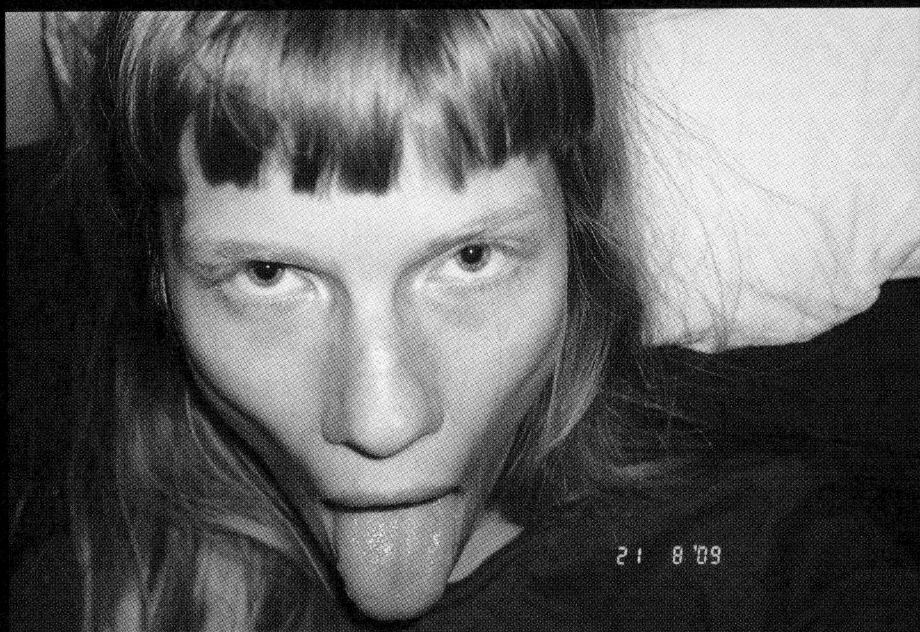
21 8 '09

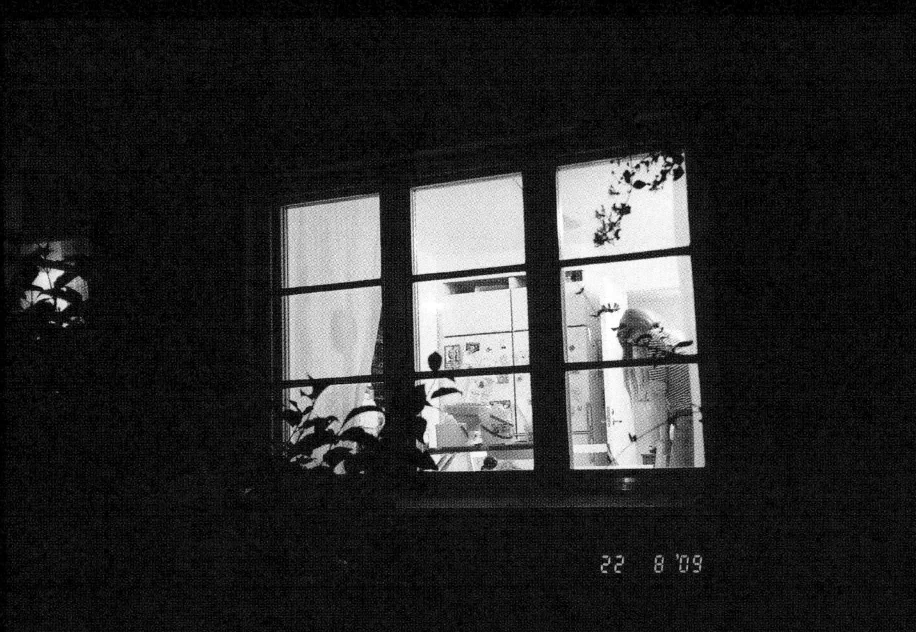
22 8 '09

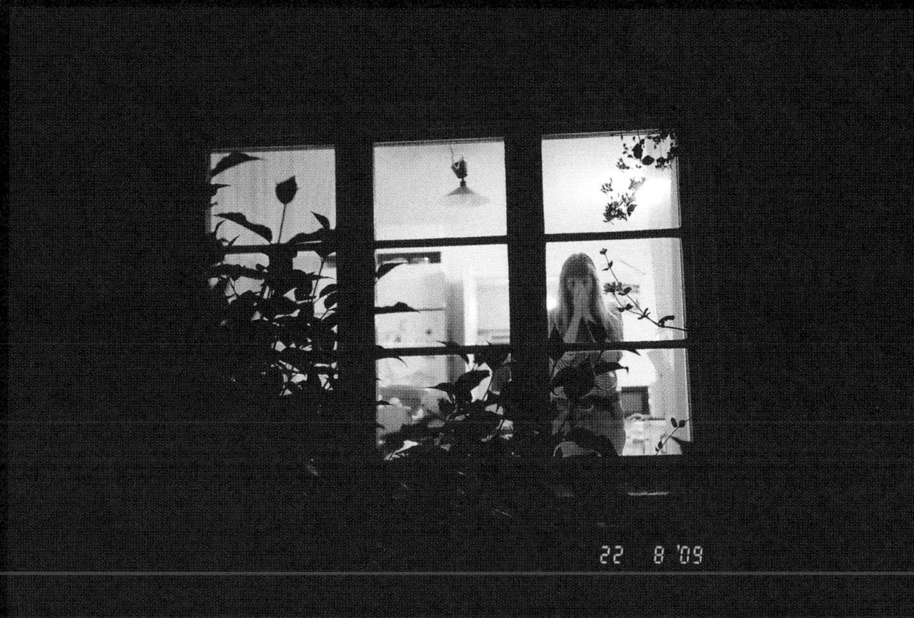
22 8 '09

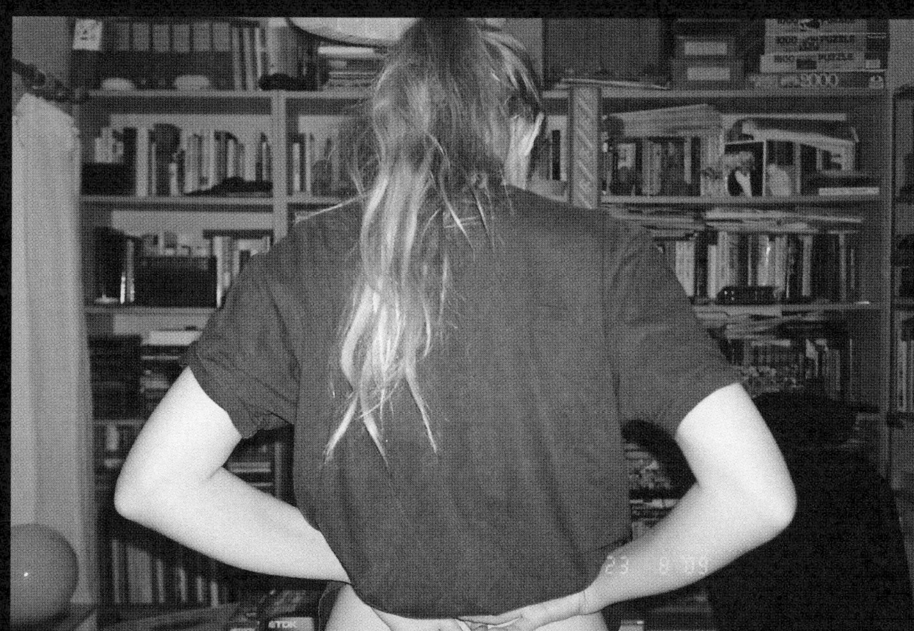
23 8 '09

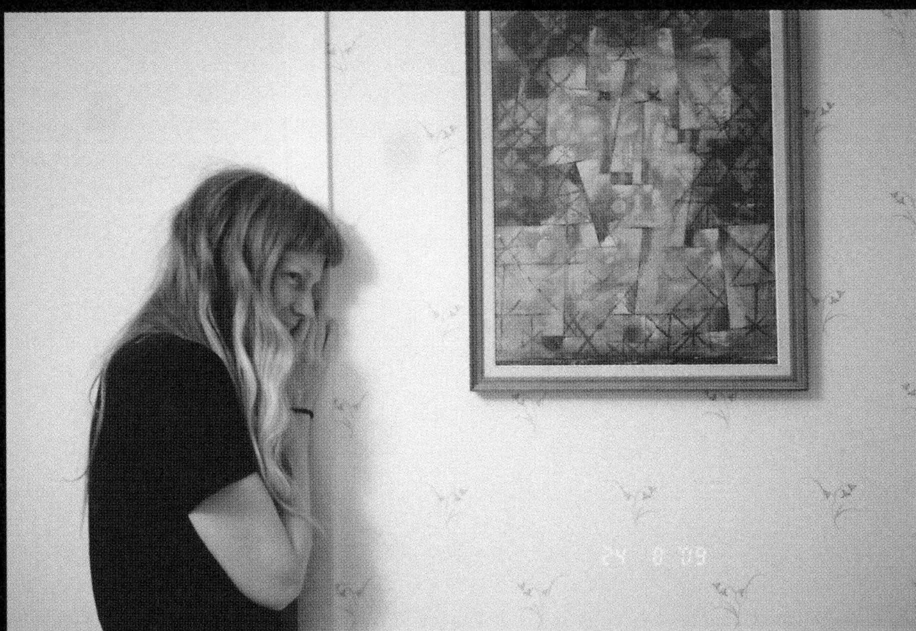
24 8 09

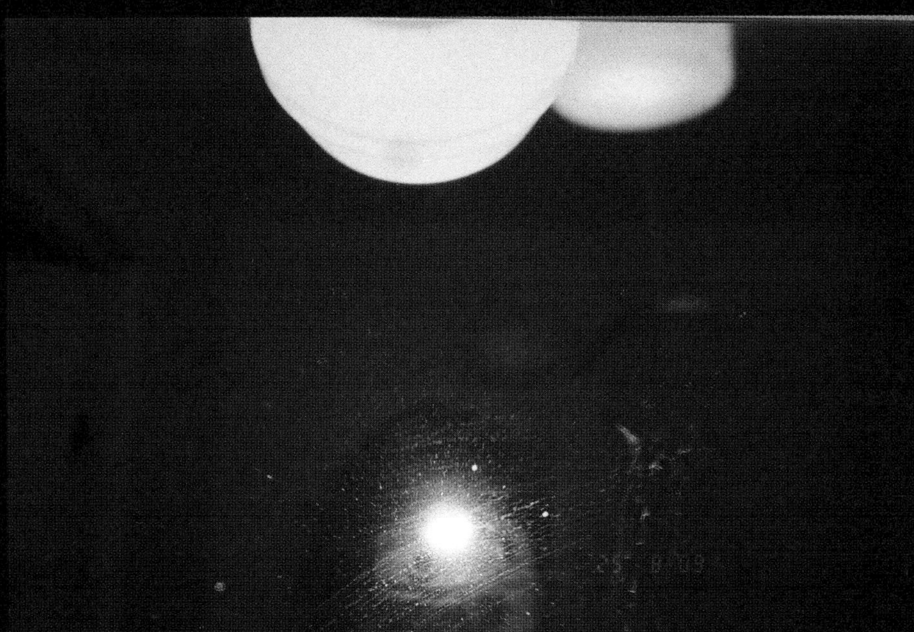

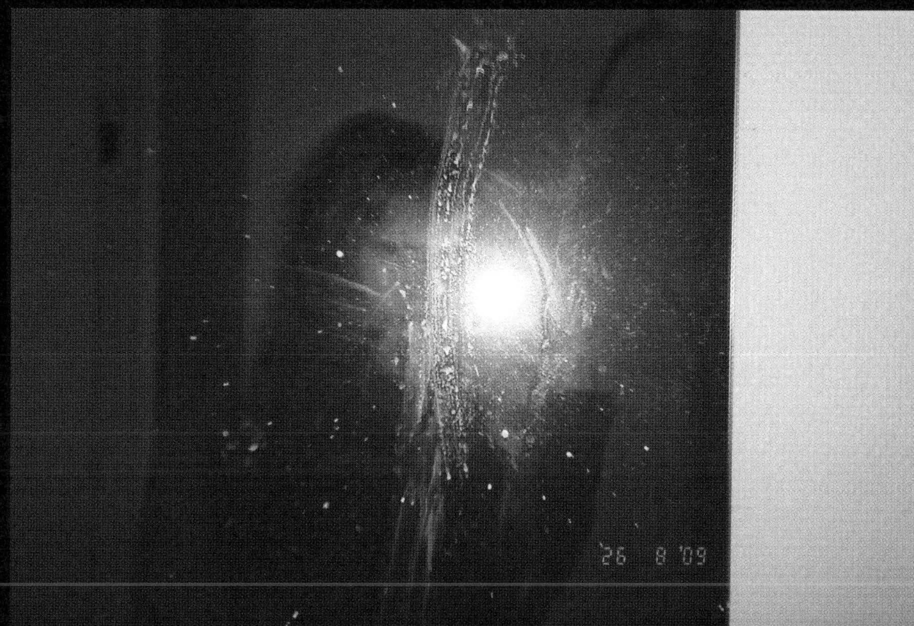
26 8 '09

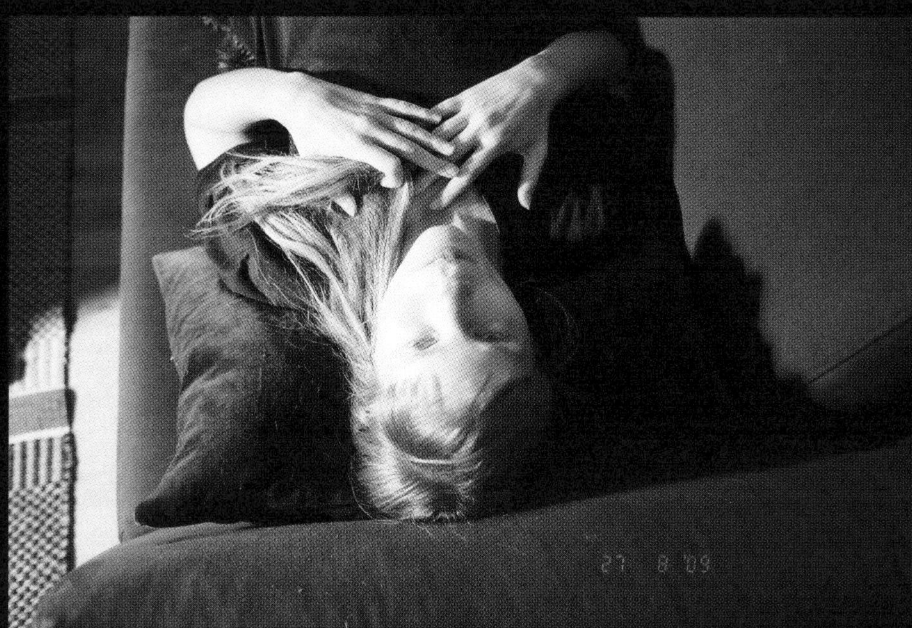
27 8 '09

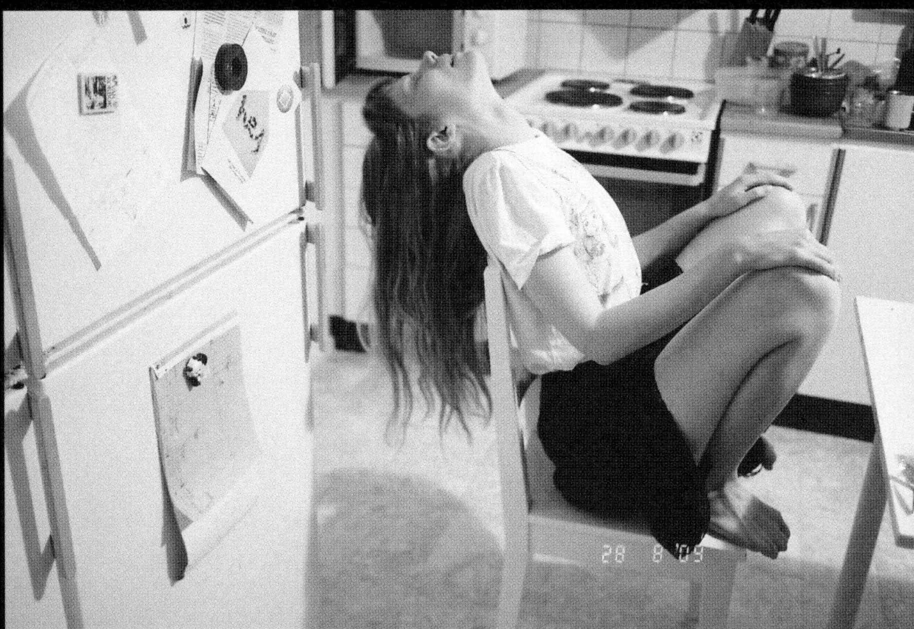
28 8 '09

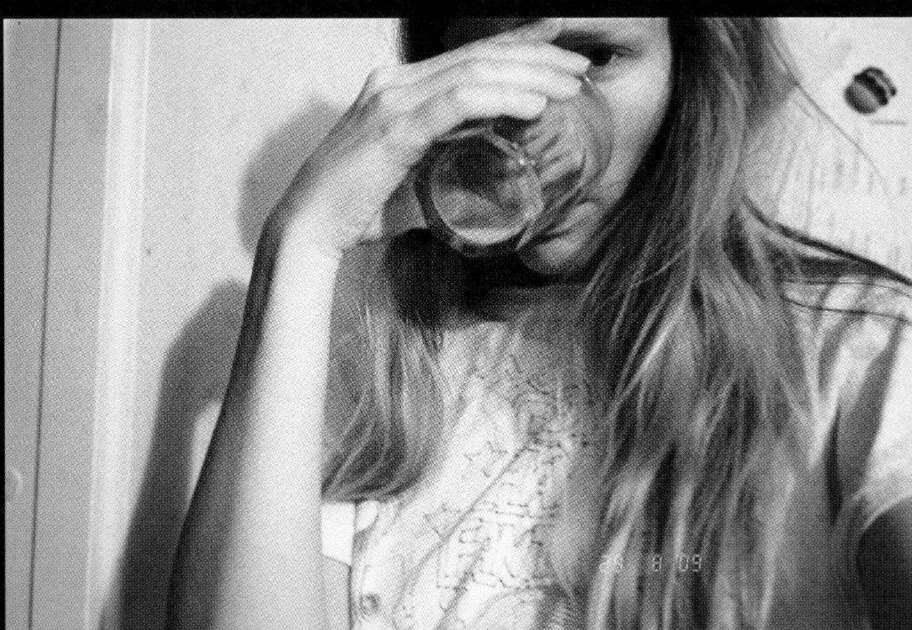
28 8 '09

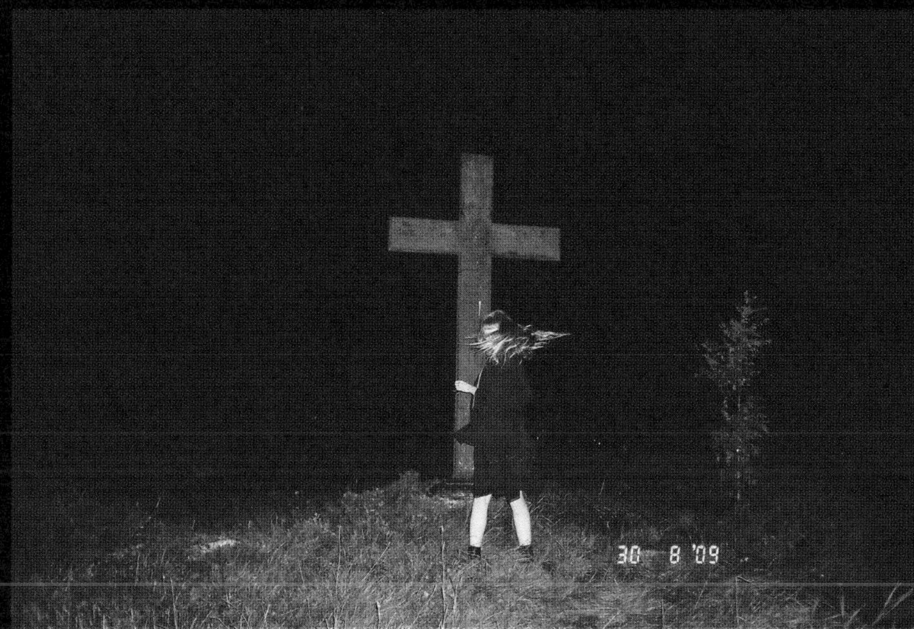
30 8 '09

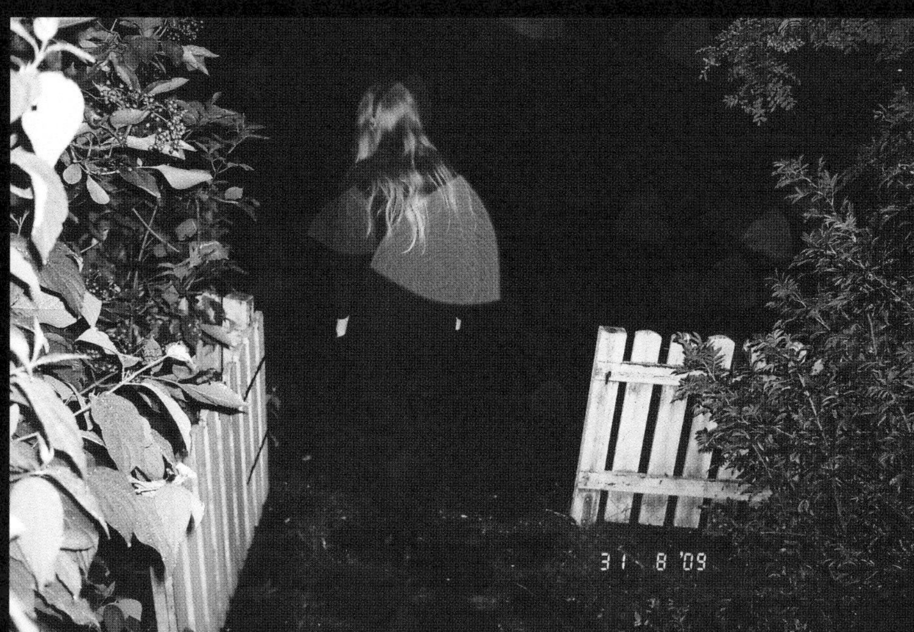
31 8 '09

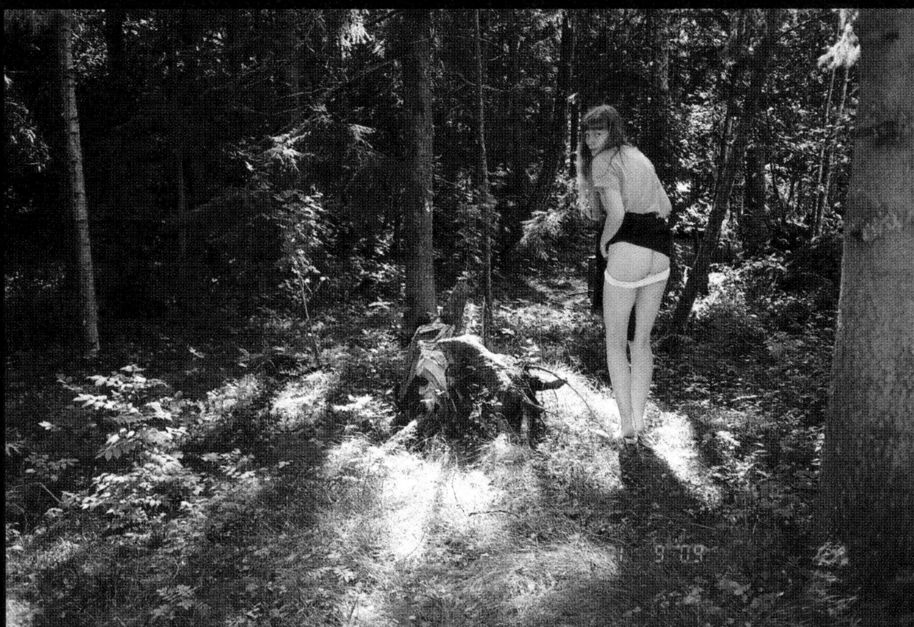

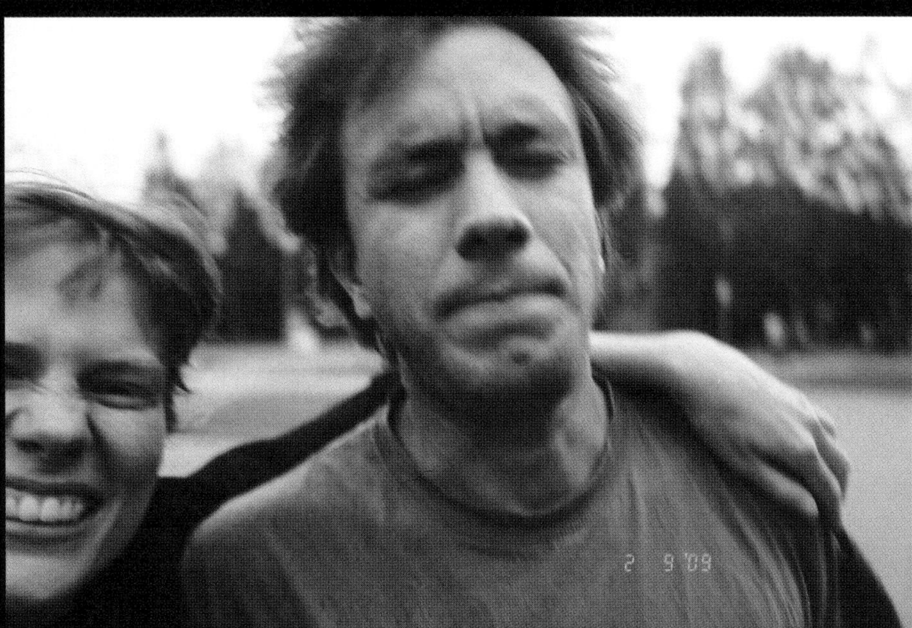
2 9 '09

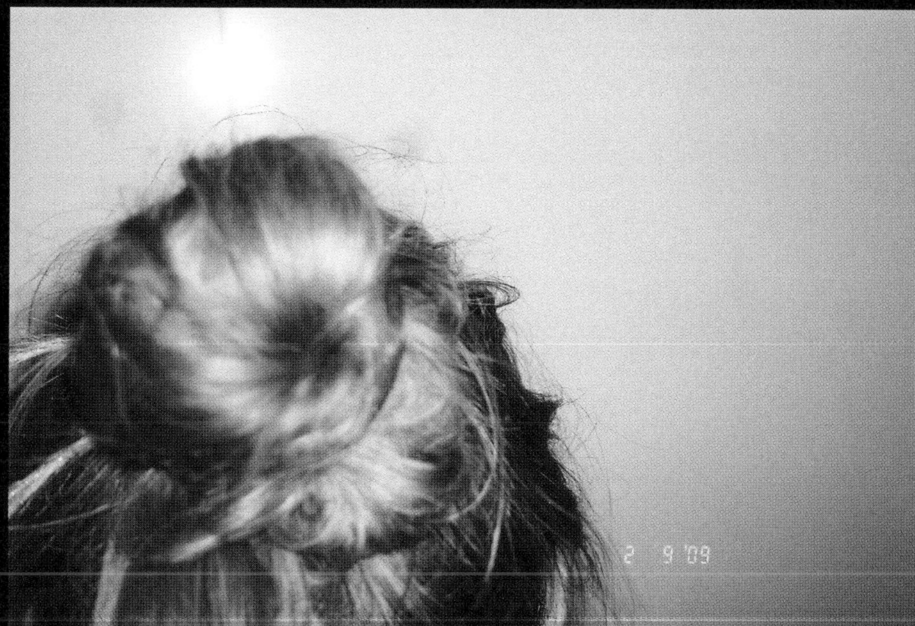
2 9 '09

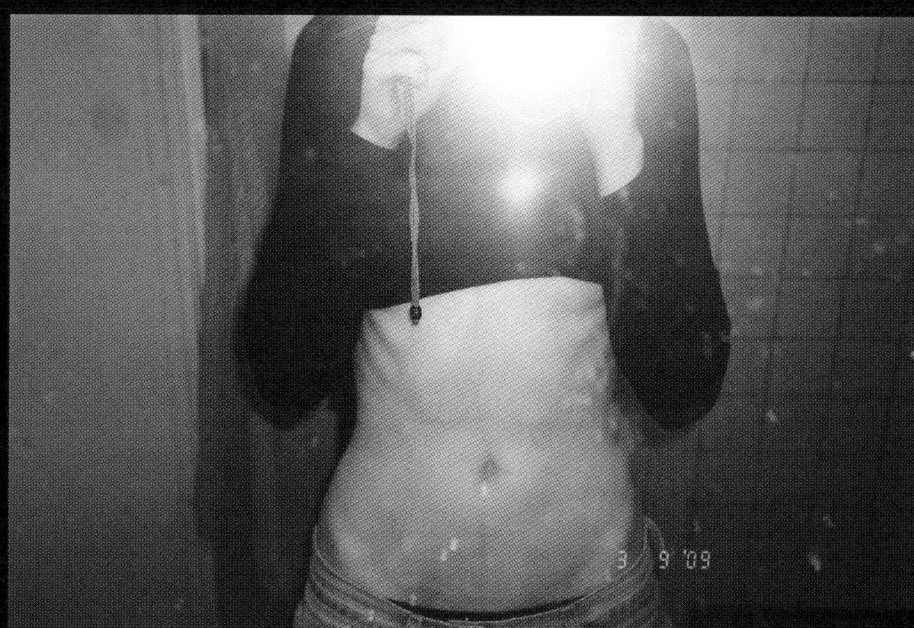
3 9 '09

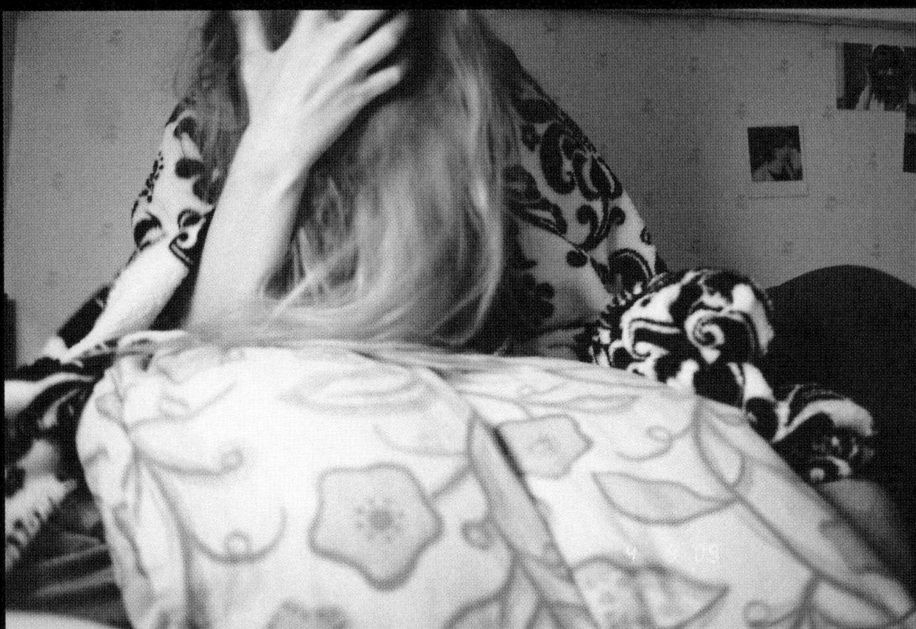

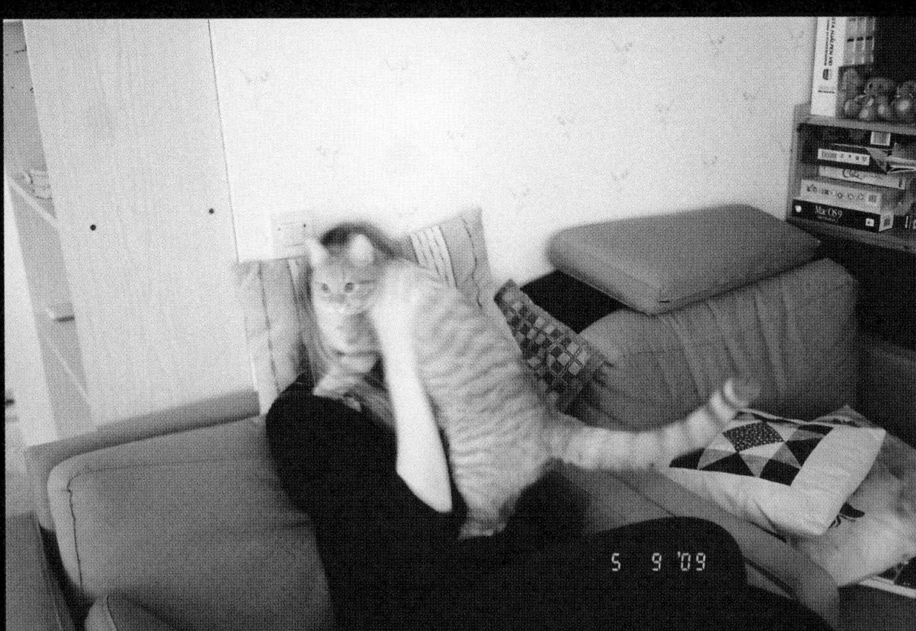
5 9 '09

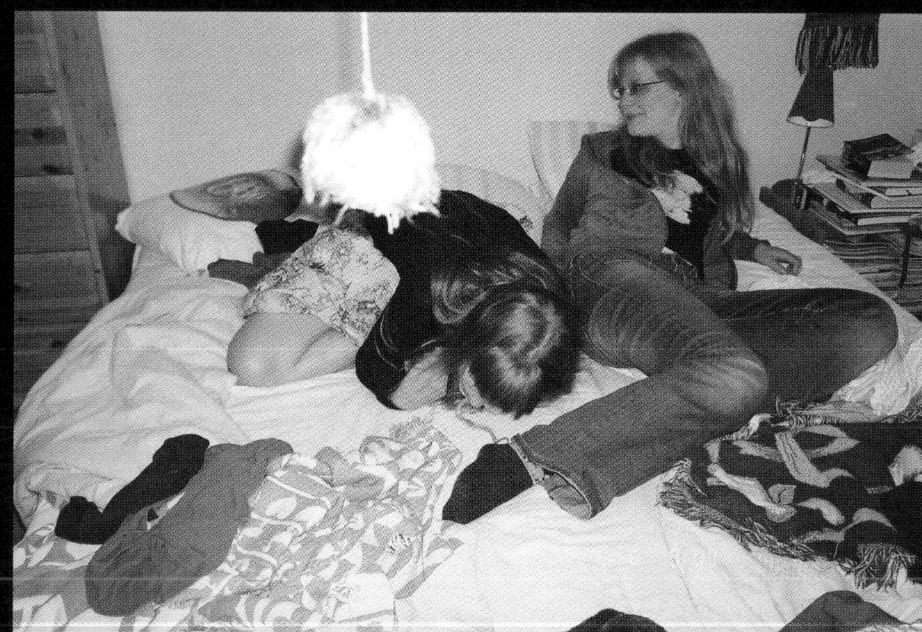

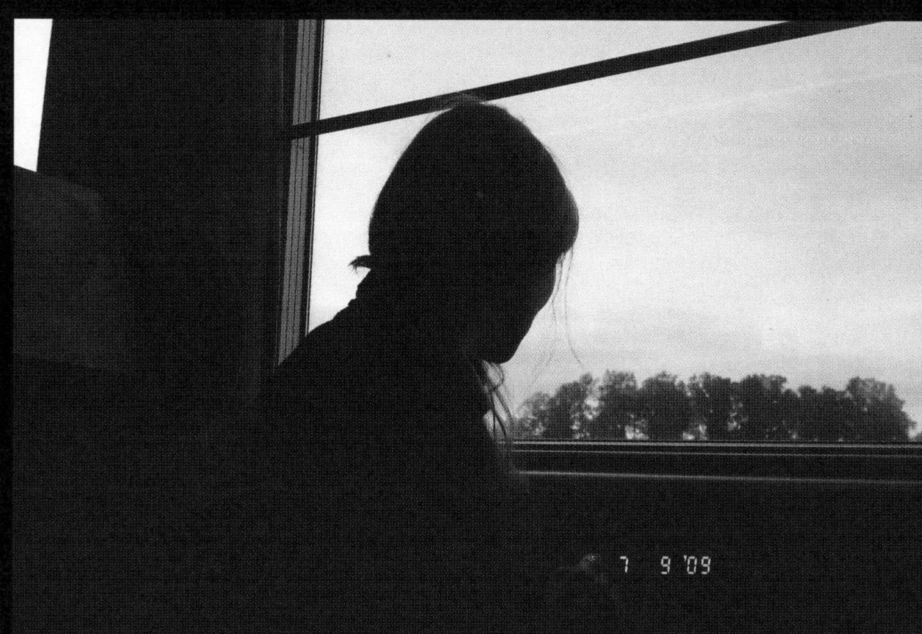
7 9 '09

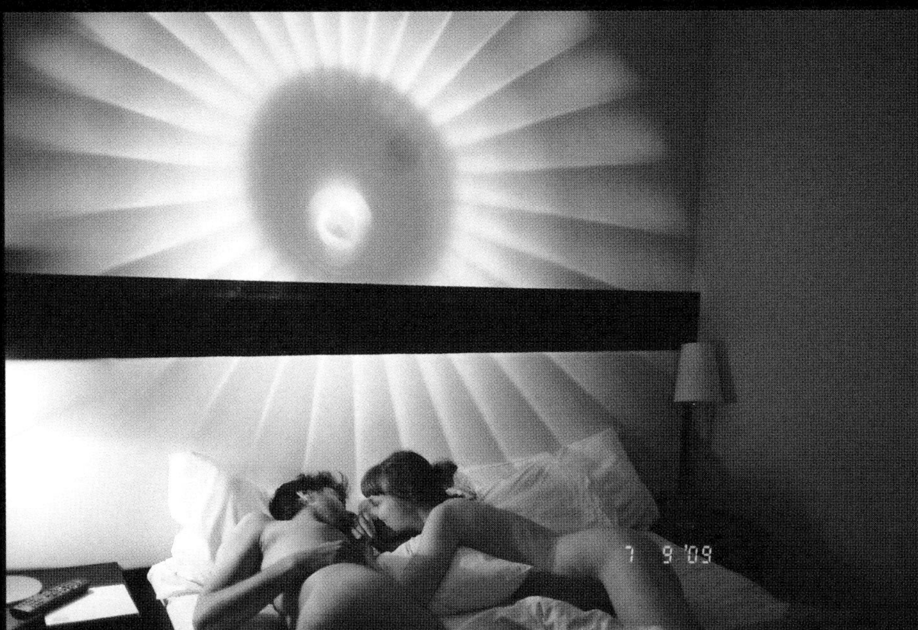
7 9 '09

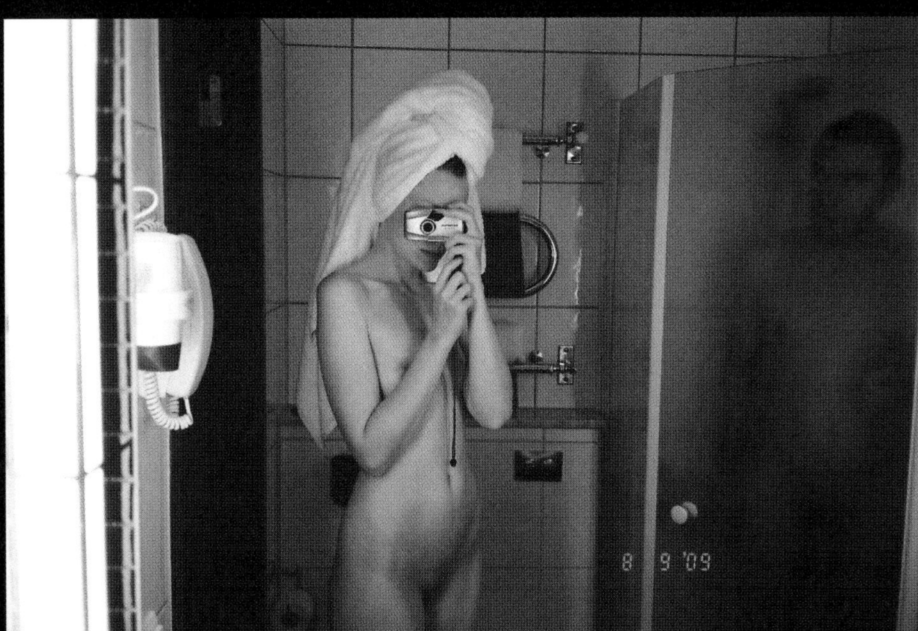
8 9 '09

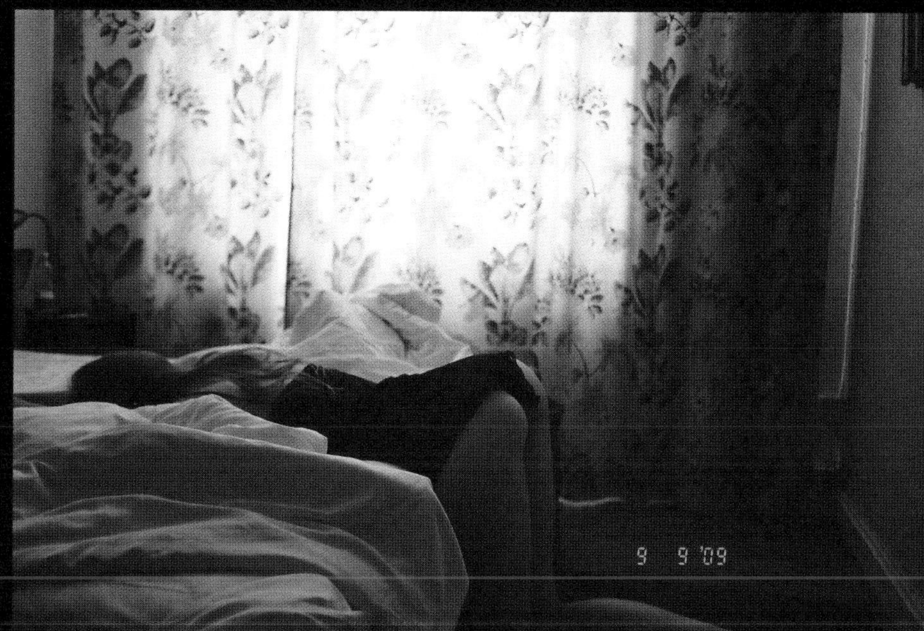
9 9 '09

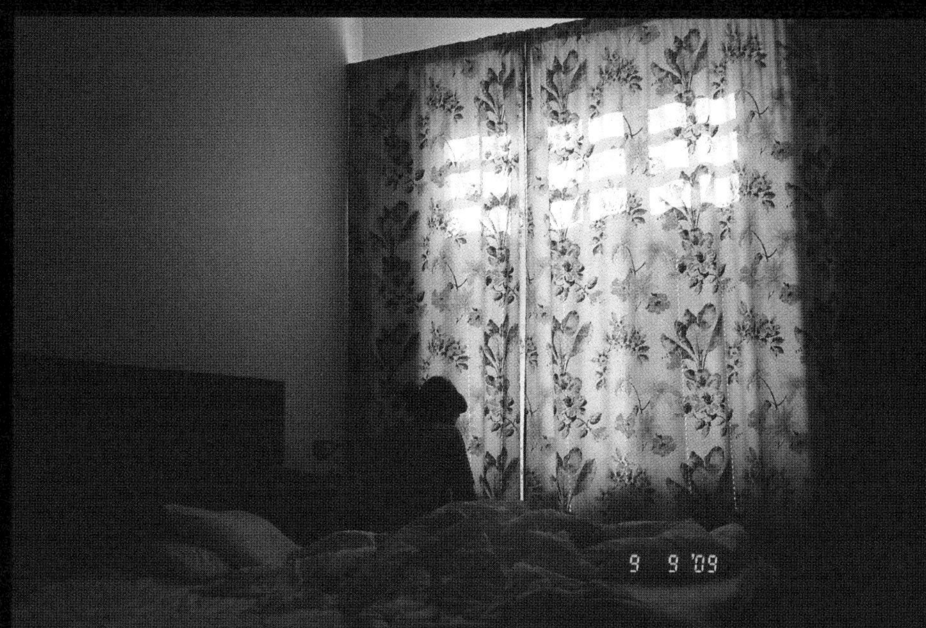
9 9 '09

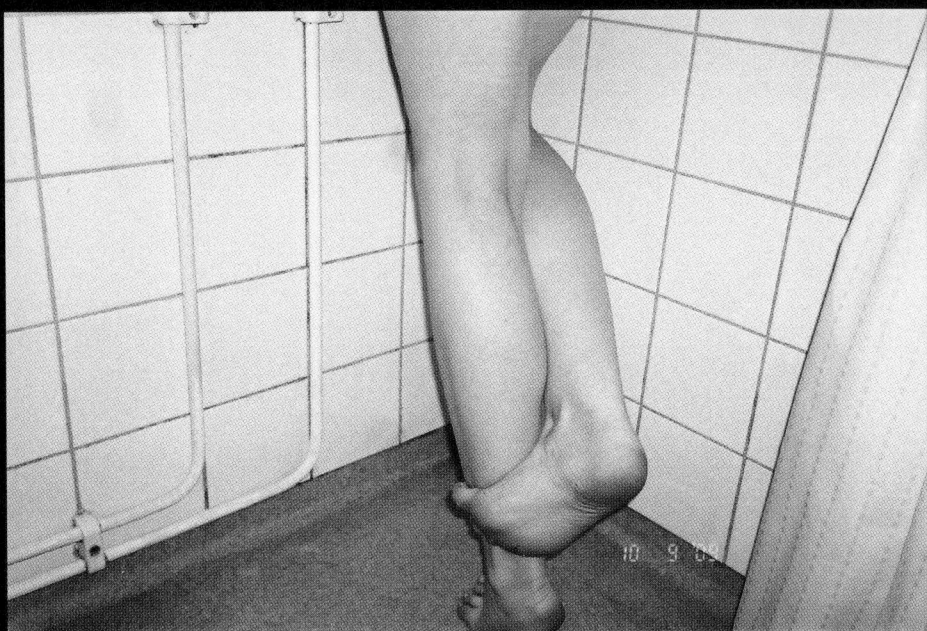
10 9 '09

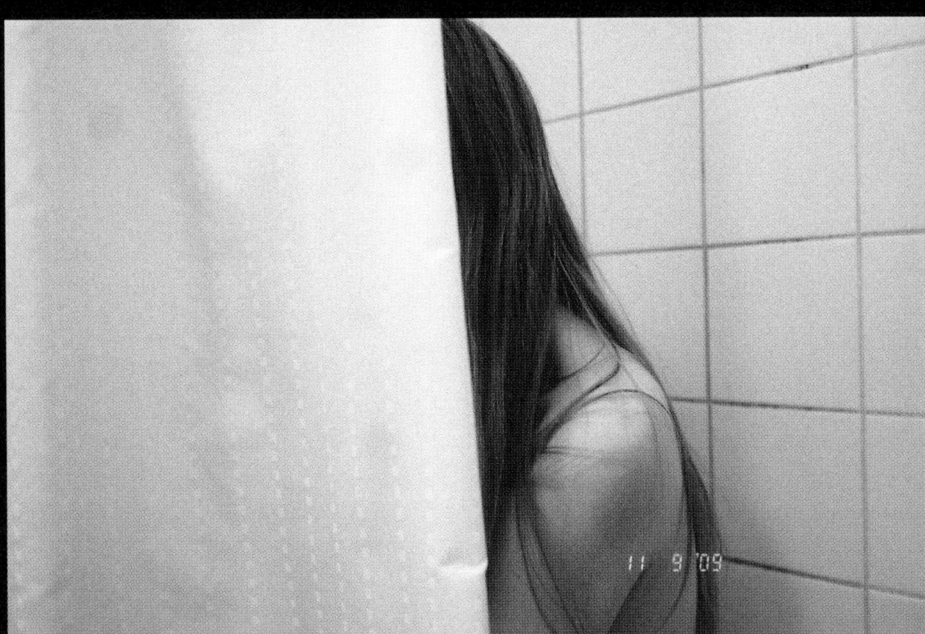
11 9 '09

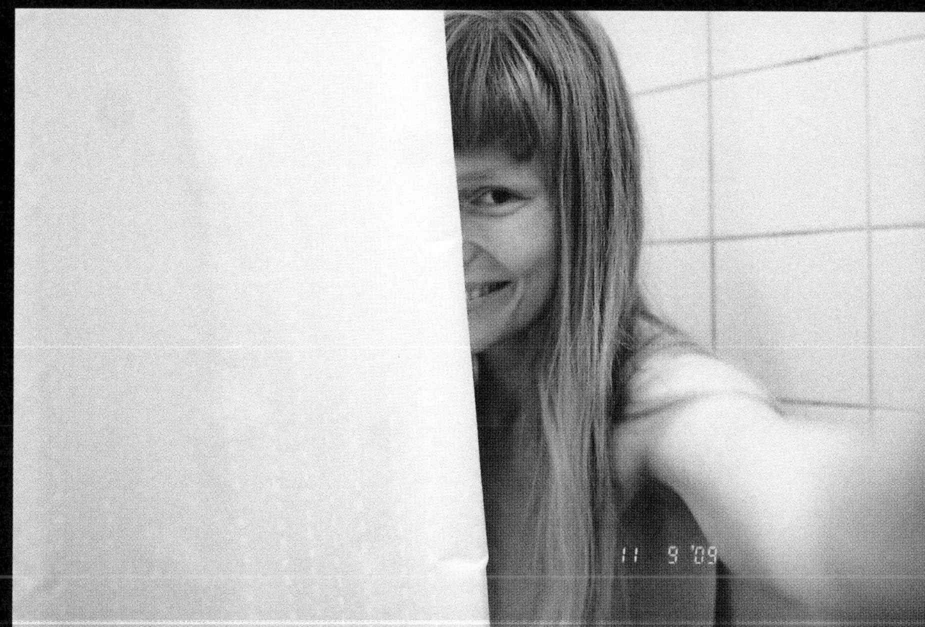
11 9 '09

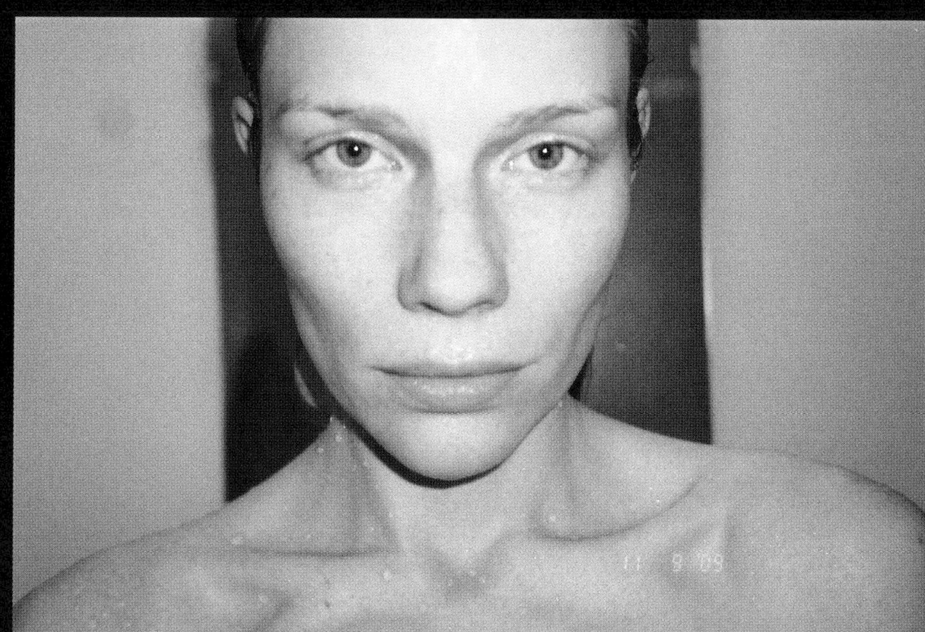
11 9 '09

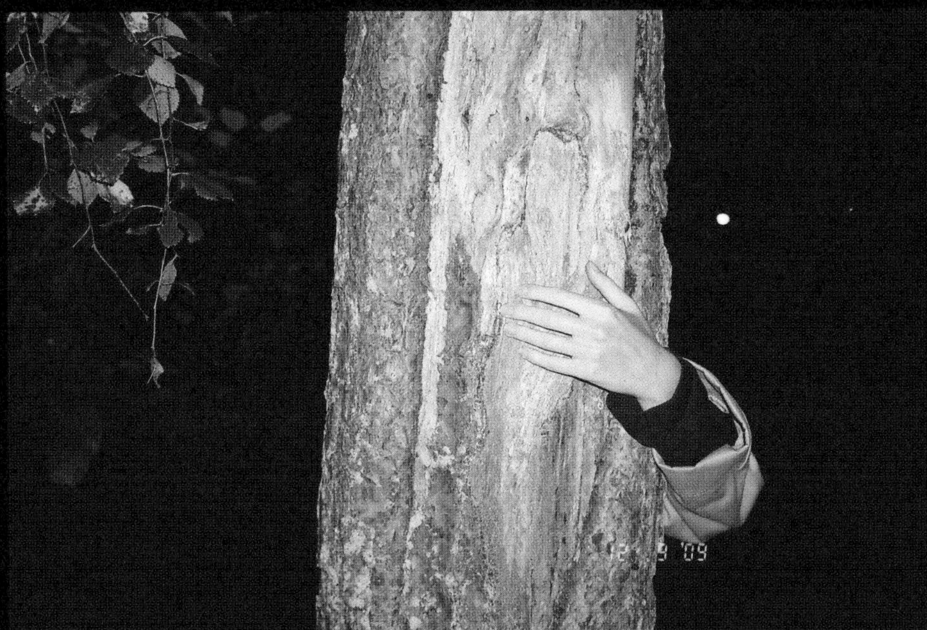

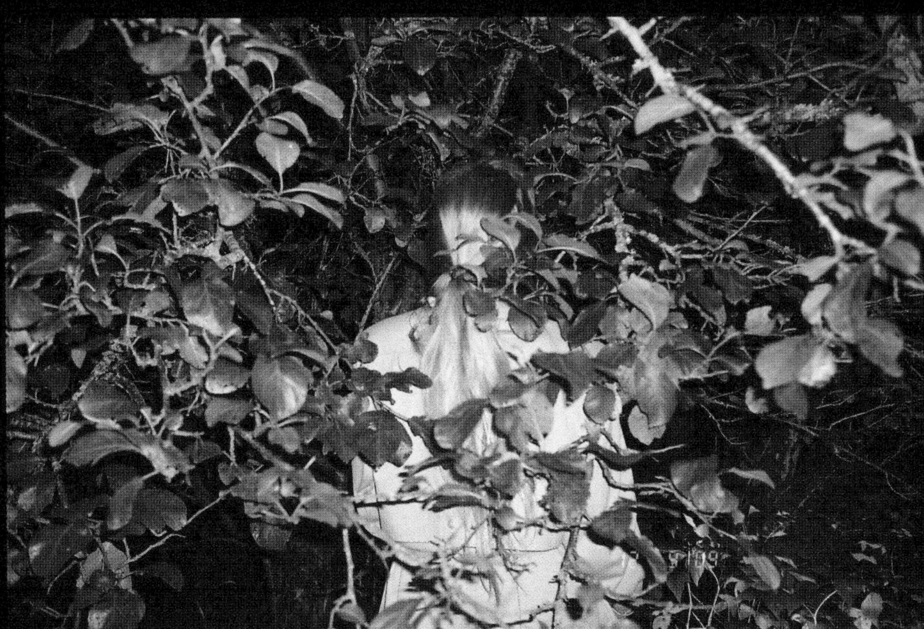

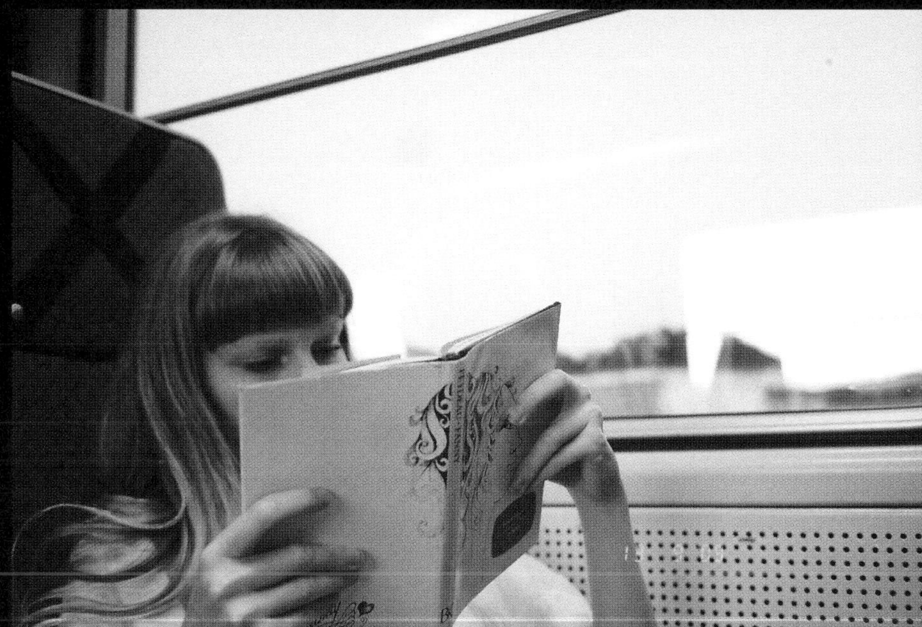

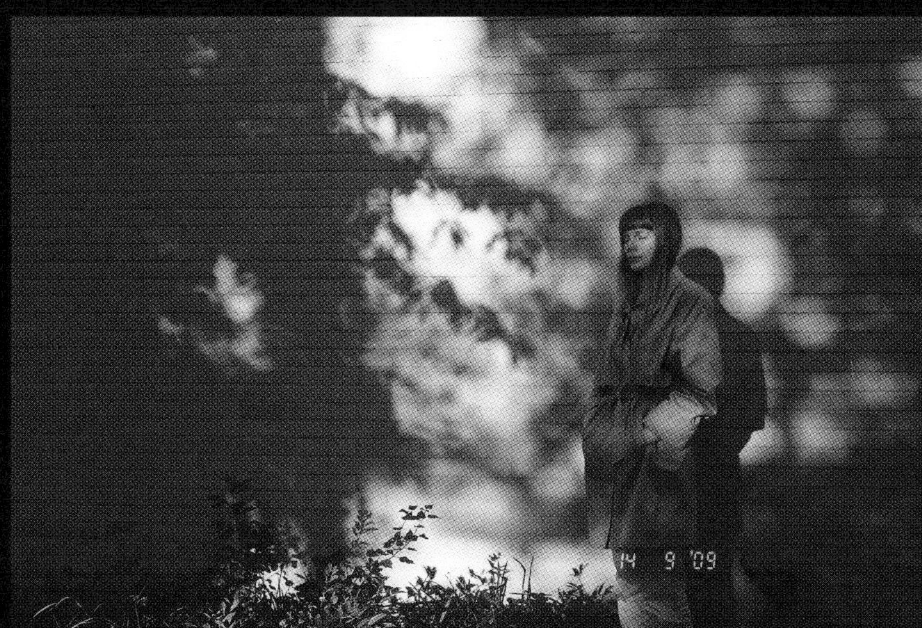
14 9 '09

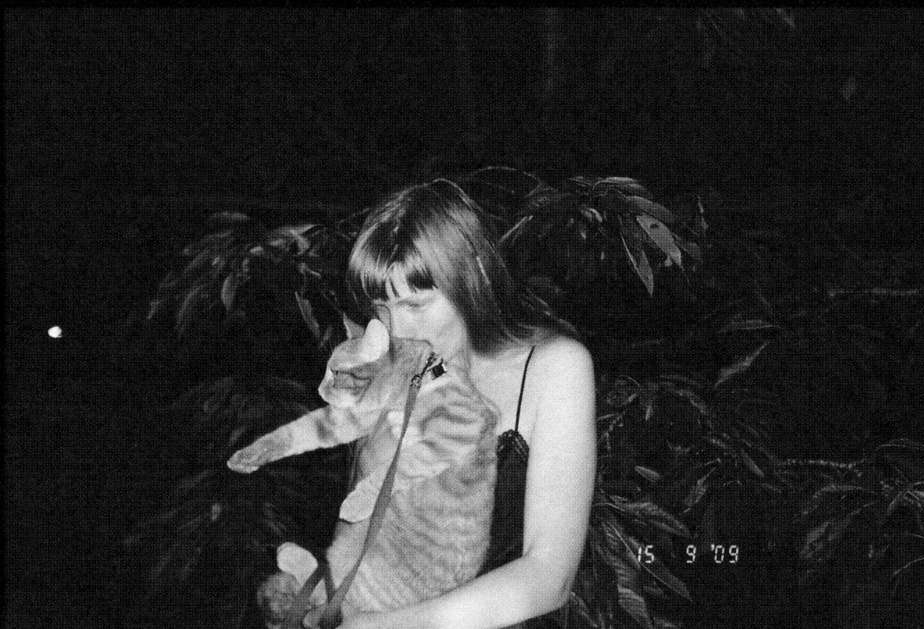
15 9 '09

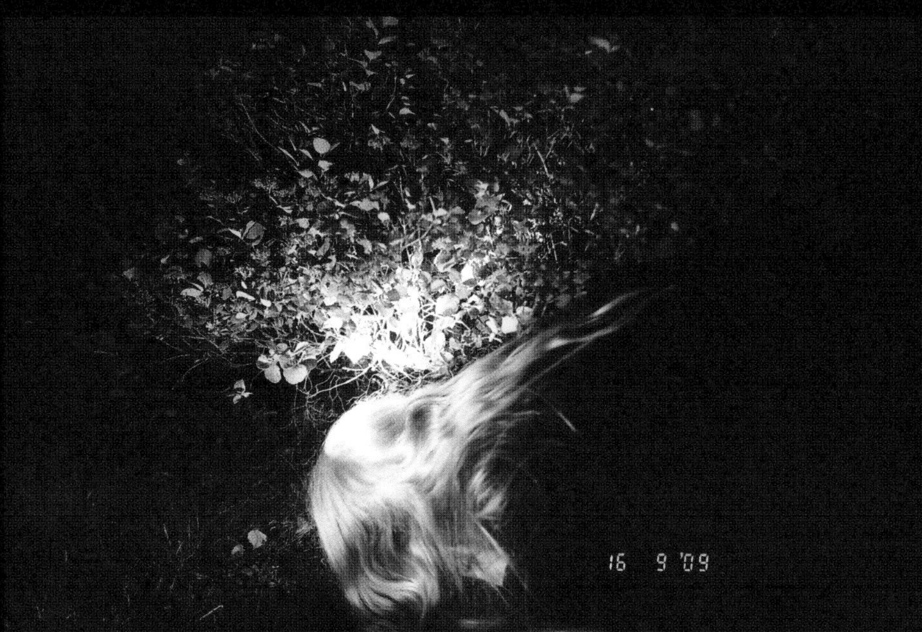
16 9 '09

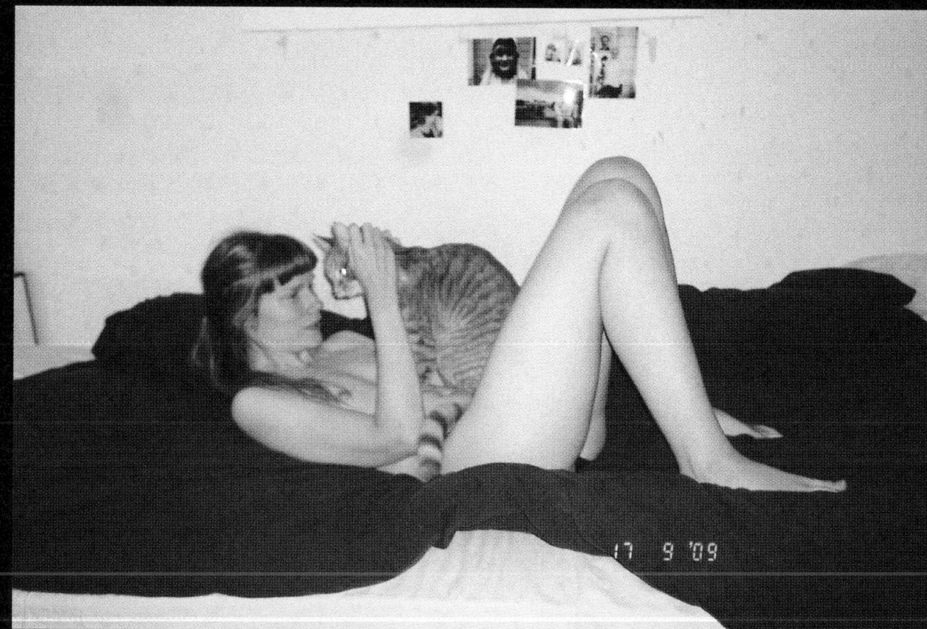
17 9 '09

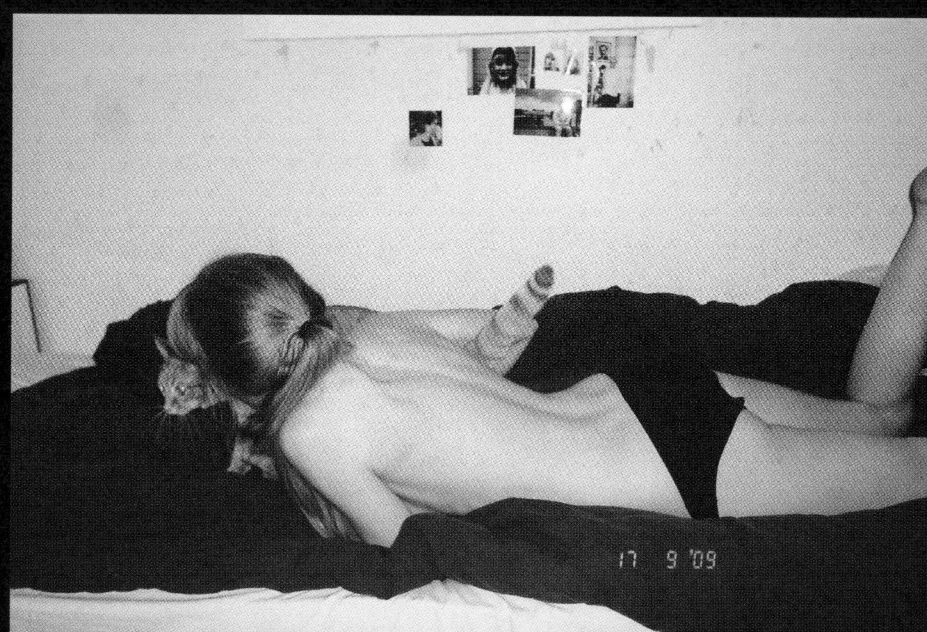
17 9 '09

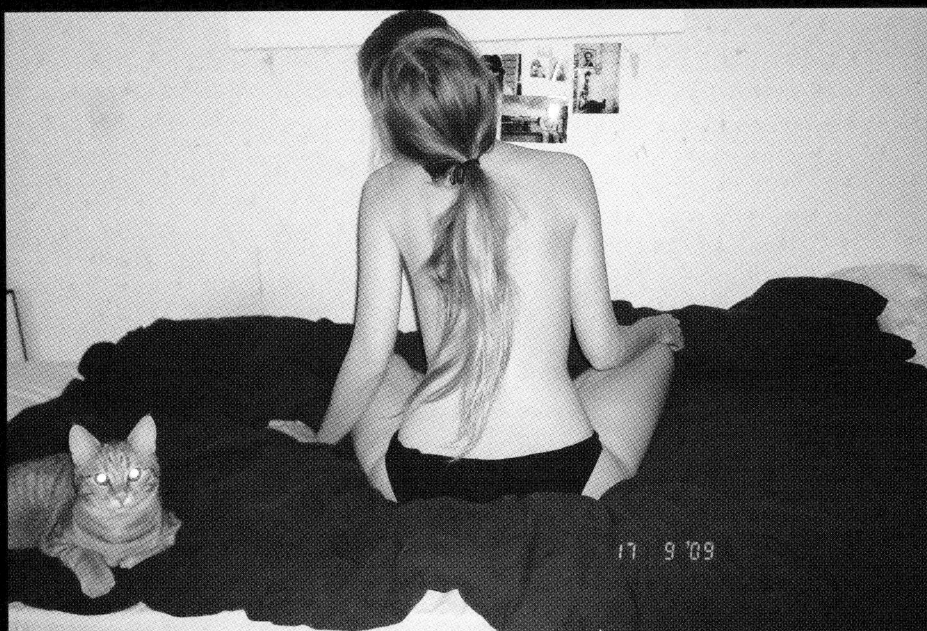
17 9 '09

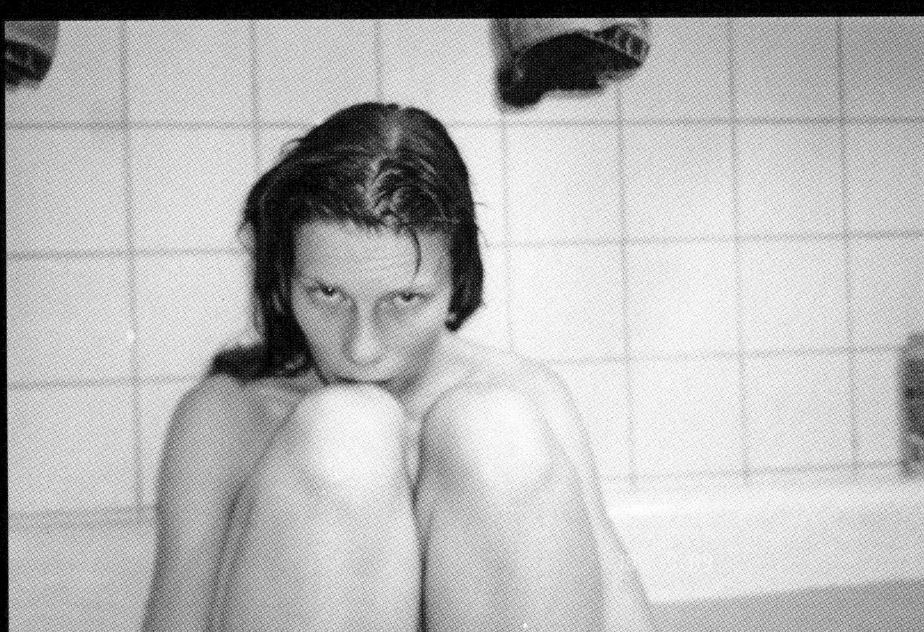

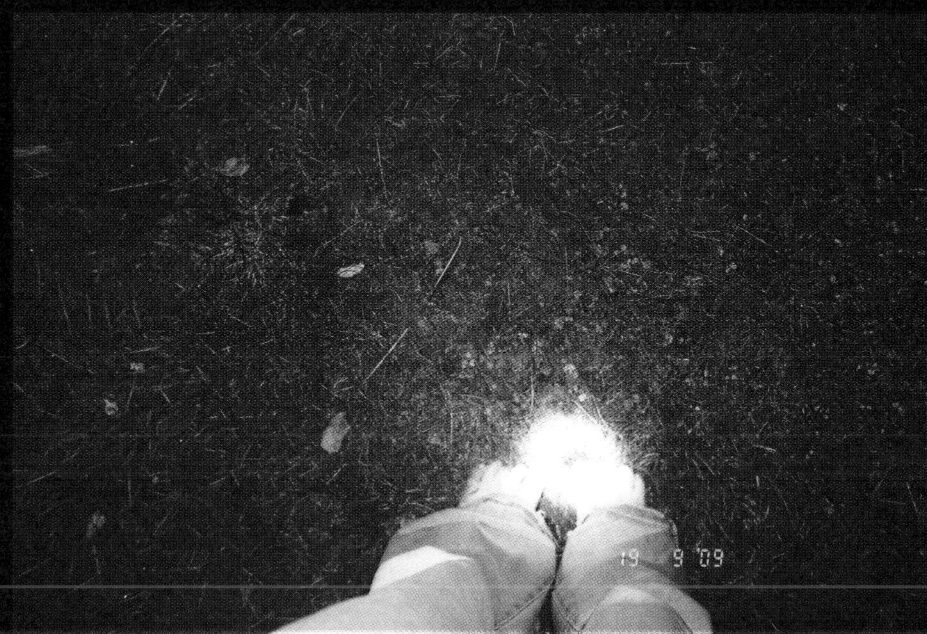

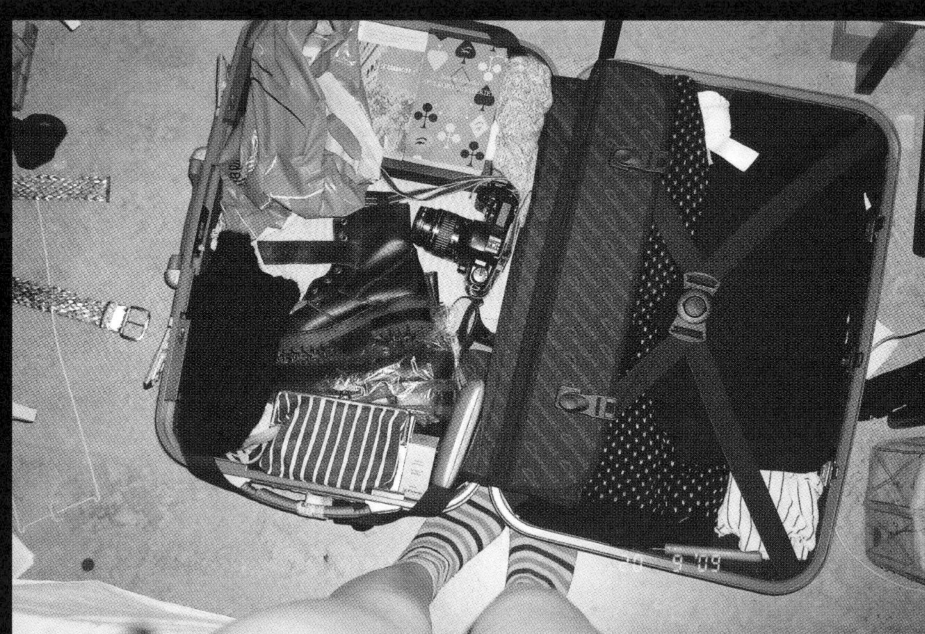

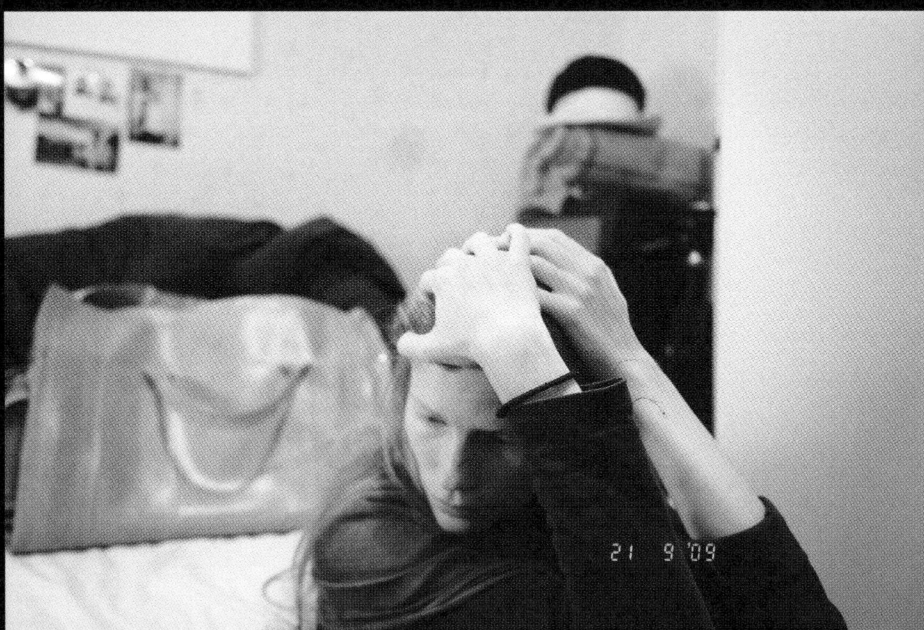
21 9 '09

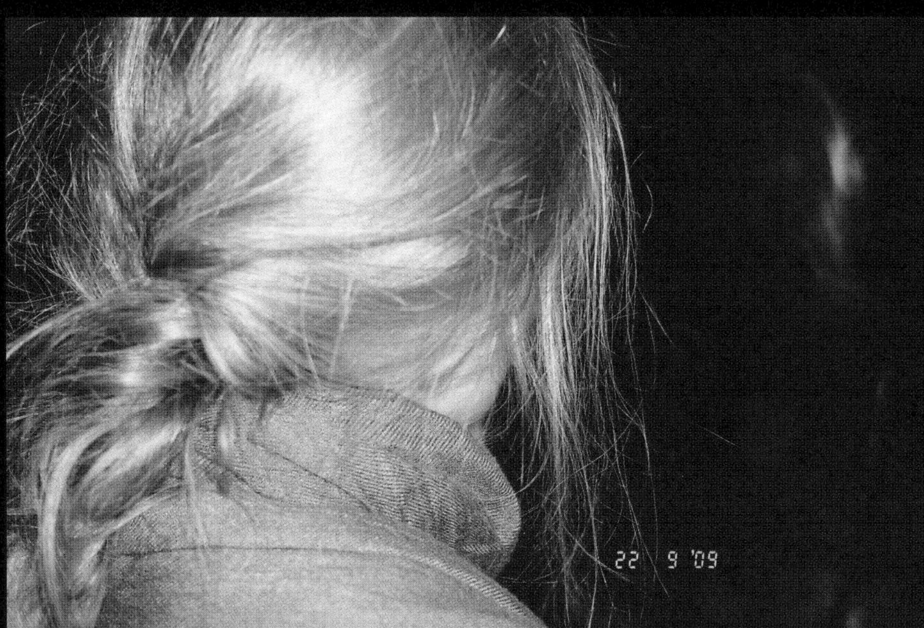
22 9 '09

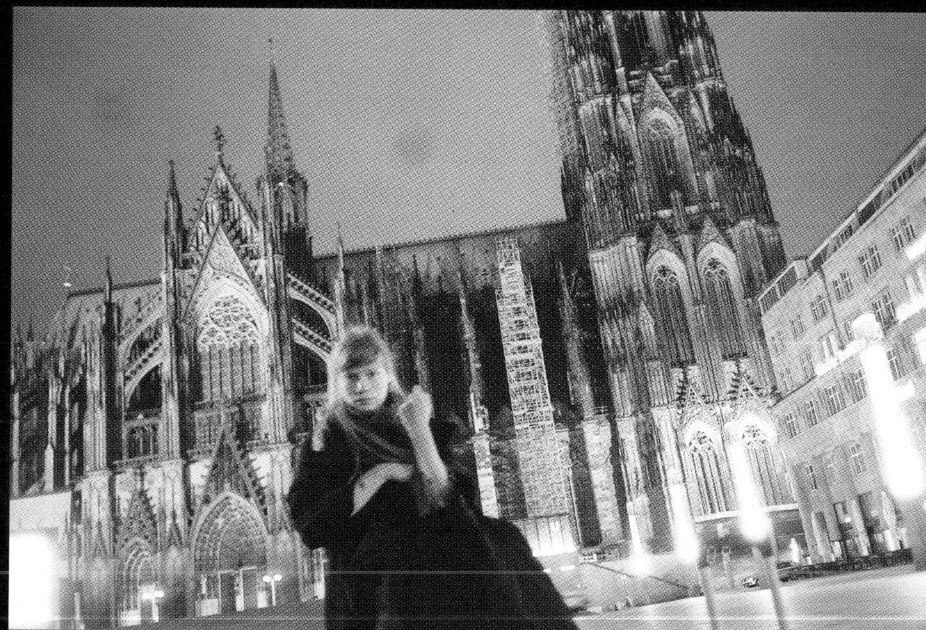

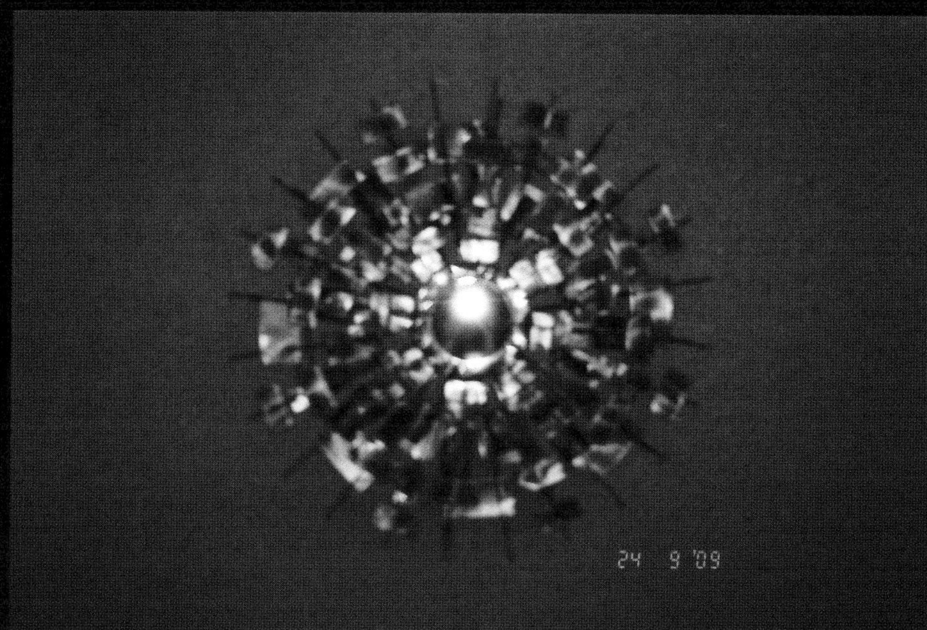
24 9 '09

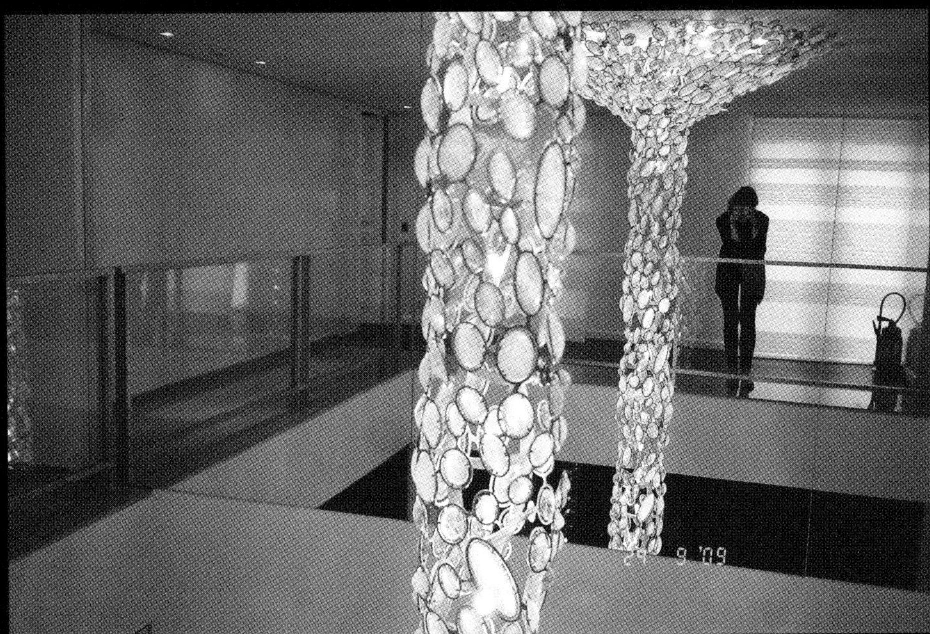
24 9 '09

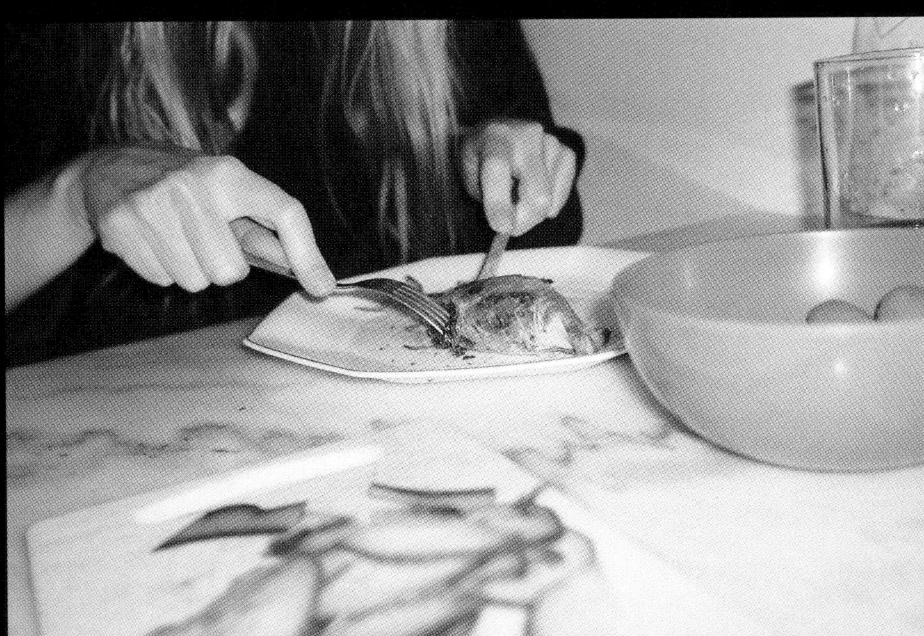

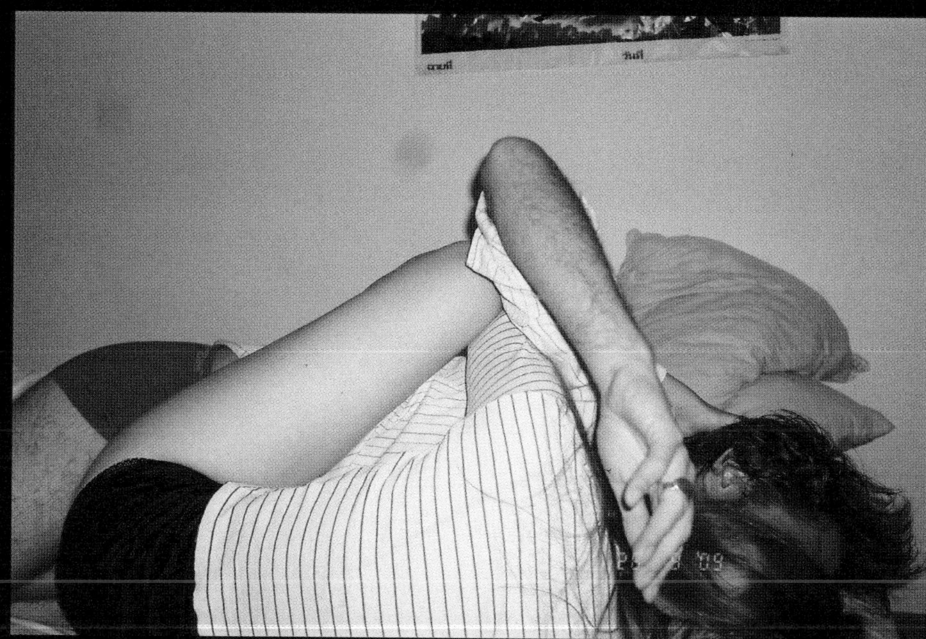

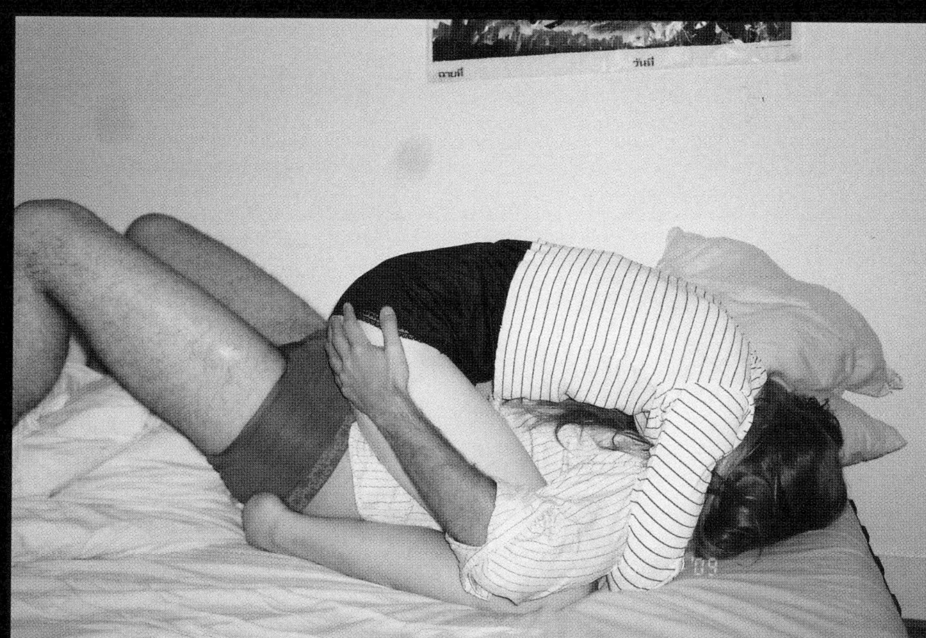

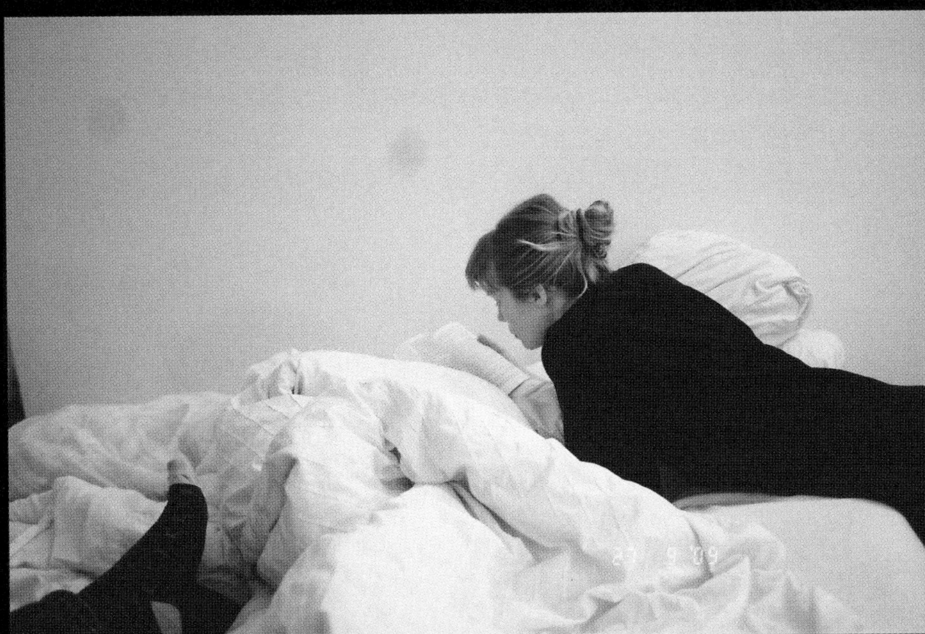

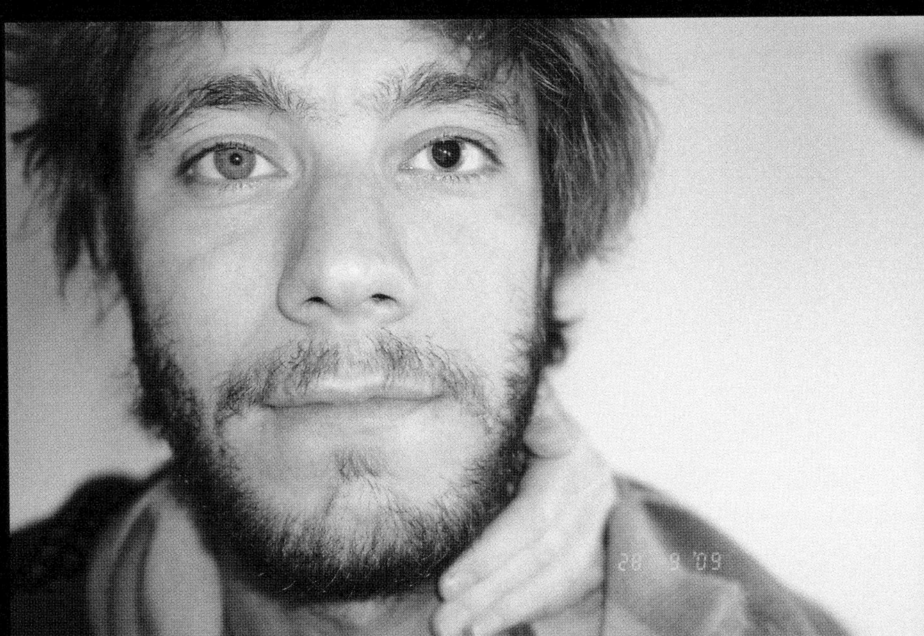

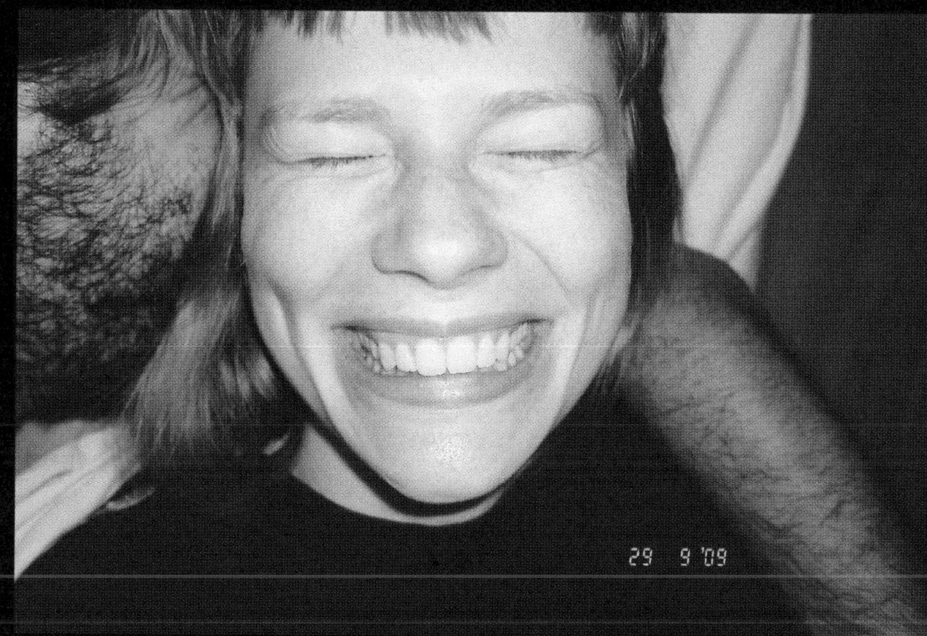
29 9 '09

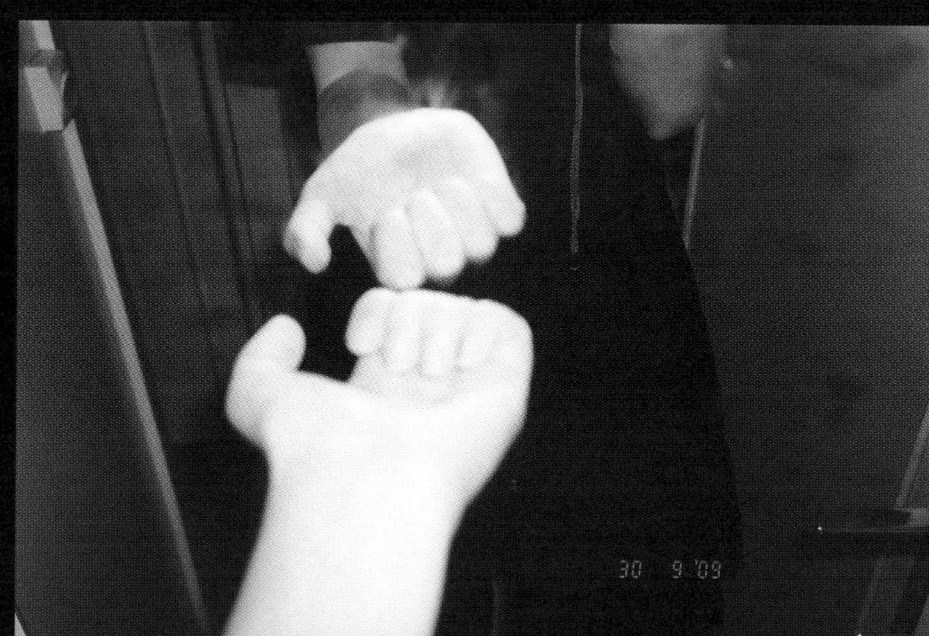
30 9 '09

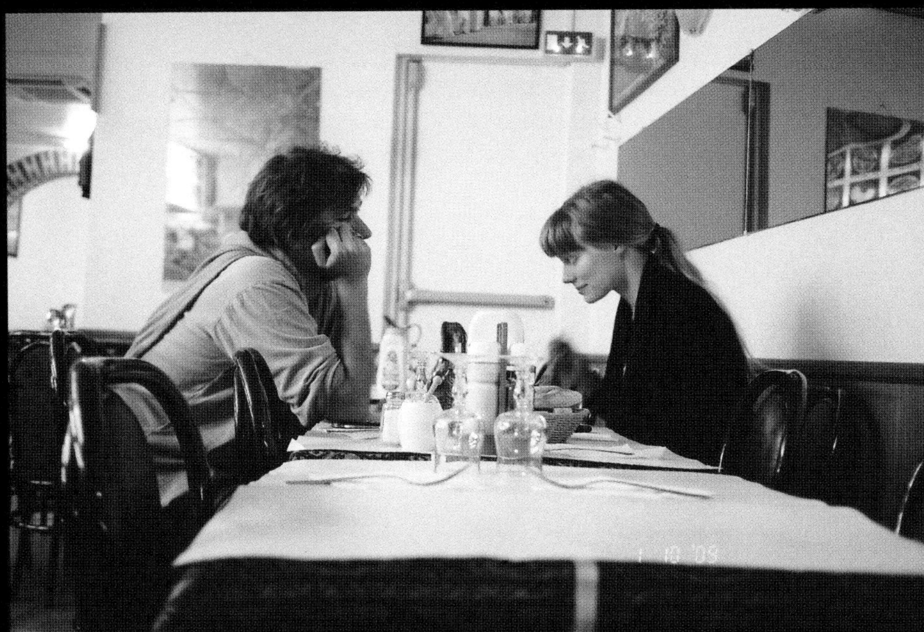
1 10 '09

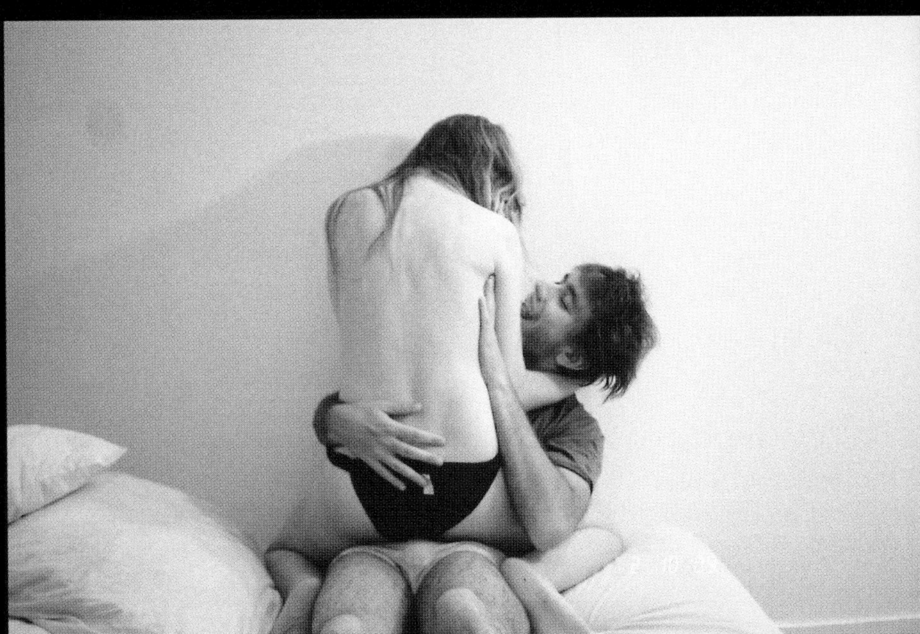

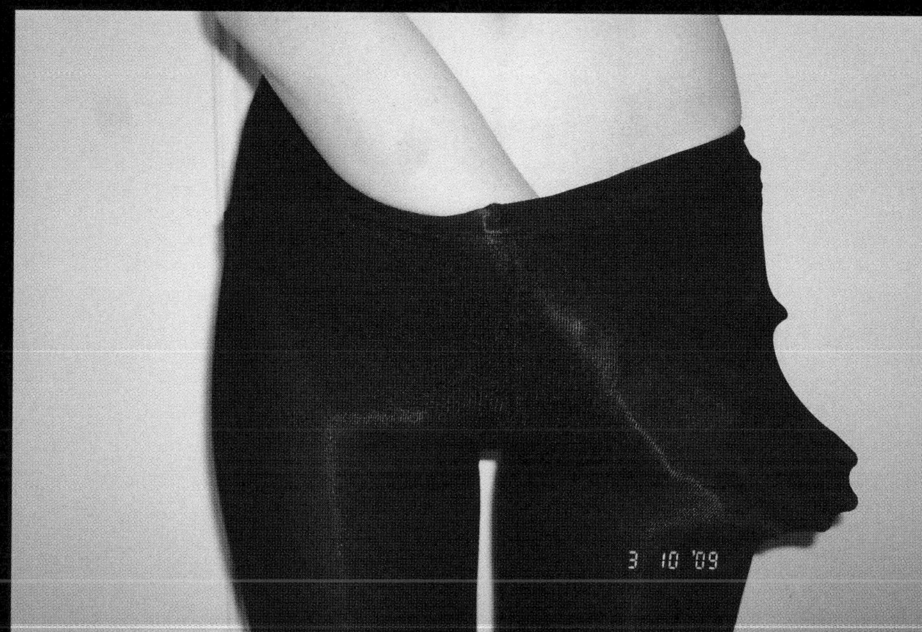
3 10 '09

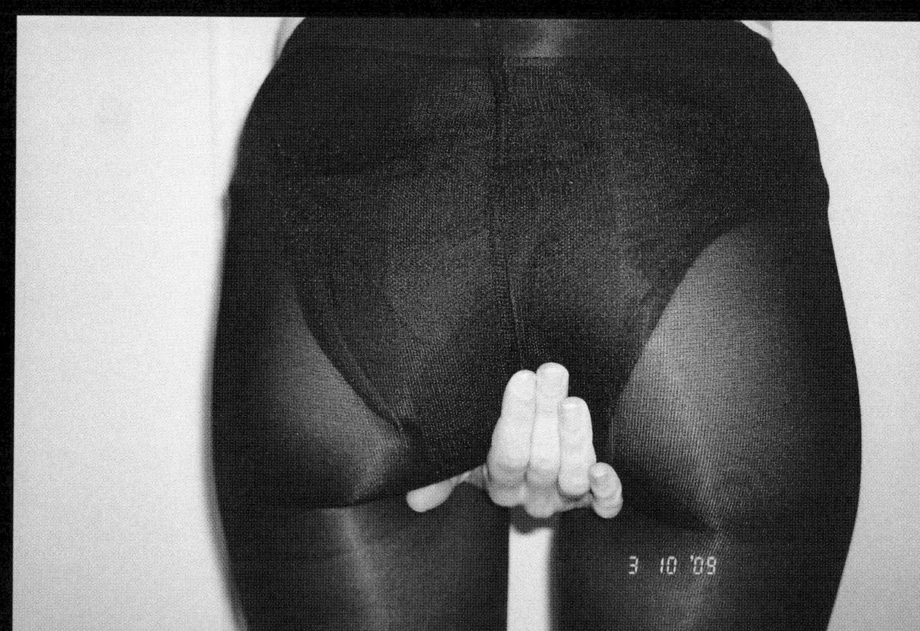
3 10 '09

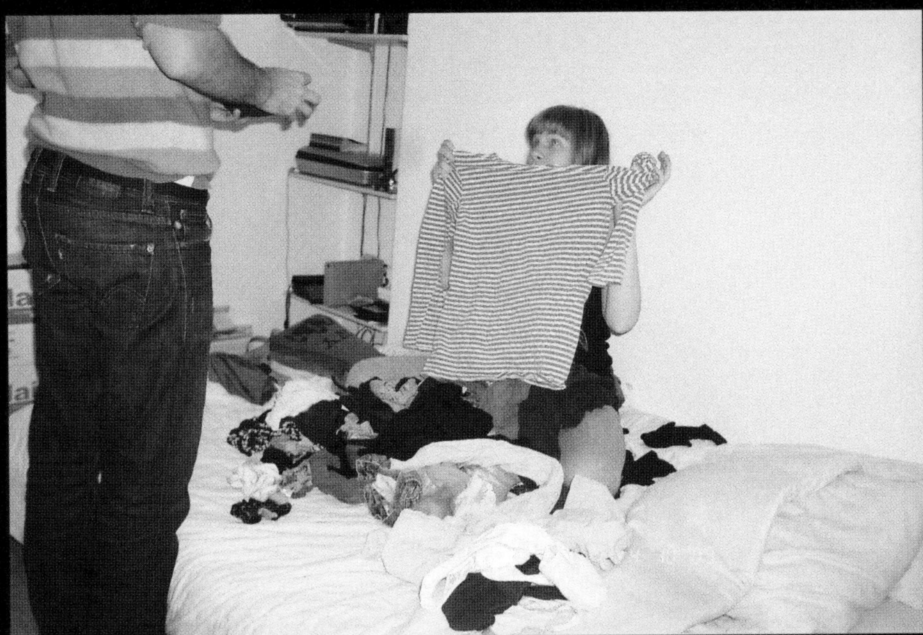

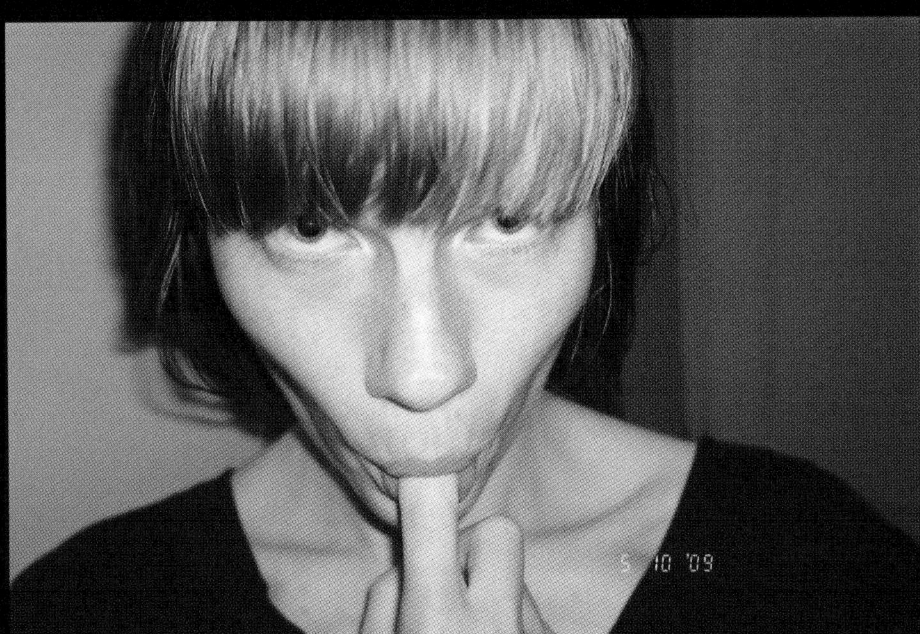
5 10 '09

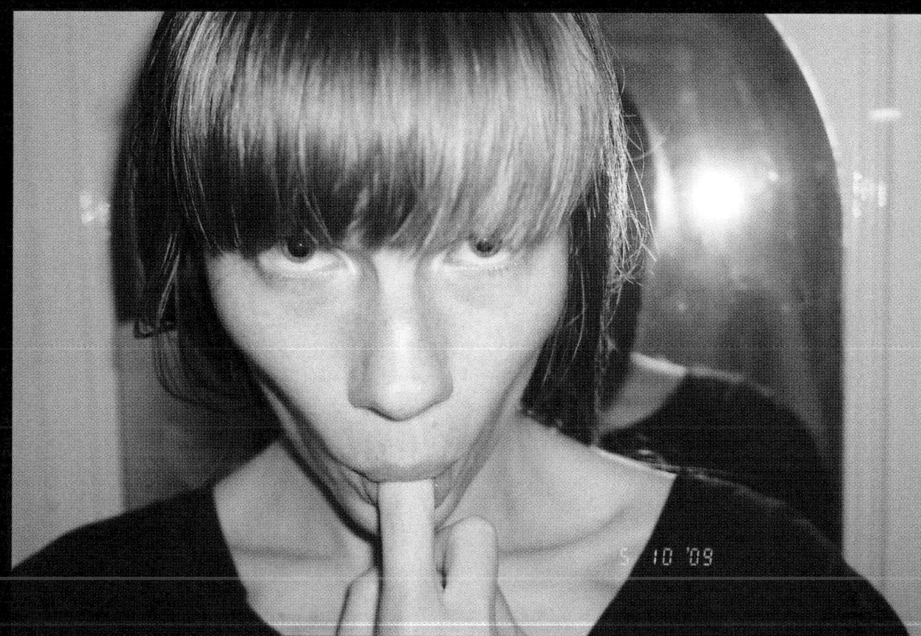
5 10 '09

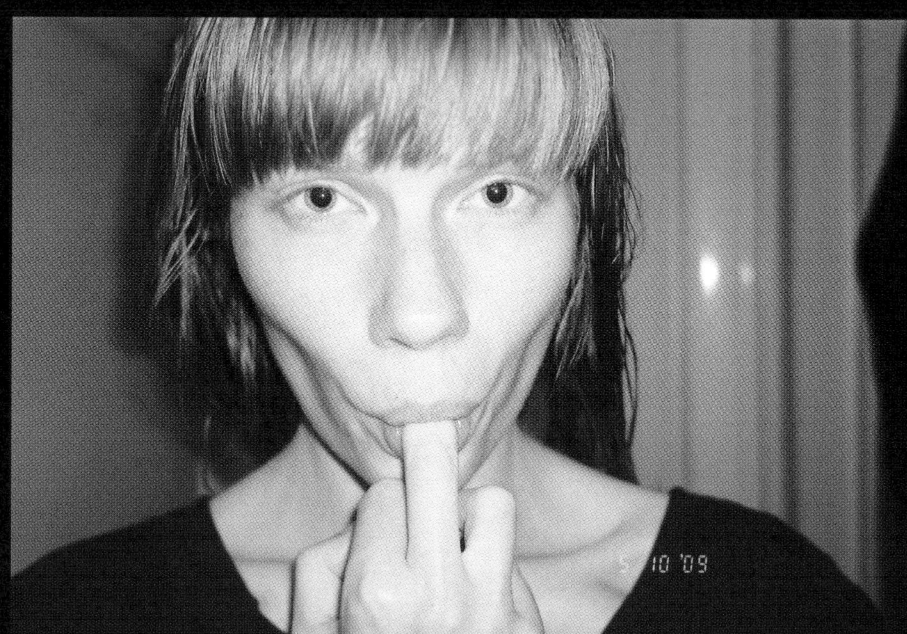
5 10 '09

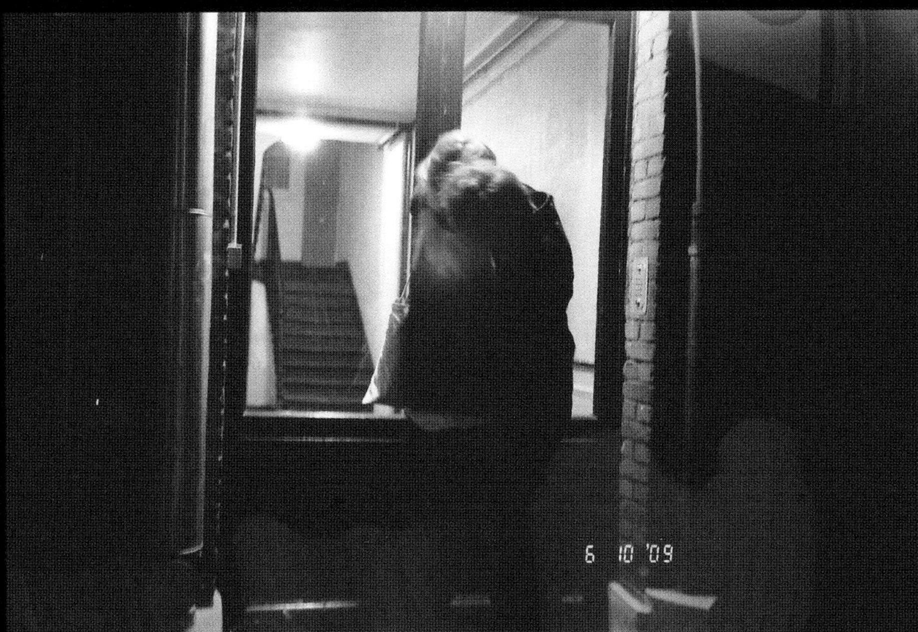
6 10 '09

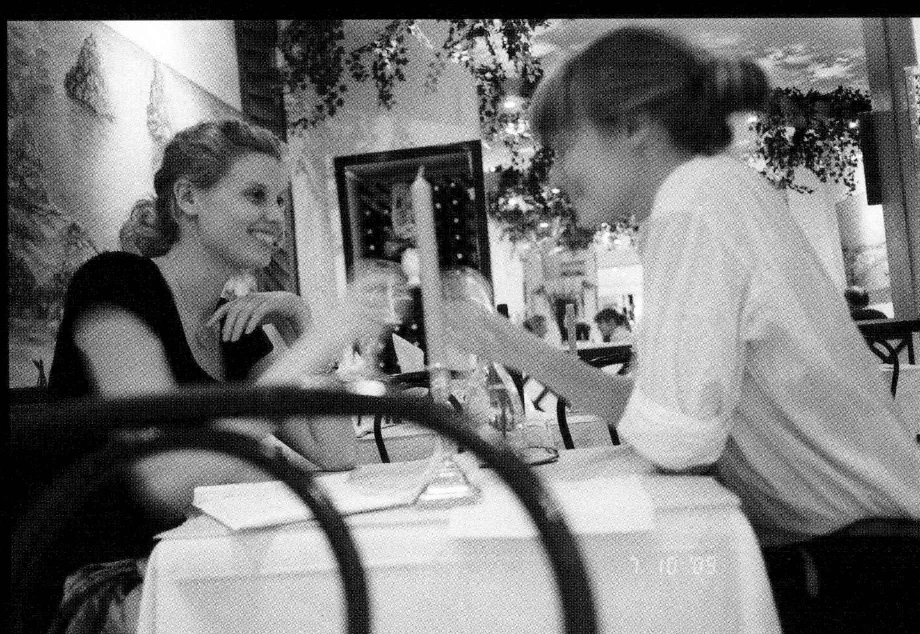
7 10 '09

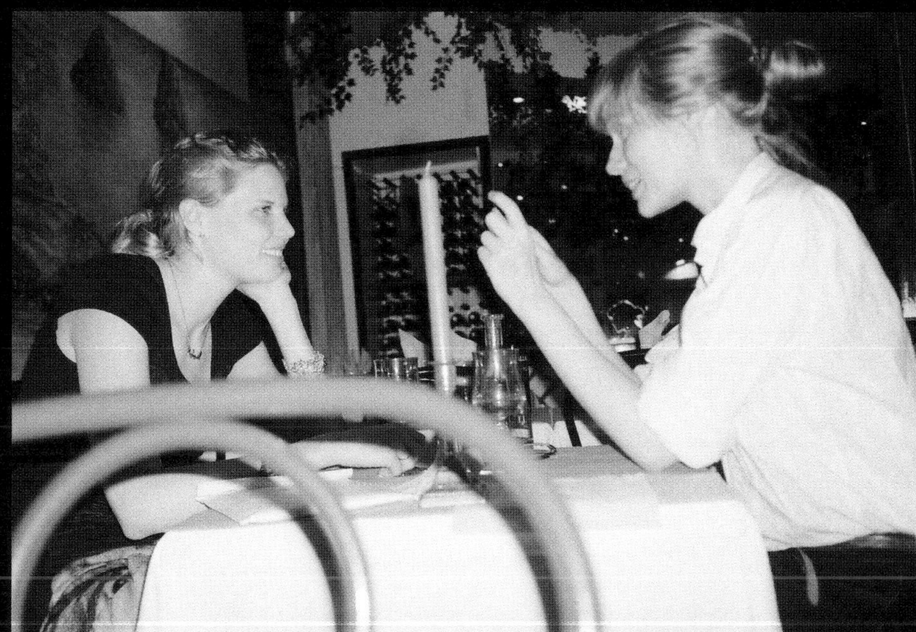

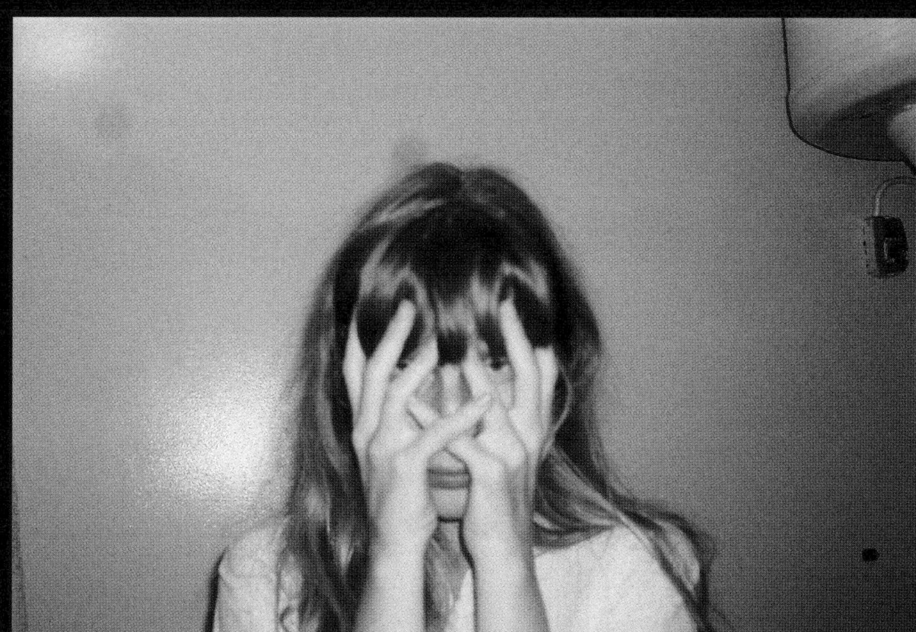

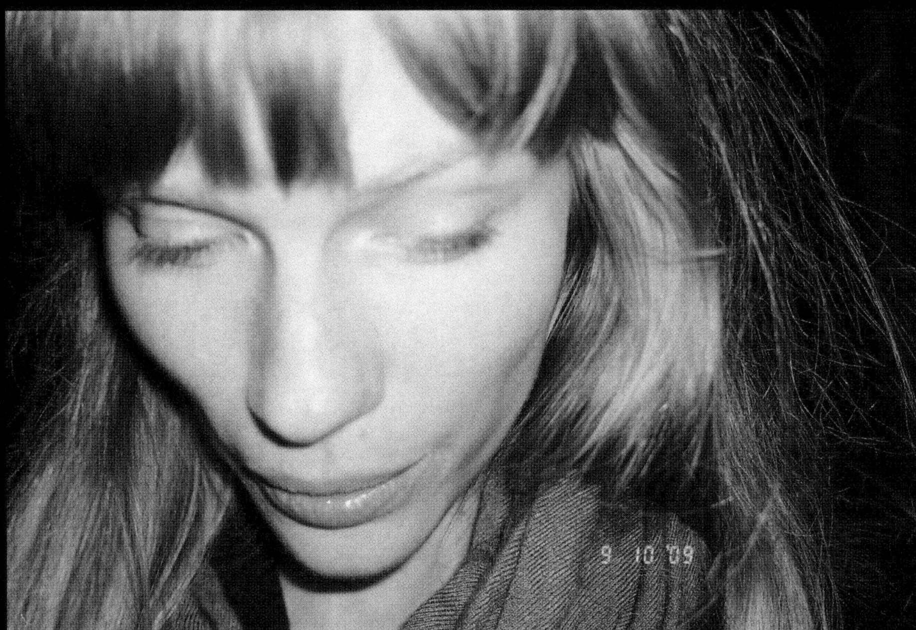
9 10 '09

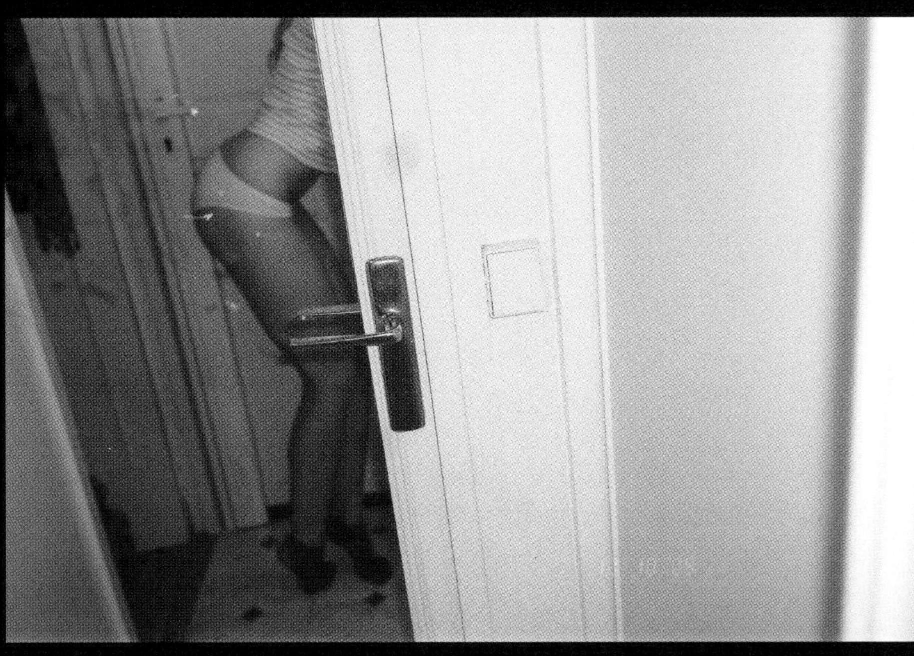

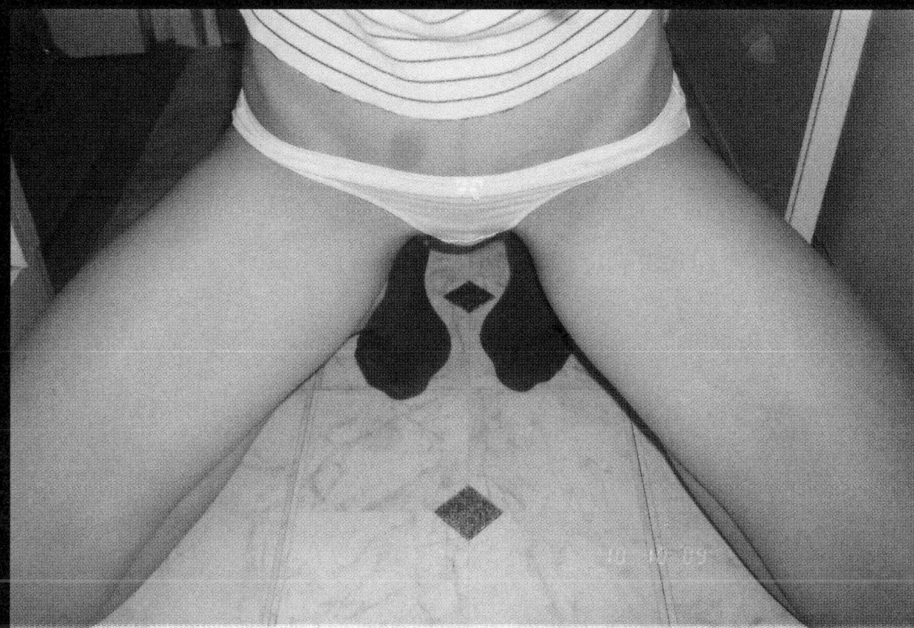

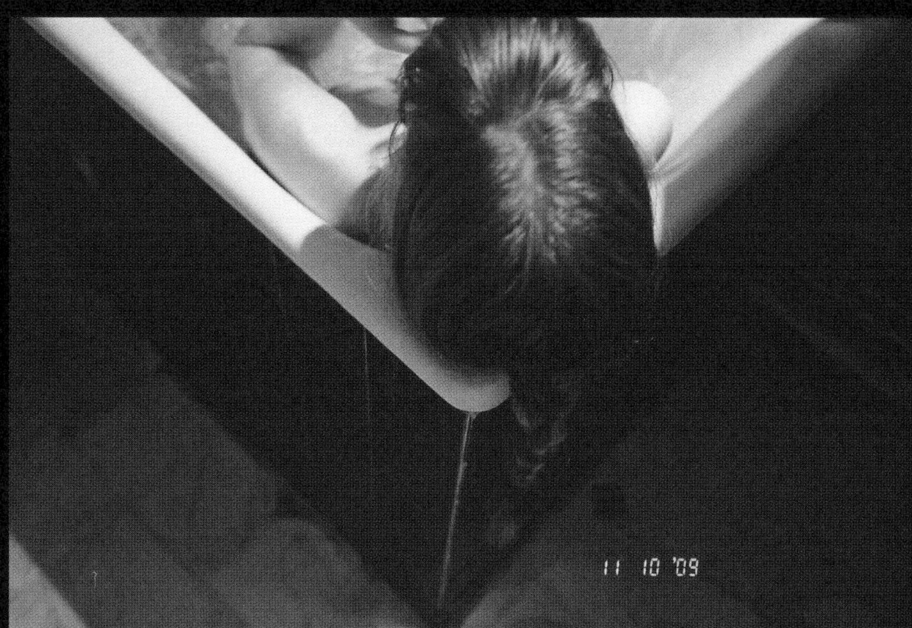
11 10 '09

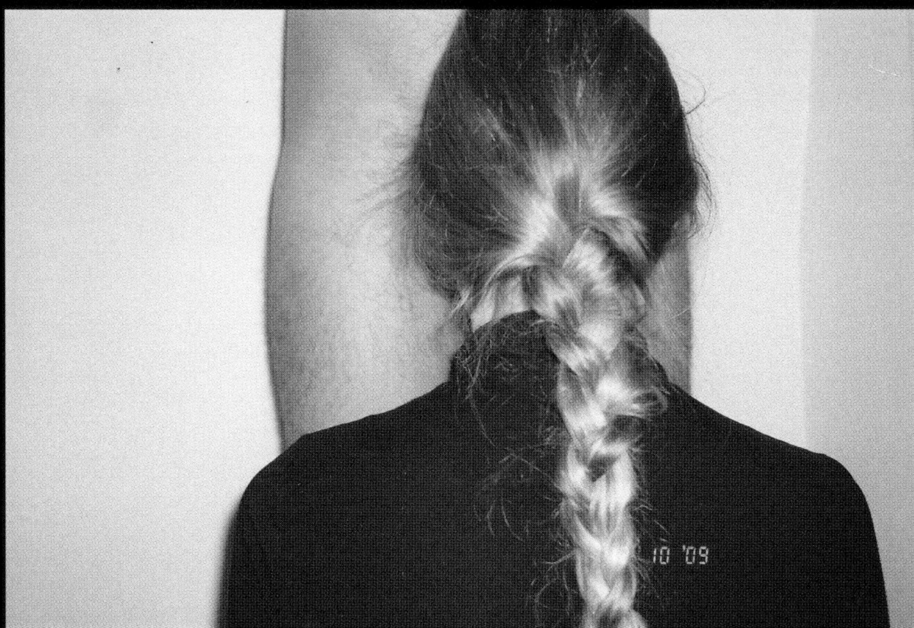
10 '09

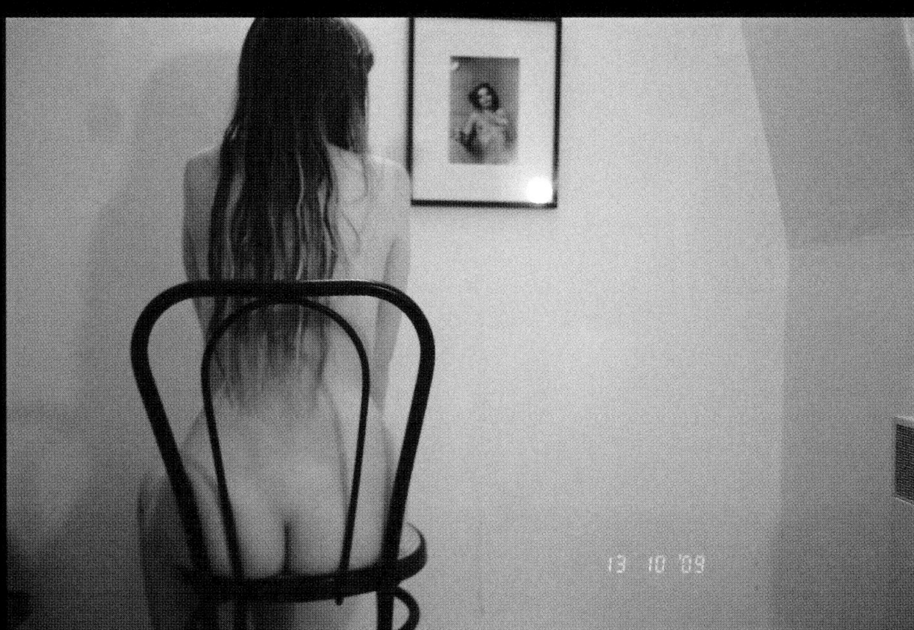
13 10 '09

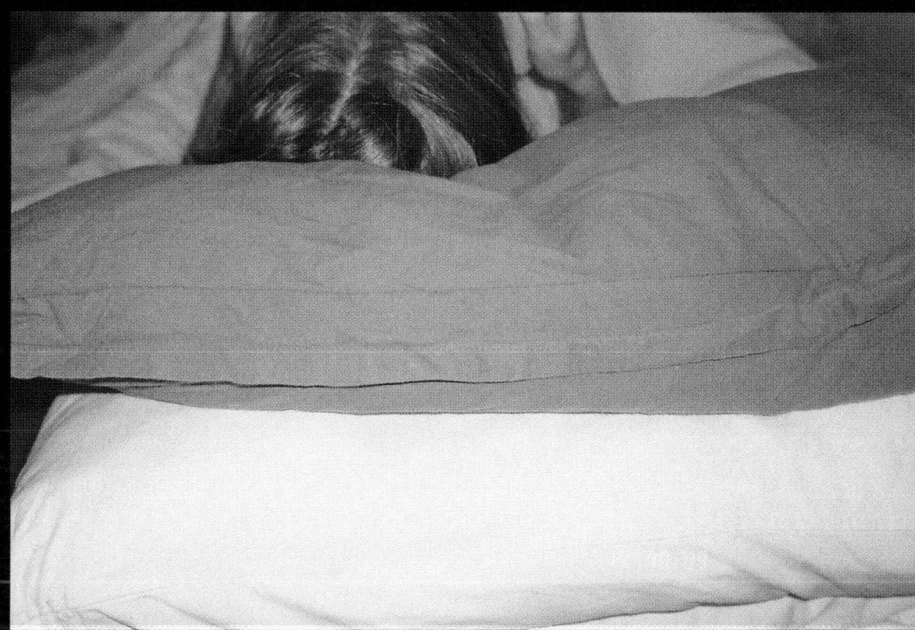

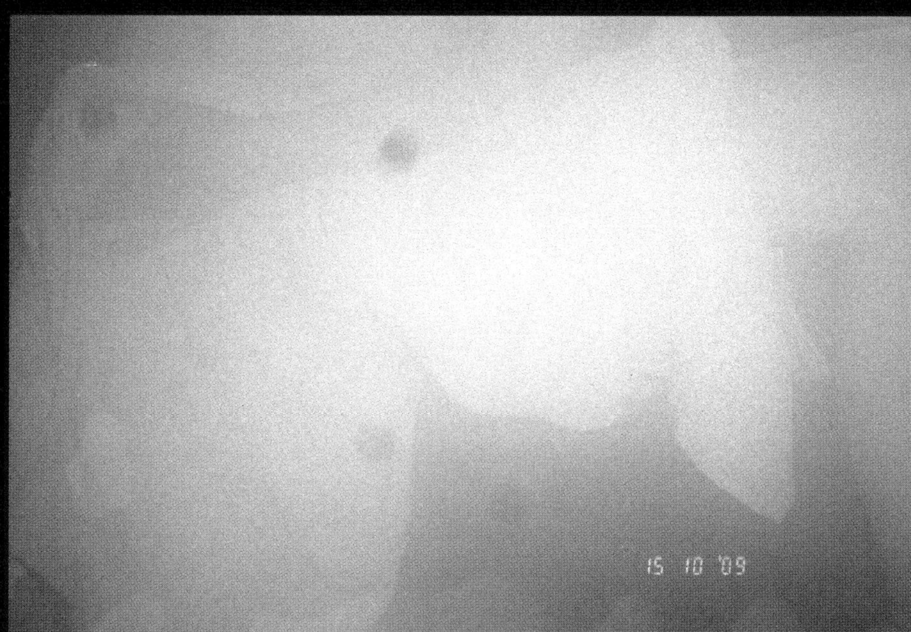
15 10 '09

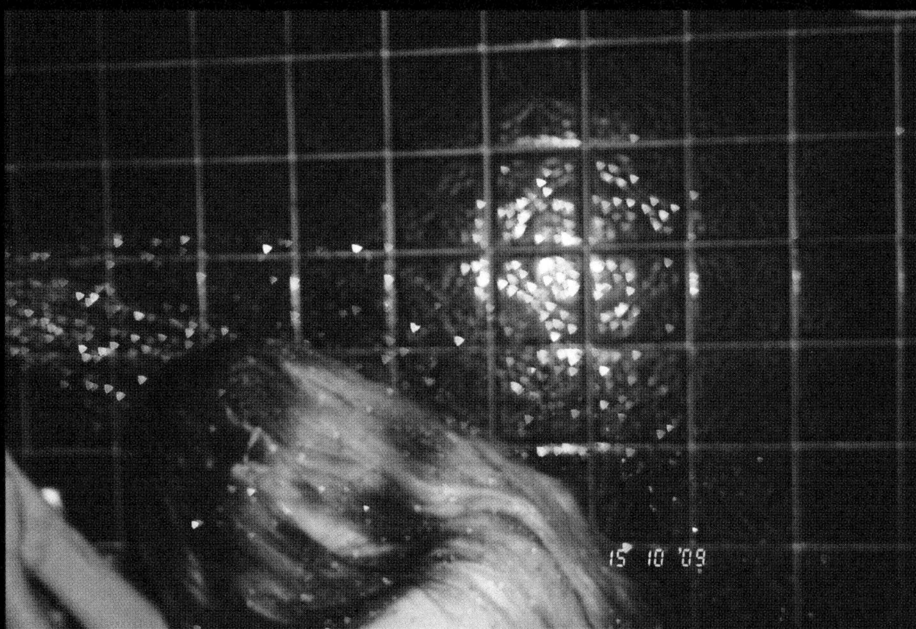
15 10 '09

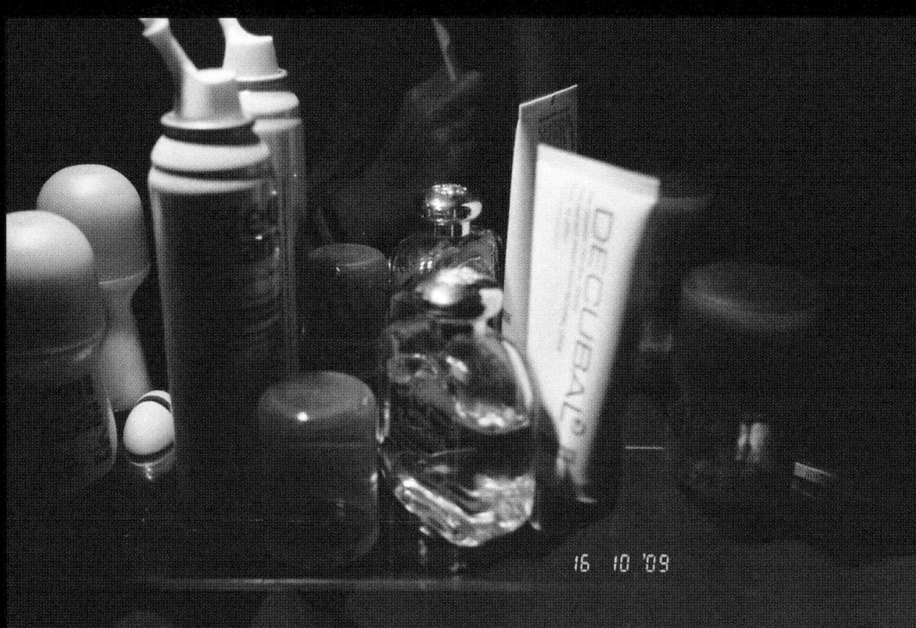
DECUBAL
16 10 '09

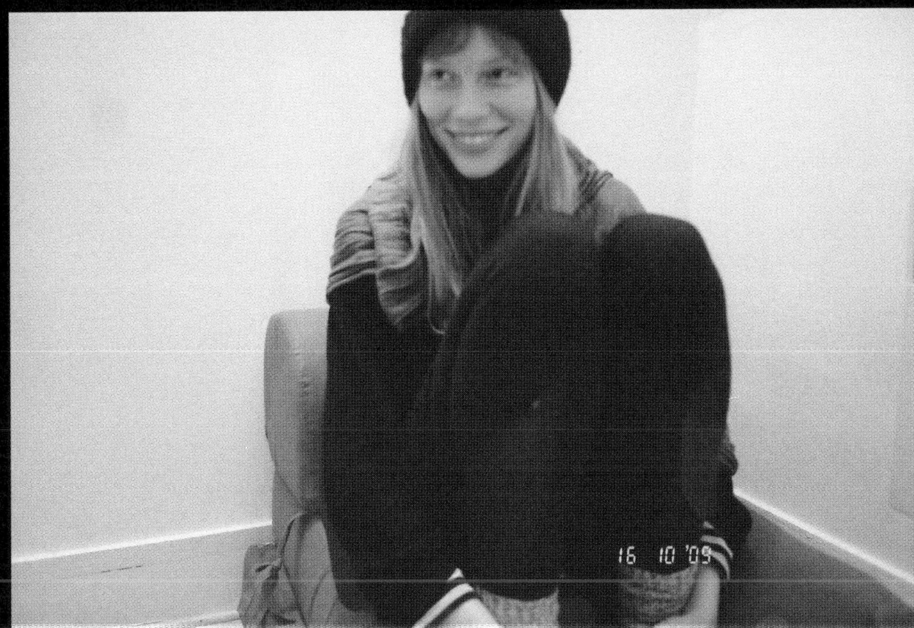
16 10 '09

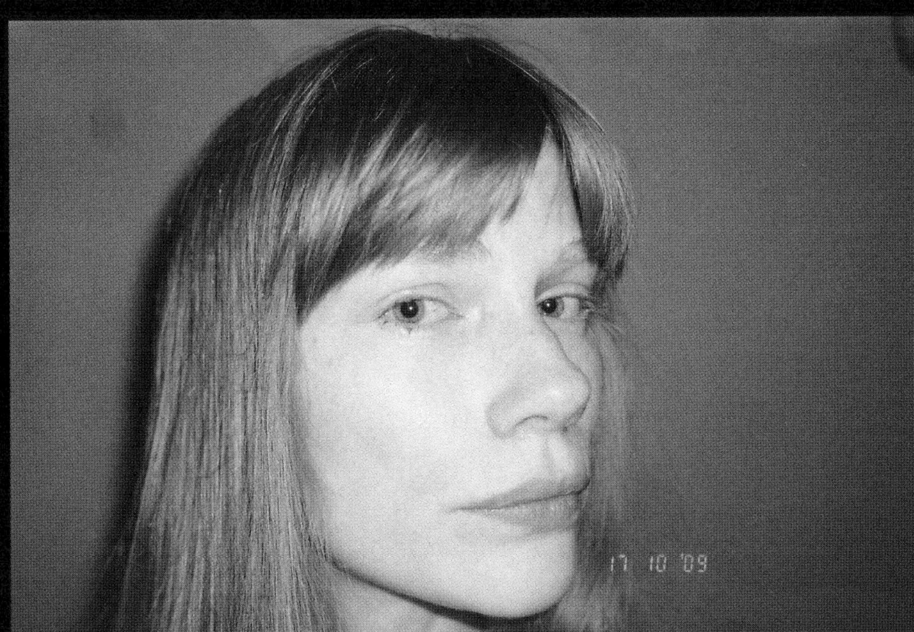
17 10 '09

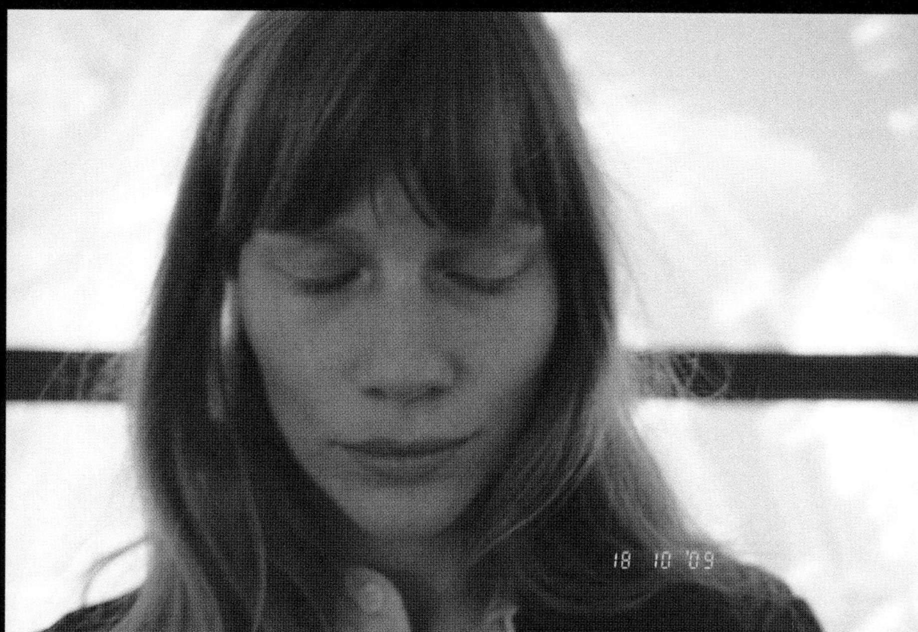
18 10 '09

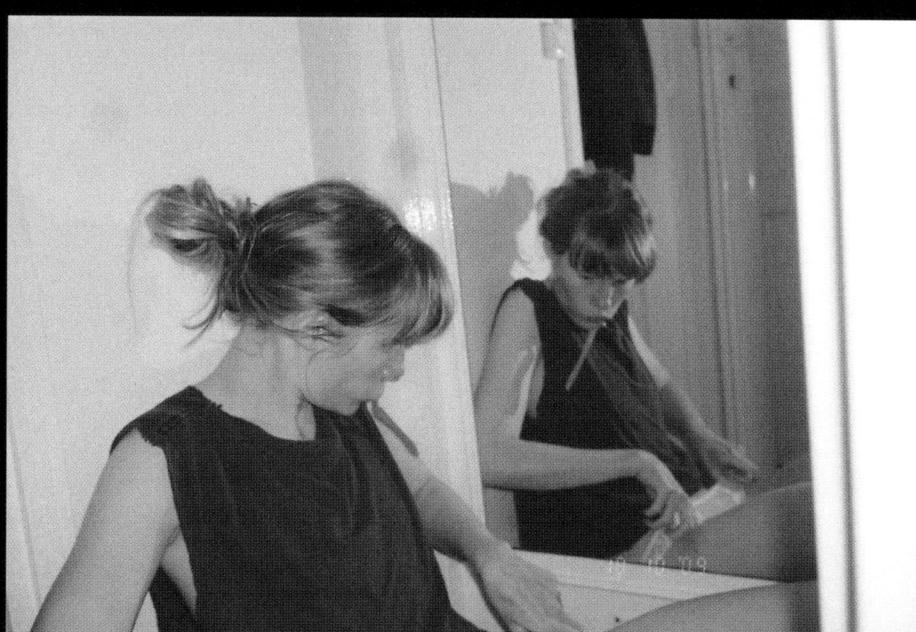

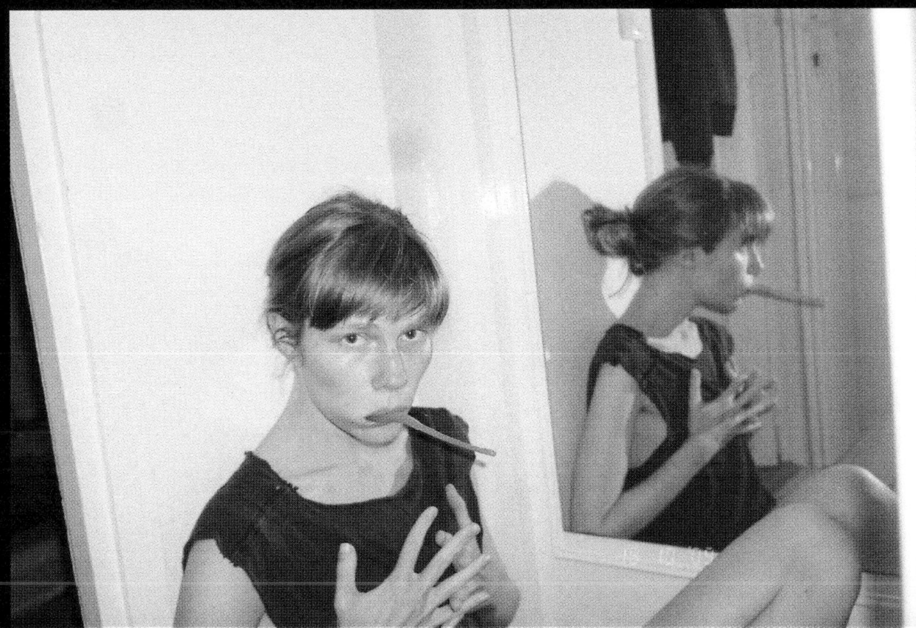

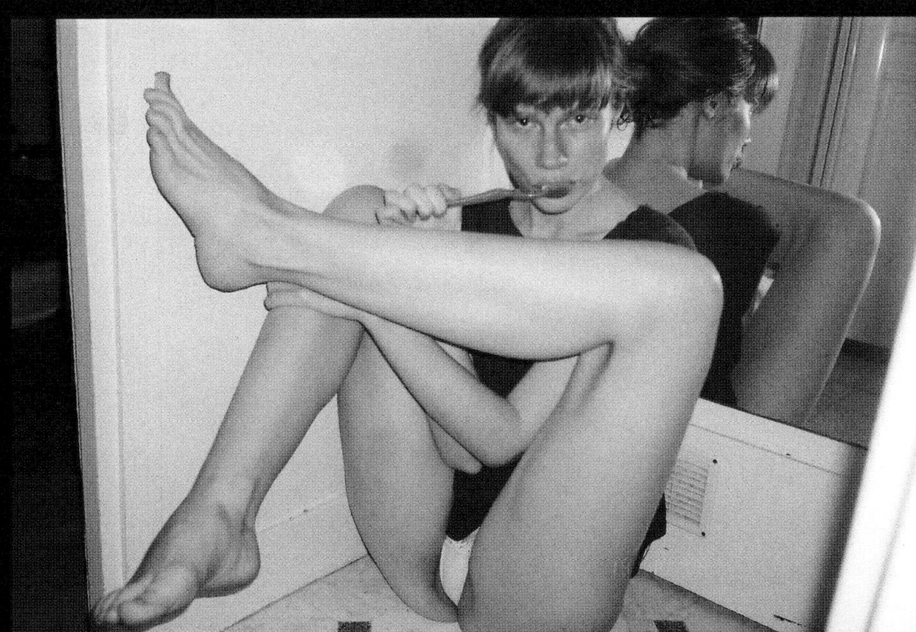

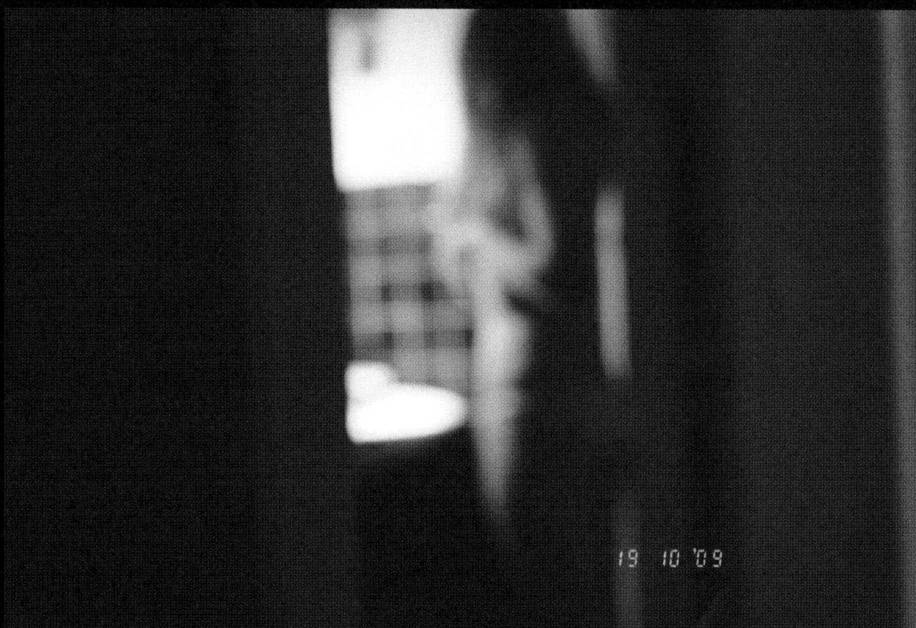
19 10 '09

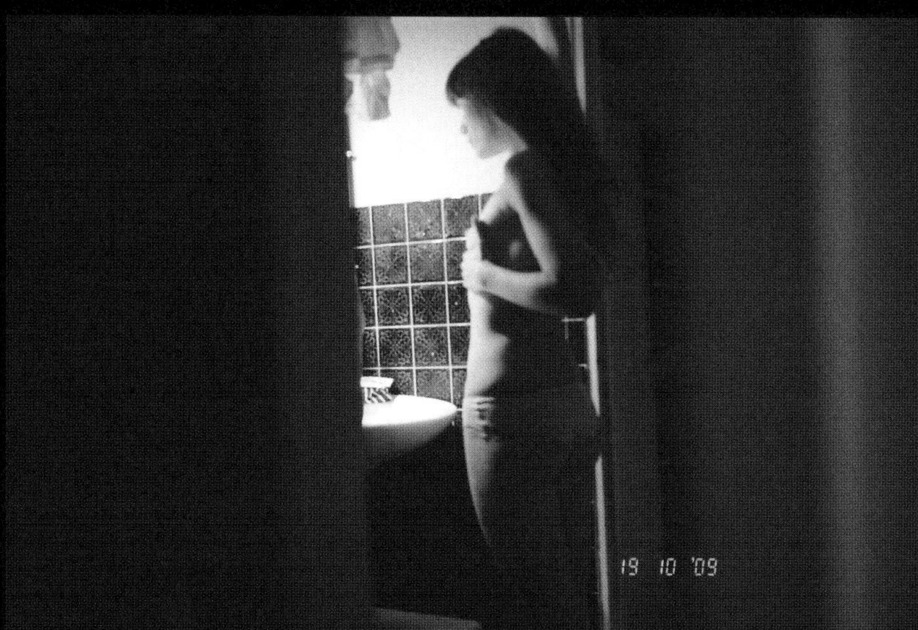
19 10 '09

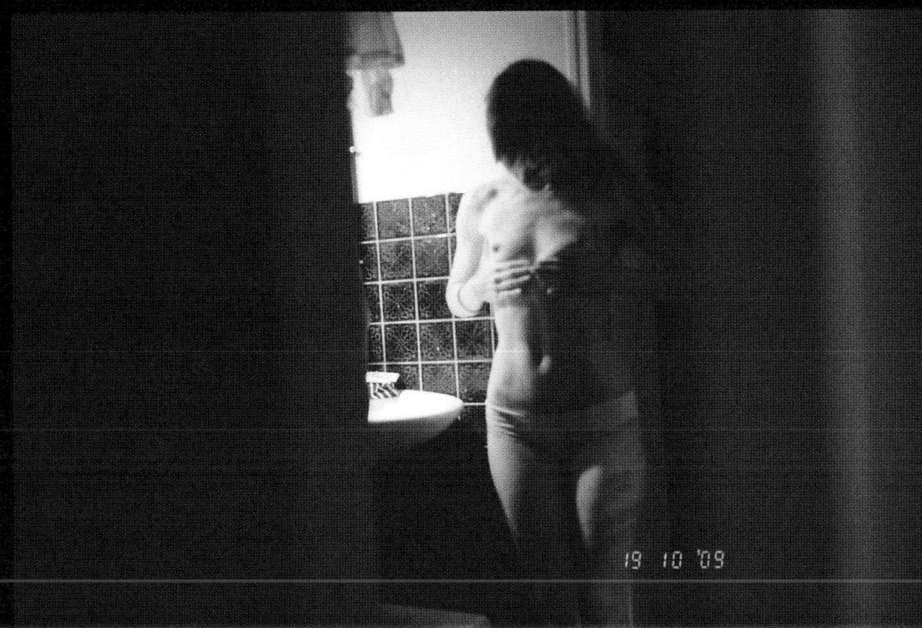
19 10 '09

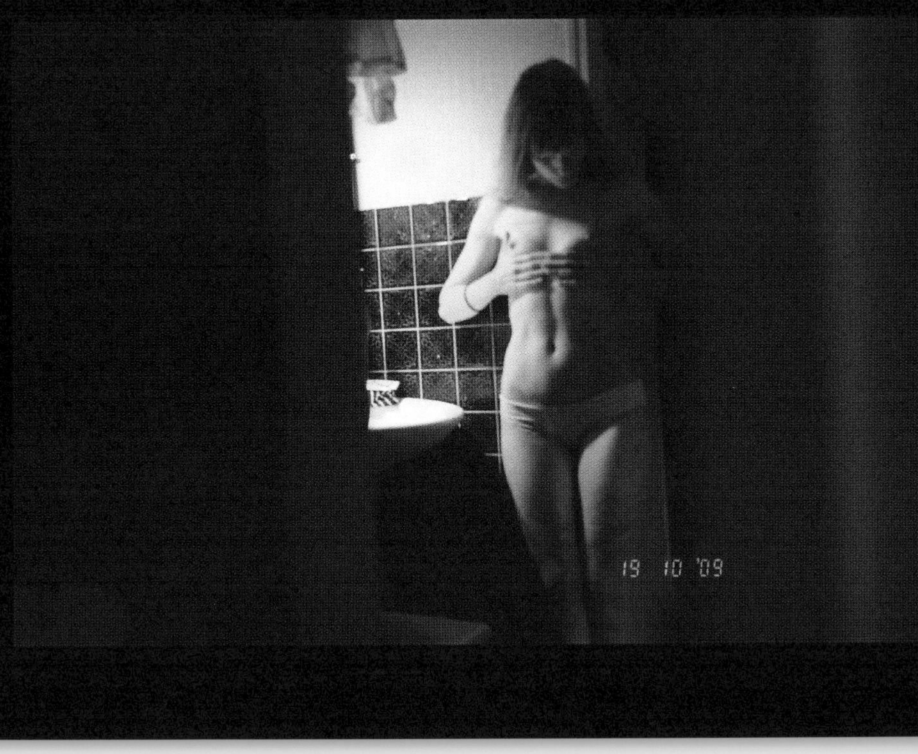
19 10 '09

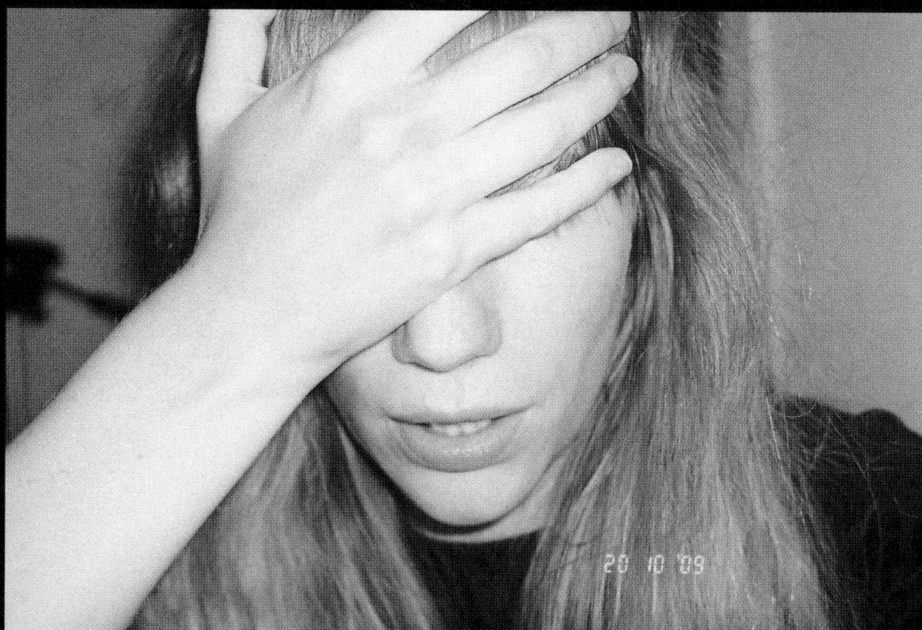
20 10 '09

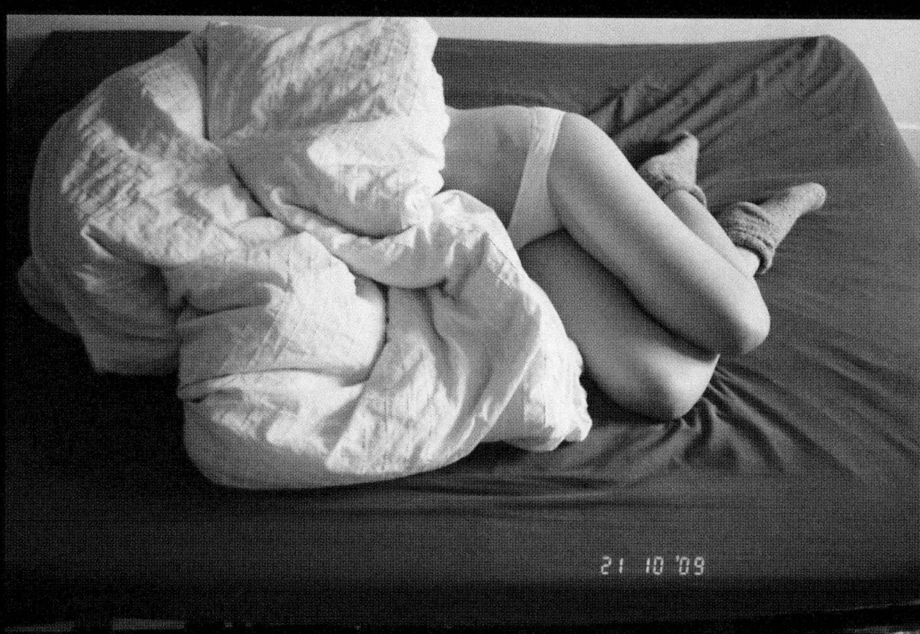
21 10 '09

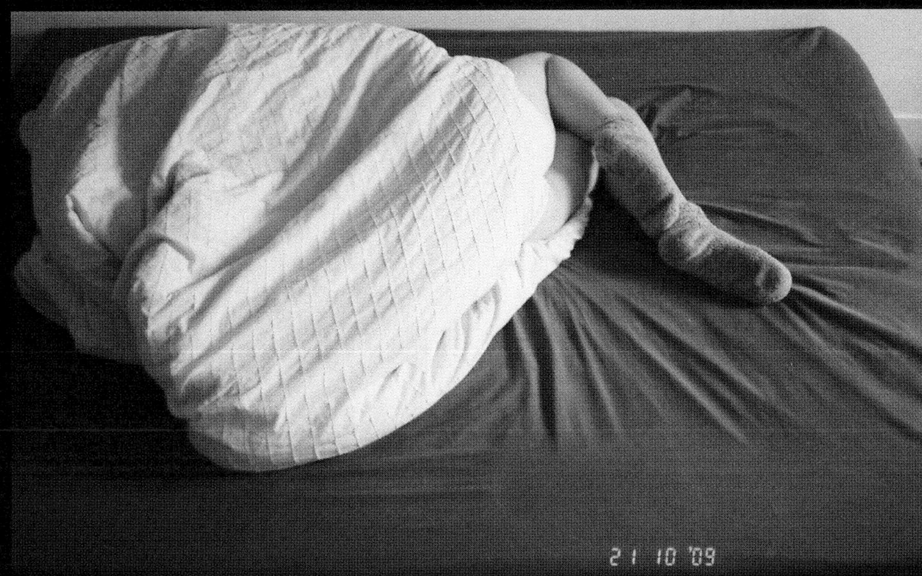
21 10 '09

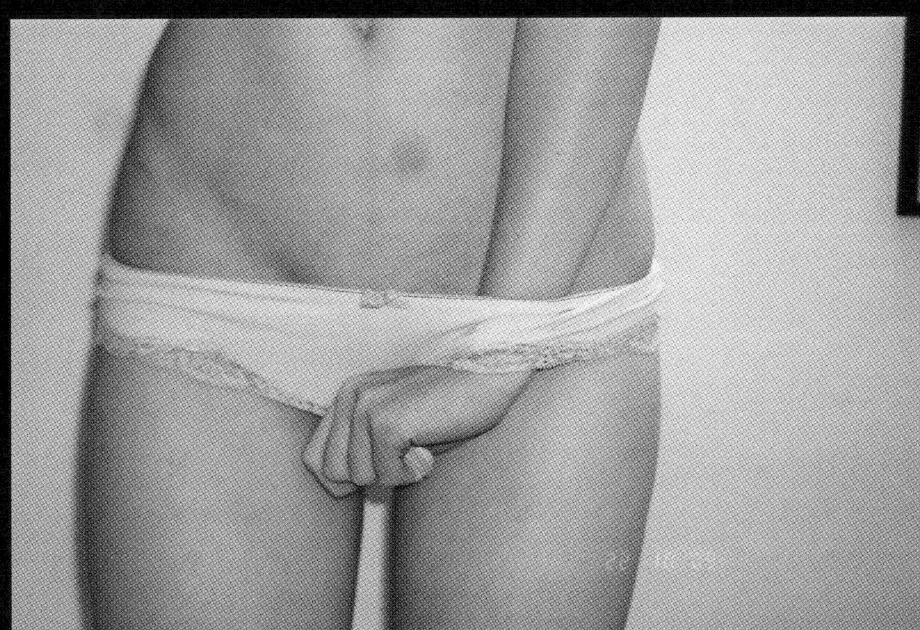

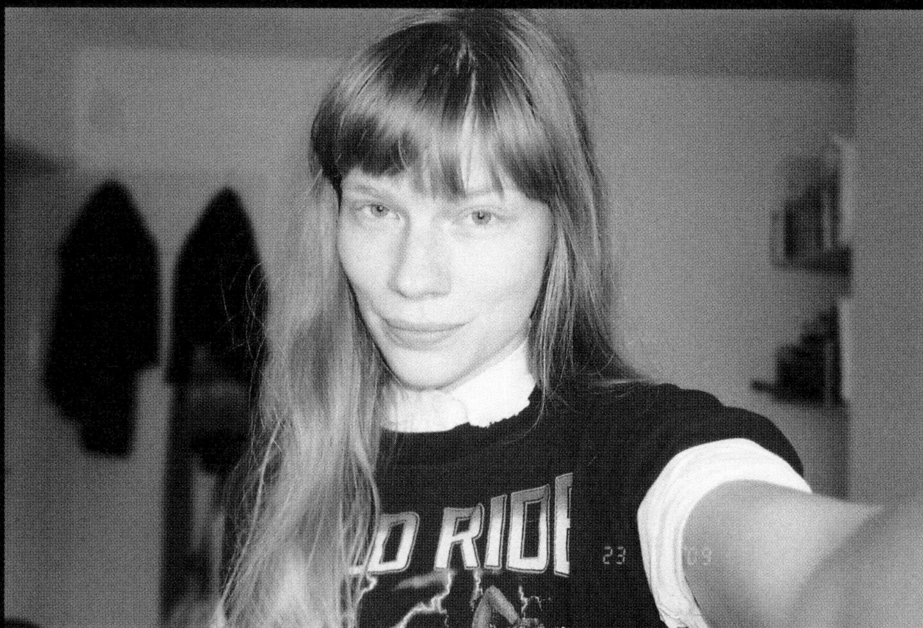

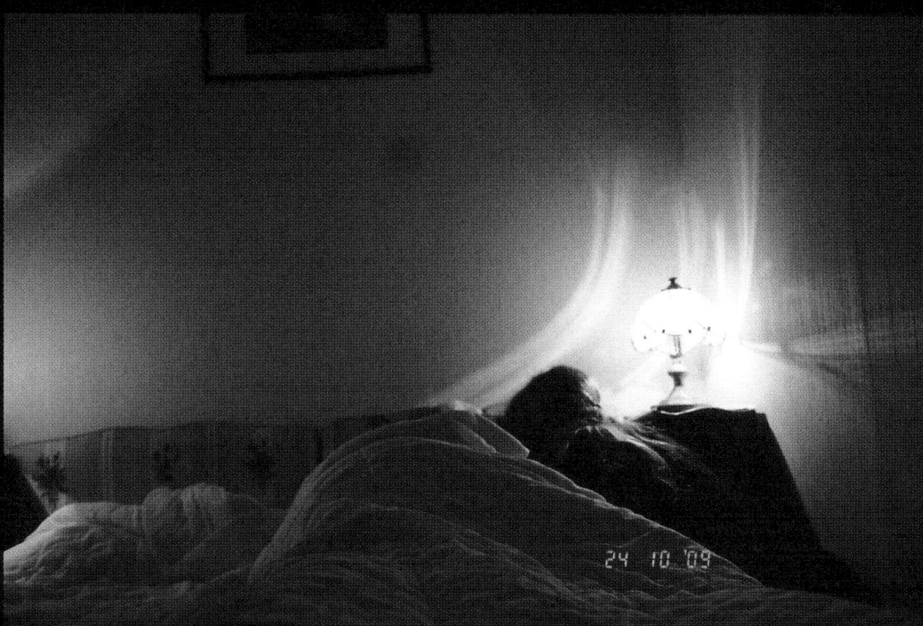
24 10 '09

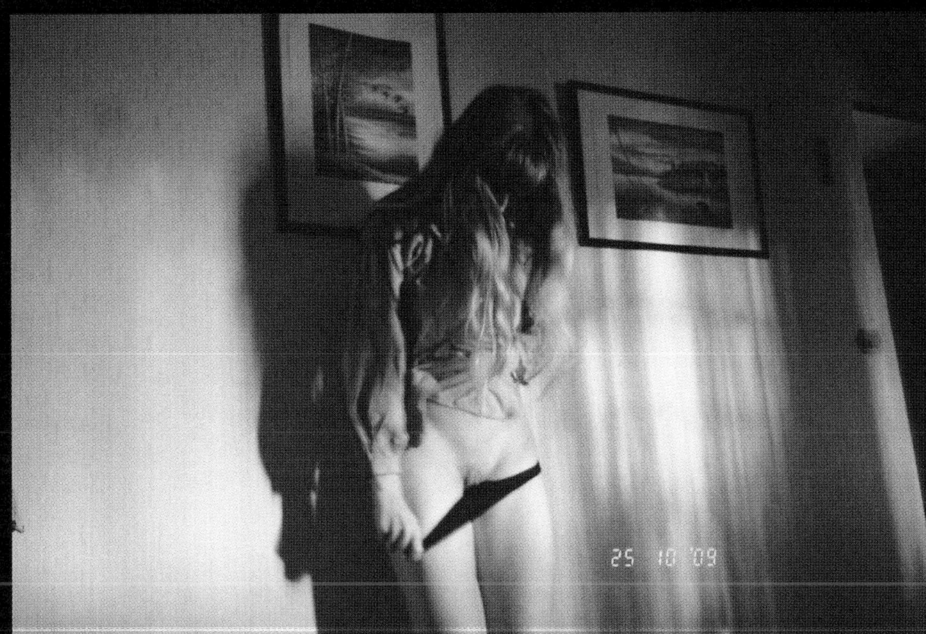
25 10 '09

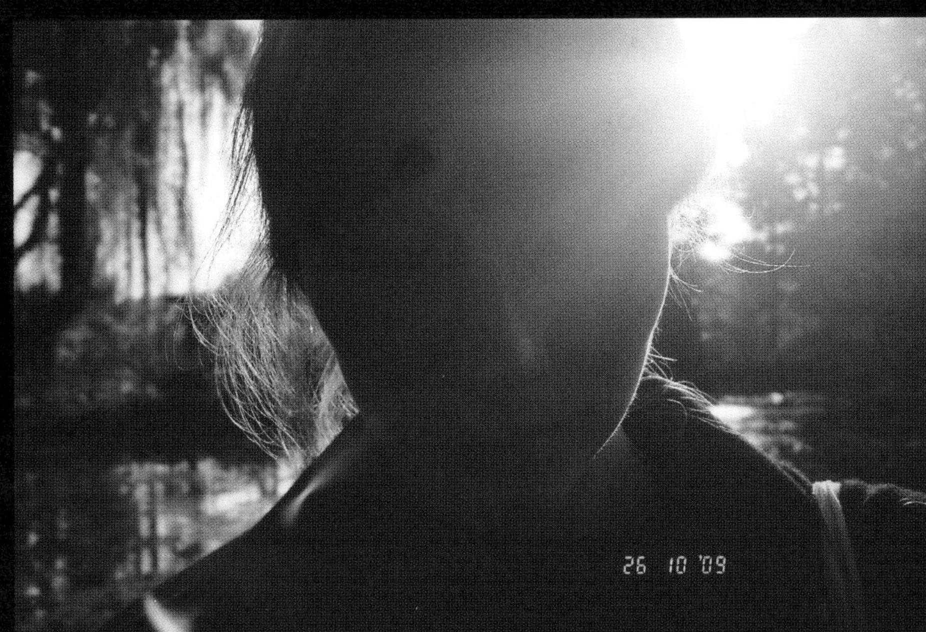
26 10 '09

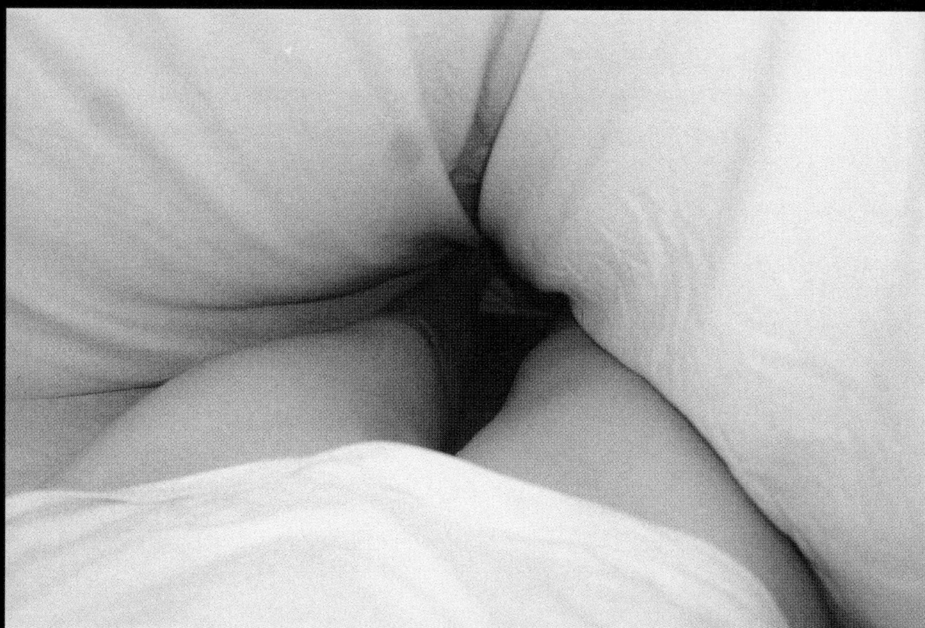

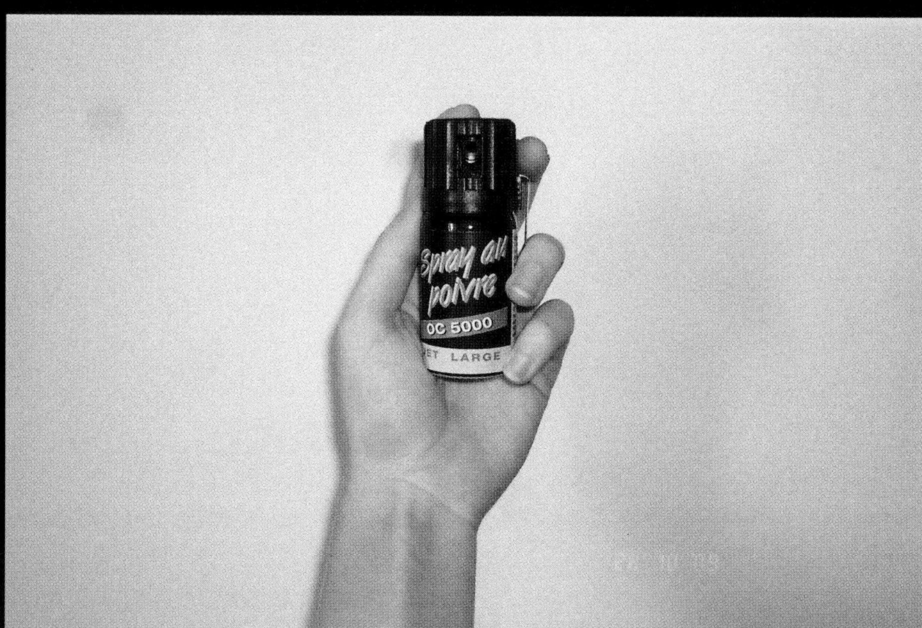
Spray au
poivre
OC 5000
ET LARGE

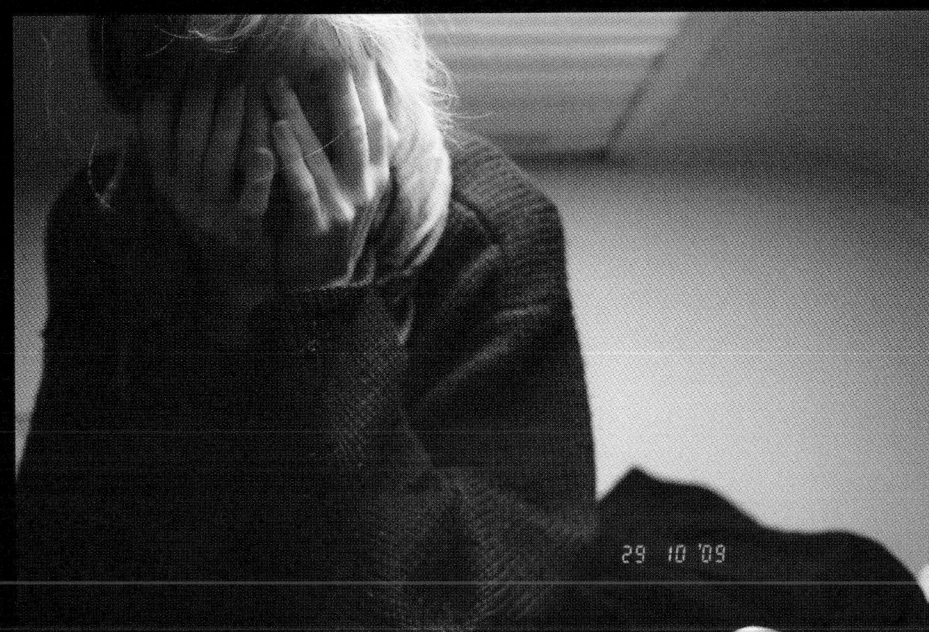
29 10 '09

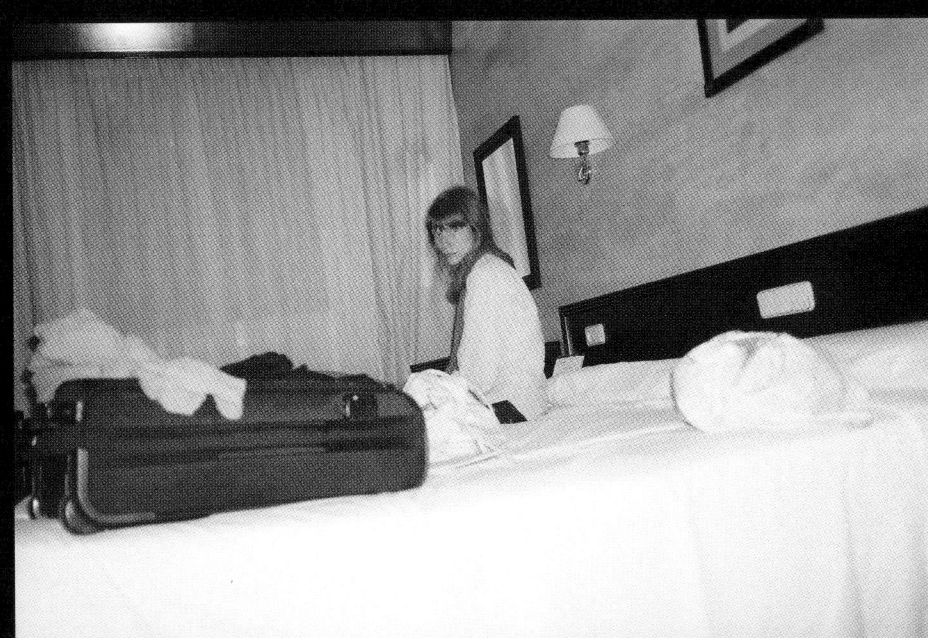

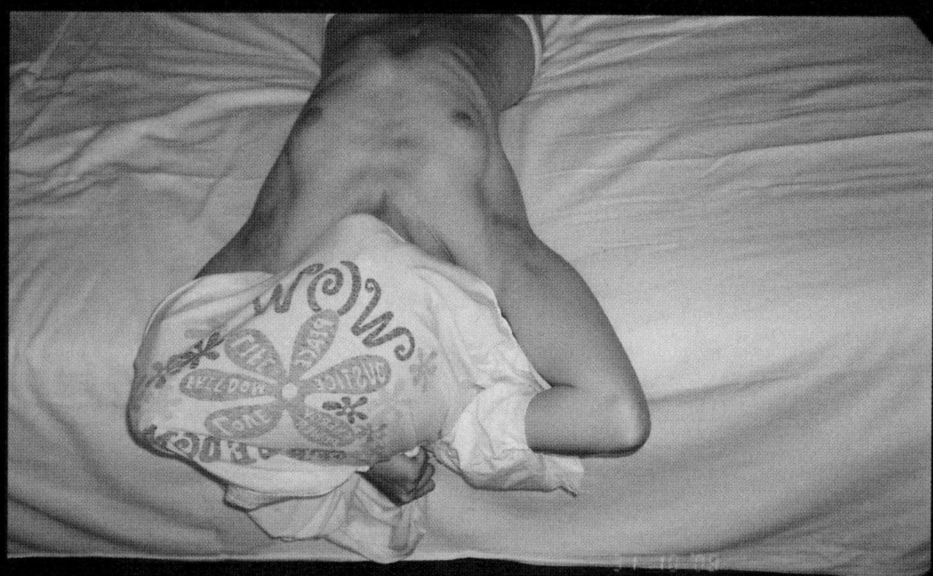

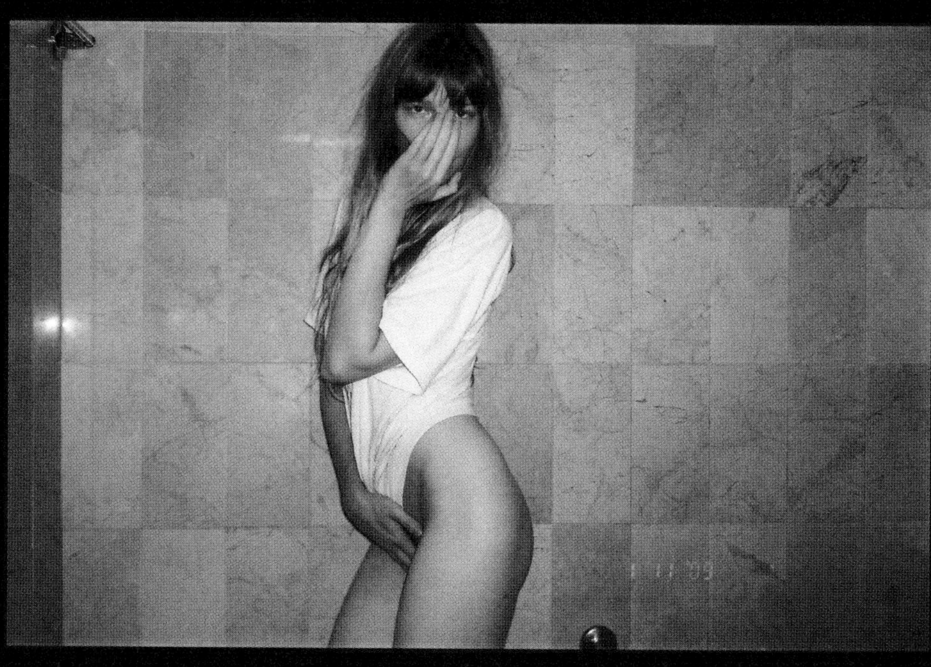

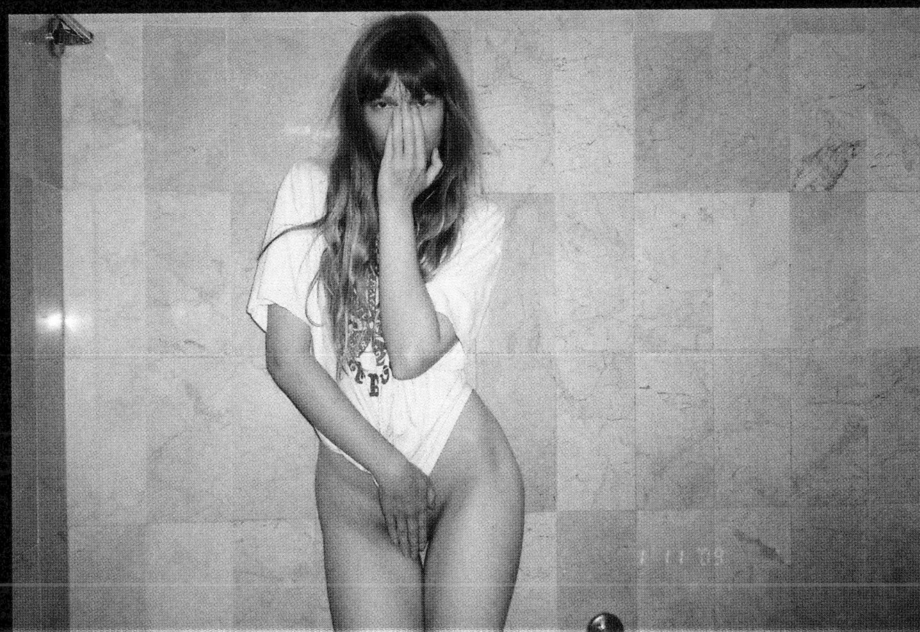

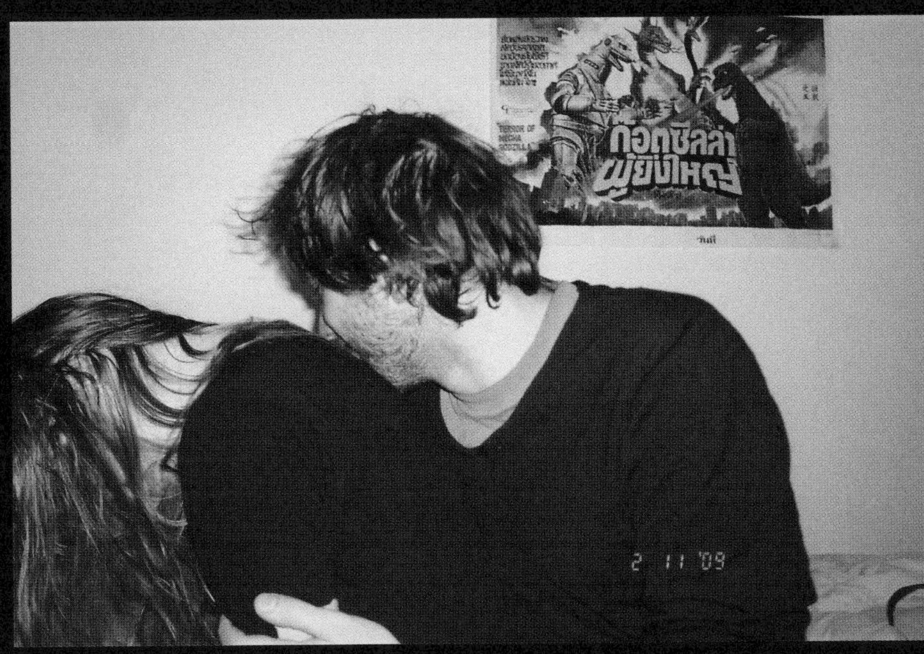
2 11 '09

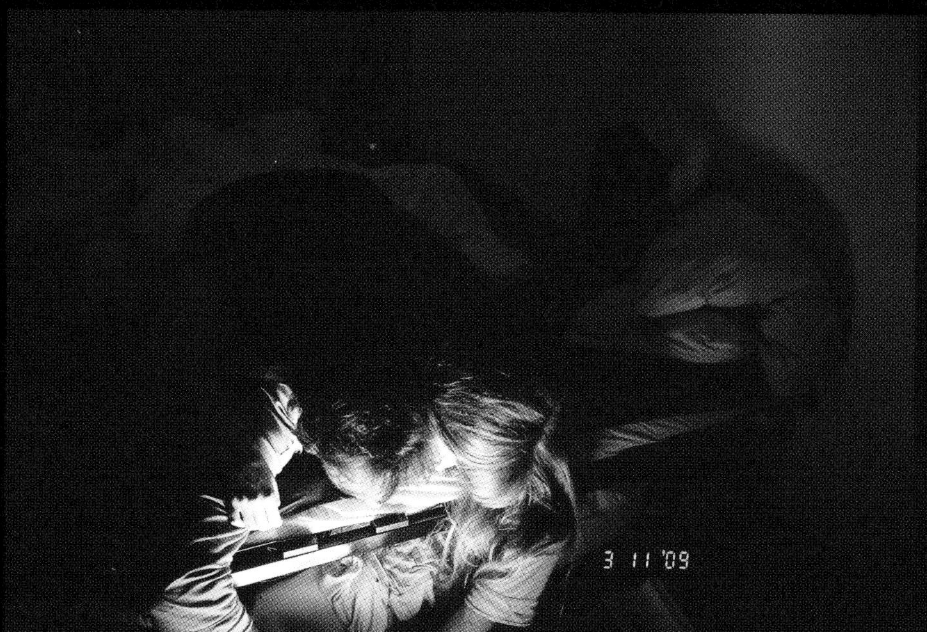
3 11 '09

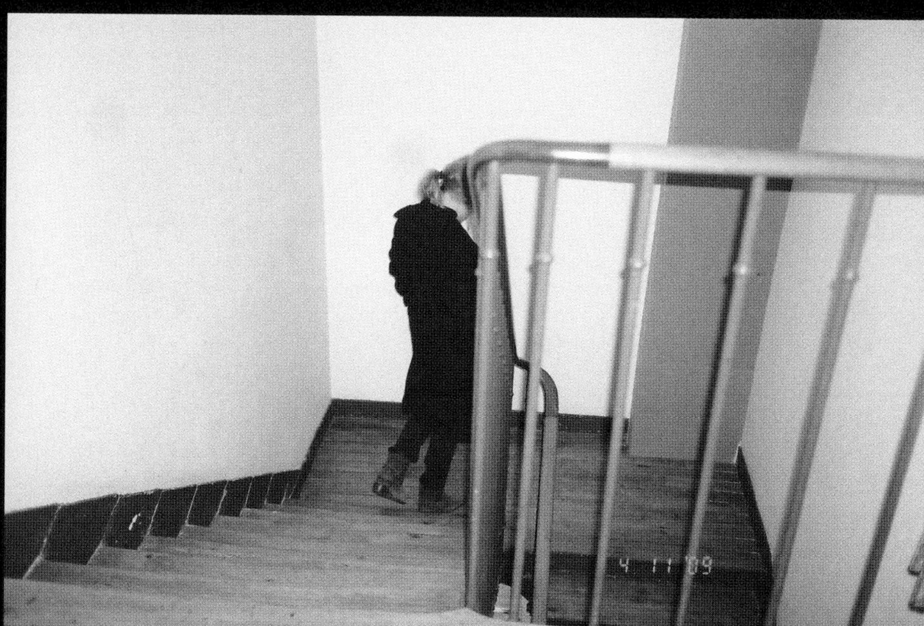
4 11 '09

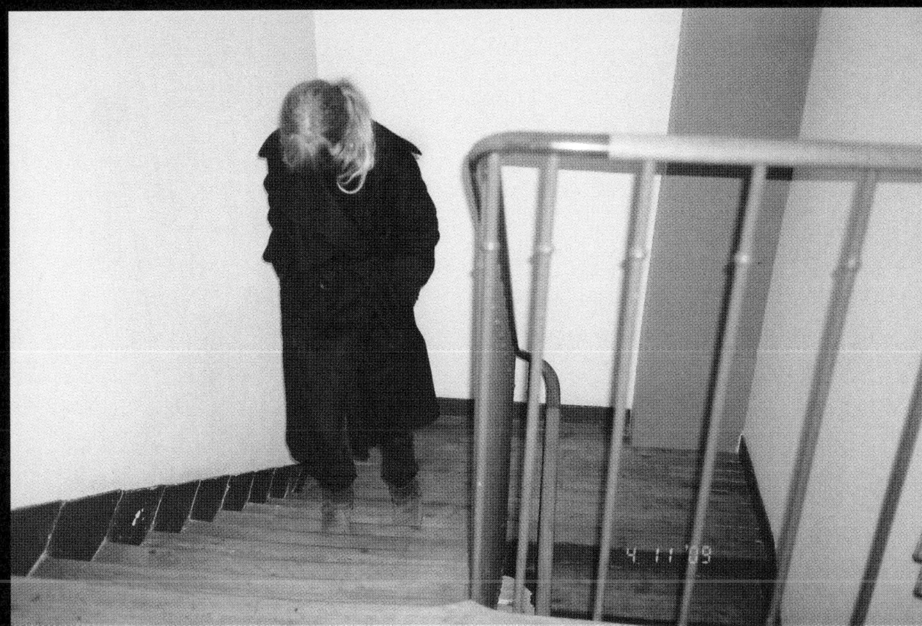
4 11 '09

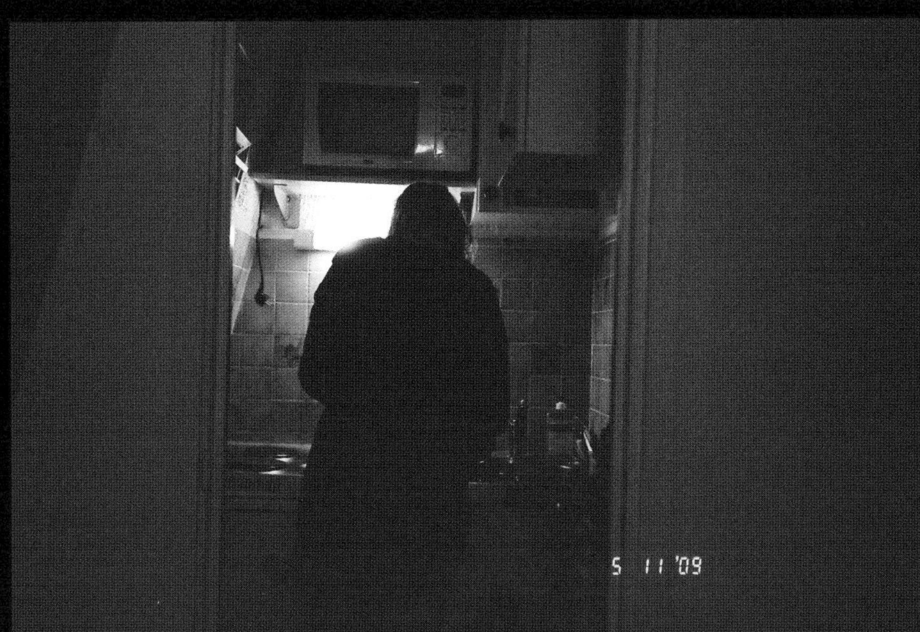
5 11 '09

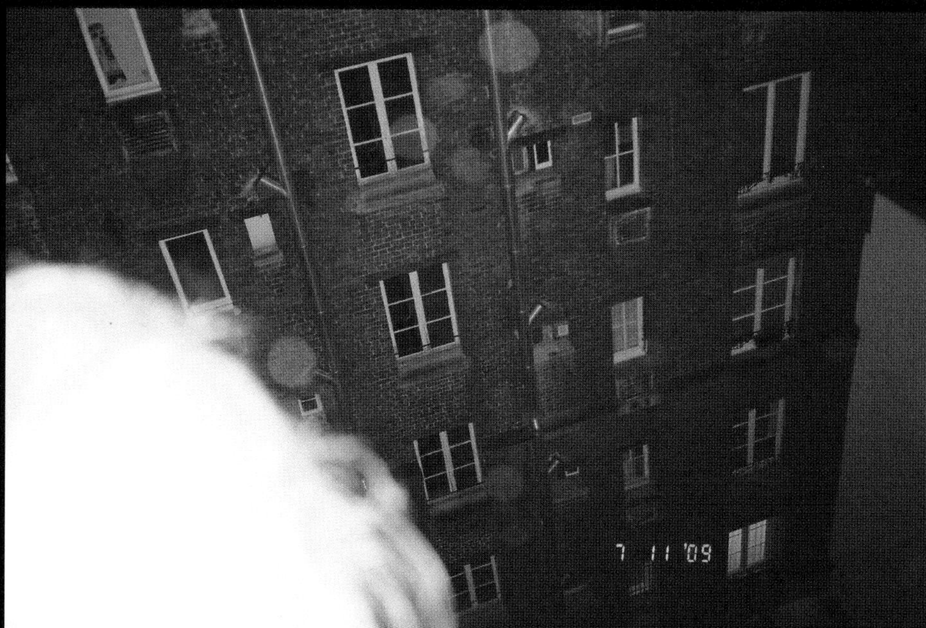
7 11 '09

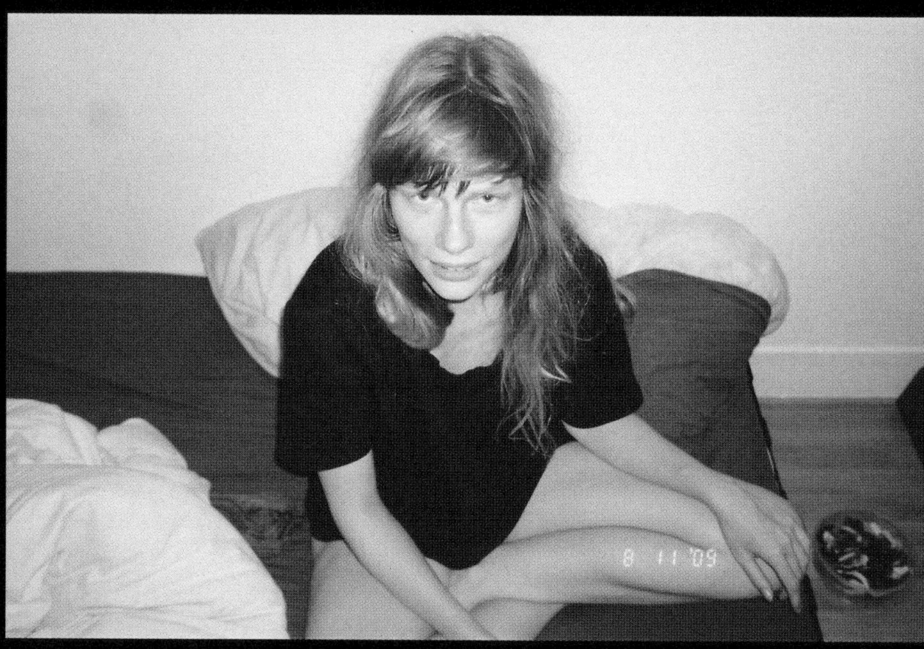
8 11 '09

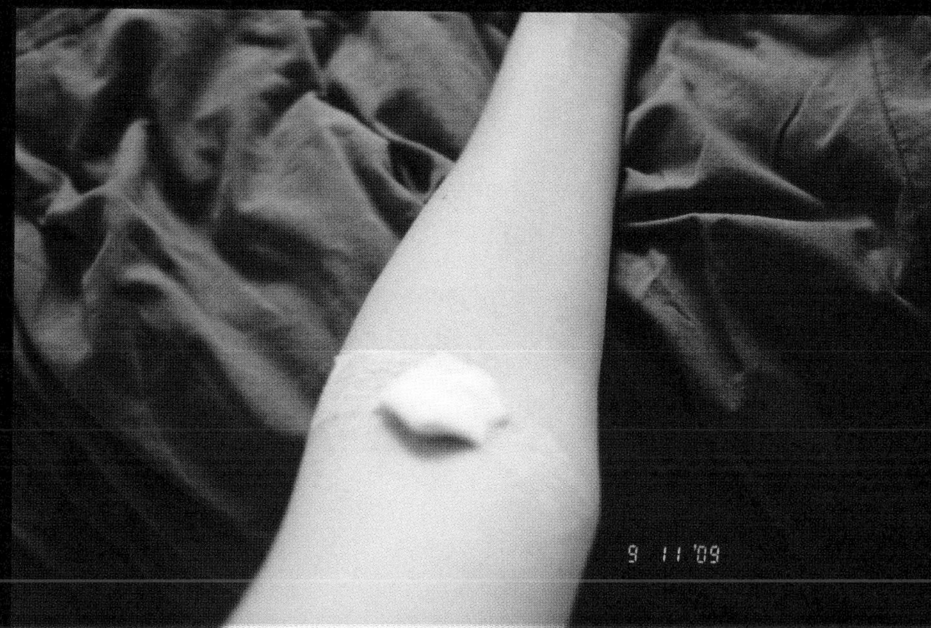
9 11 '09

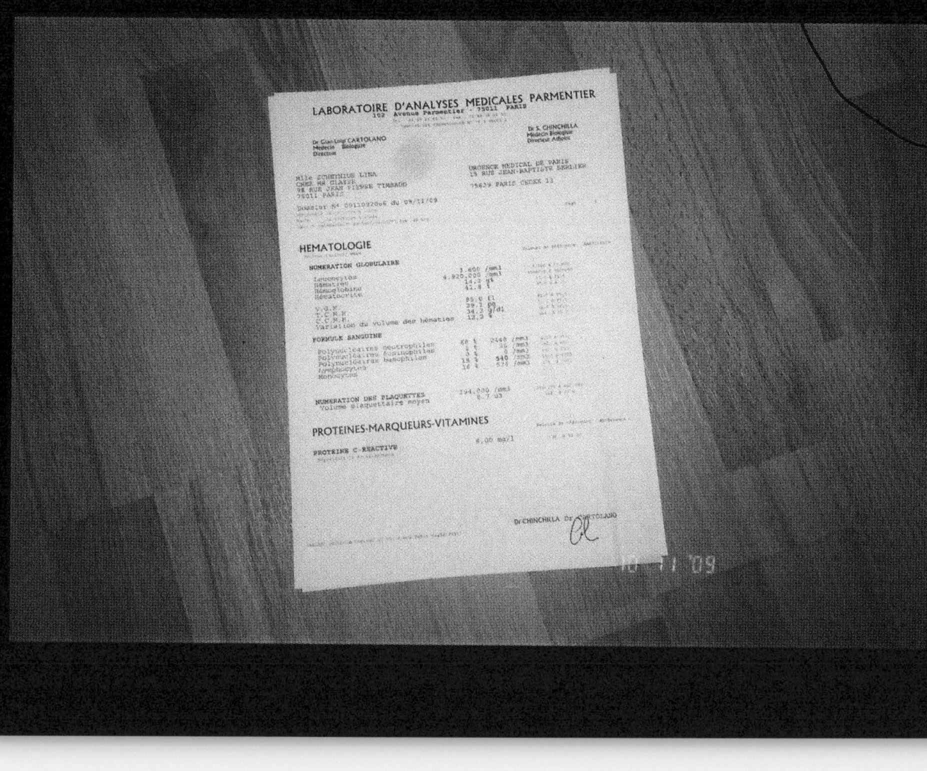
LABORATOIRE D'ANALYSES MEDICALES PARMENTIER
HEMATOLOGIE
PROTEINES-MARQUEURS-VITAMINES
Dr CHINCHILLA
10 11 '09

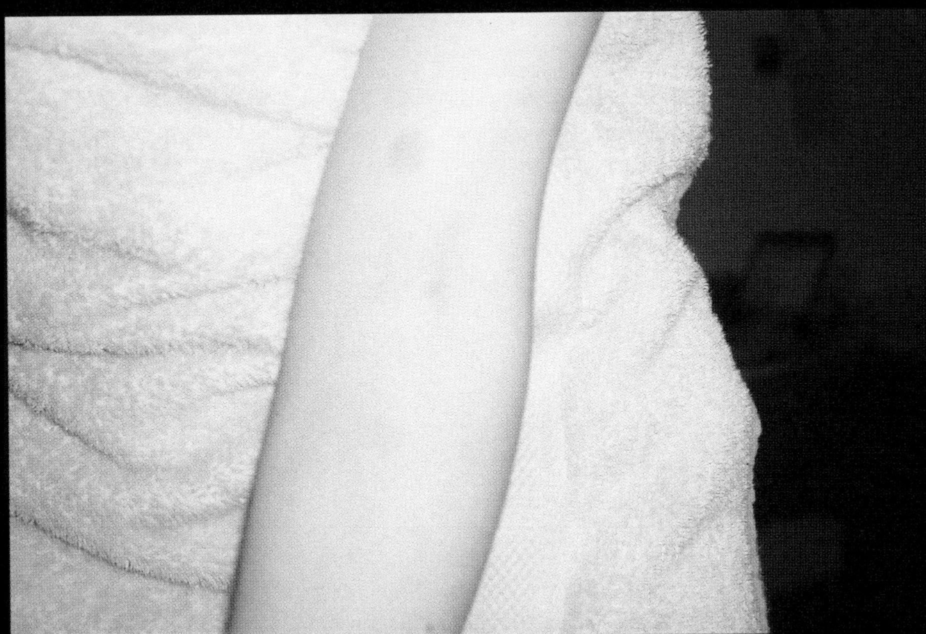

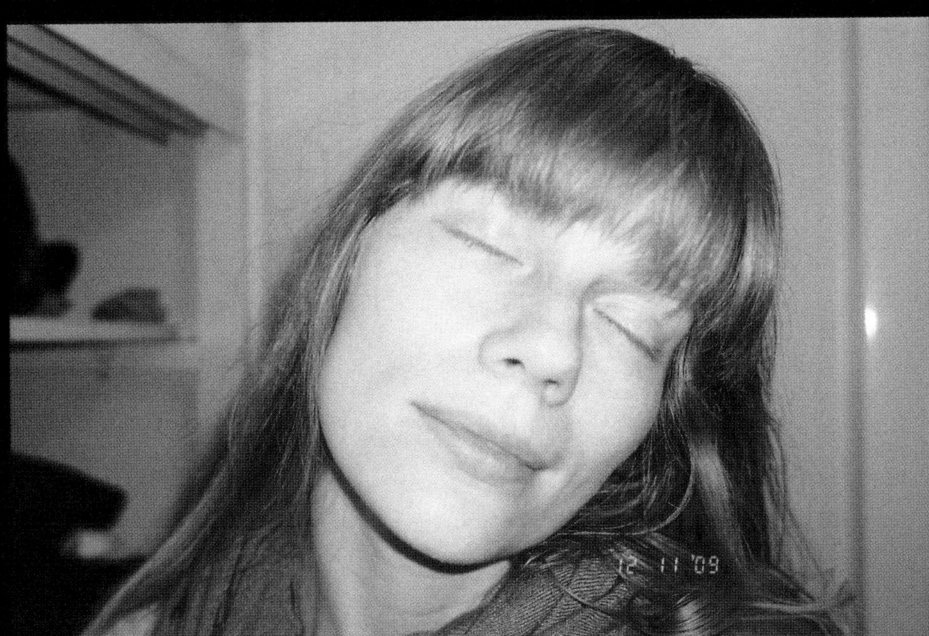
12 11 '09

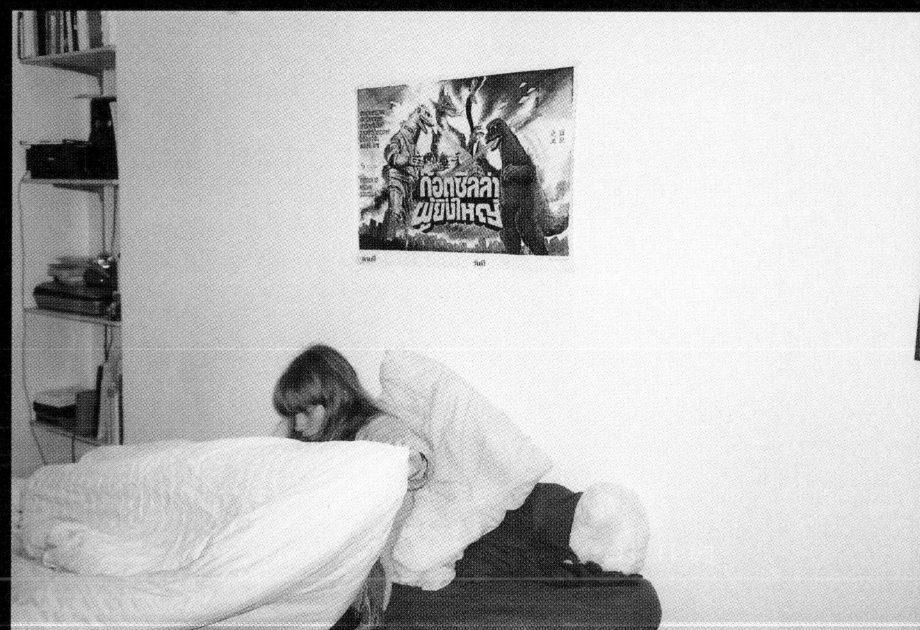

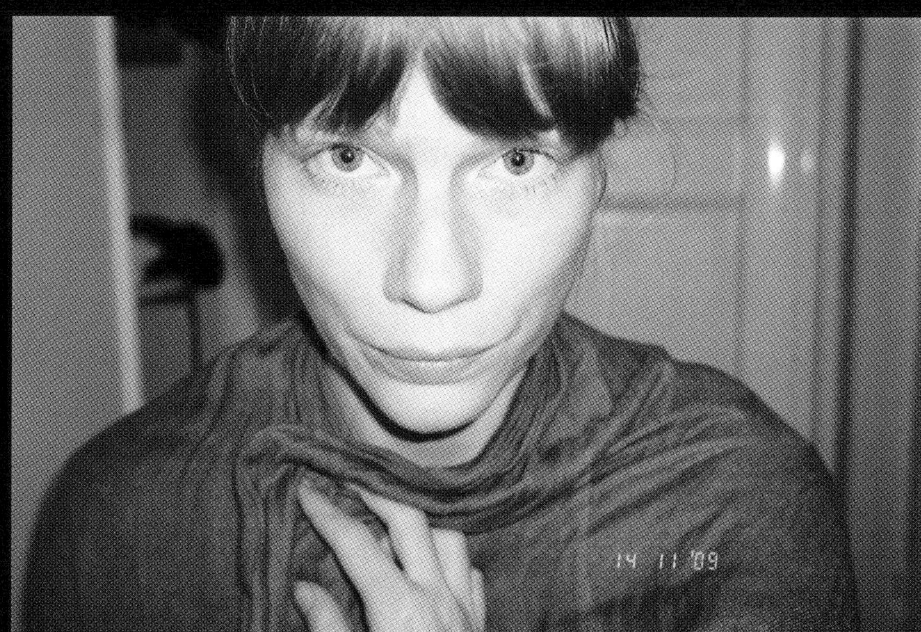
14 11 '09

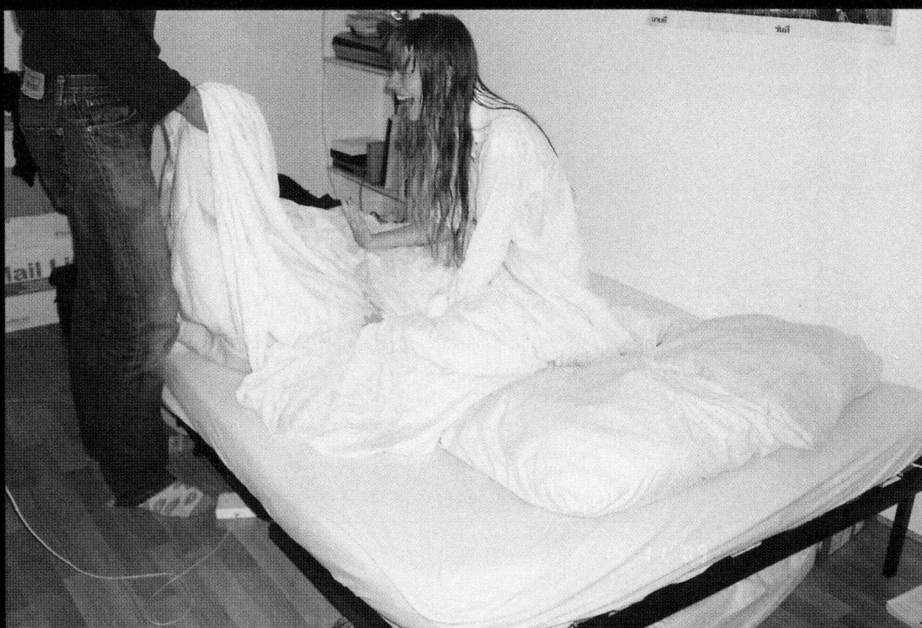

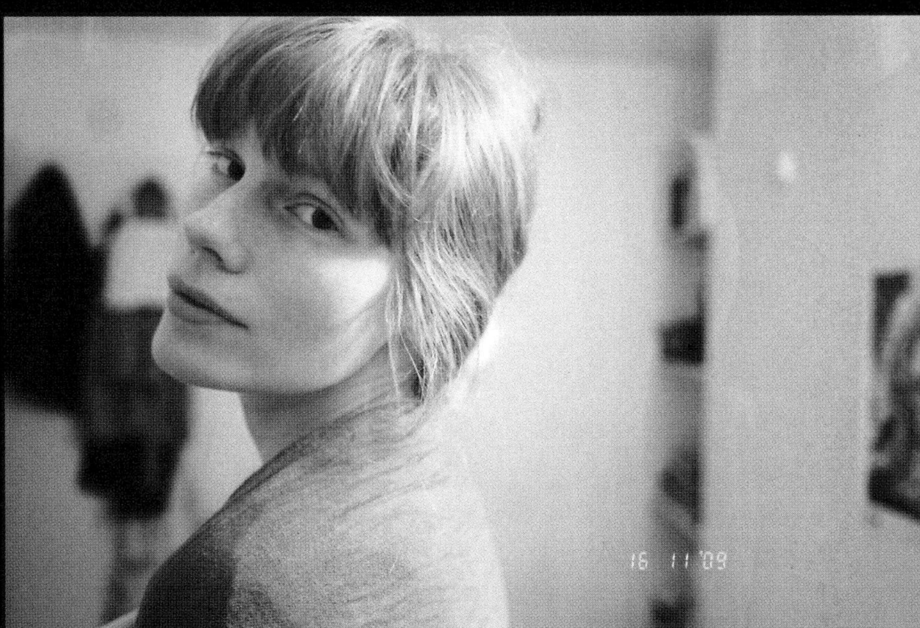
16 11 '09

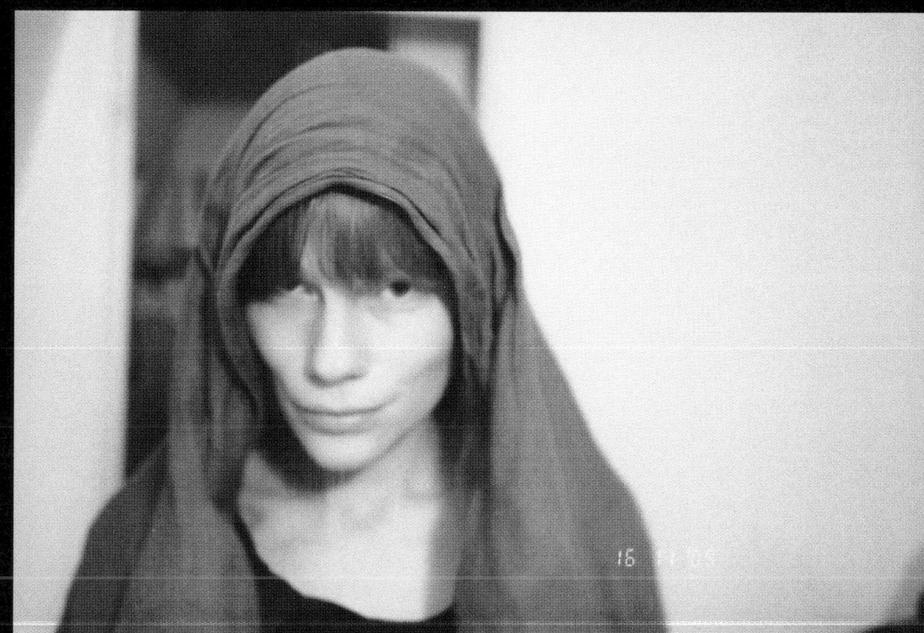
16 11 09

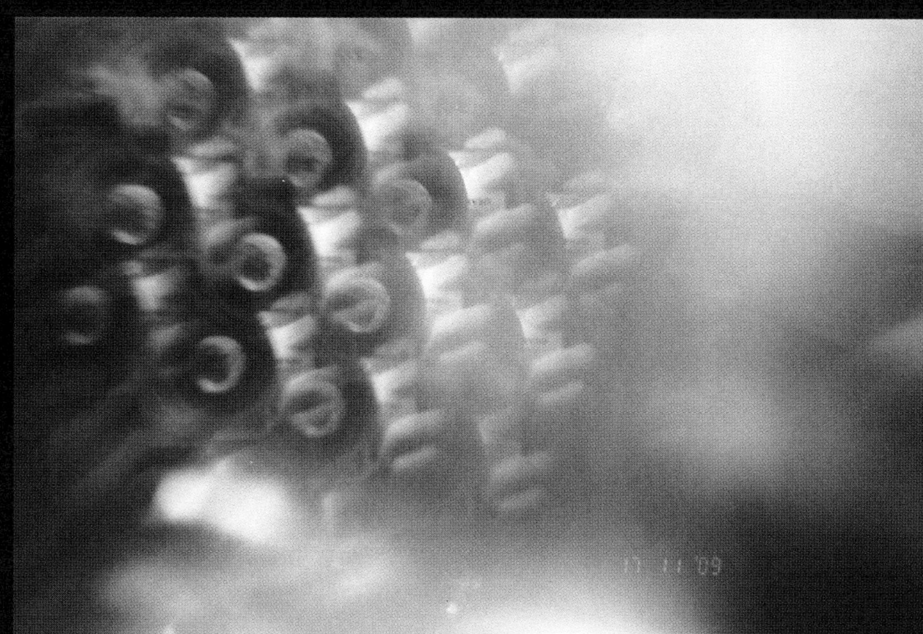
17 11 09

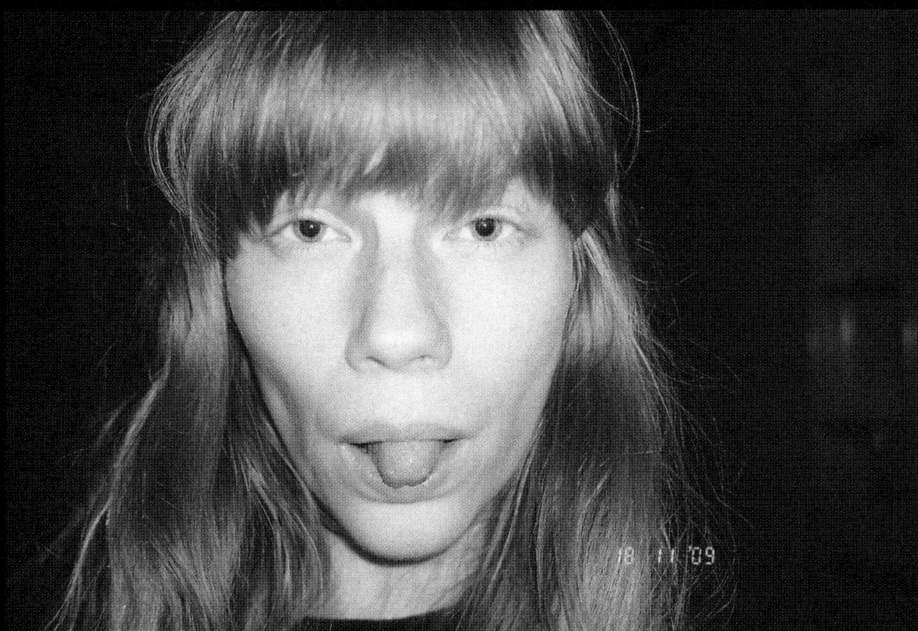
18 11 '09

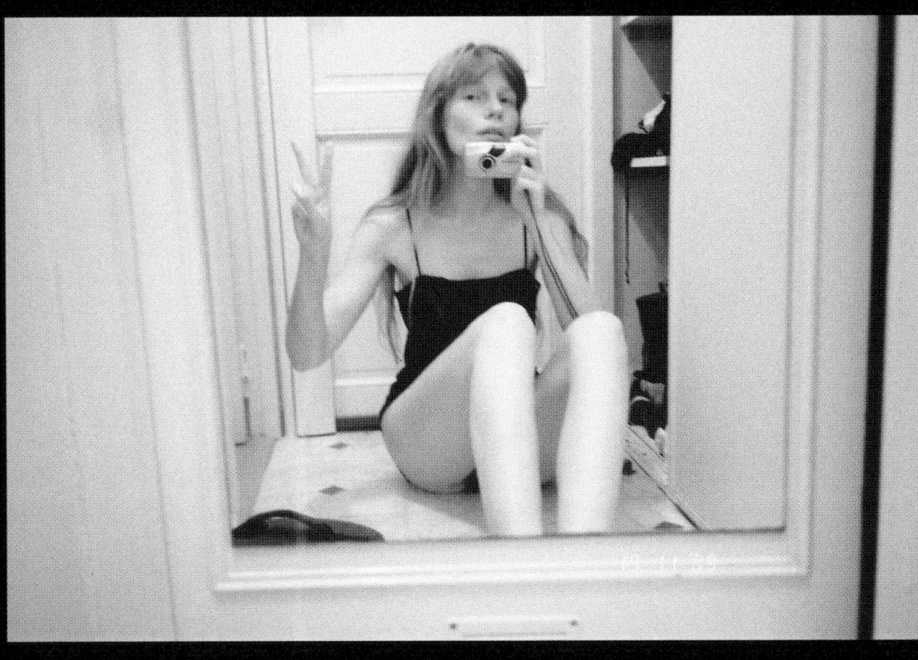

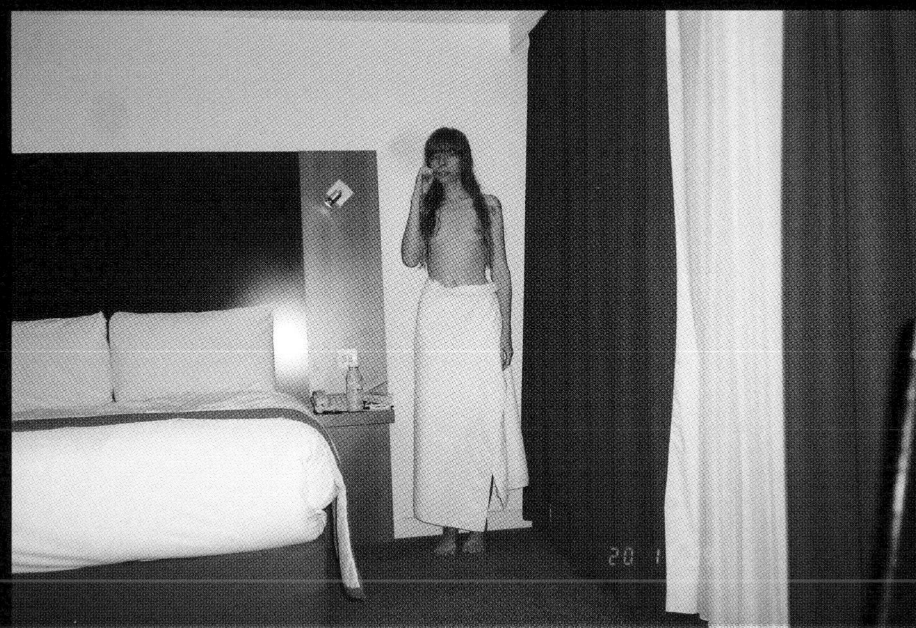

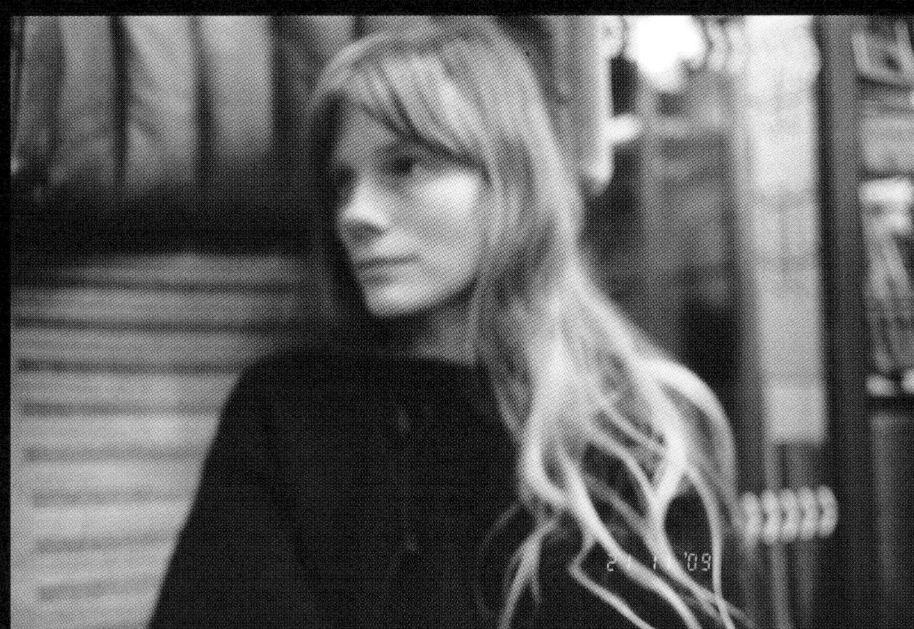

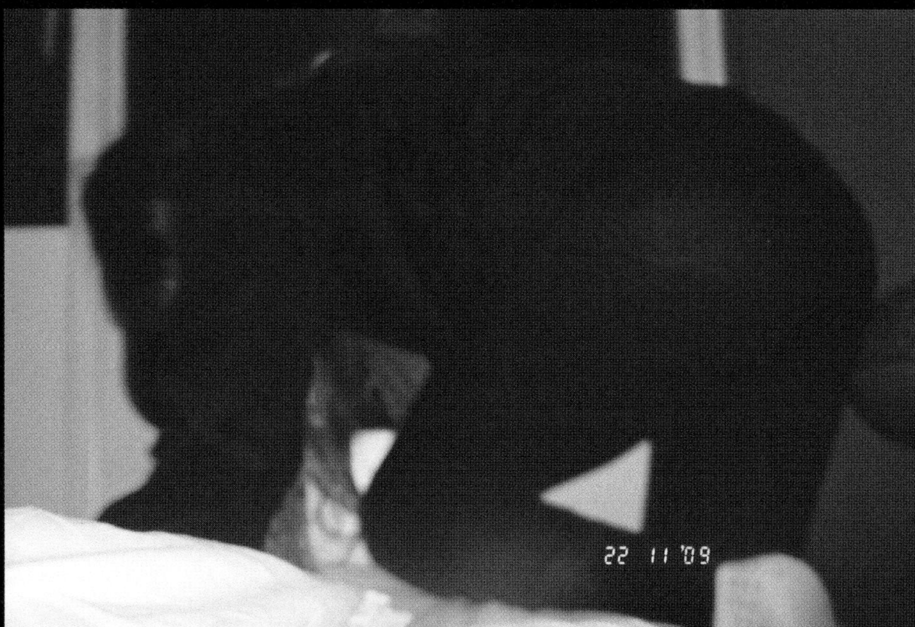
22 11 '09

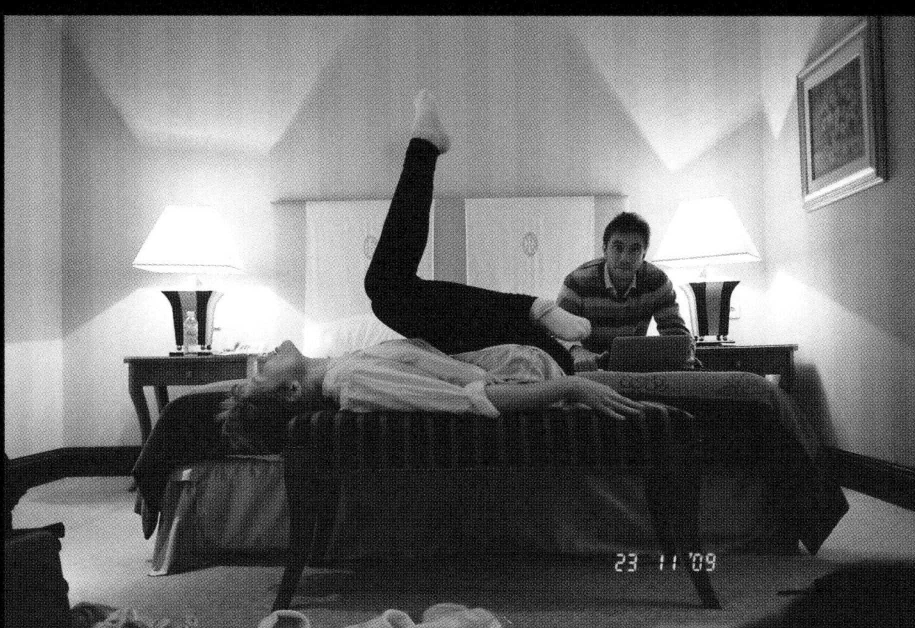
23 11 '09

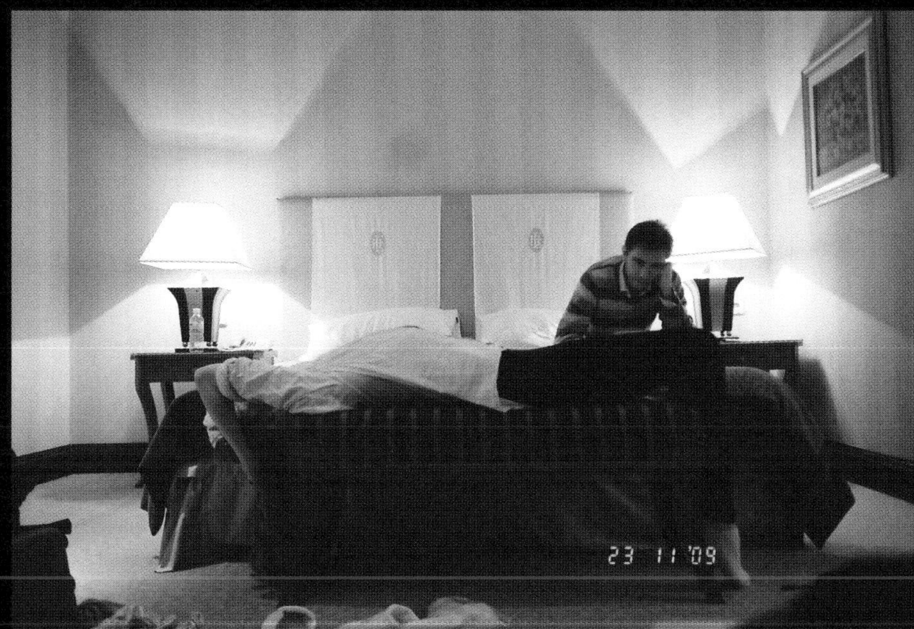
23 11 '09

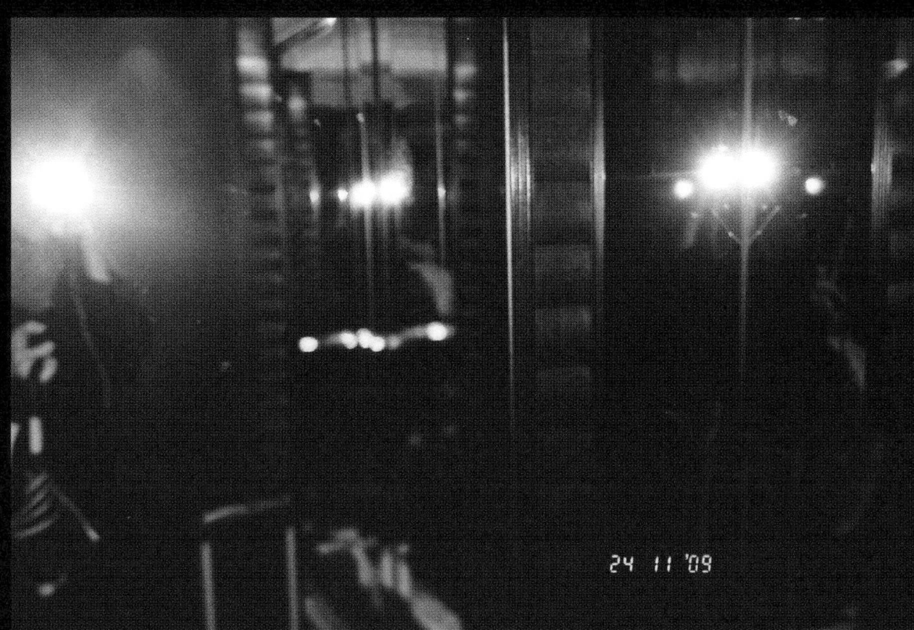
24 11 '09

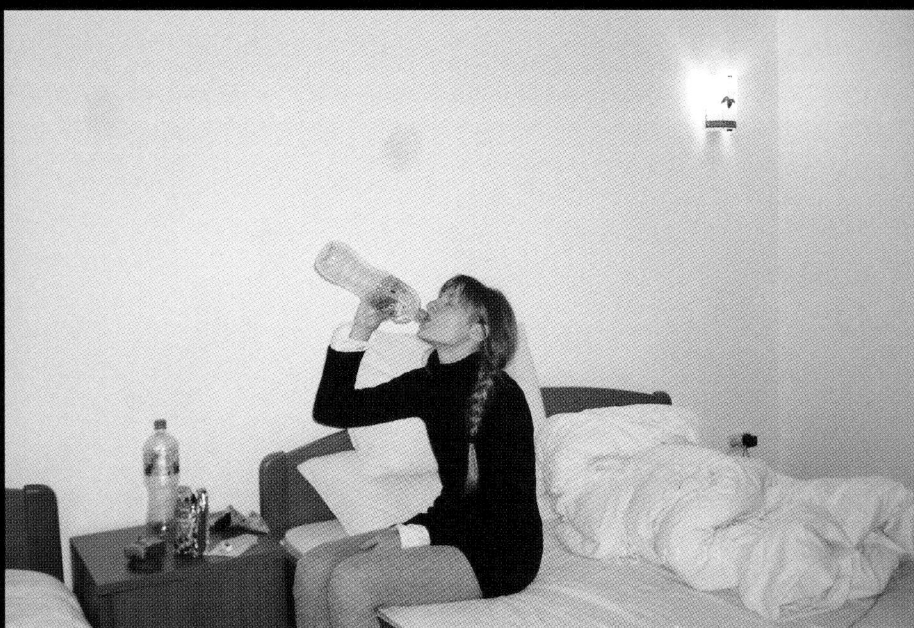

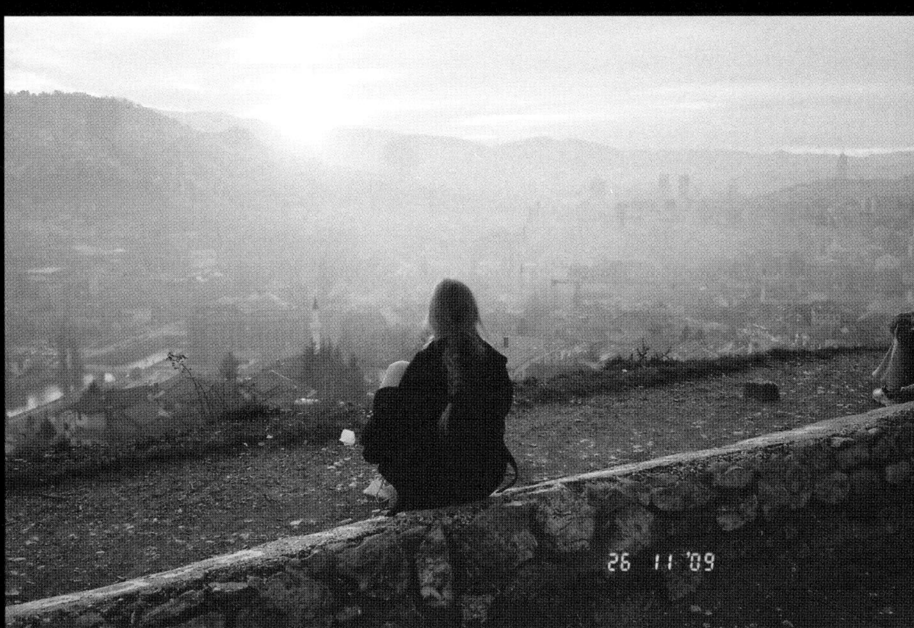
26 11 '09

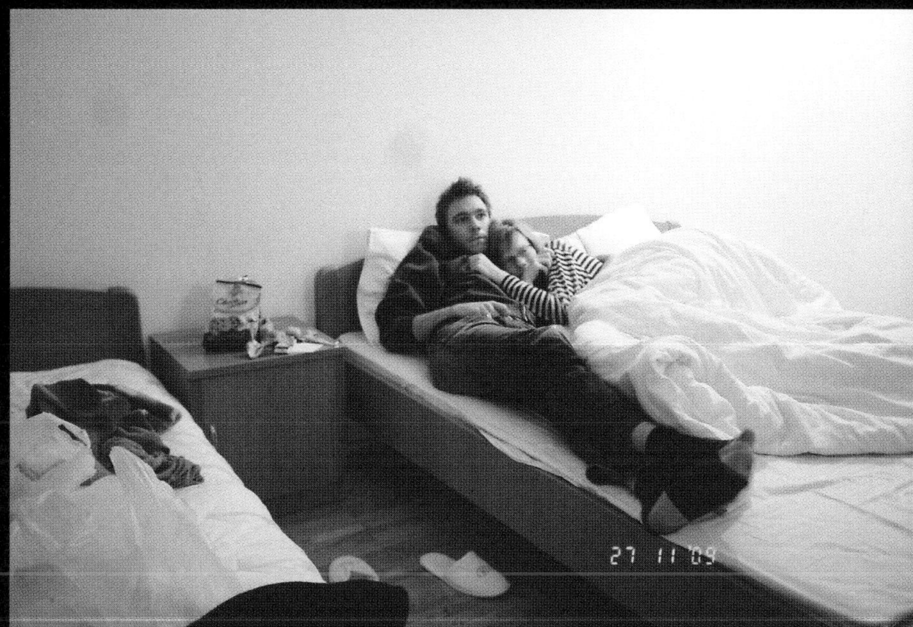
27 11 '09

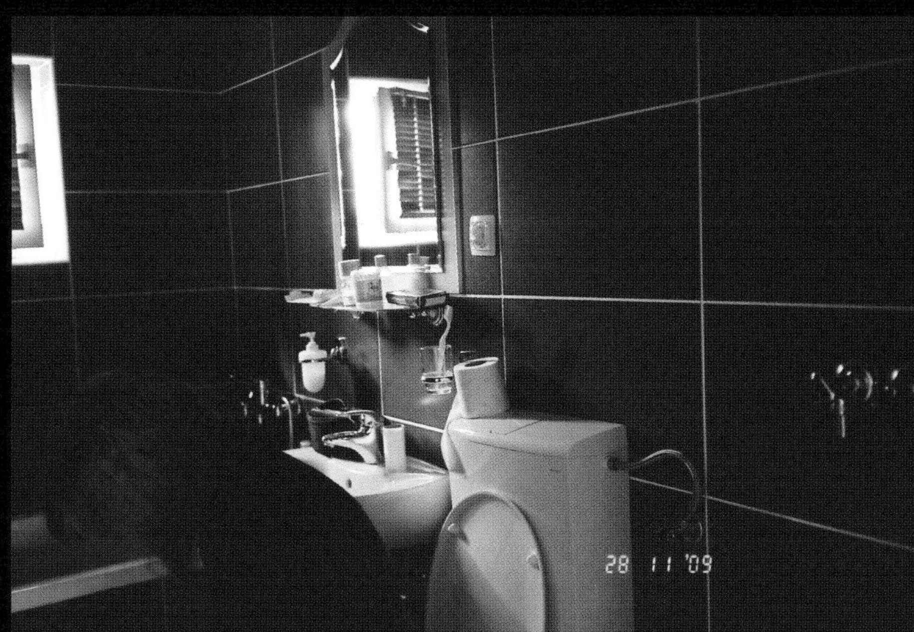
28 11 '09

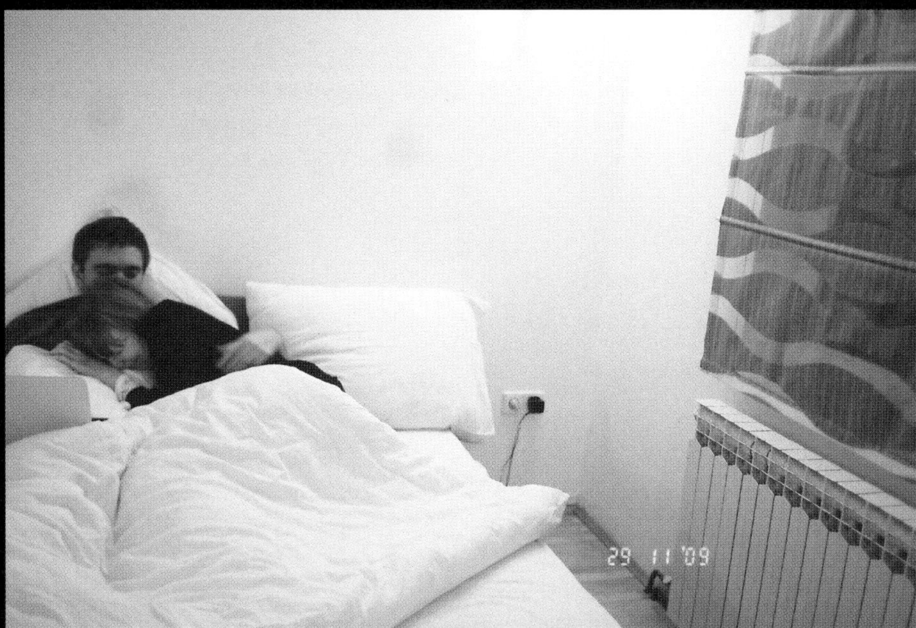
29 11 '09

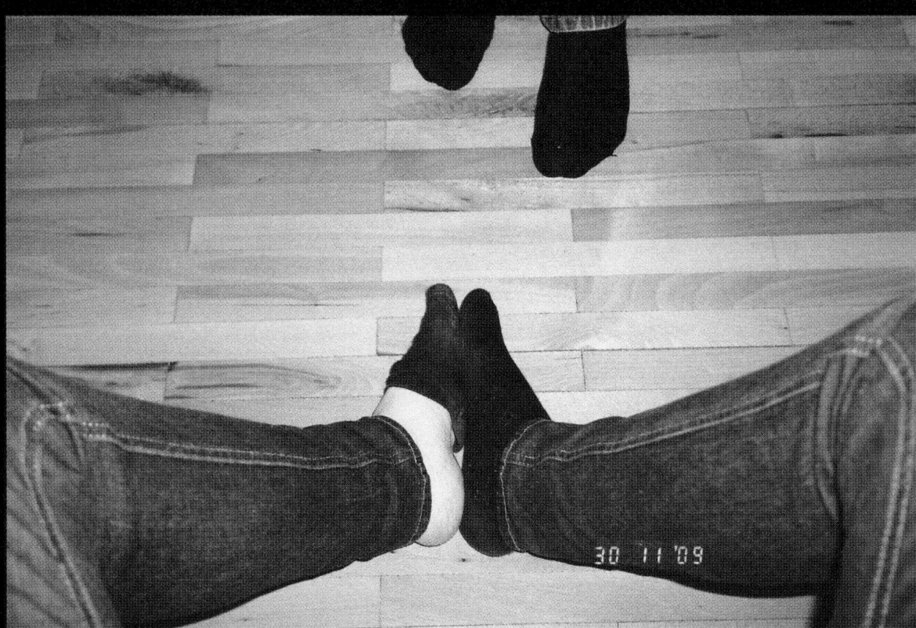
30 11 '09

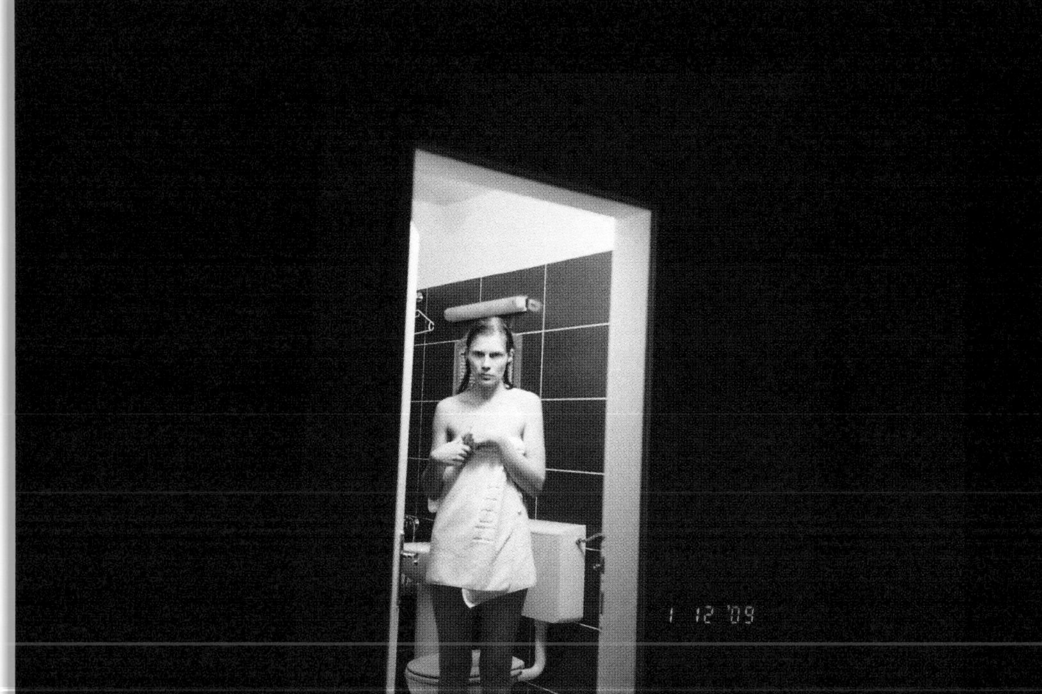
1 12 '09

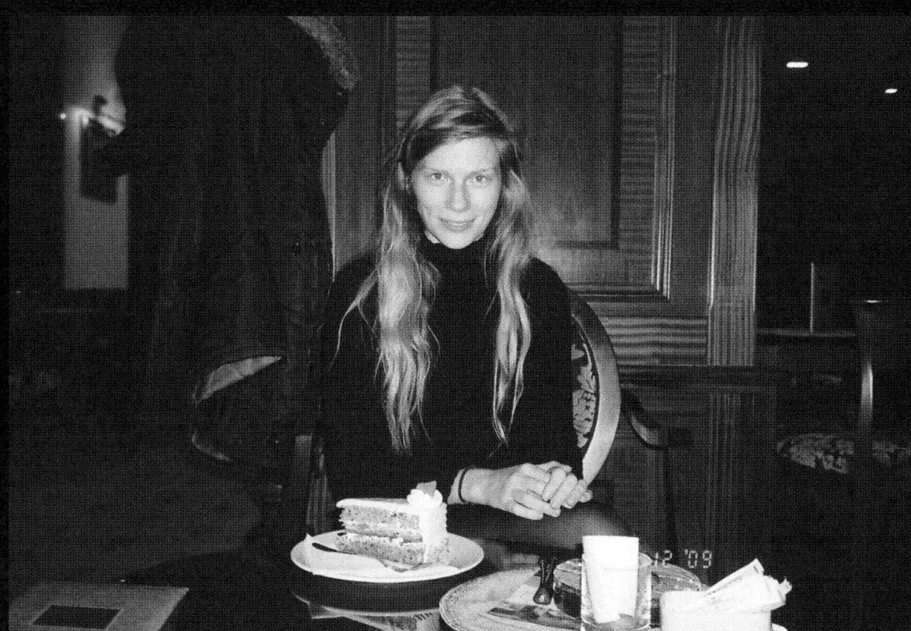
12 '09

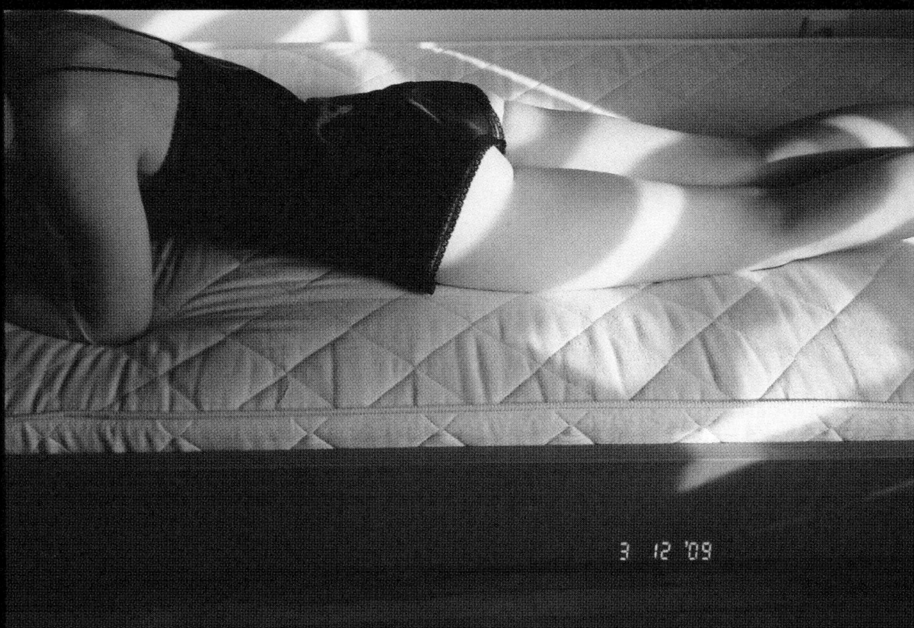
3 12 '09

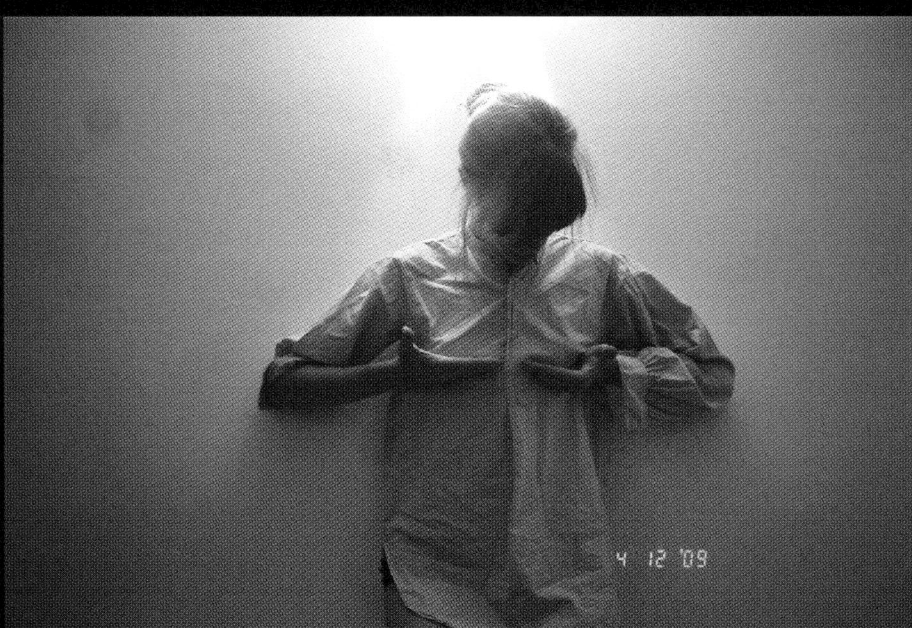
4 12 '09

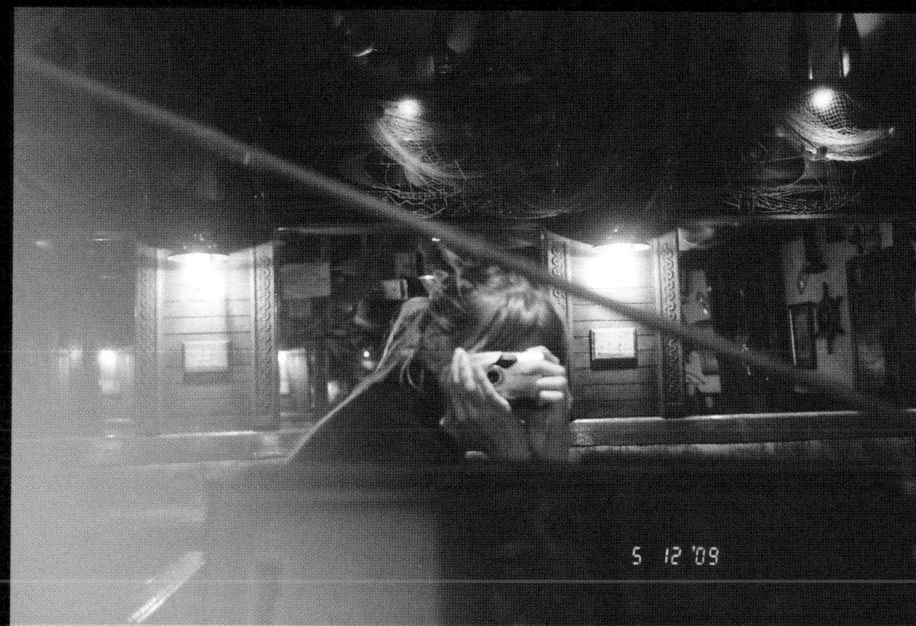
5 12 '09

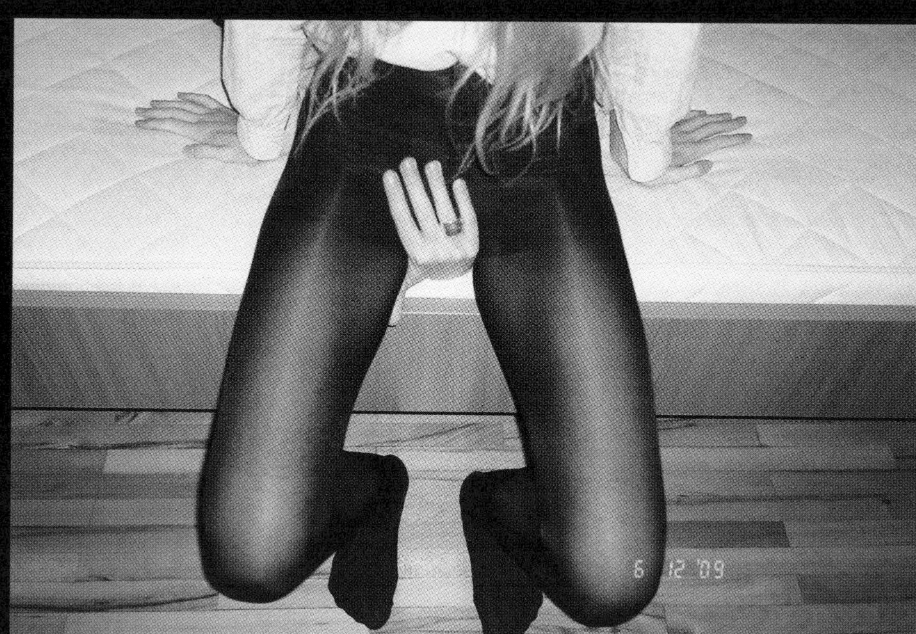
6 12 '09

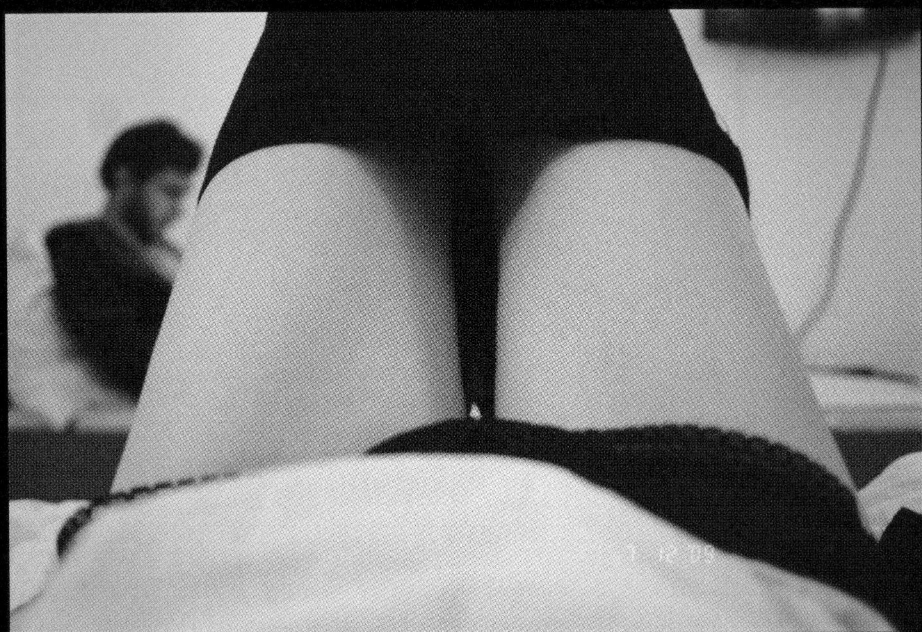
7 12 '09

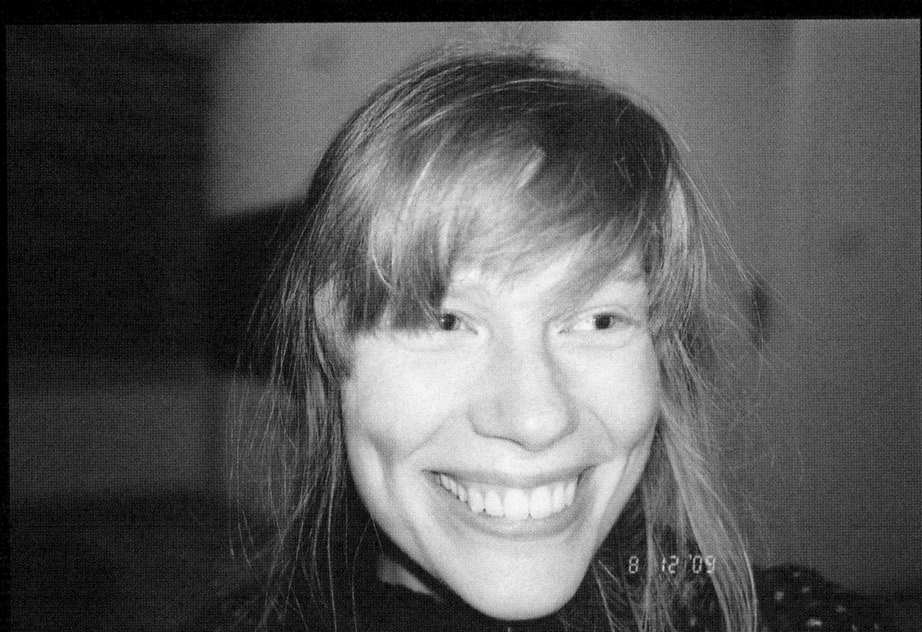
8 12 '09

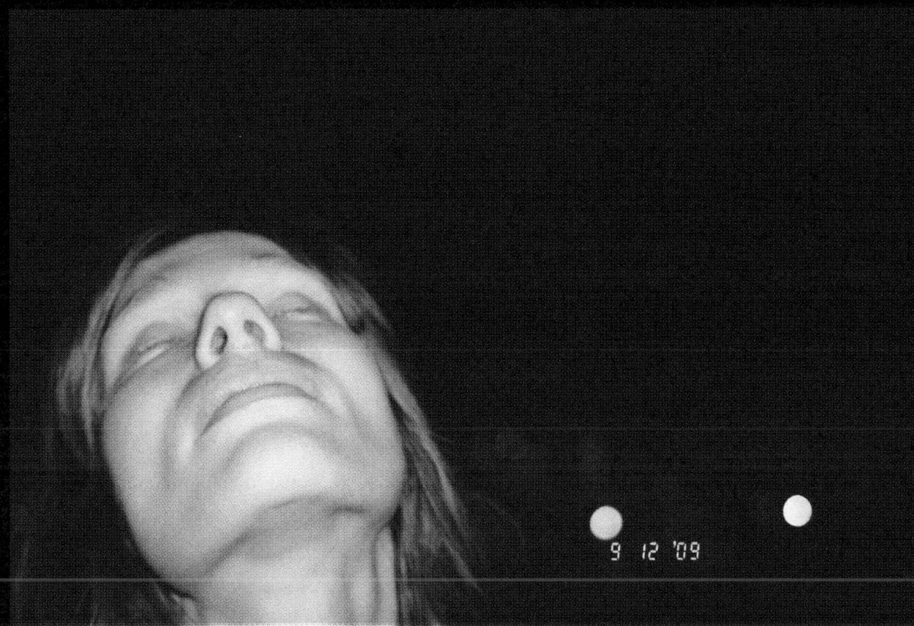
9 12 '09

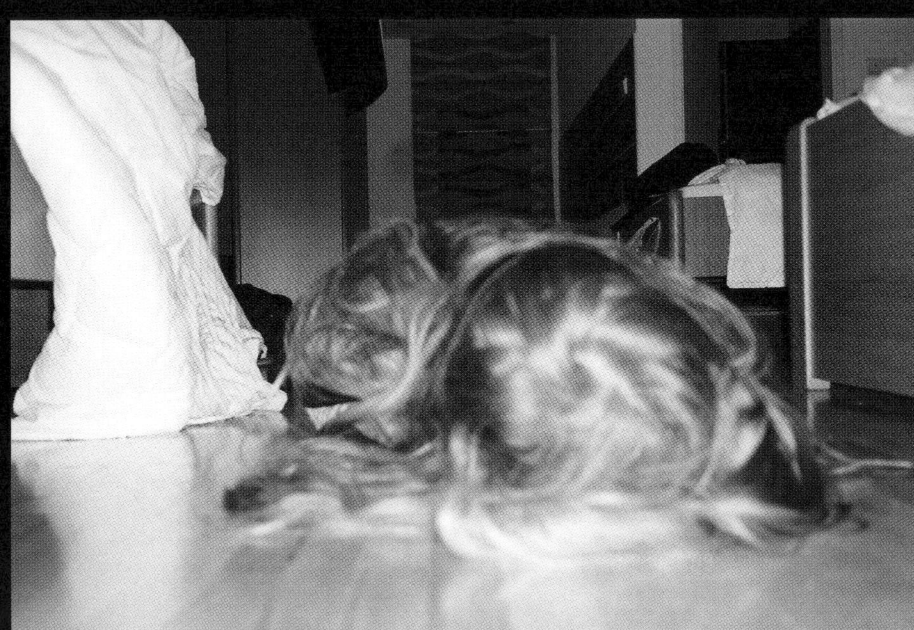

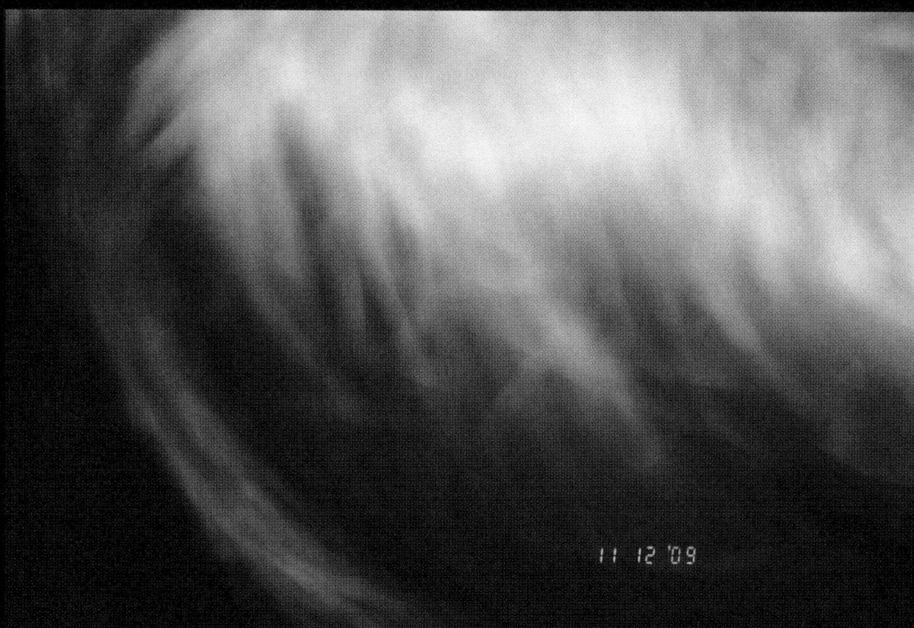
11 12 '09

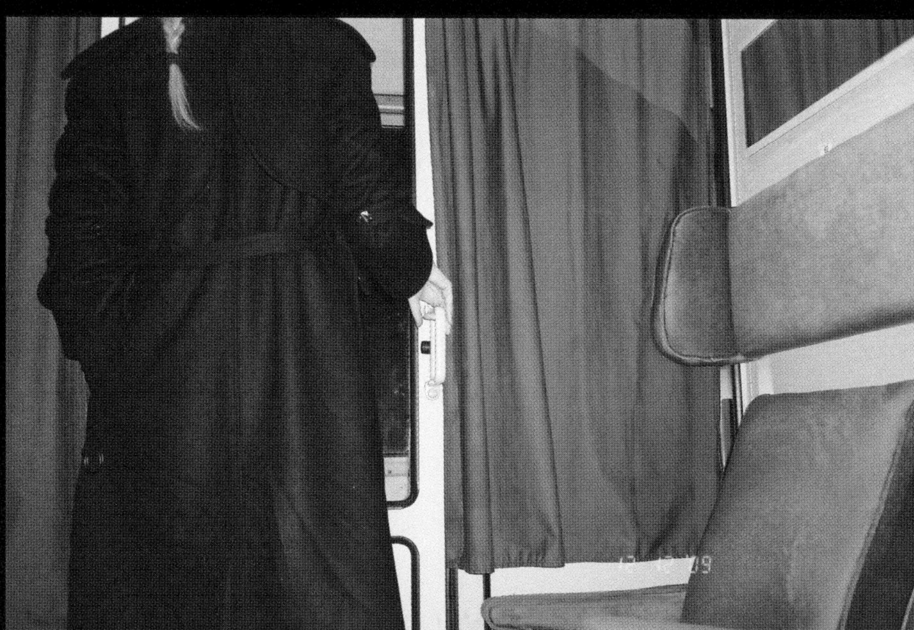

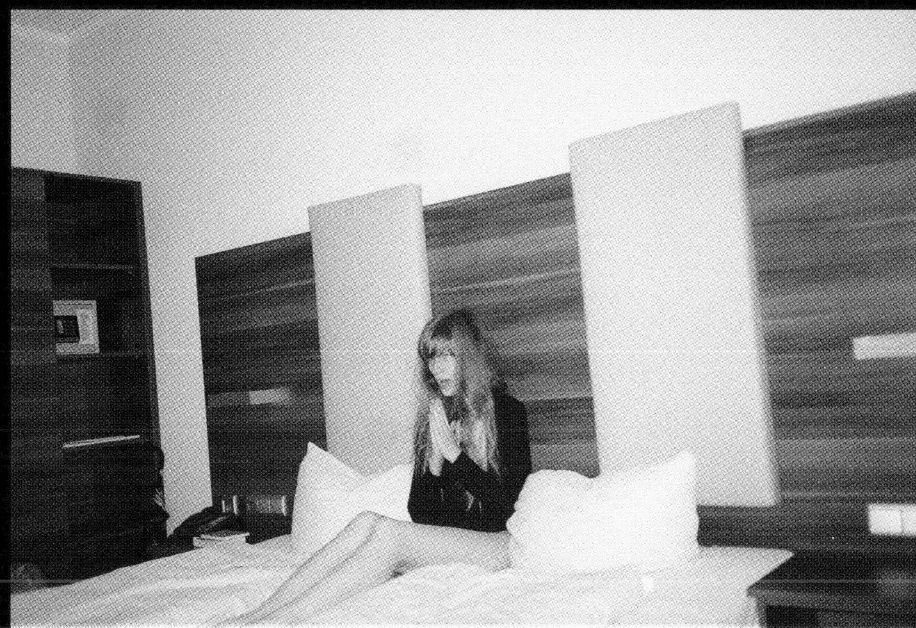

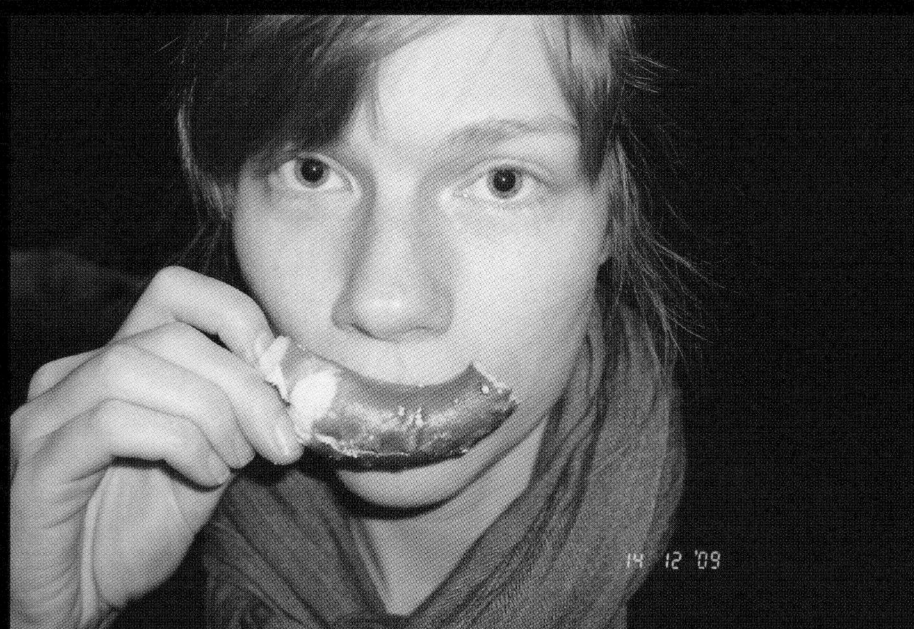
14 12 '09

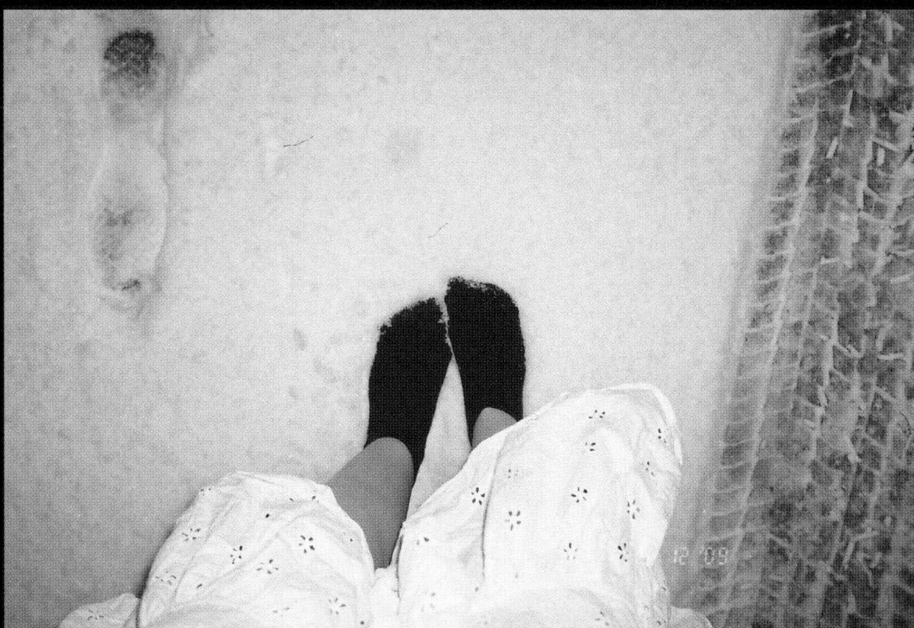
12 '09

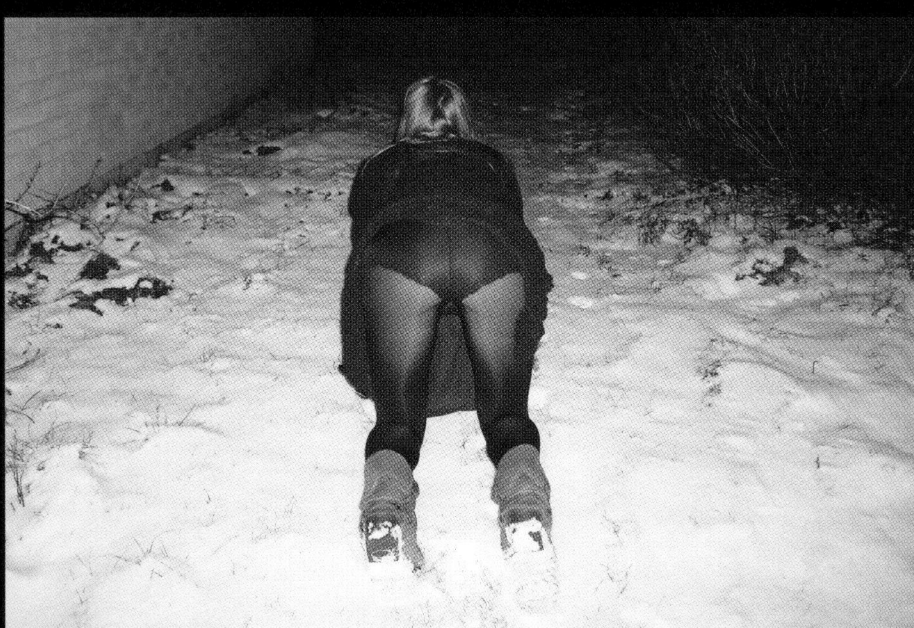

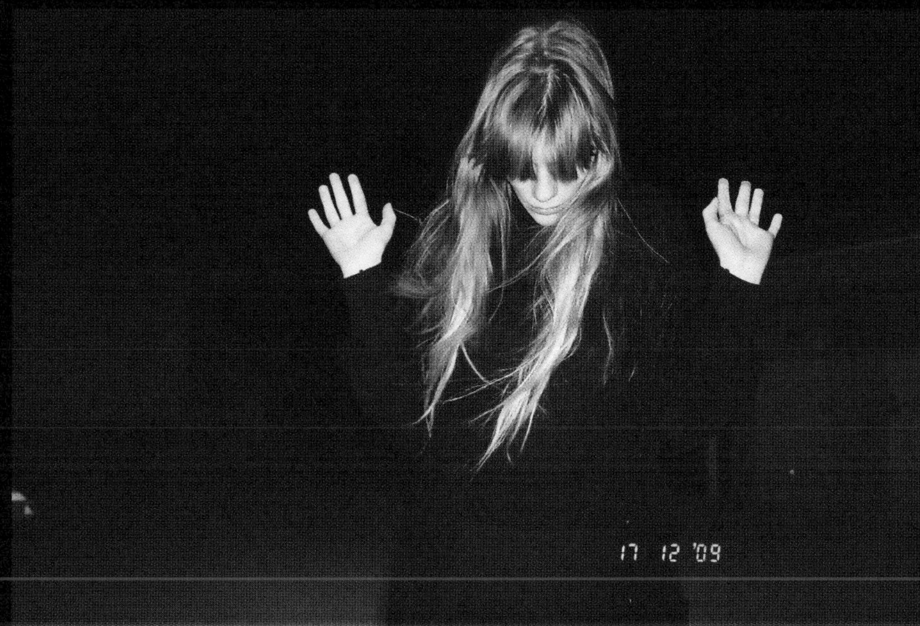
17 12 '09

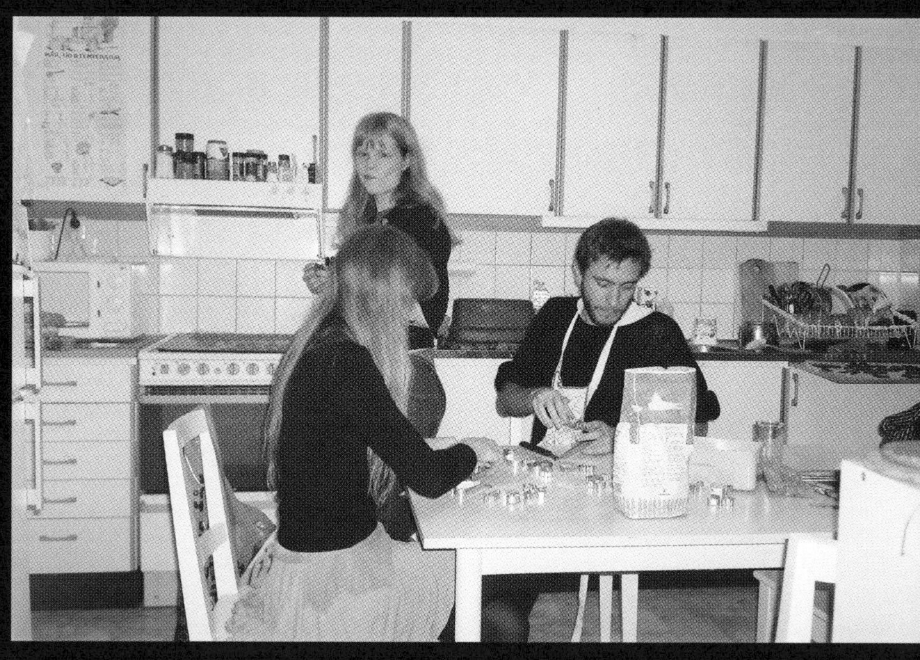

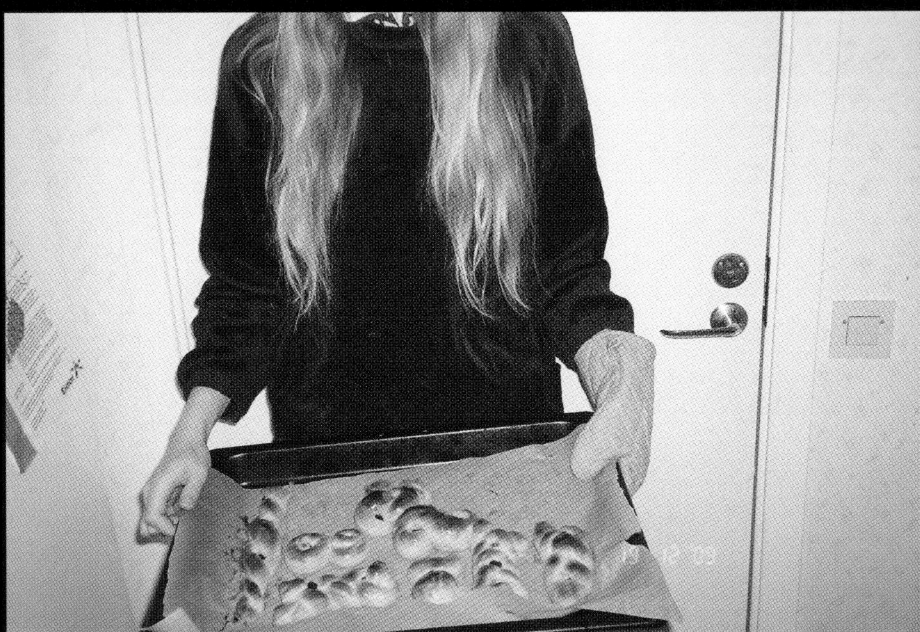
19 12 '09

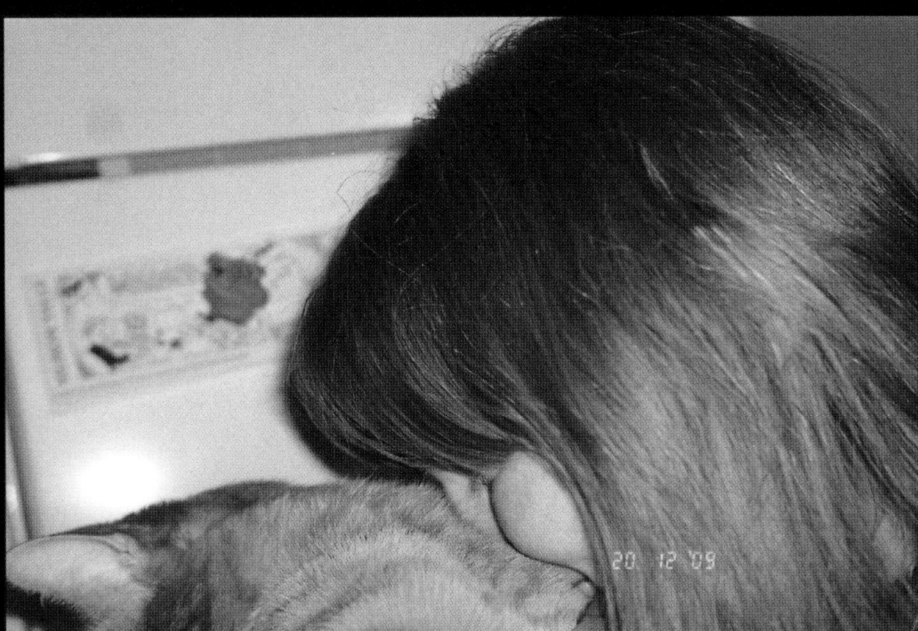
20 12 '09

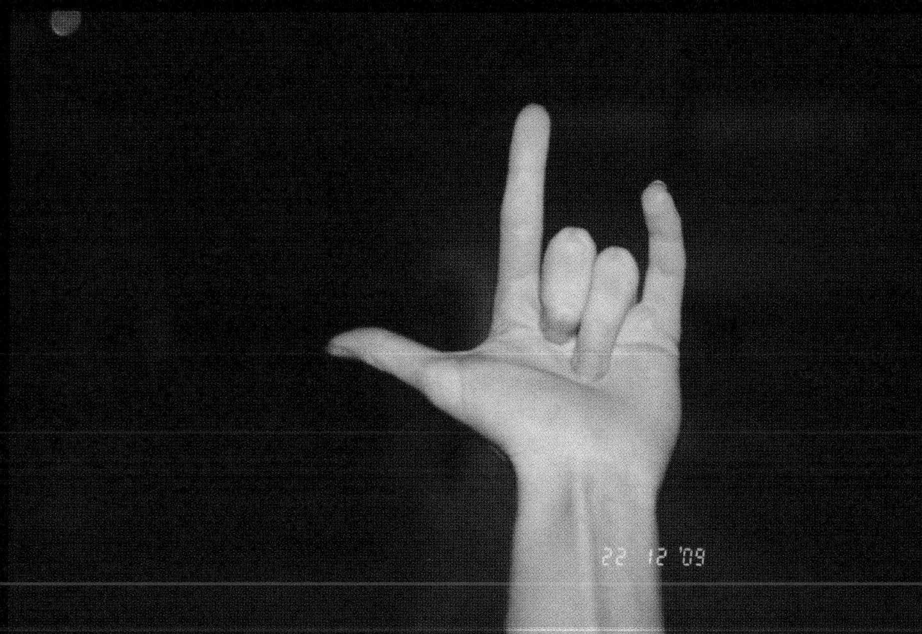
22 12 '09

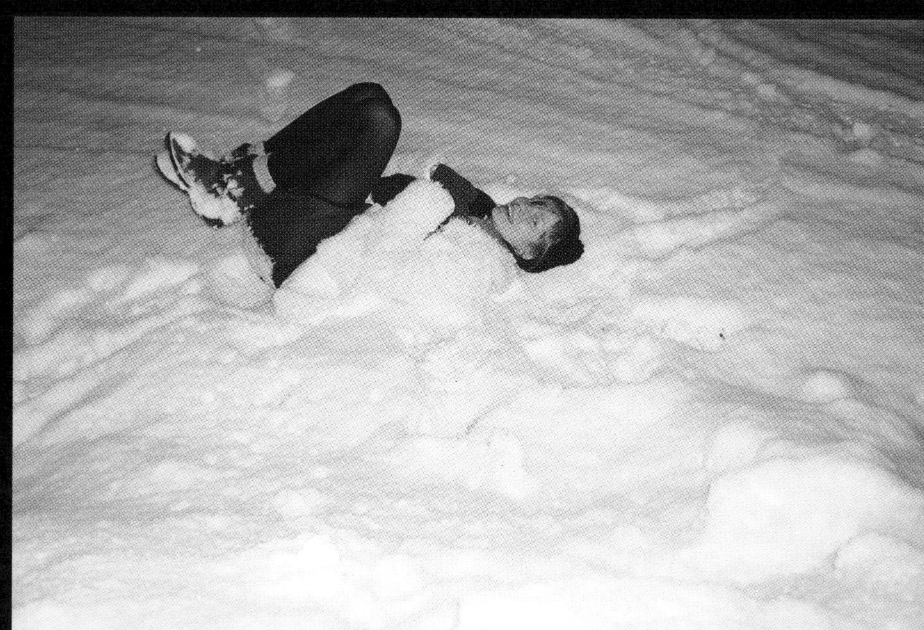

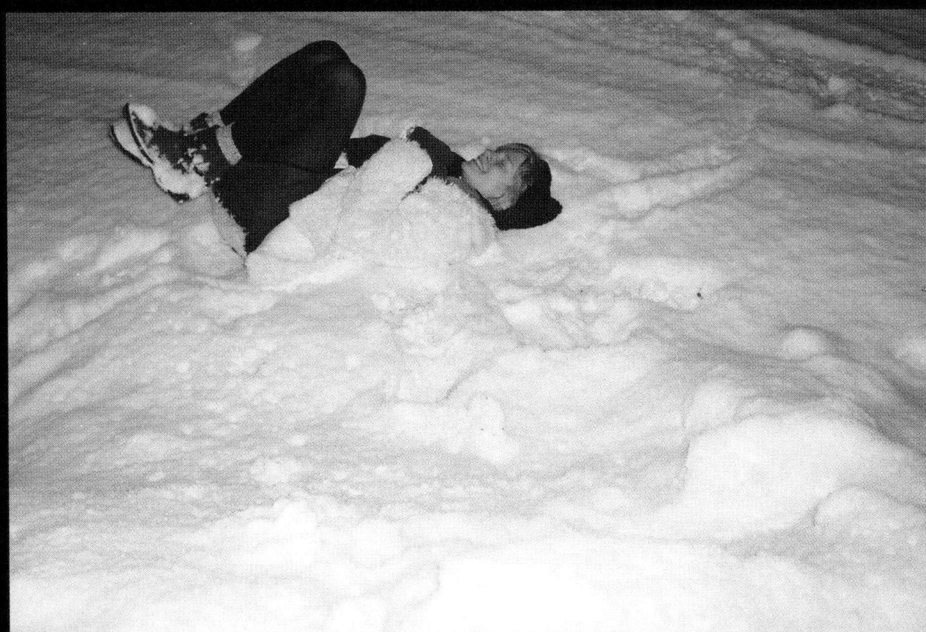

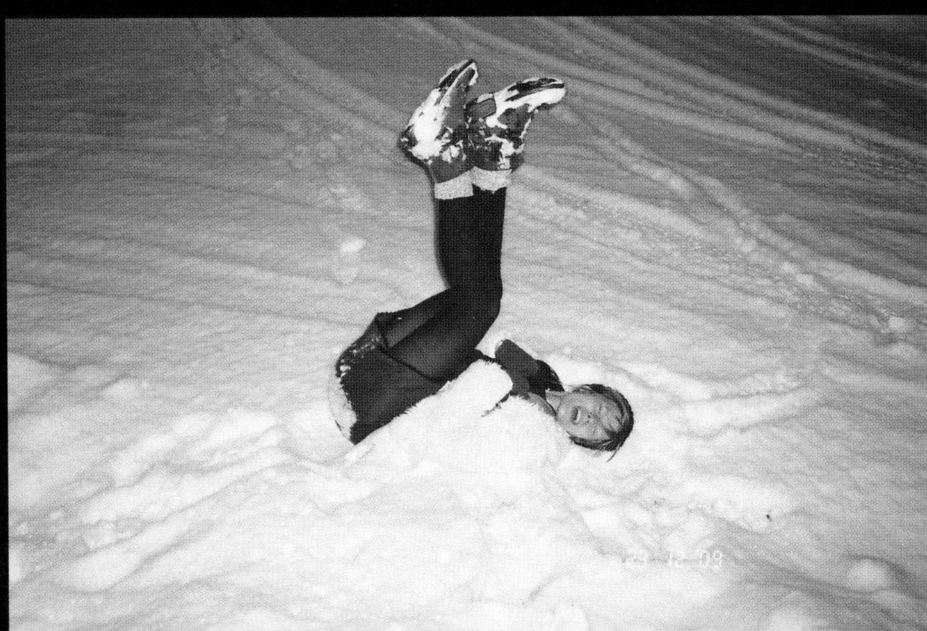

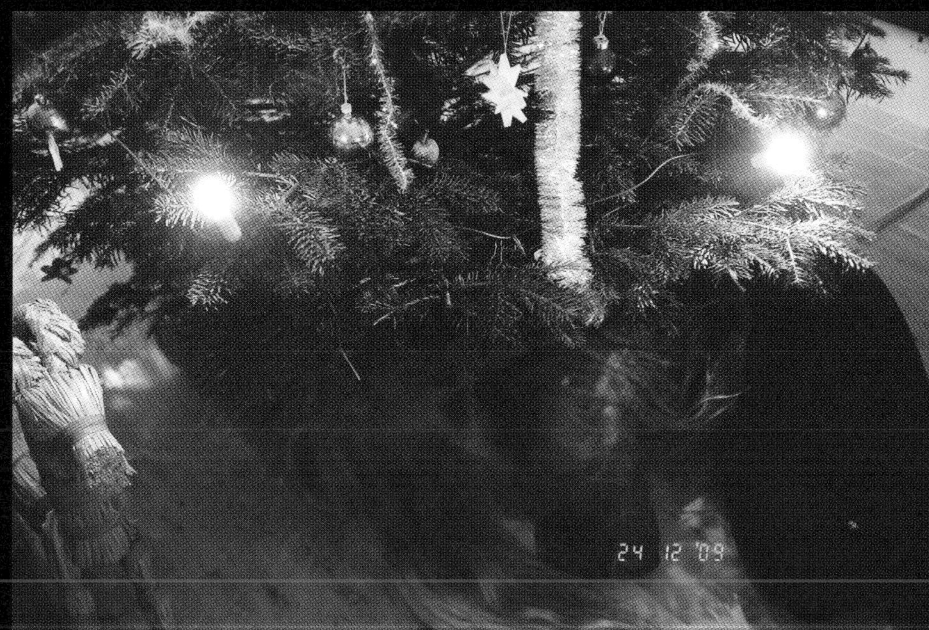
24 12 '09

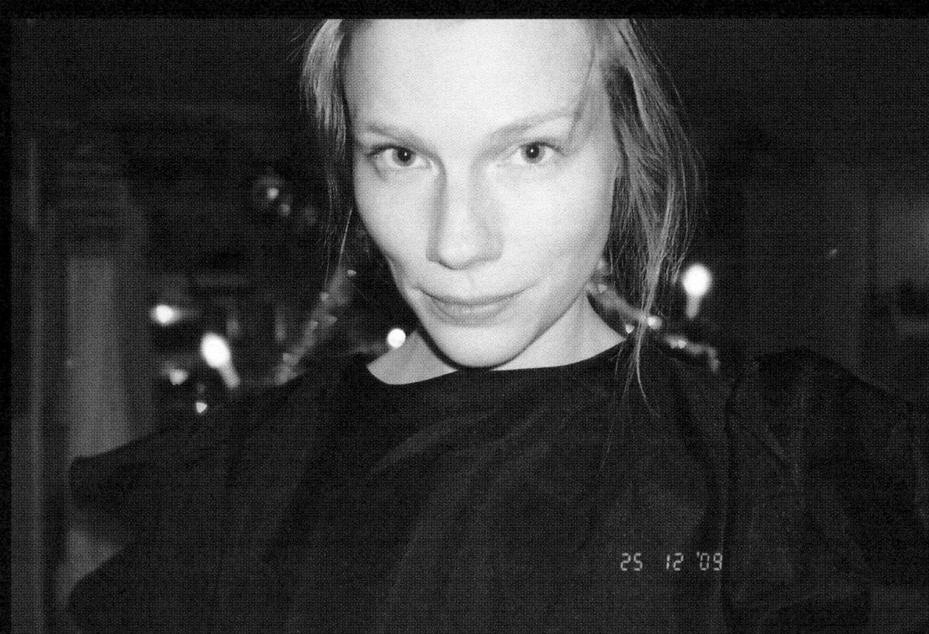
25 12 '09

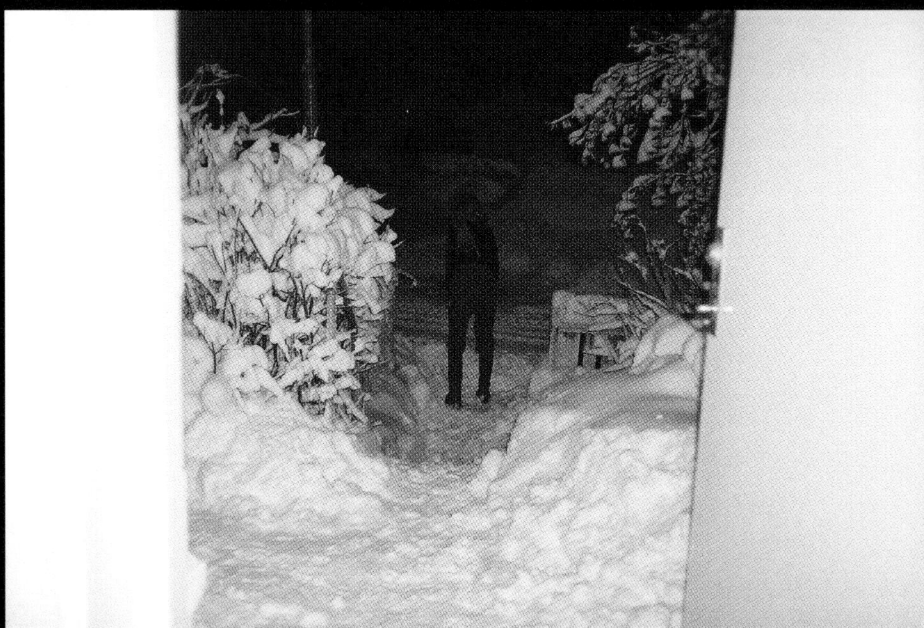

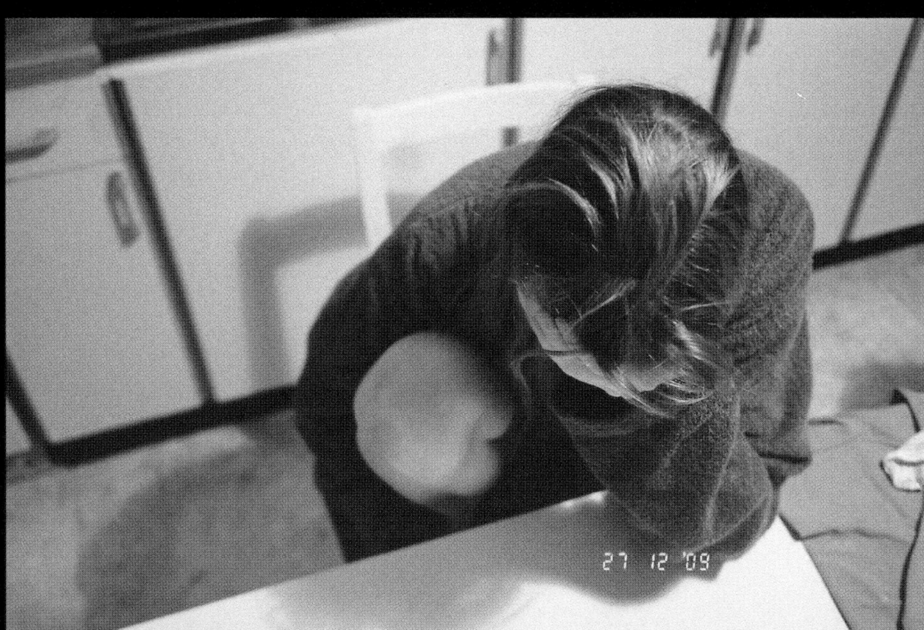
27 12 '09

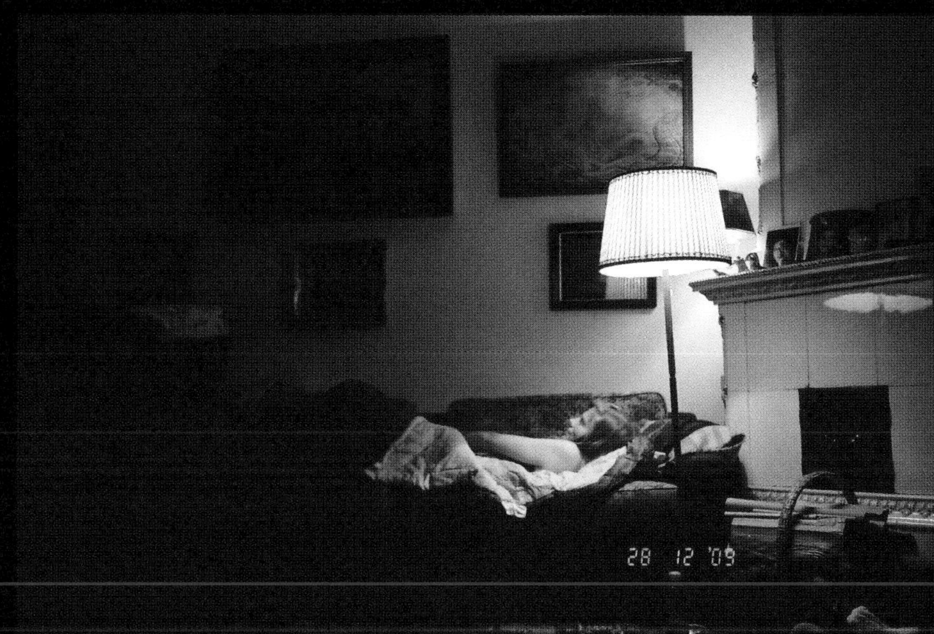
28 12 '09

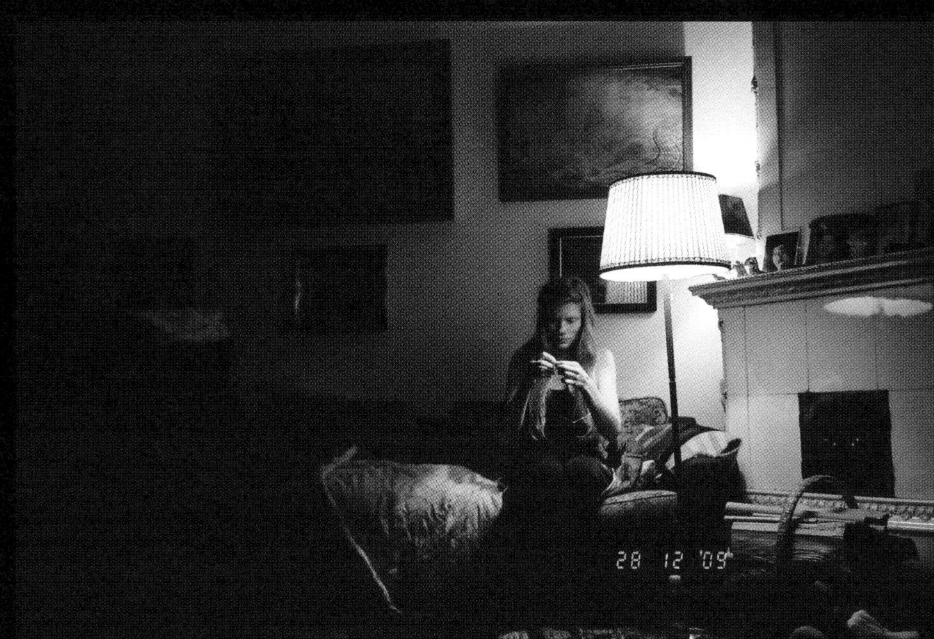
28 12 '09

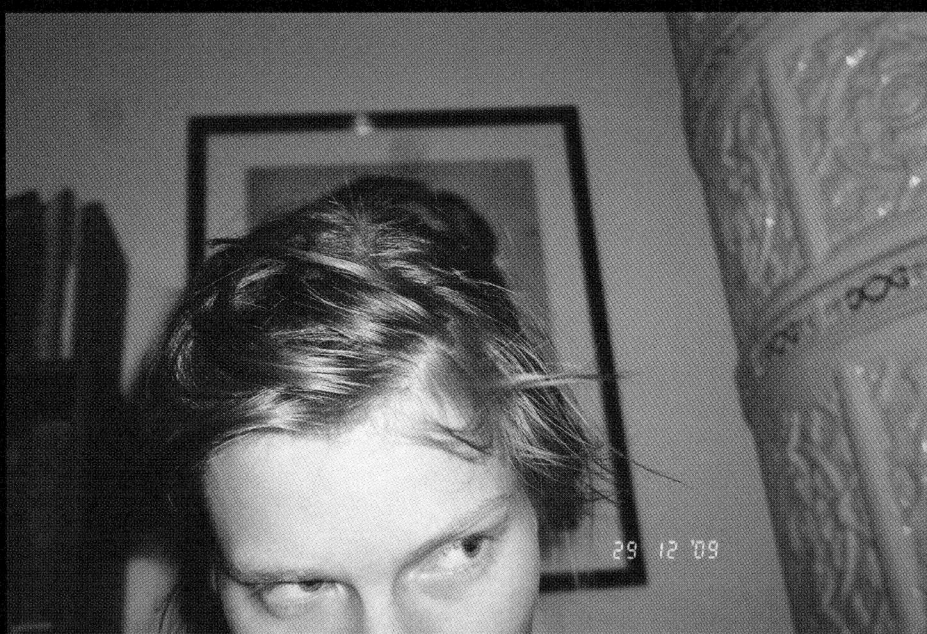
29 12 '09

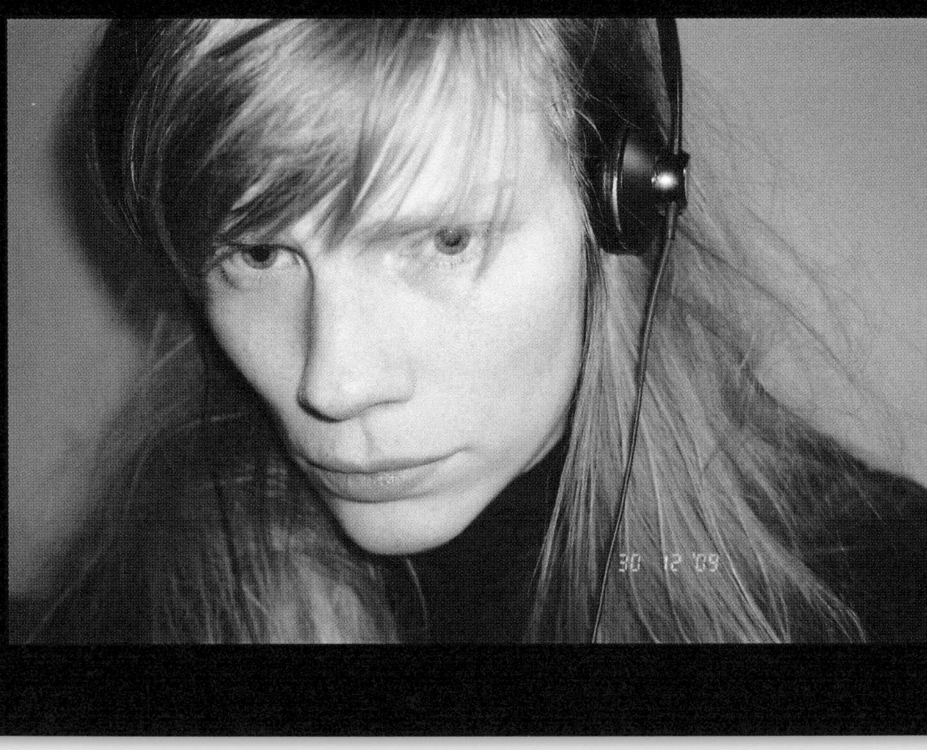
30 12 '09

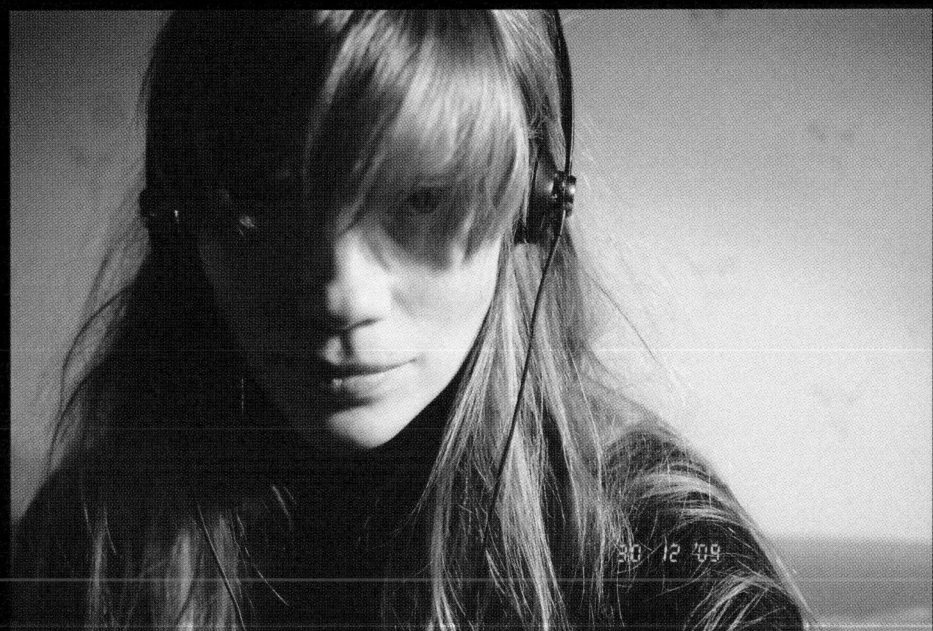
30 12 '09

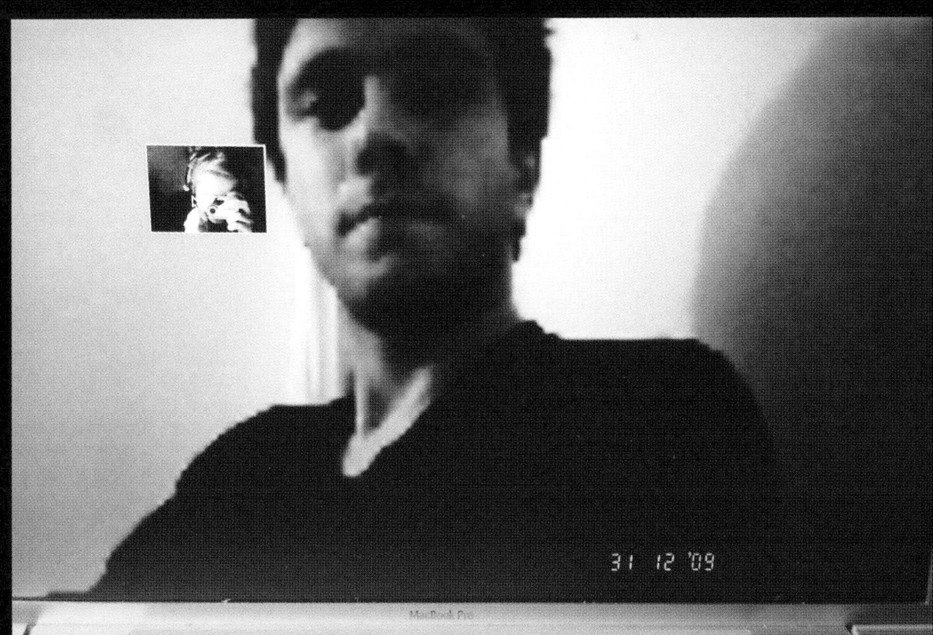
31 12 '09
MacBook Pro

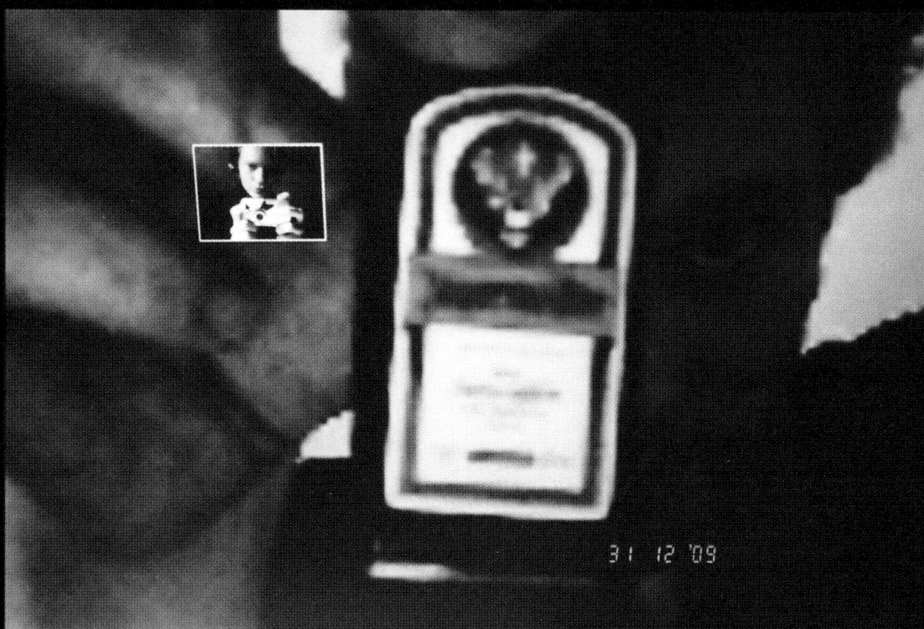
31 12 '09

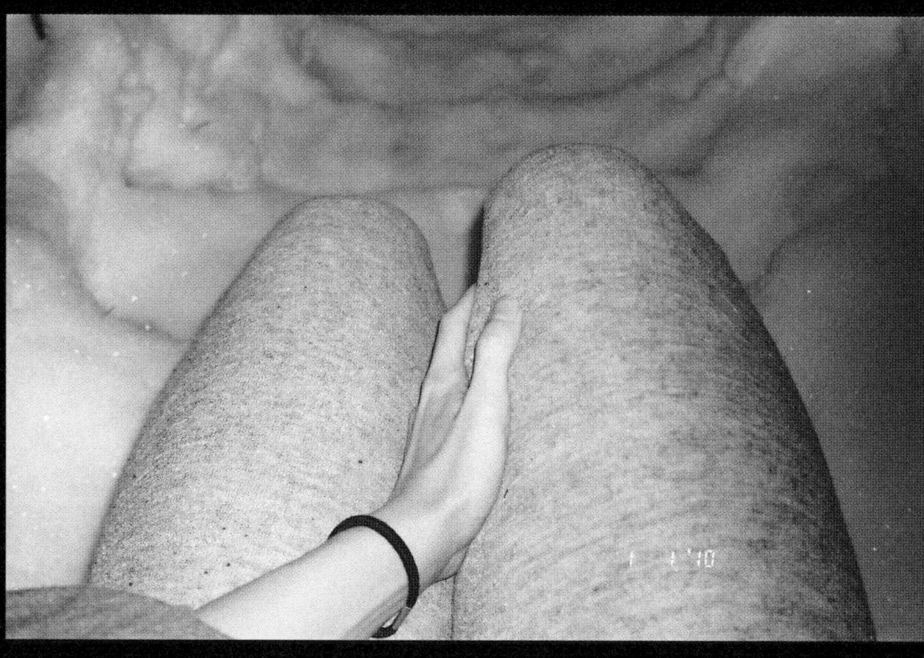

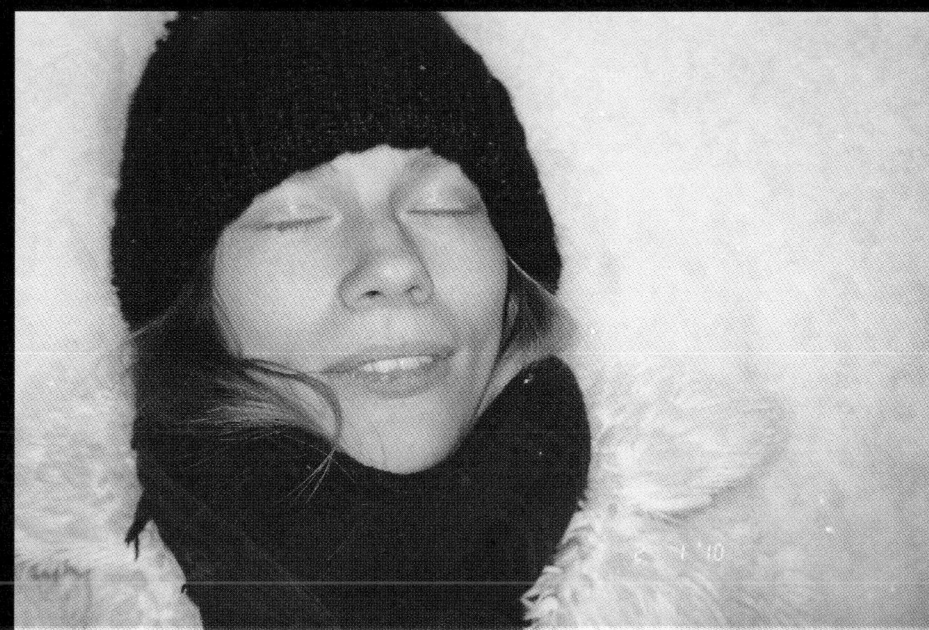

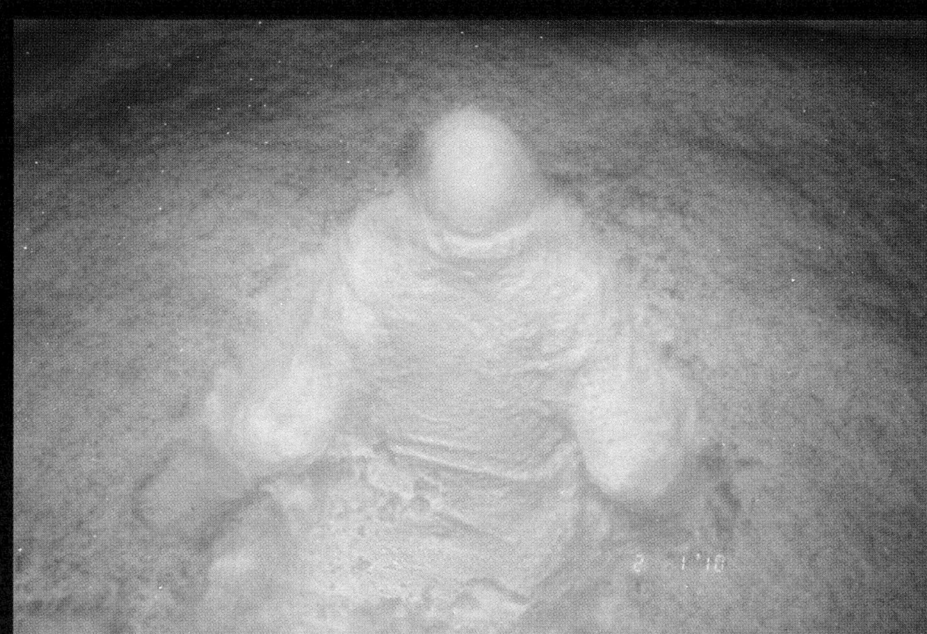

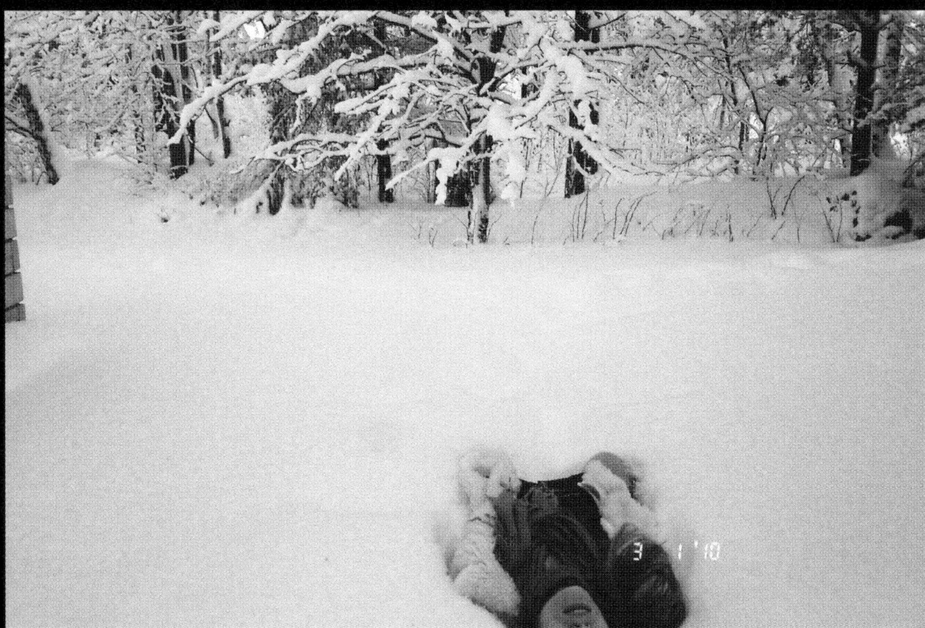

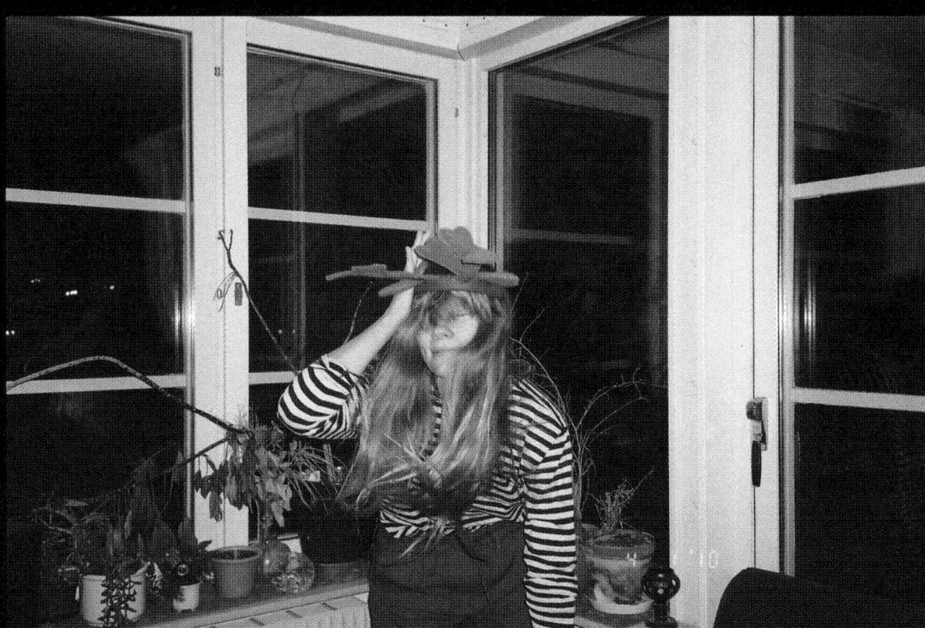

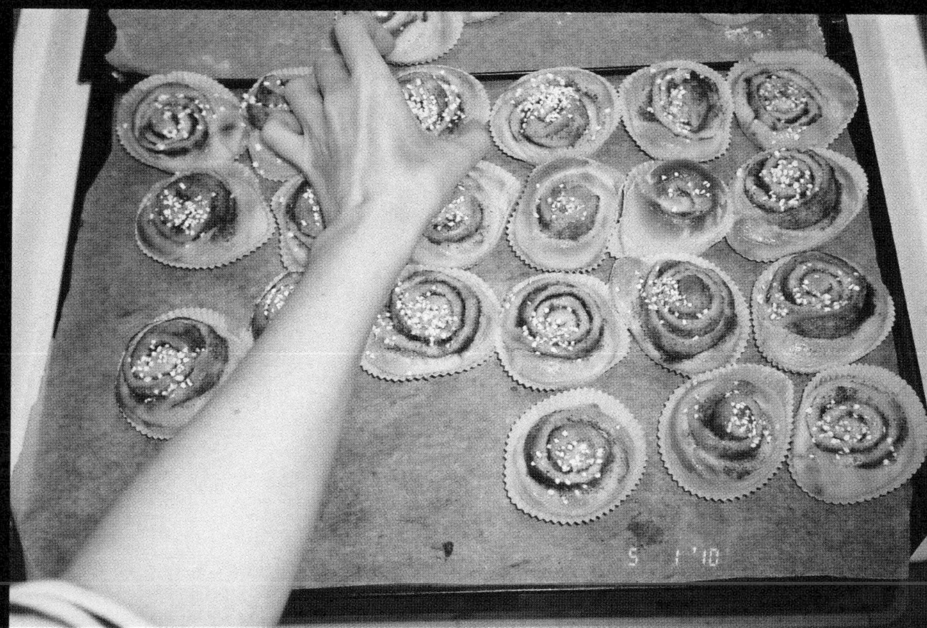
5 1 '10

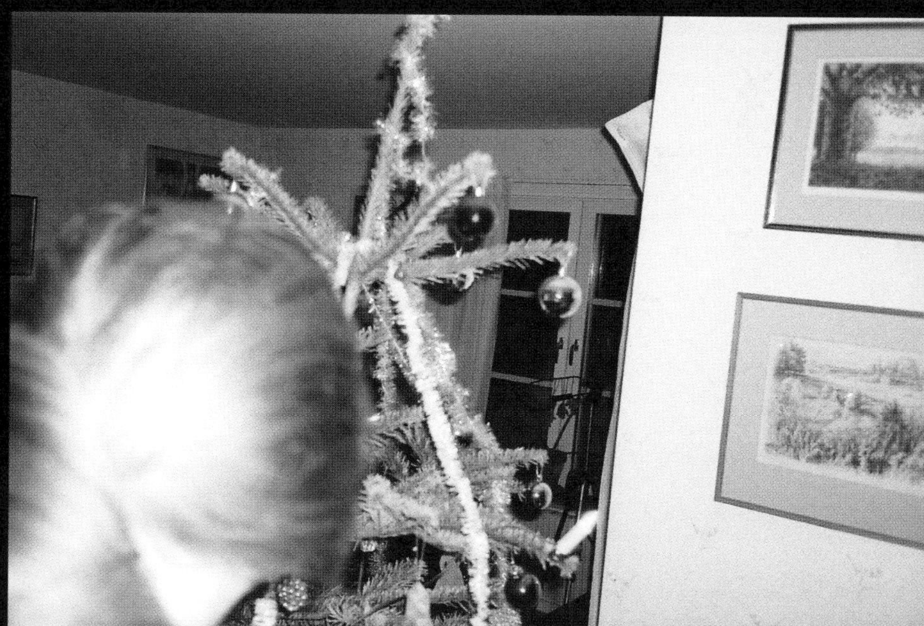

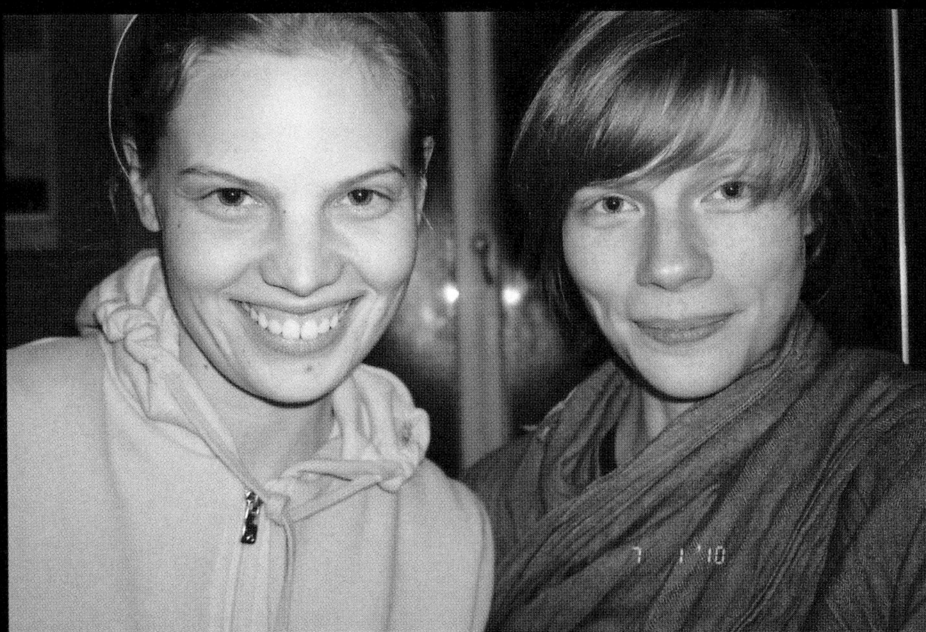

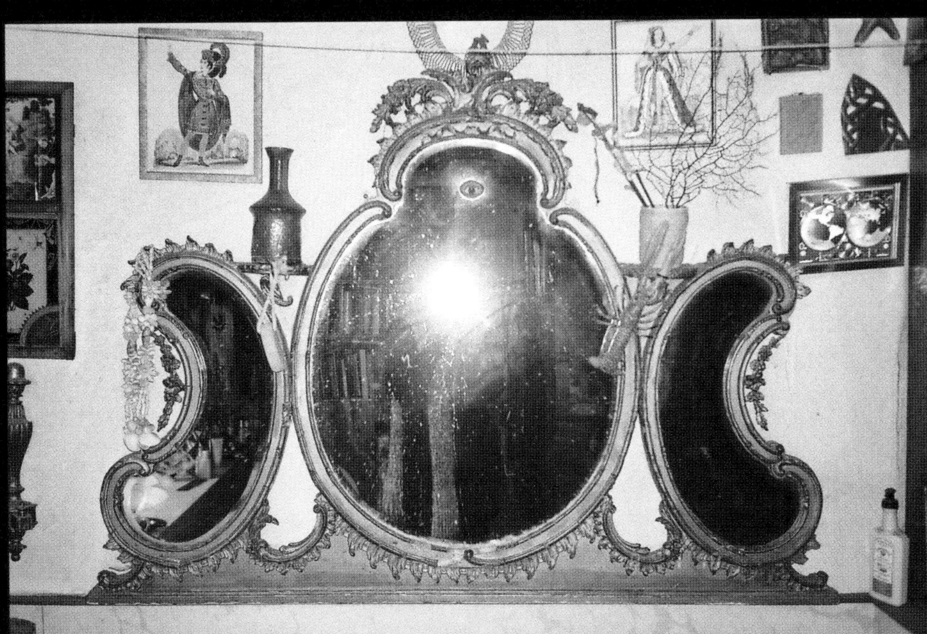

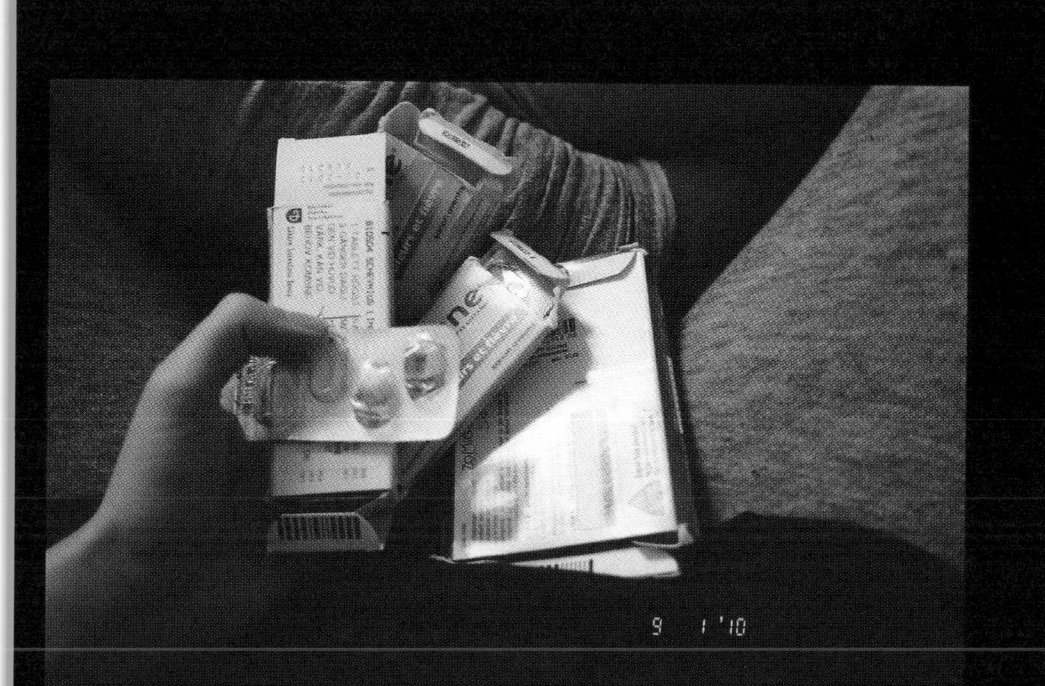
9 1 '10

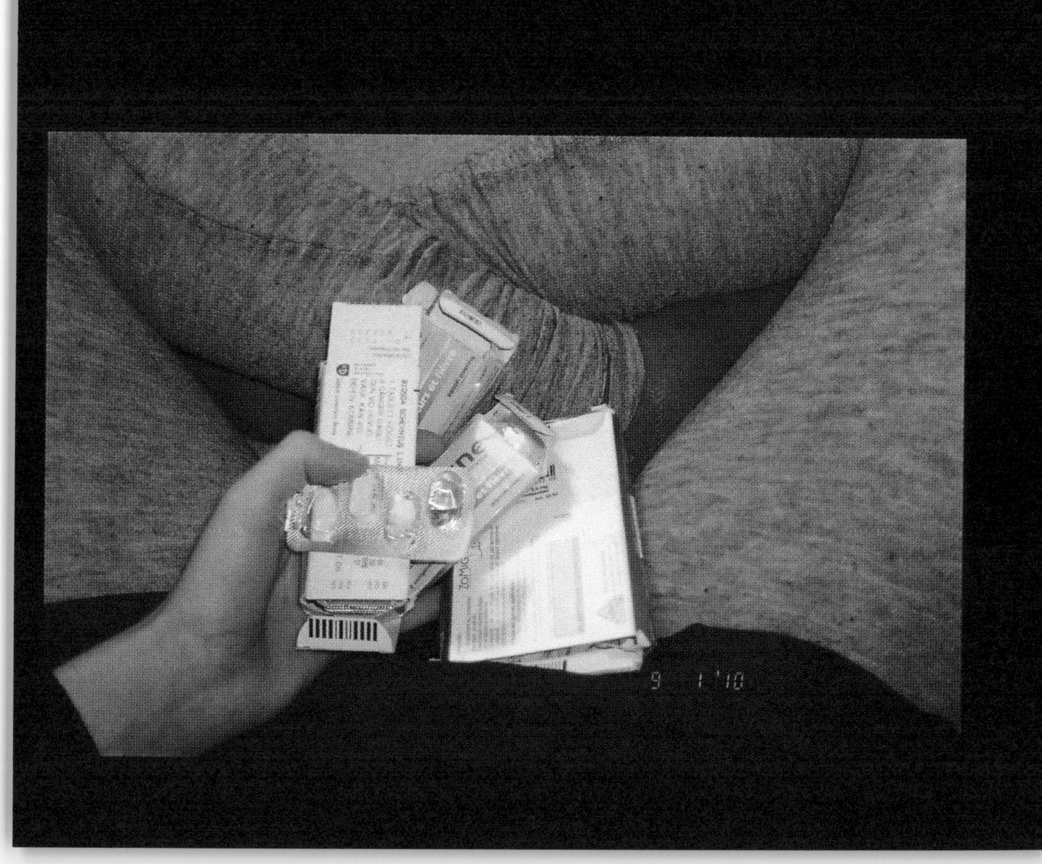
9 1 '10

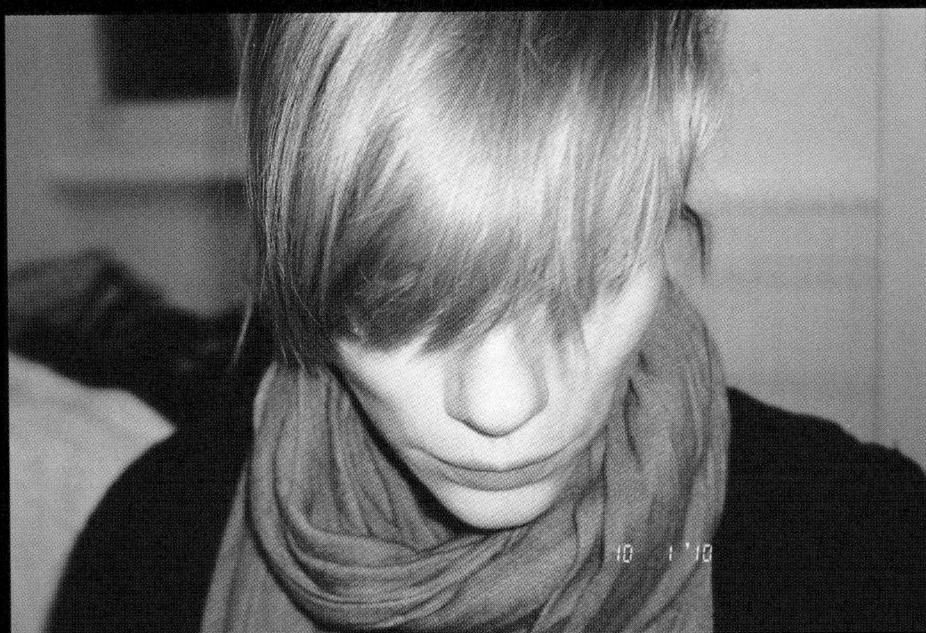
10 1 '10

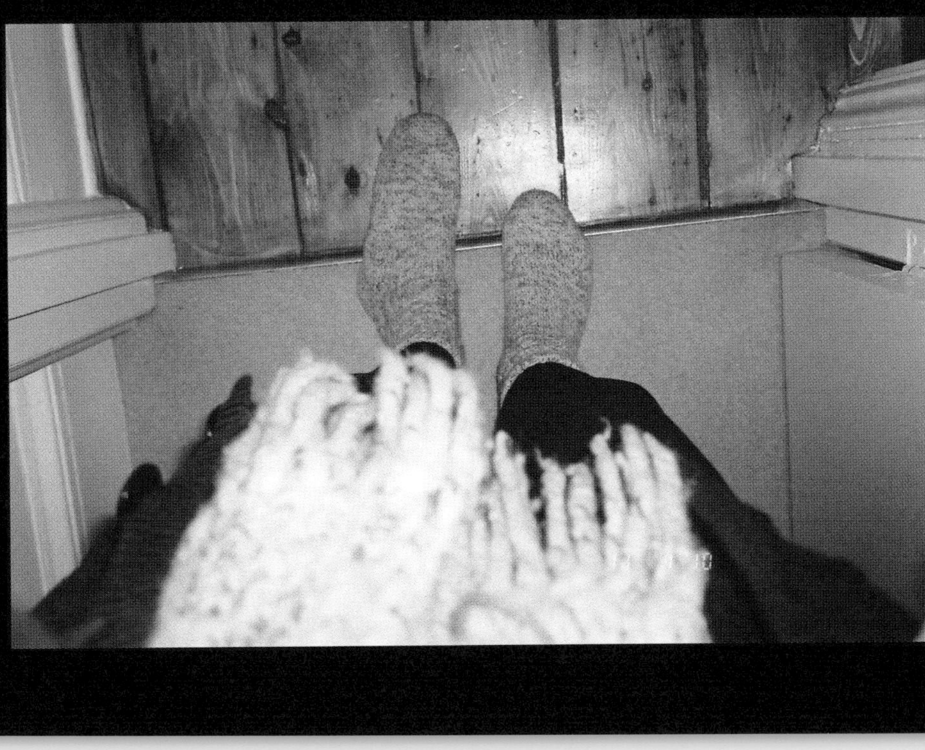

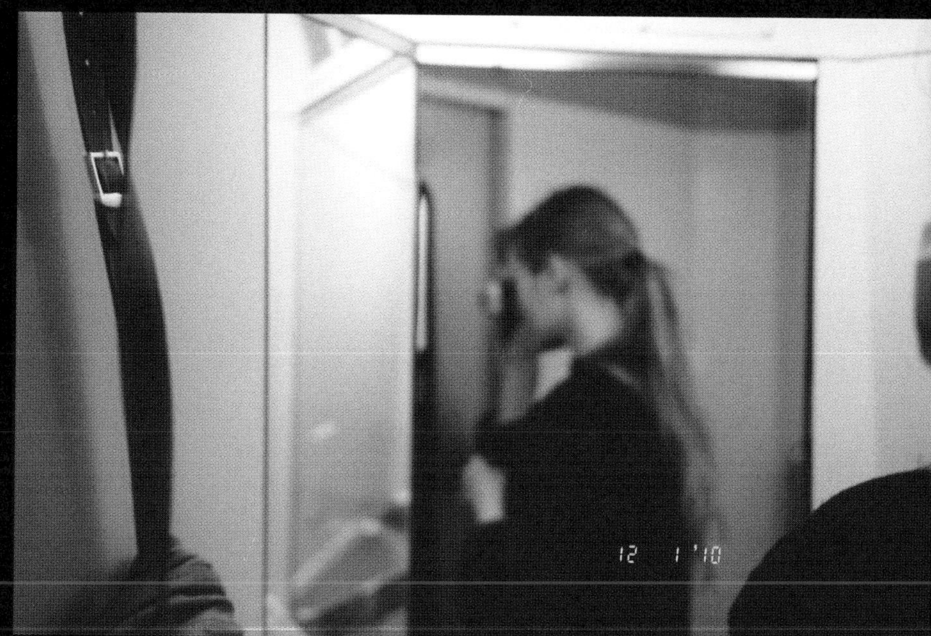
12 1 '10

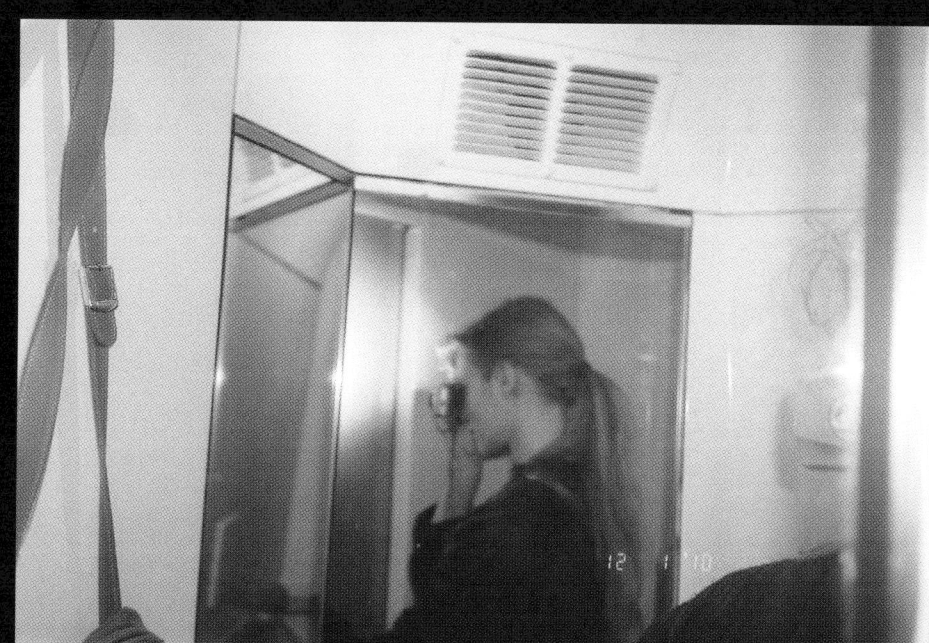
12 1 '10

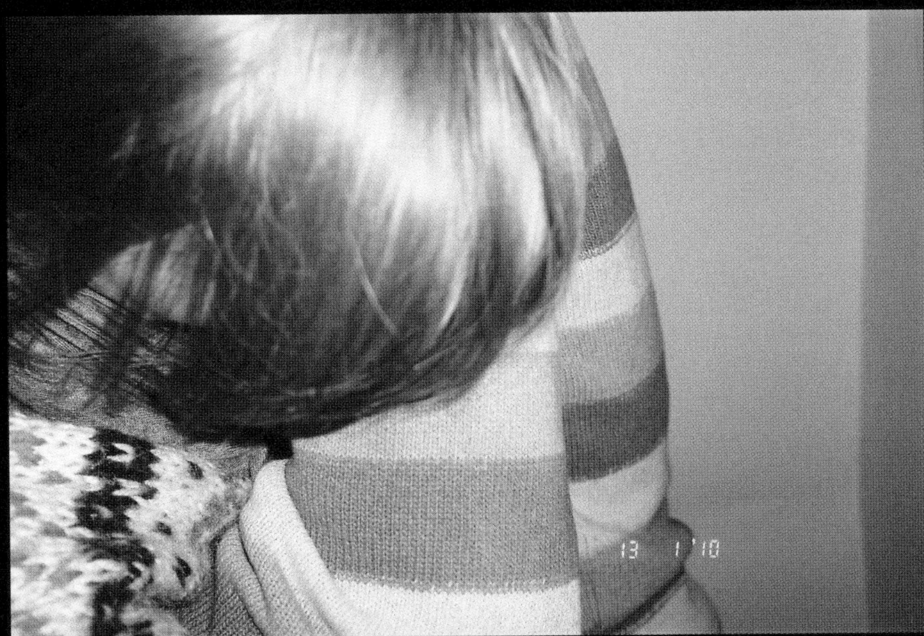
13 1'10

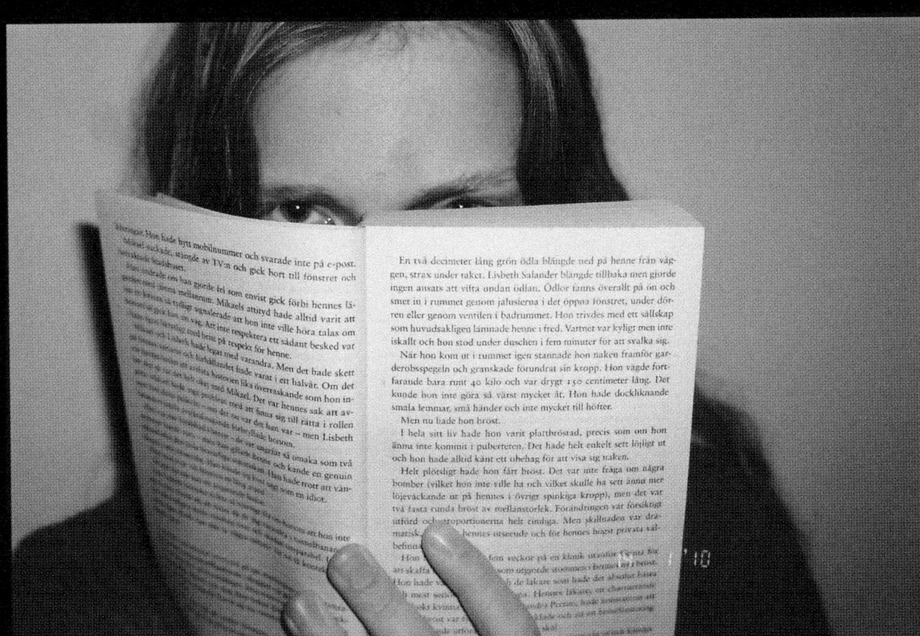
En två decimeter lång grön ödla blängde ned på henne från väggen, strax under taket. Lisbeth Salander blängde tillbaka men gjorde ingen ansats att vifta undan ödlan. Ödlor fanns överallt på ön och smet in i rummet genom jalusierna i det öppna fönstret, under dörren eller genom ventilen i badrummet. Hon trivdes med ett sällskap som huvudsakligen lämnade henne i fred. Vattnet var kyligt men inte iskallt och hon stod under duschen i fem minuter för att svalka sig.
När hon kom ut i rummet igen stannade hon naken framför garderobsspegeln och granskade förundrat sin kropp. Hon vägde fortfarande bara runt 40 kilo och var drygt 150 centimeter lång. Det kunde hon inte göra så värst mycket åt. Hon hade dockliknande smala lemmar, små händer och inte mycket till höfter.
Men nu hade hon bröst.
I hela sitt liv hade hon varit plattbröstad, precis som om hon ännu inte kommit i puberteten. Det hade helt enkelt sett löjligt ut och hon hade alltid känt ett obehag för att visa sig naken.
Helt plötsligt hade hon fått bröst. Det var inte fråga om några bomber (vilket hon inte ville ha och vilket skulle ha sett ännu mer löjeväckande ut på hennes i övrigt spinkiga kropp), men det var två fasta runda bröst av mellanstorlek. Förändringen var försiktigt utförd och proportionerna helt rimliga.
1'10

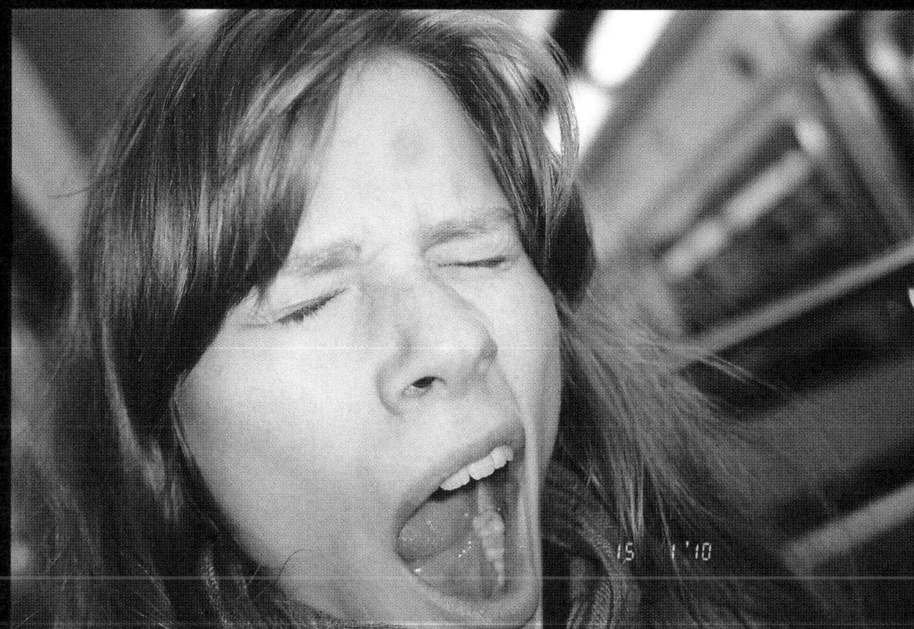

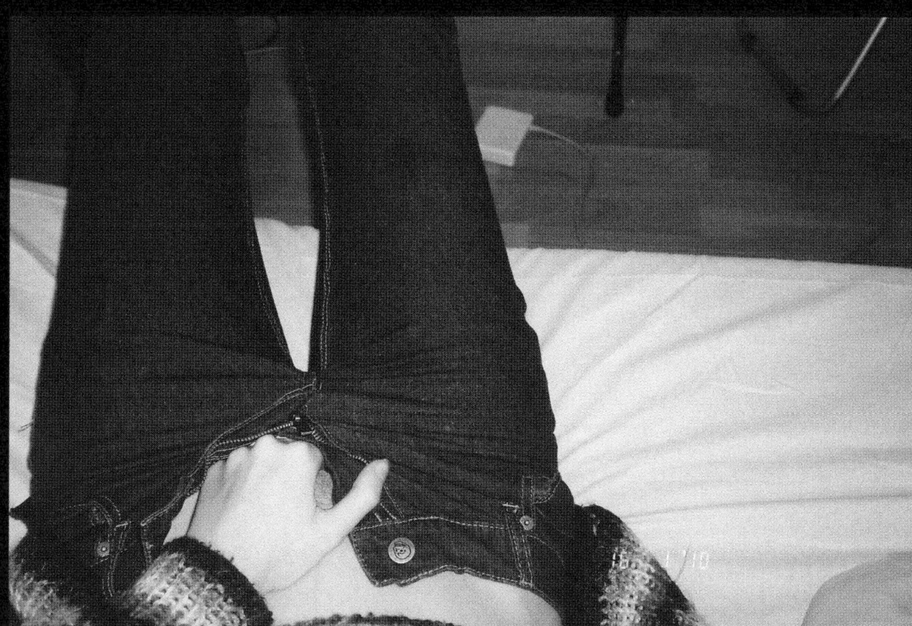

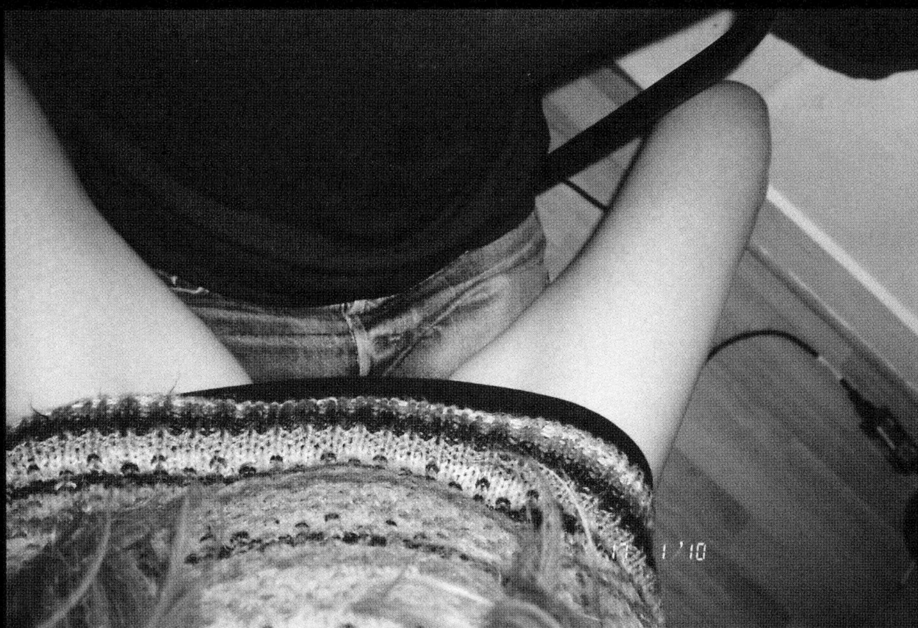
17 1'10

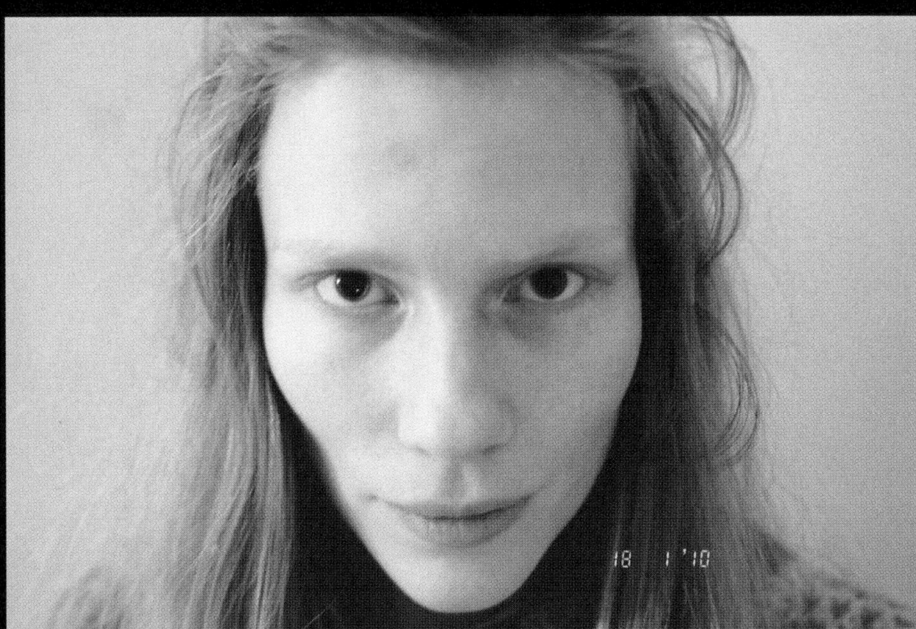
18 1'10

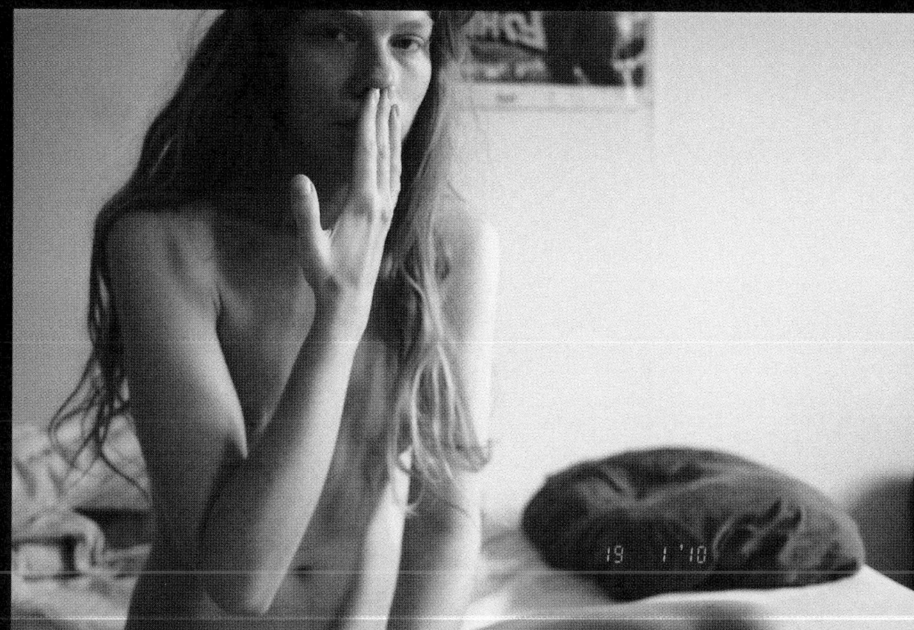
19 1 '10

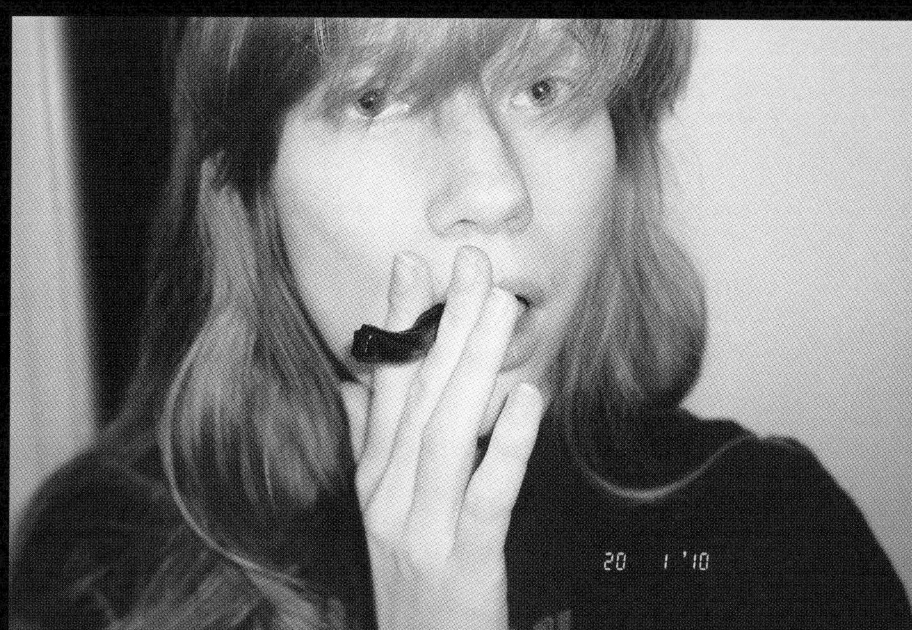
20 1 '10

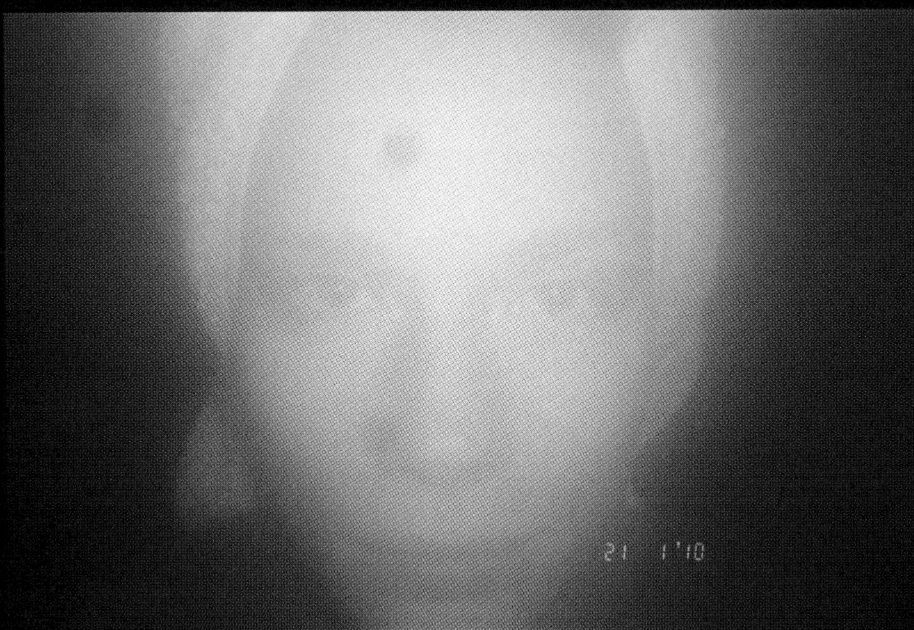
21 1'10

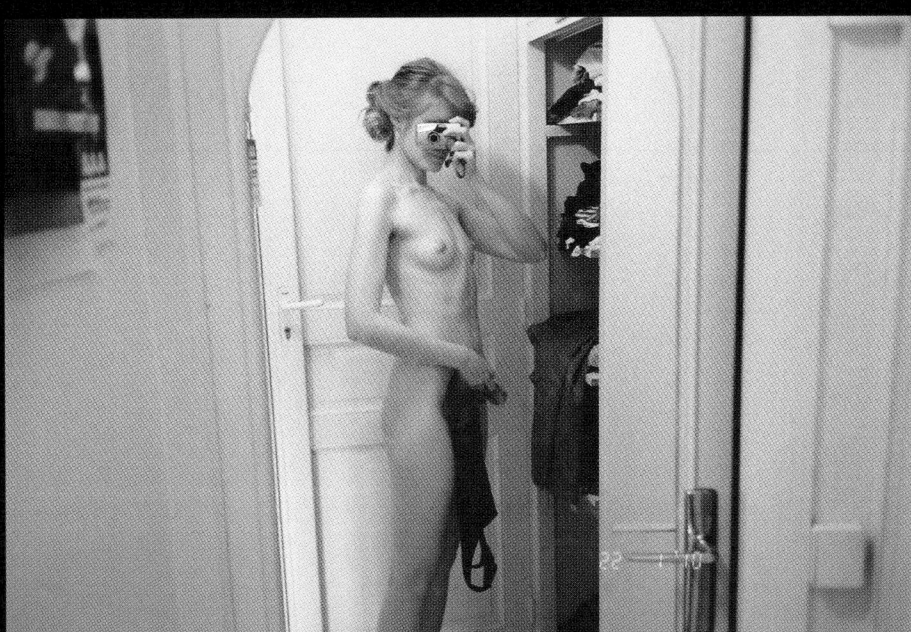
22 1'10

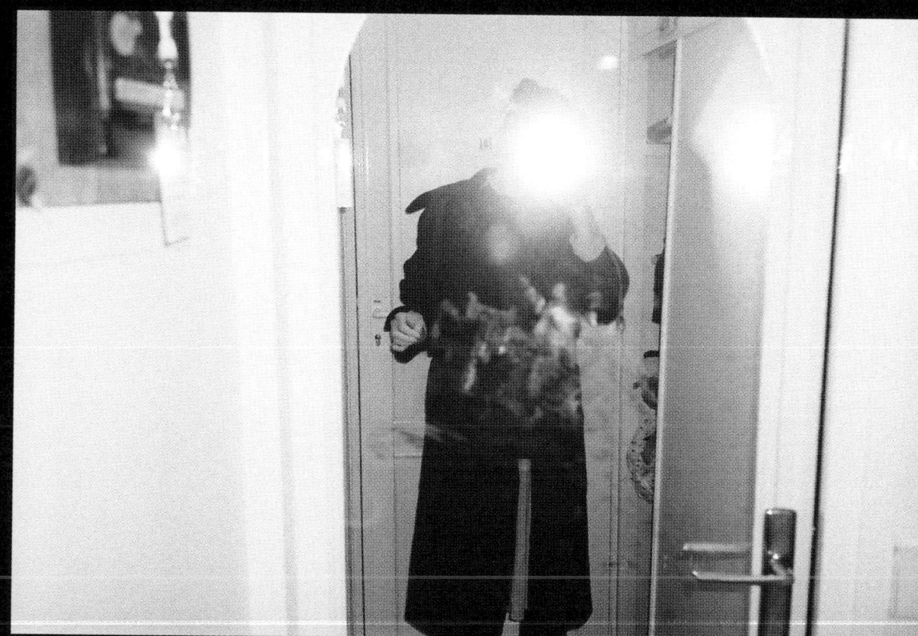

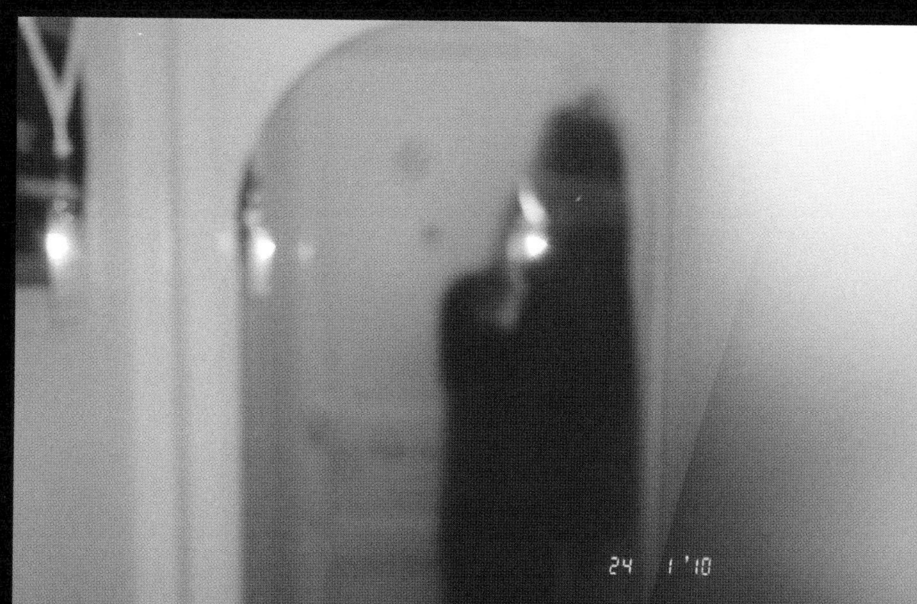
24 1 '10

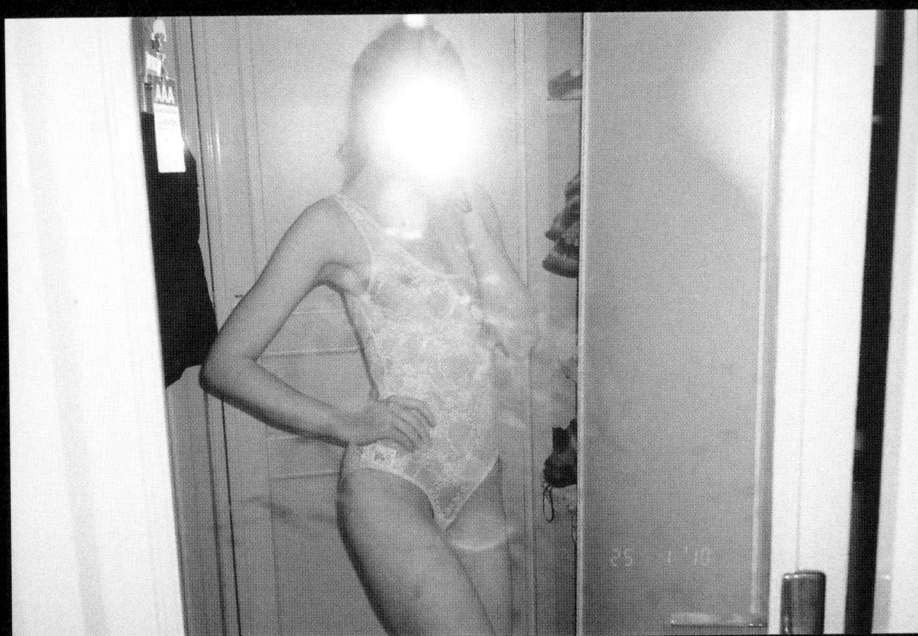

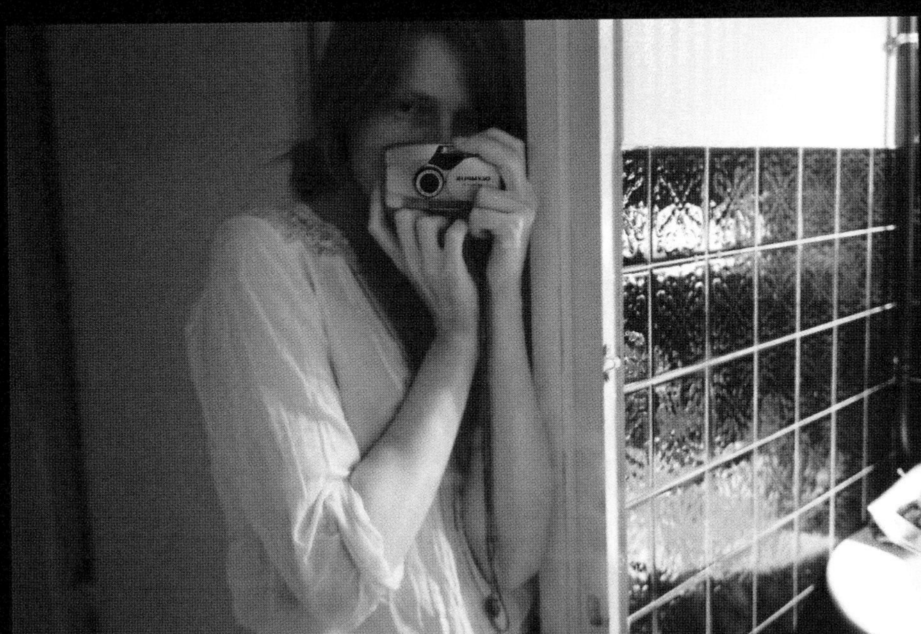

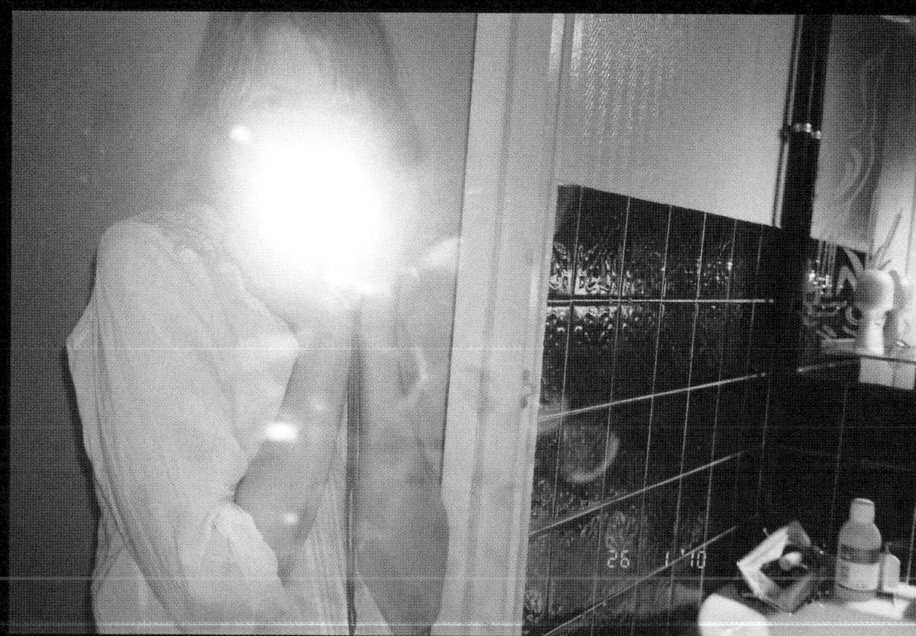

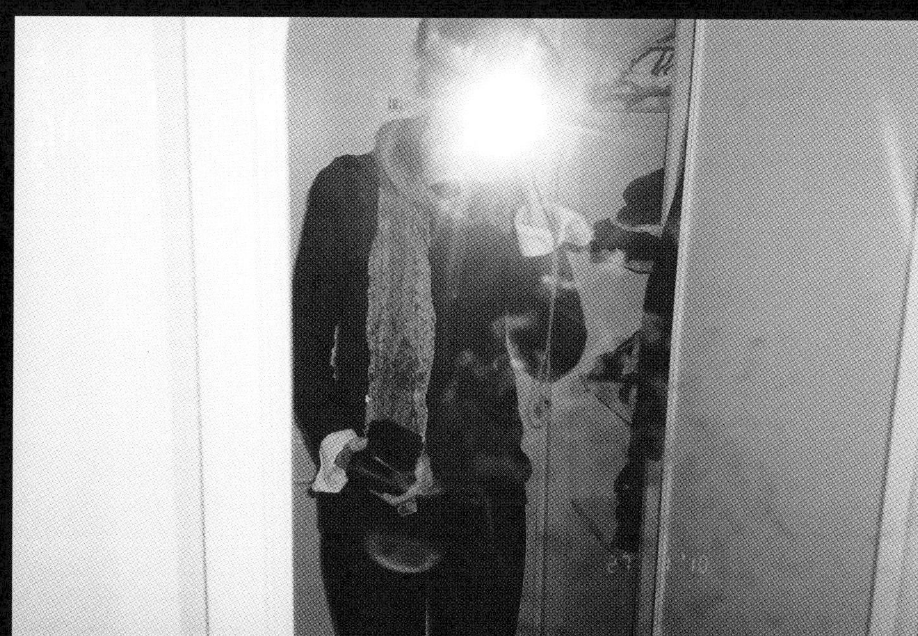

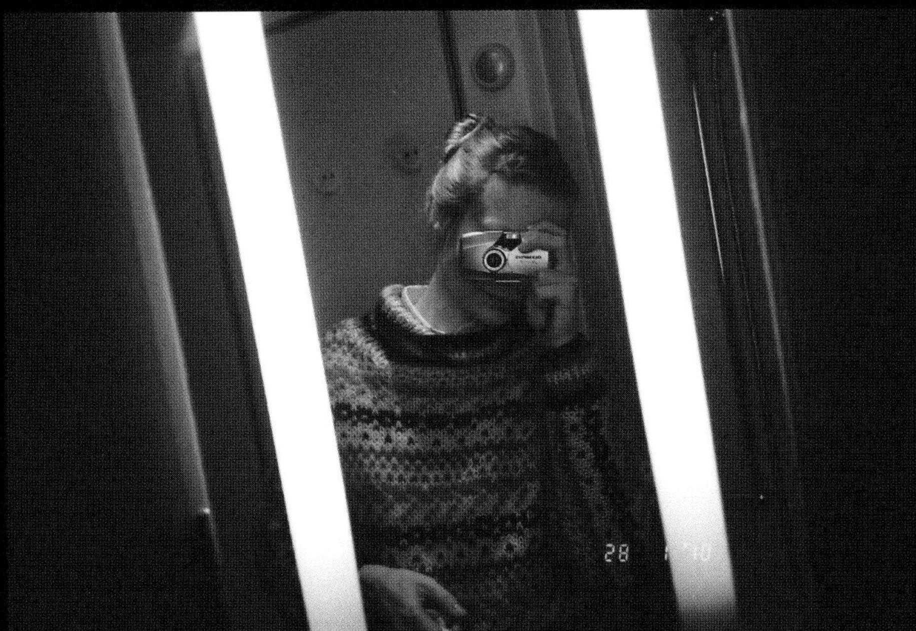

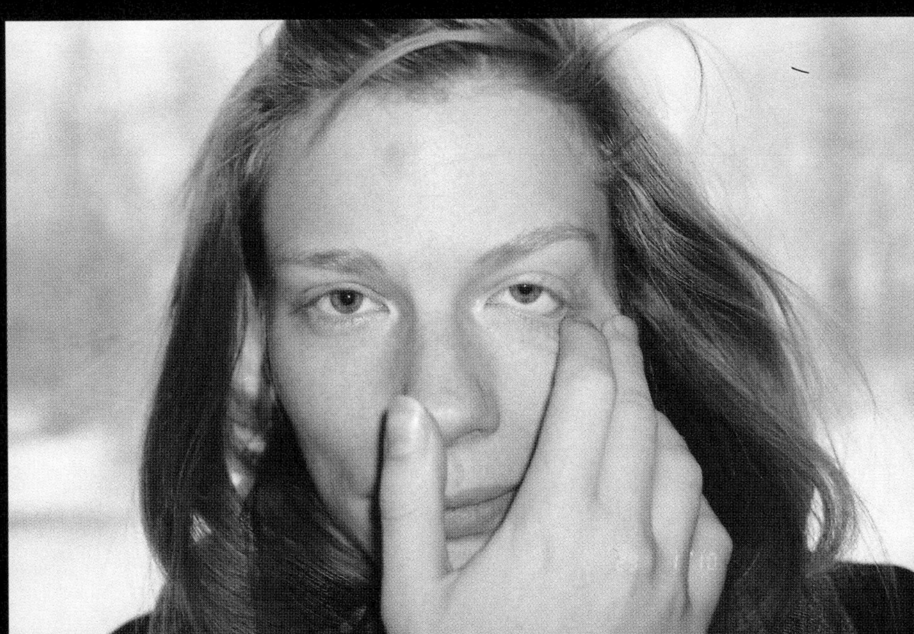

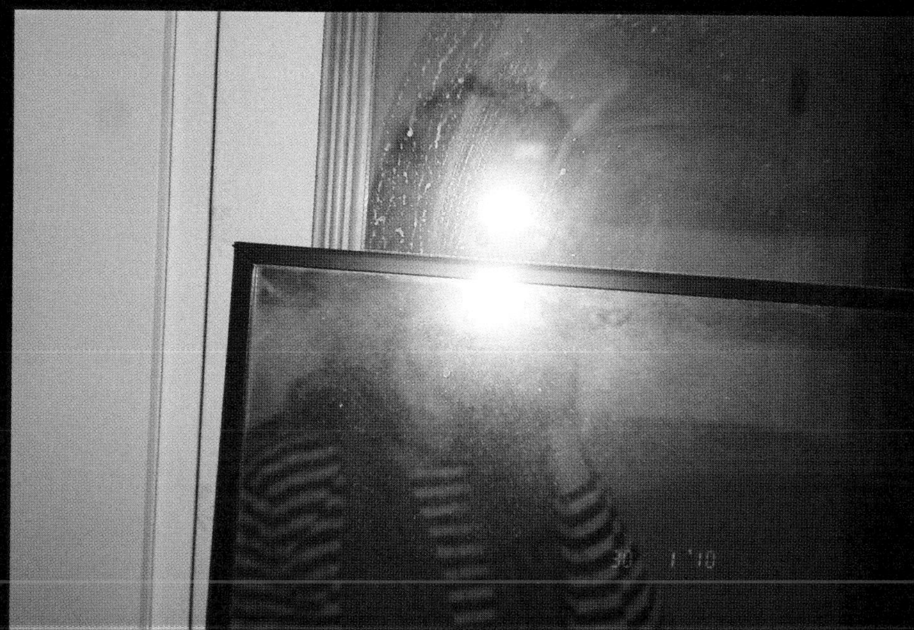

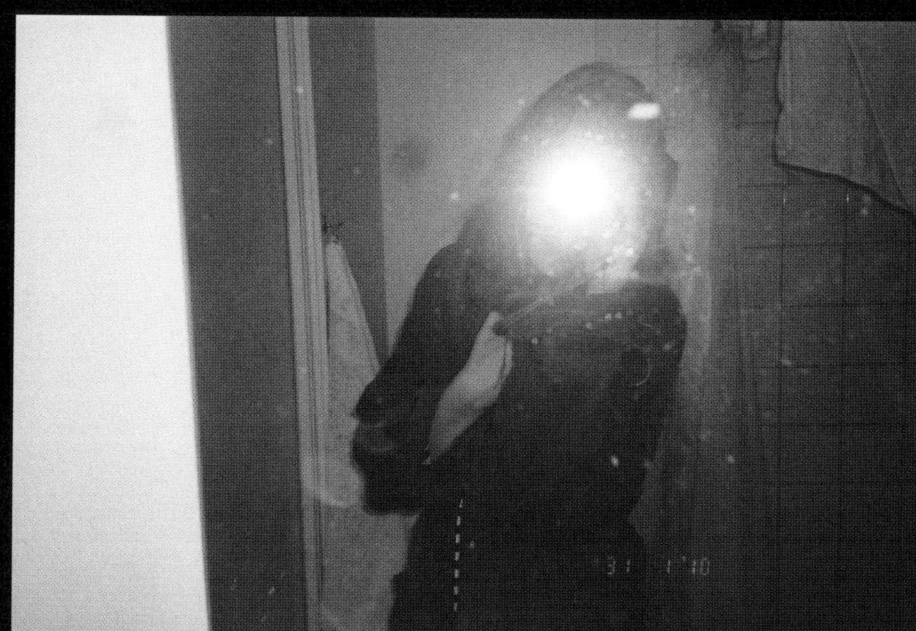

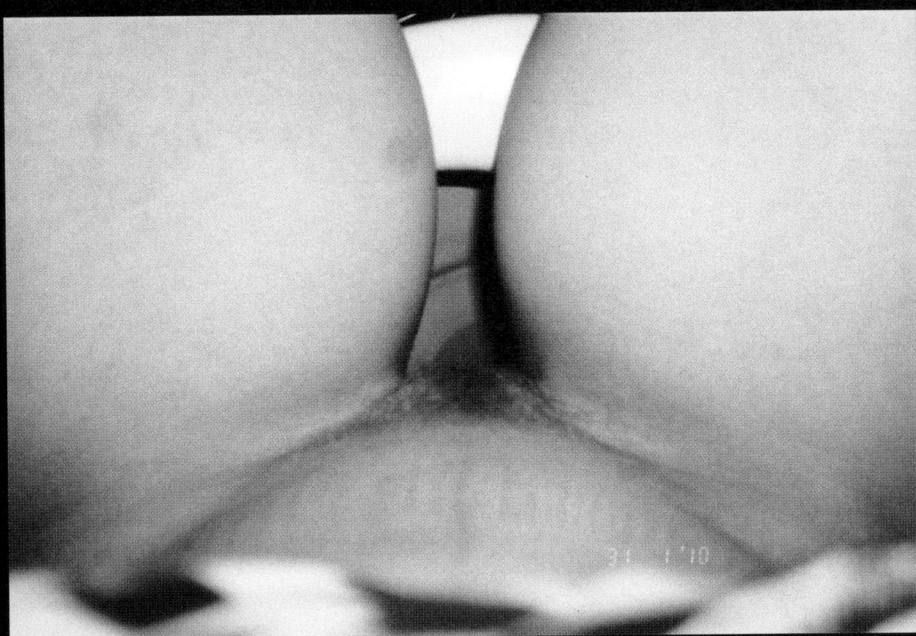
31 1 '10

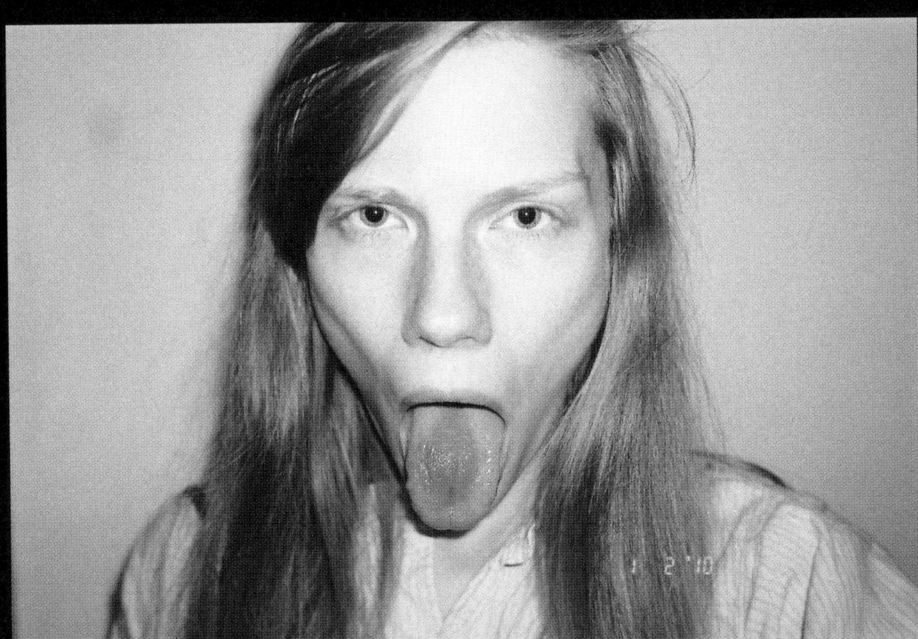
1 2 '10

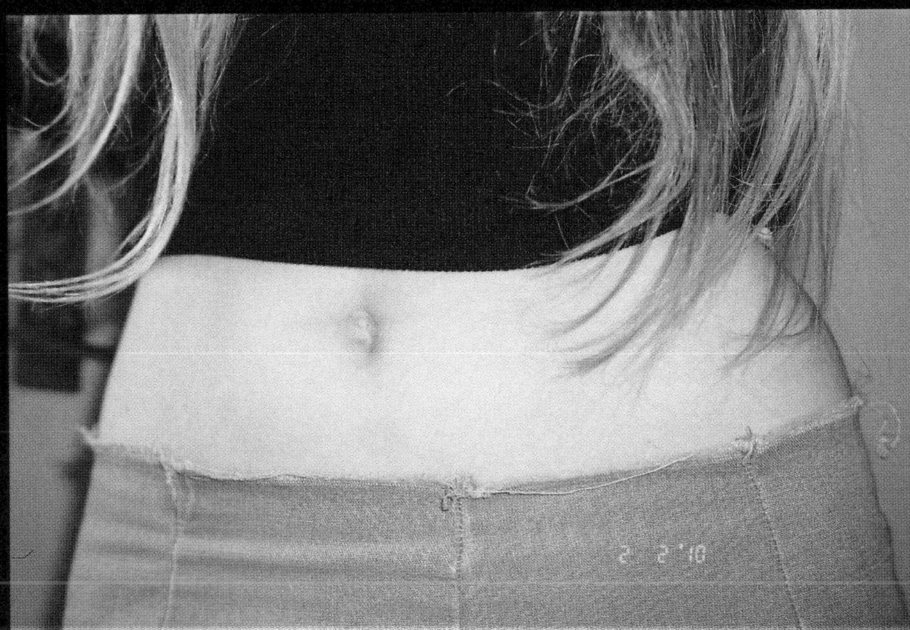
2 2 '10

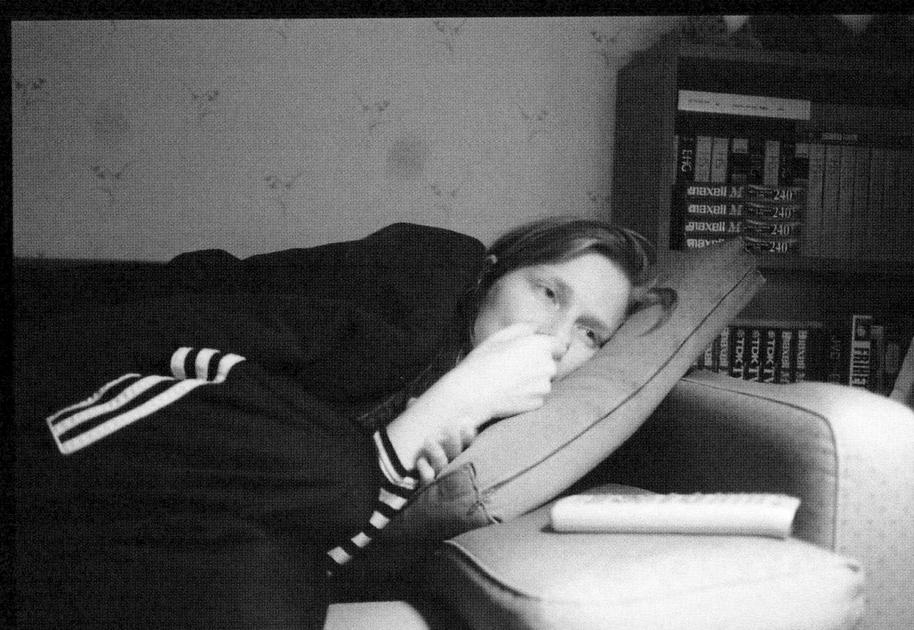

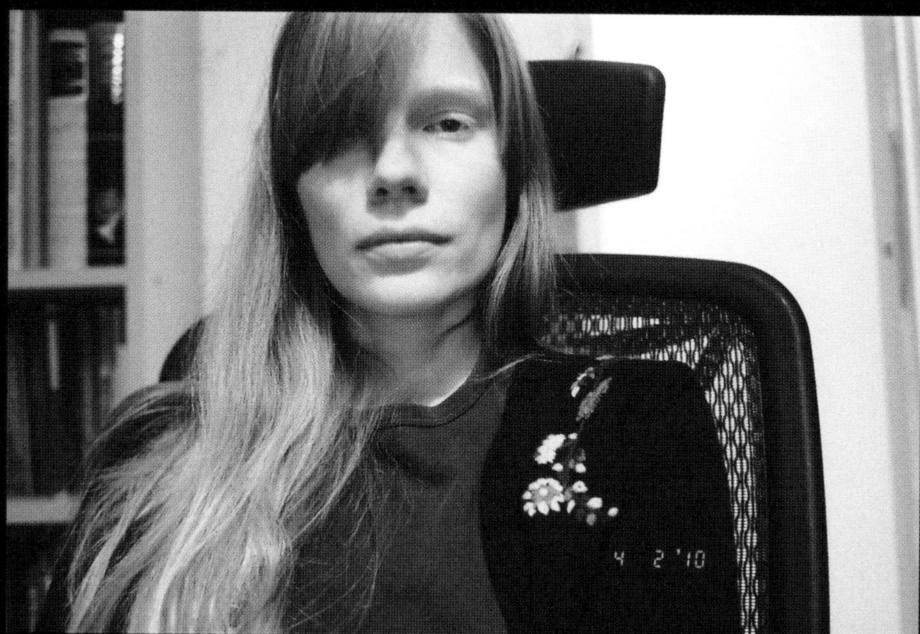
4 2 '10

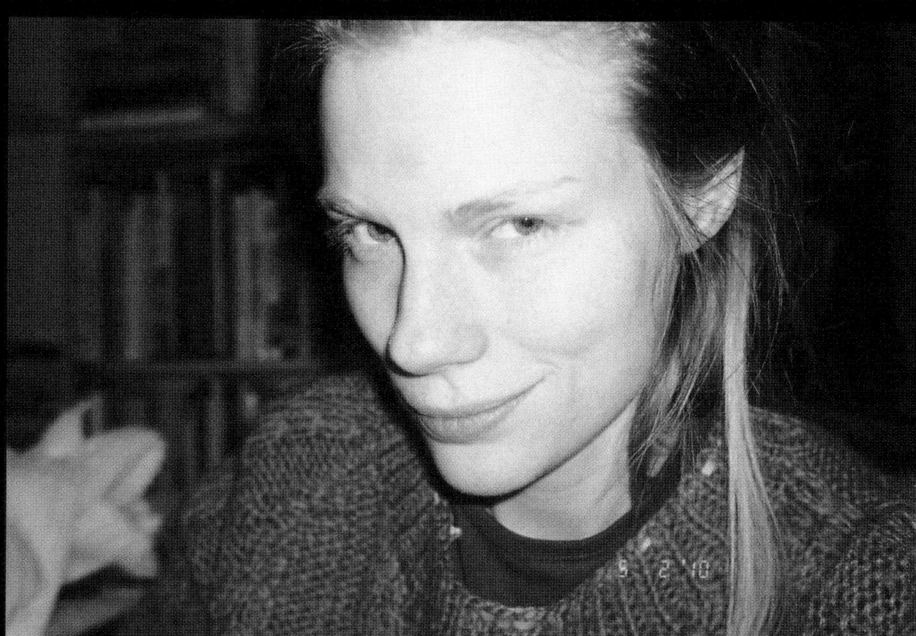
5 2 '10

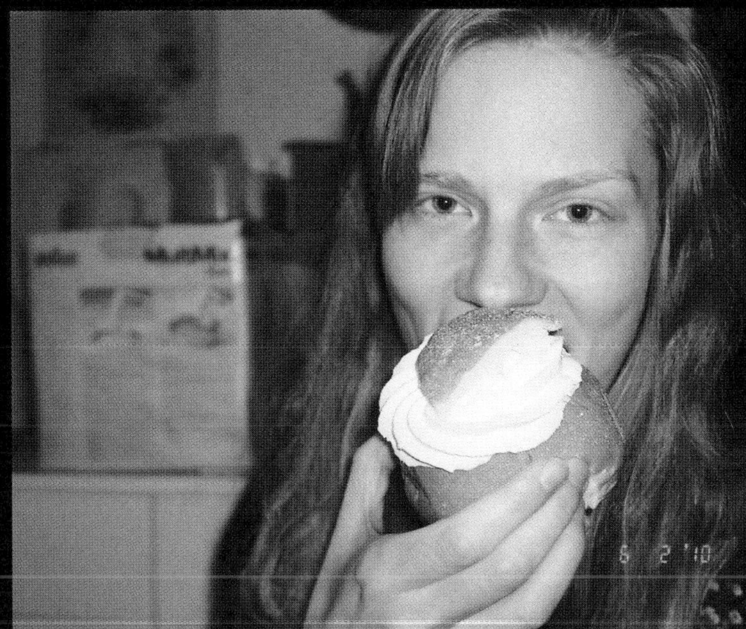
6 2 '10

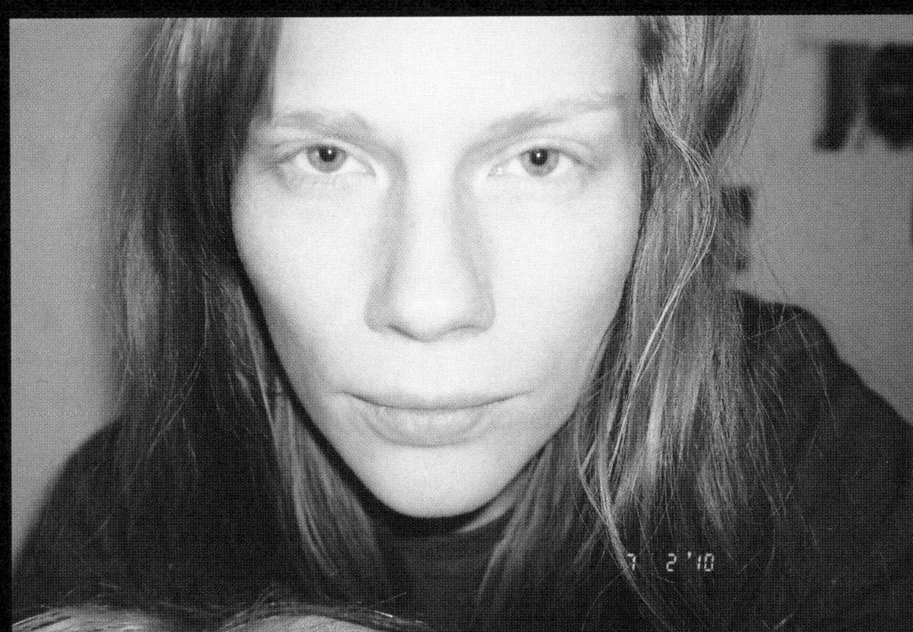
7 2 '10

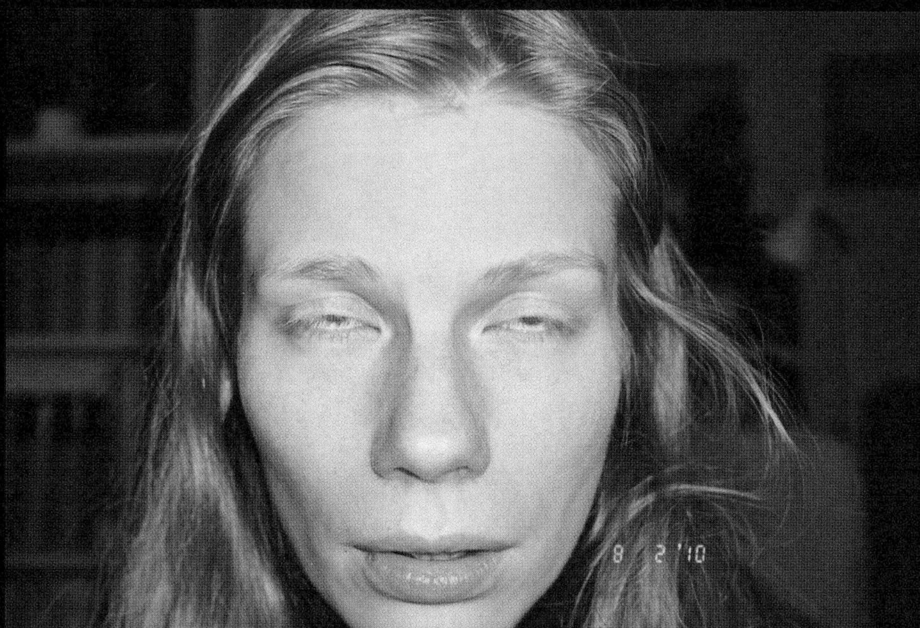
8 2 '10

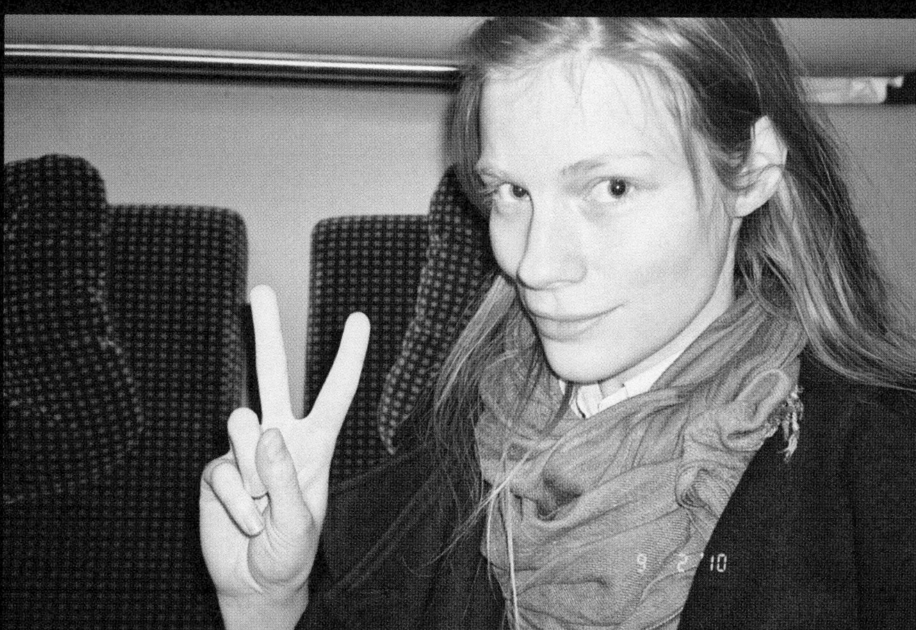
9 2 '10

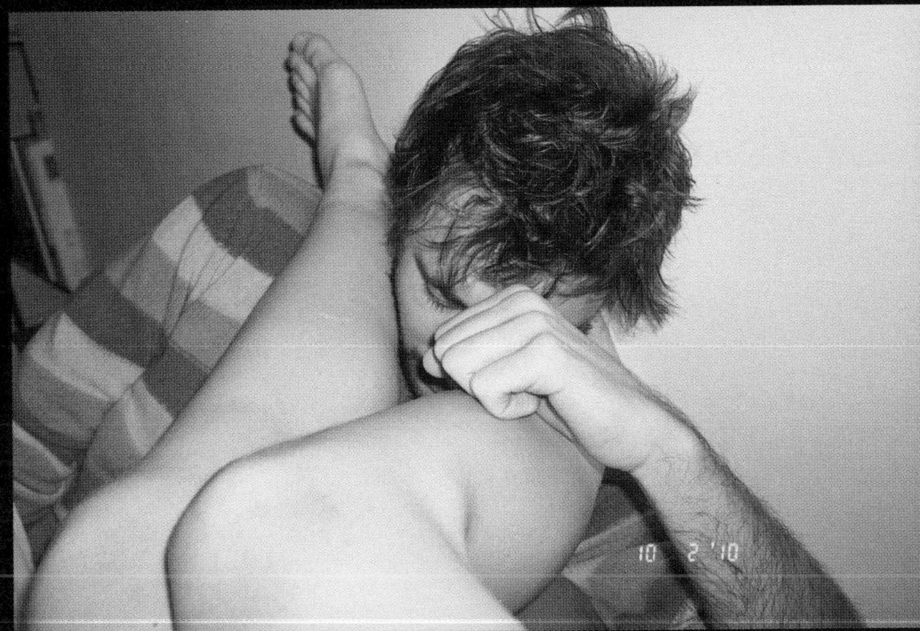
10 2 '10

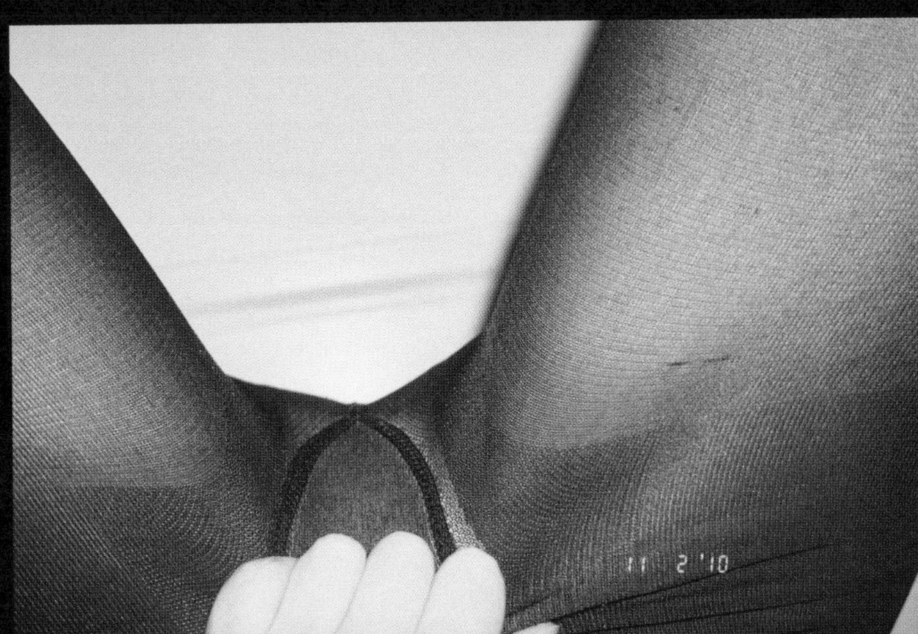
11 2 '10

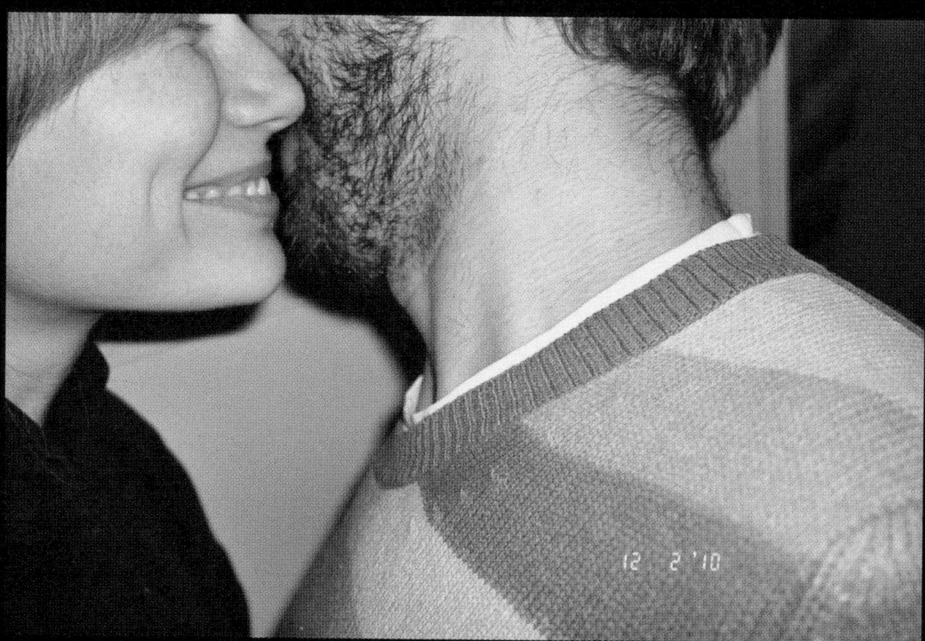
12 2 '10

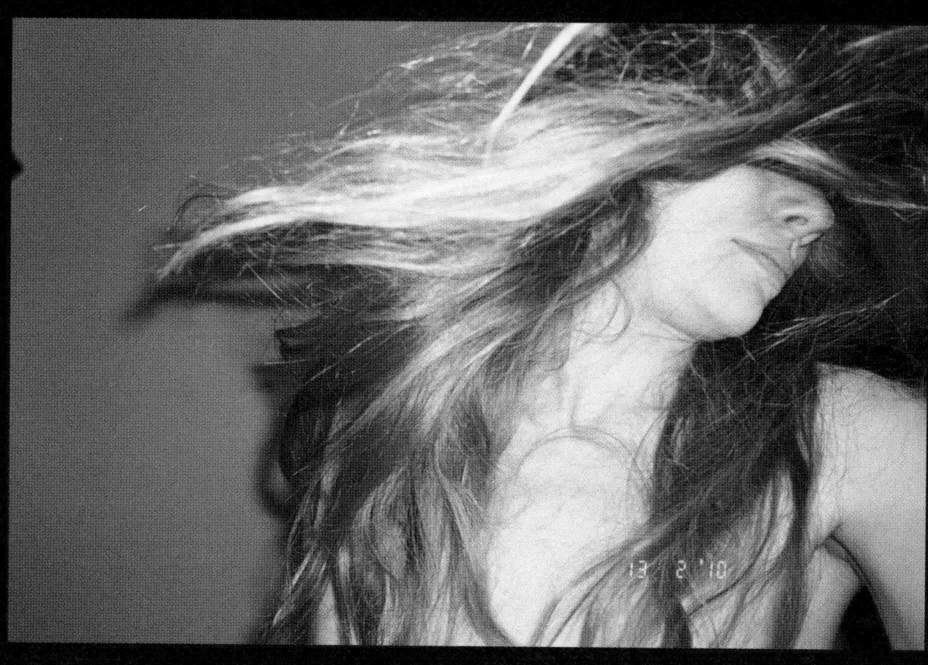
13 2 '10

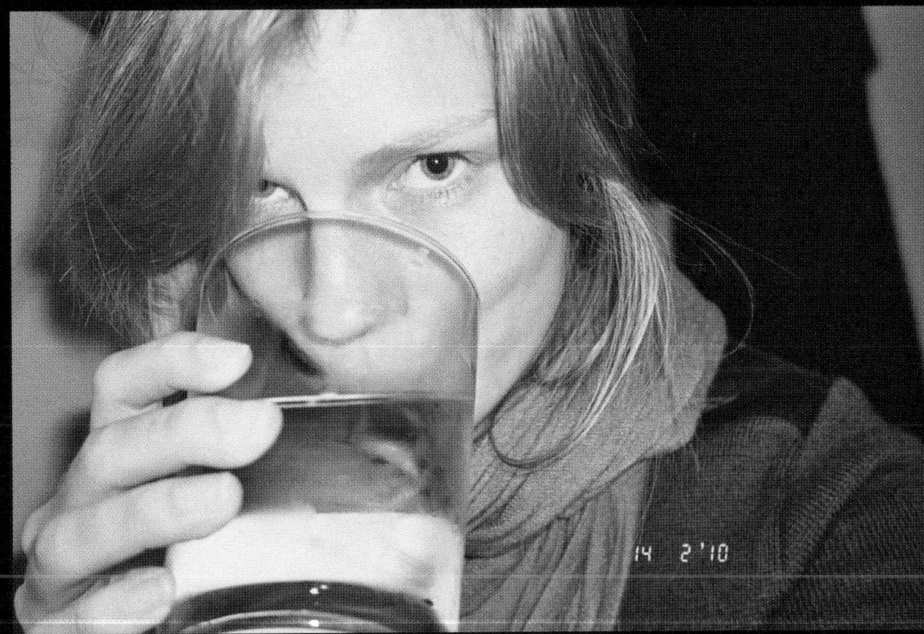
14 2'10

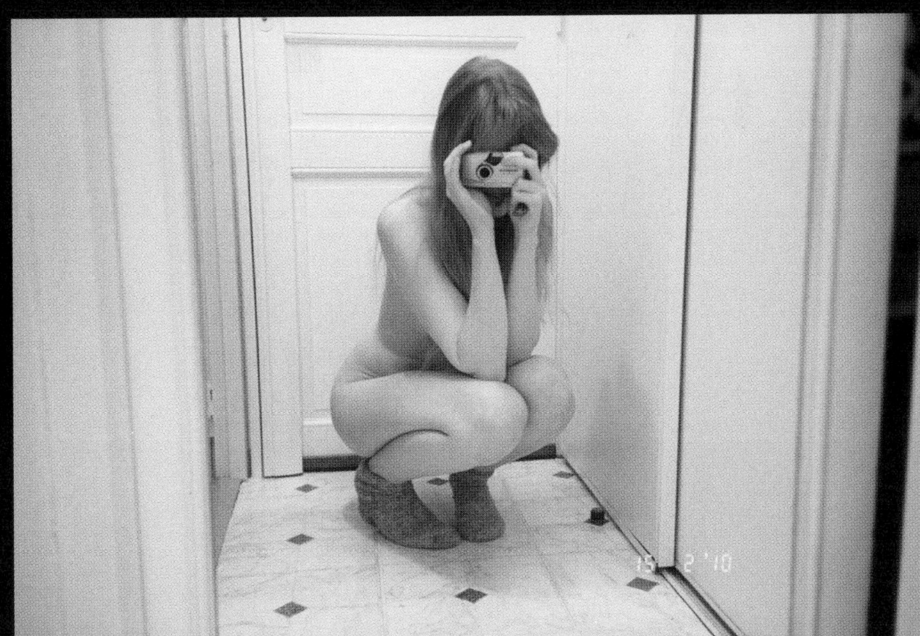
15 2'10

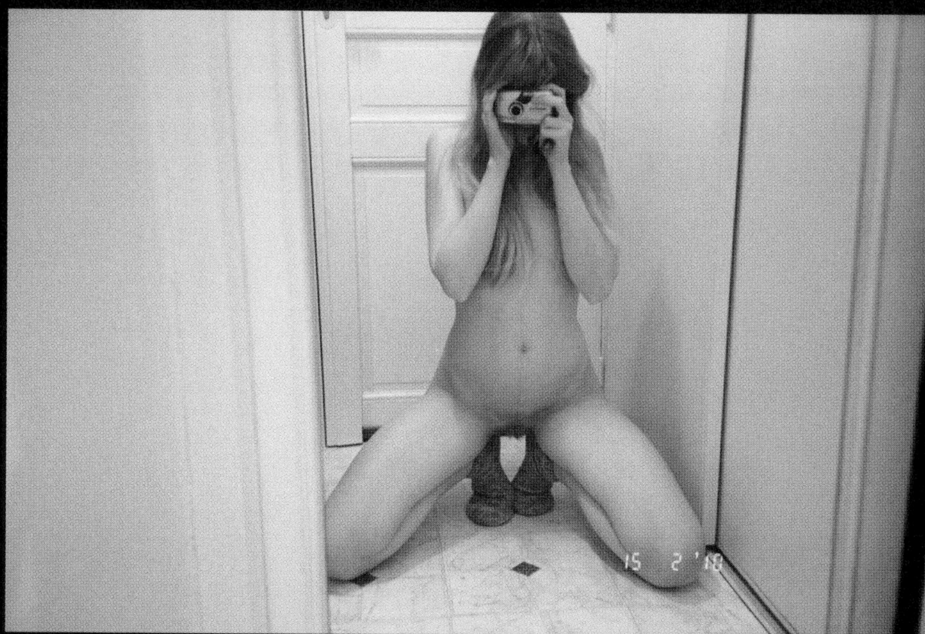
15 2 '10

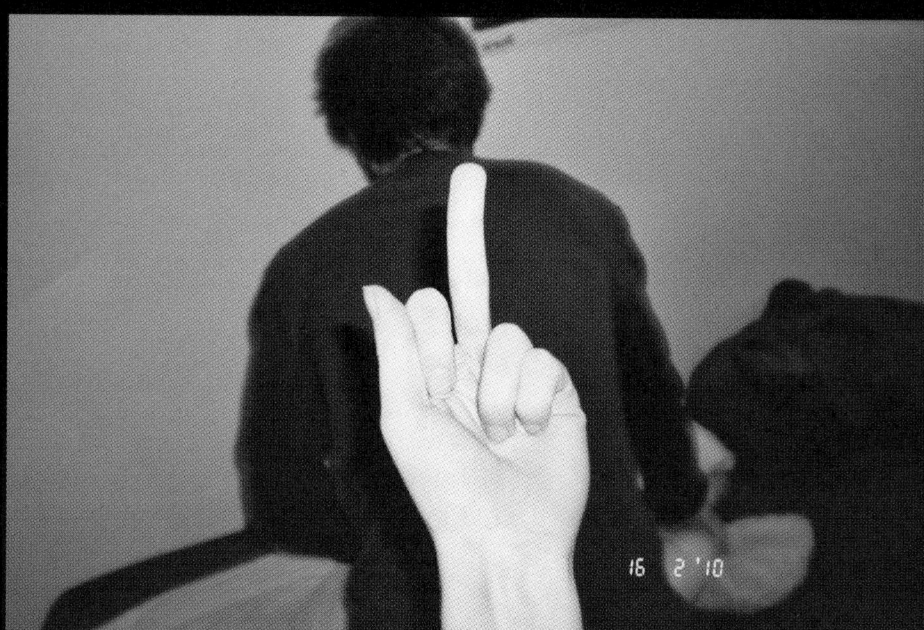
16 2 '10

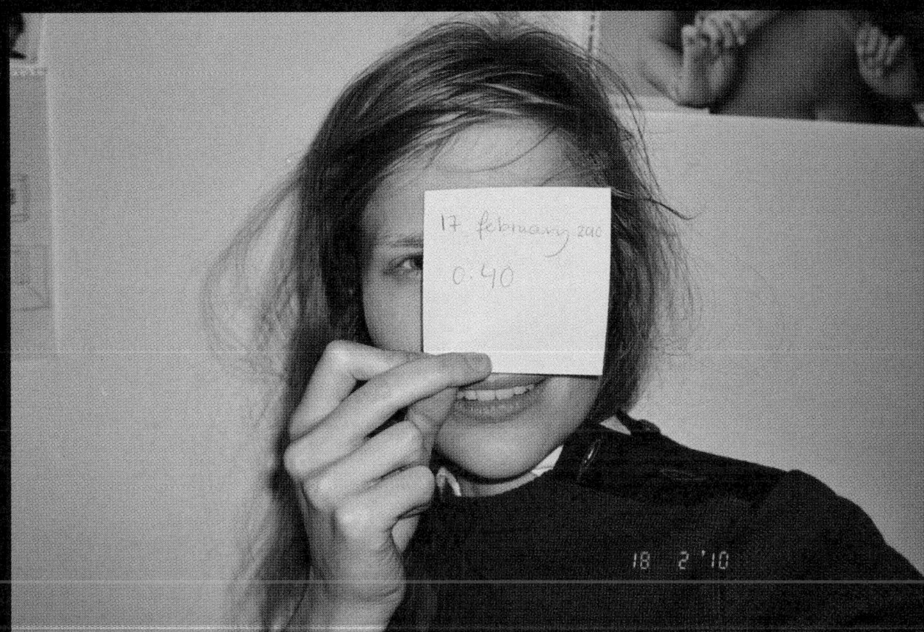
17 february 2010
0.40
18 2 '10

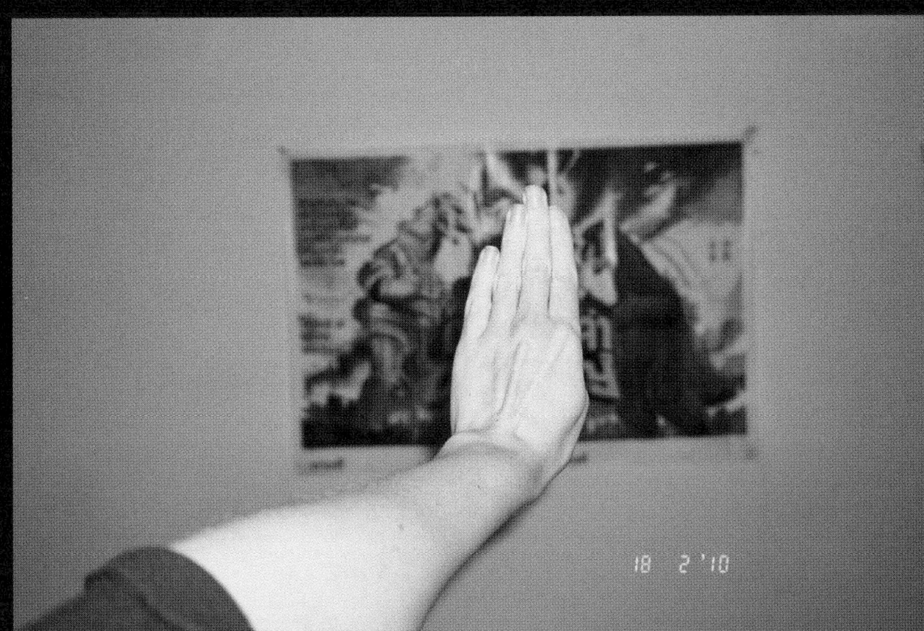
18 2 '10

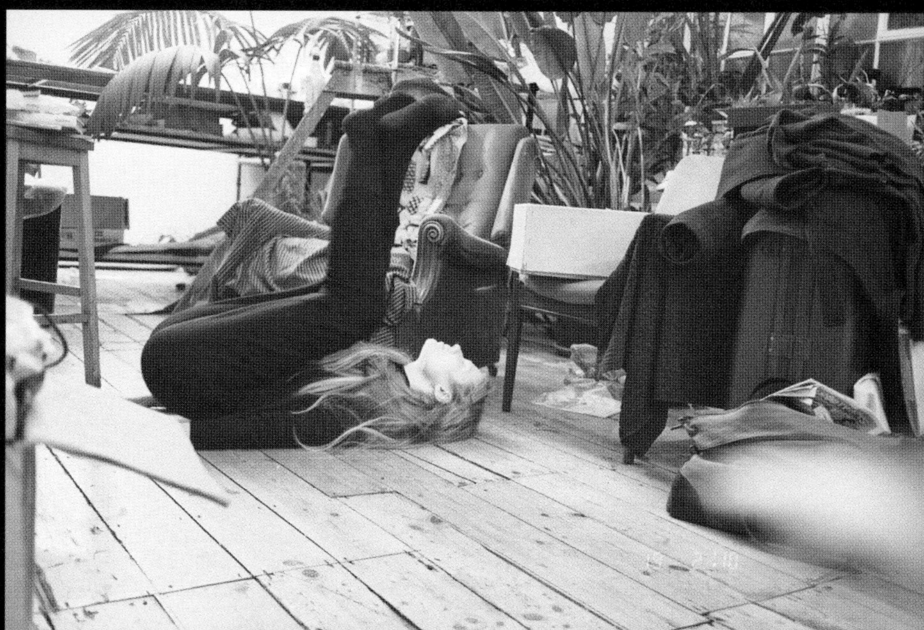

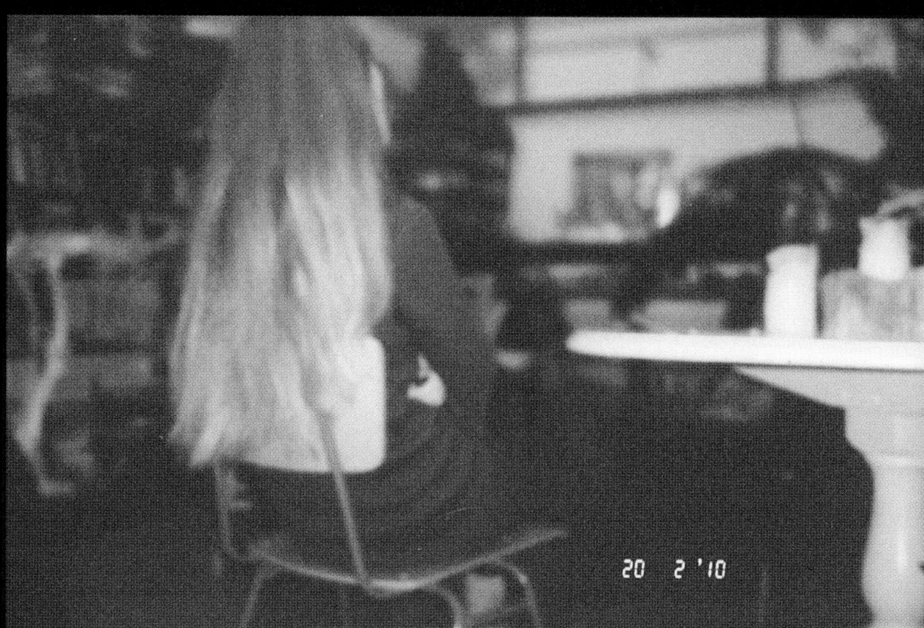
20 2 '10

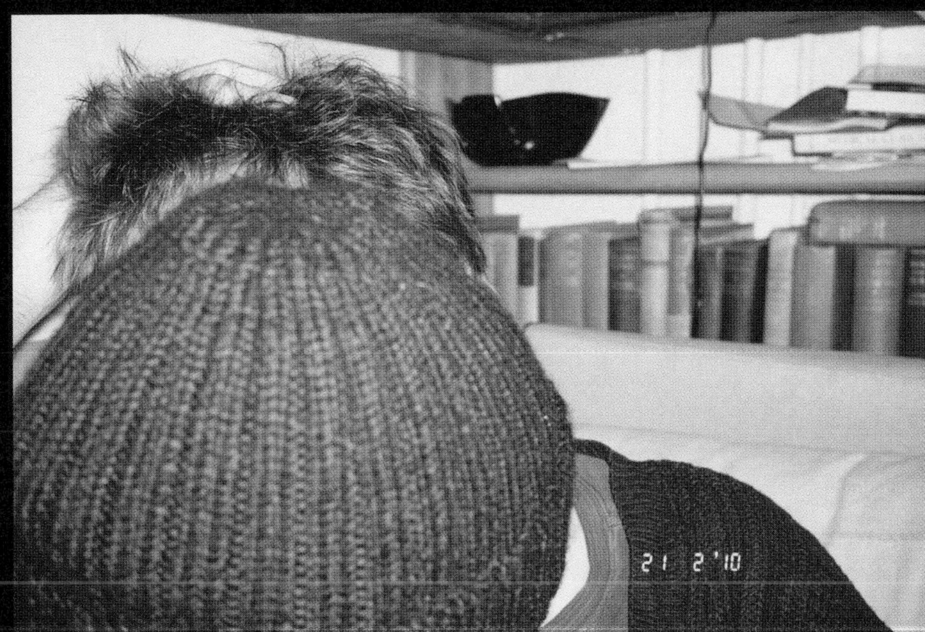
21 2 '10

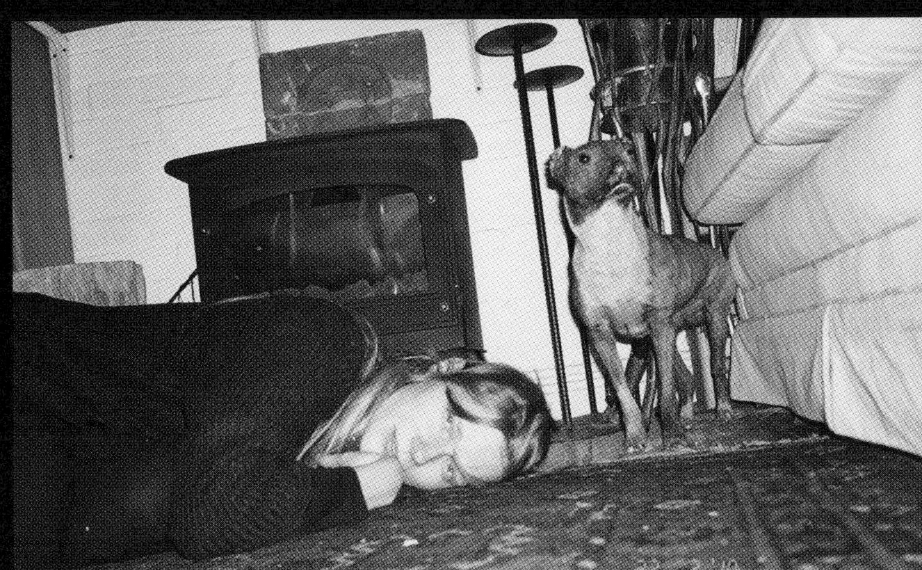
22 2 '10

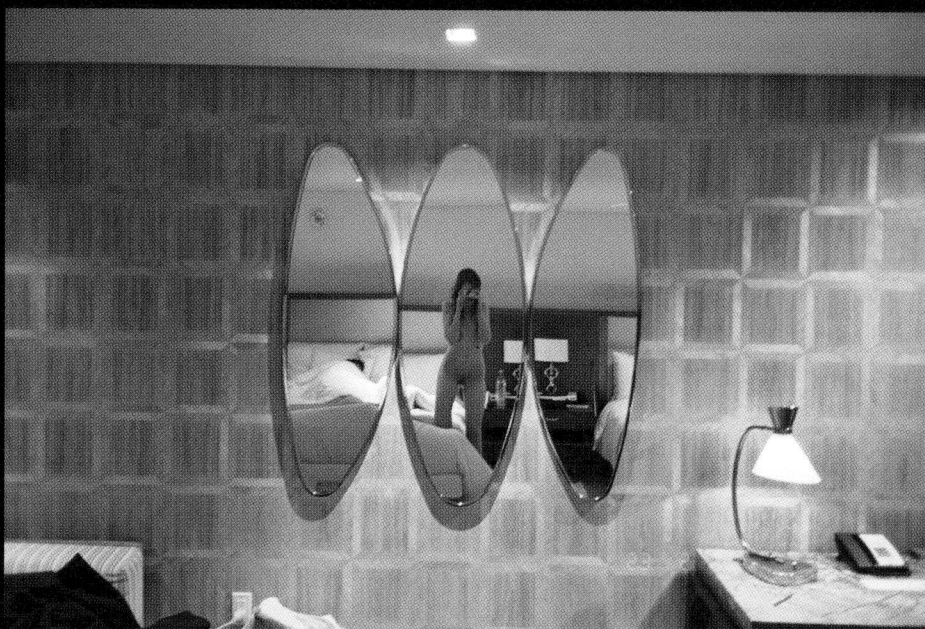

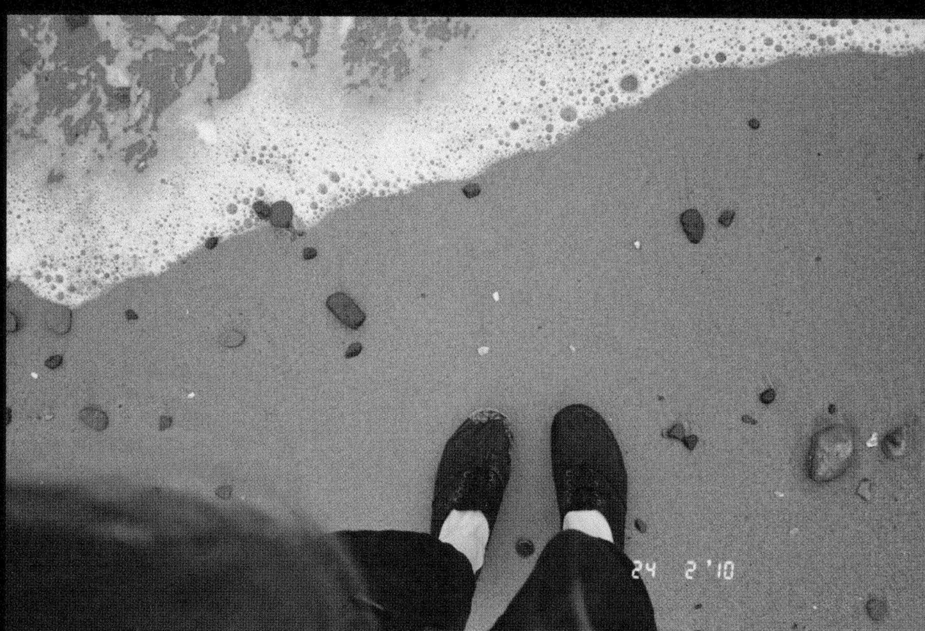
24 2 '10

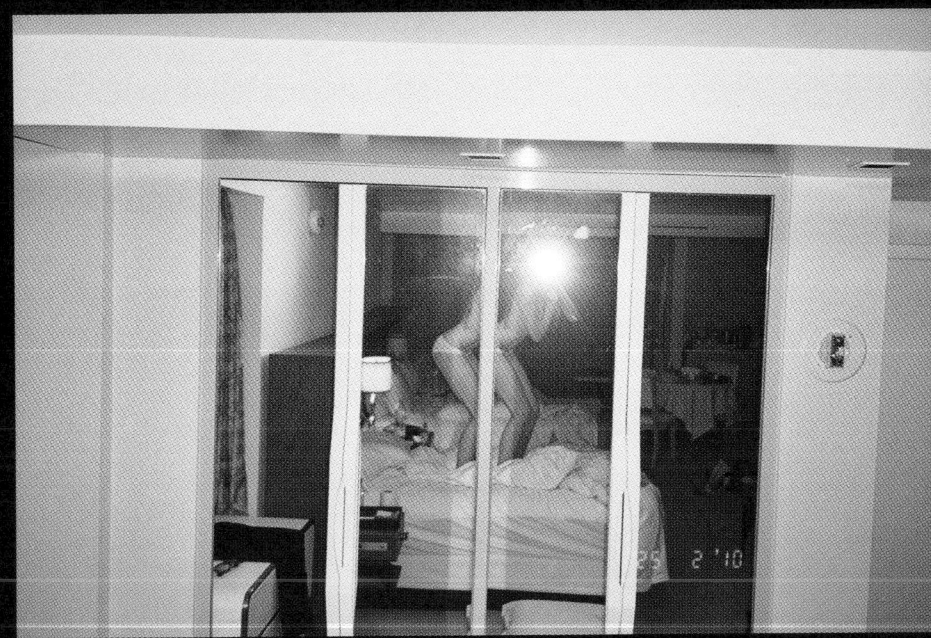
25 2 '10

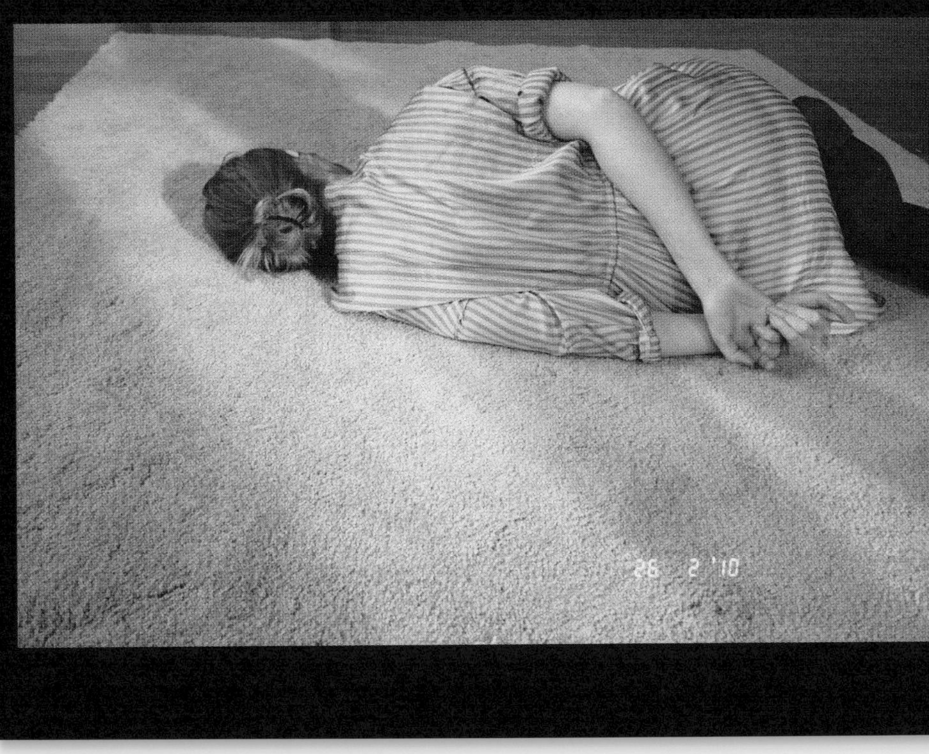
26 2 '10

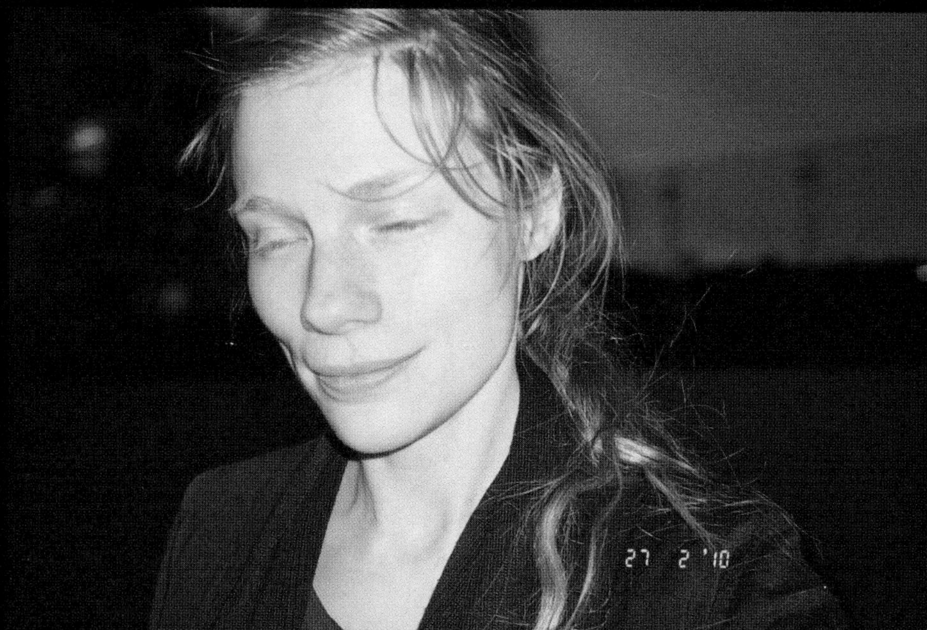
27 2 '10

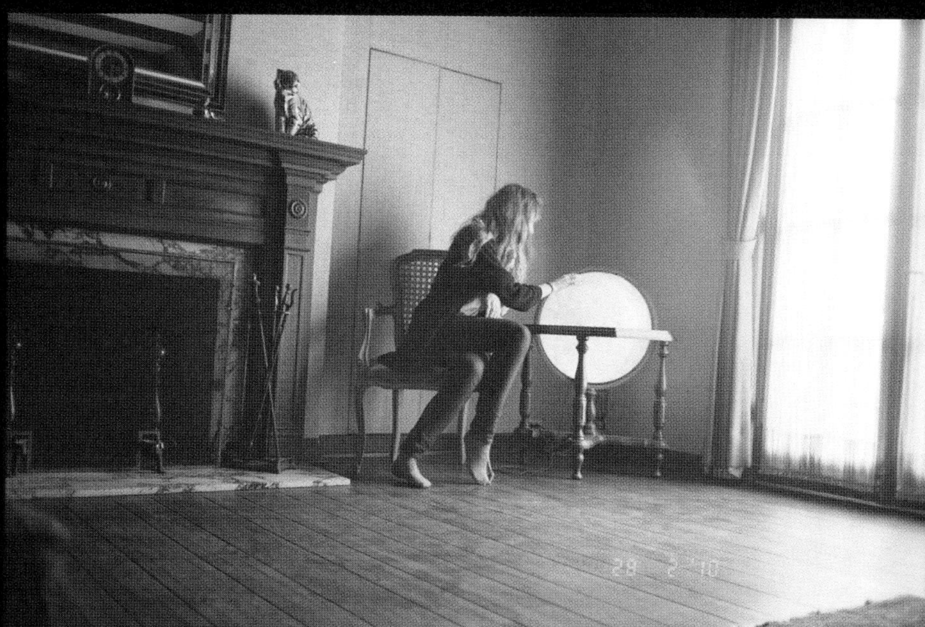
28 2 '10

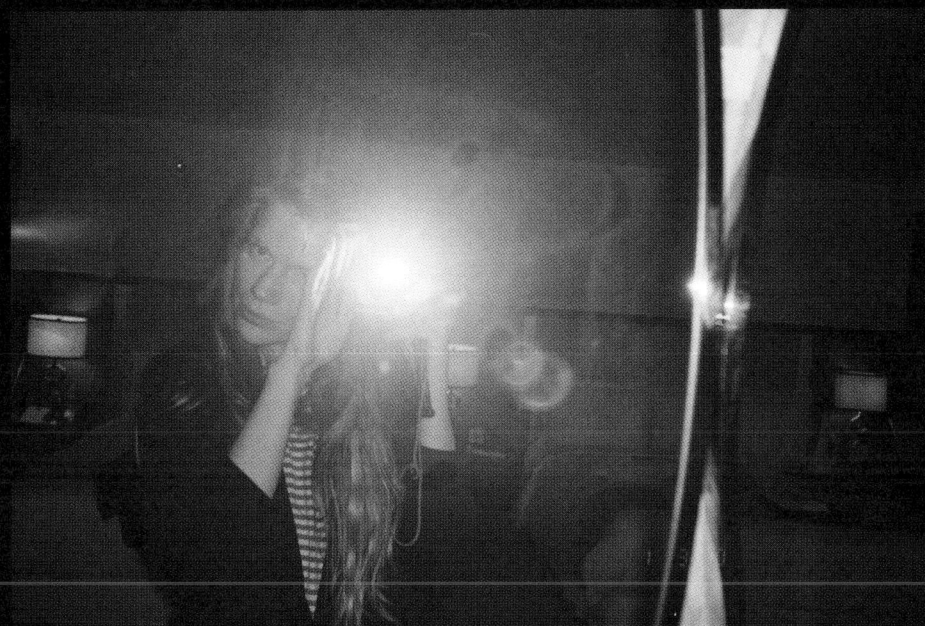

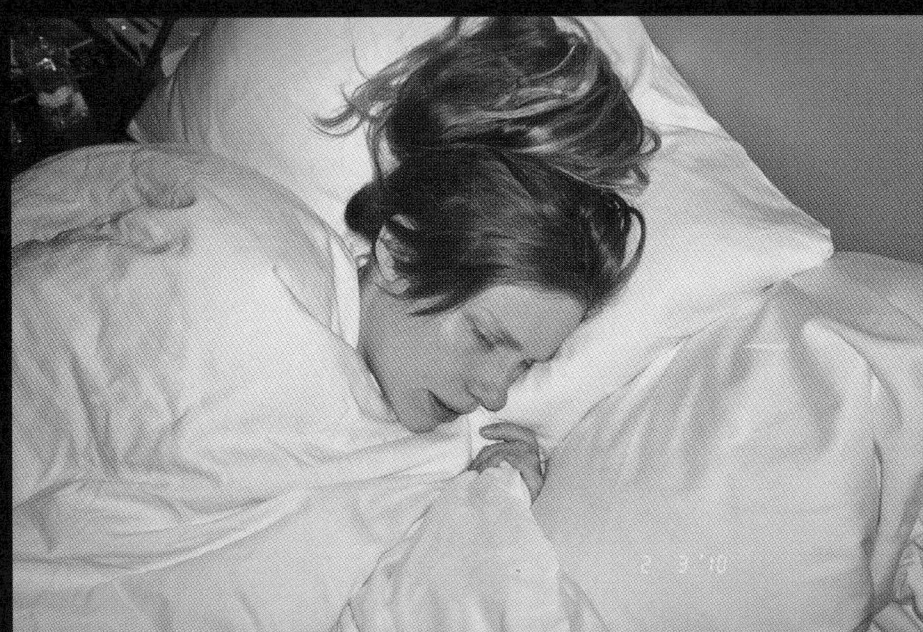
2 3 '10

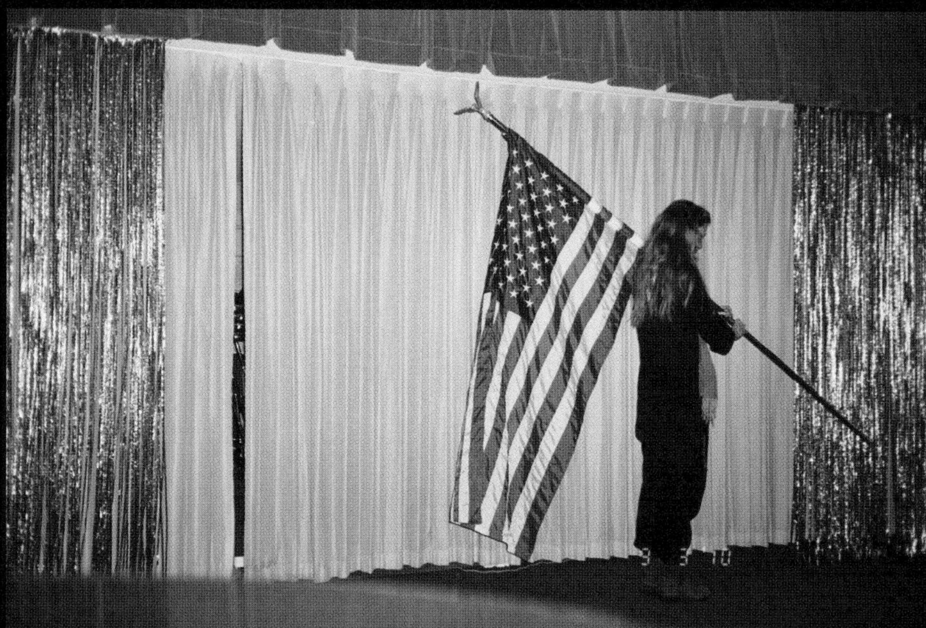

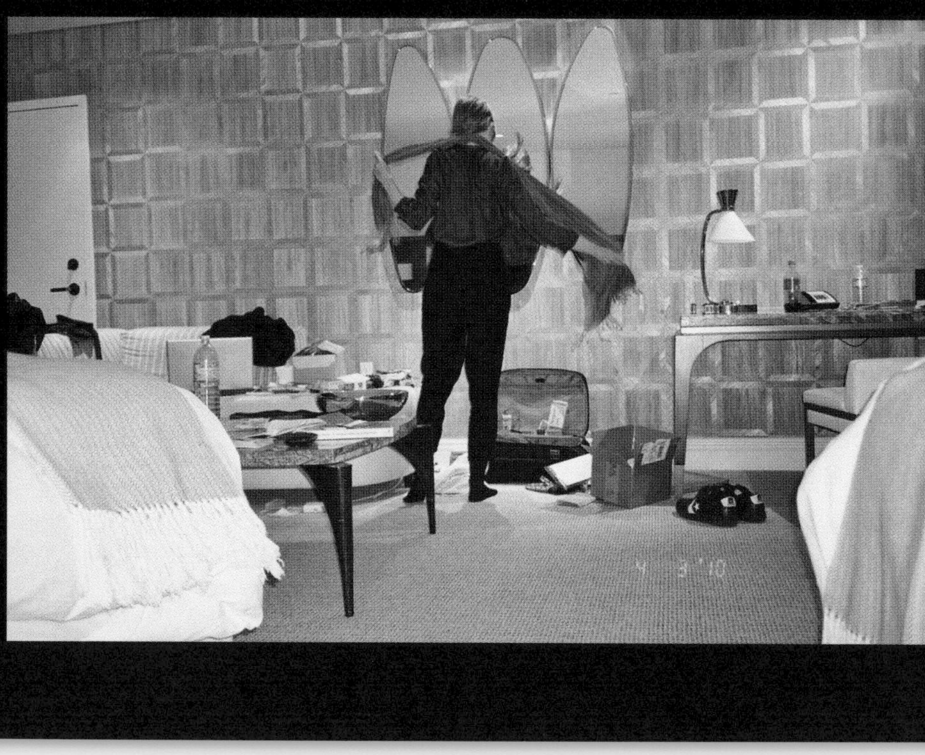

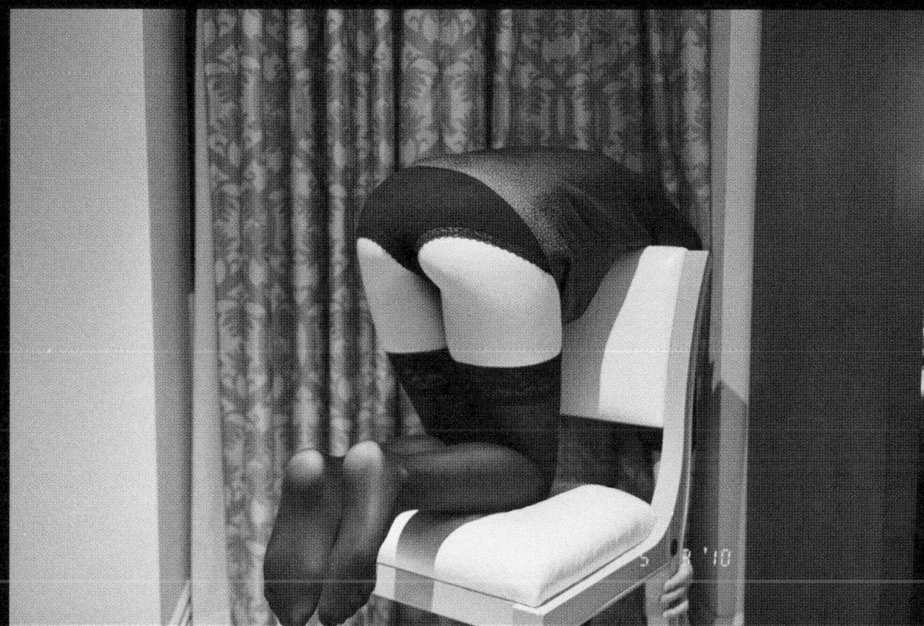

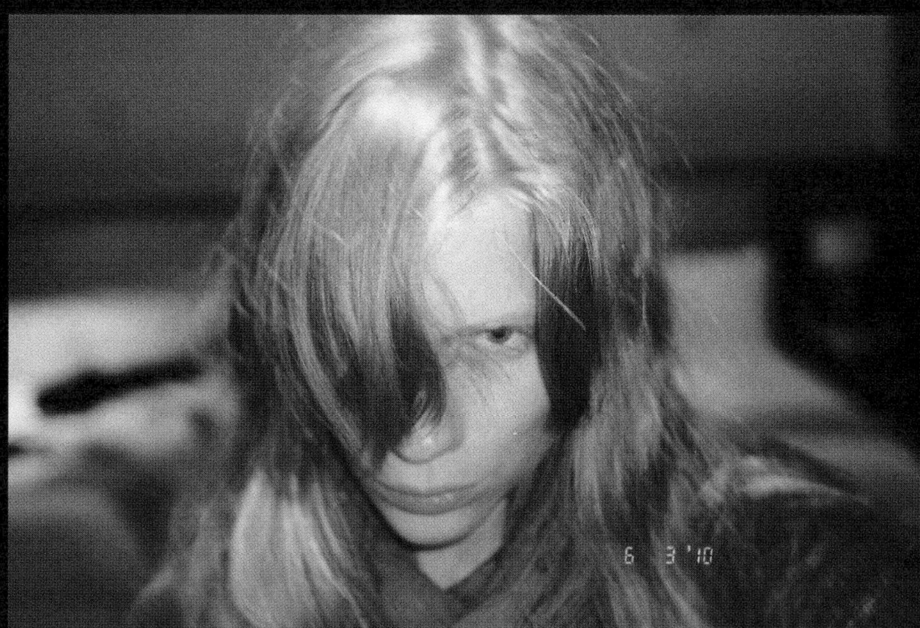
6 3 '10

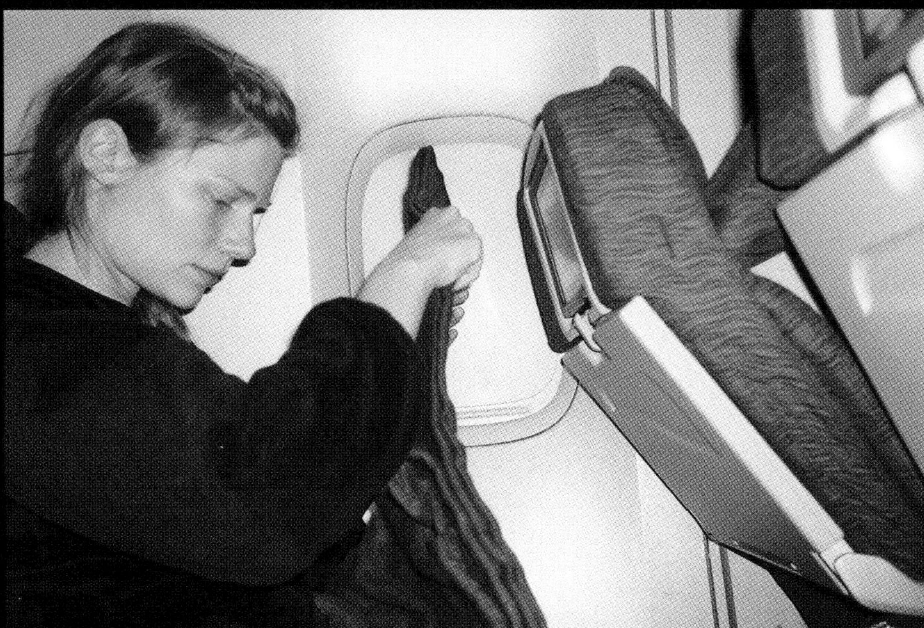

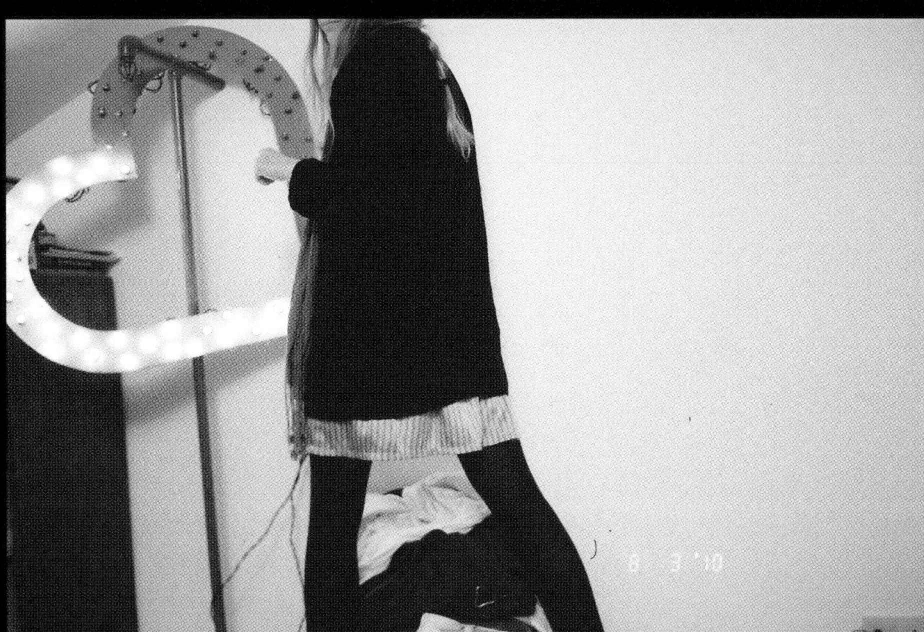
8 3 '10

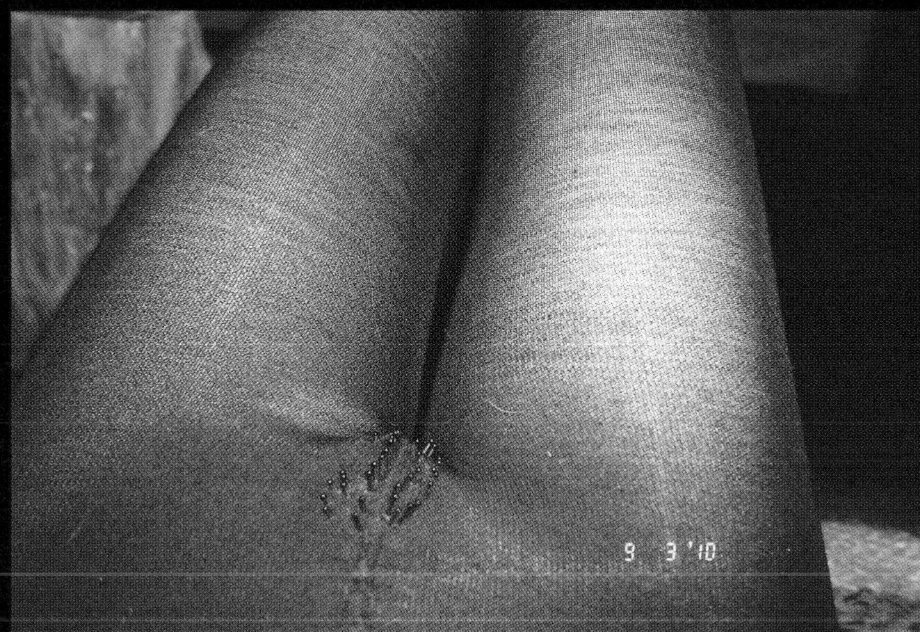
9 3 '10

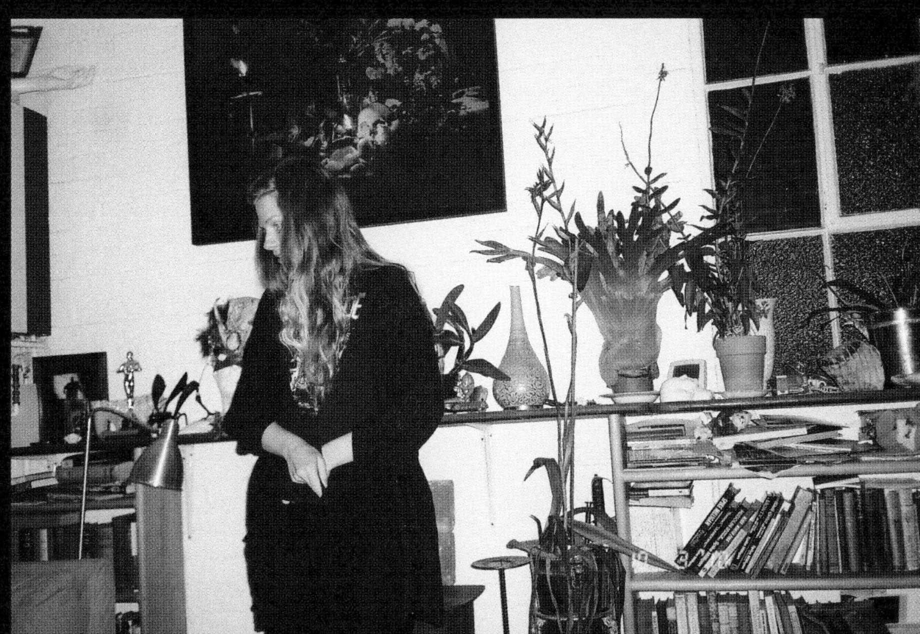

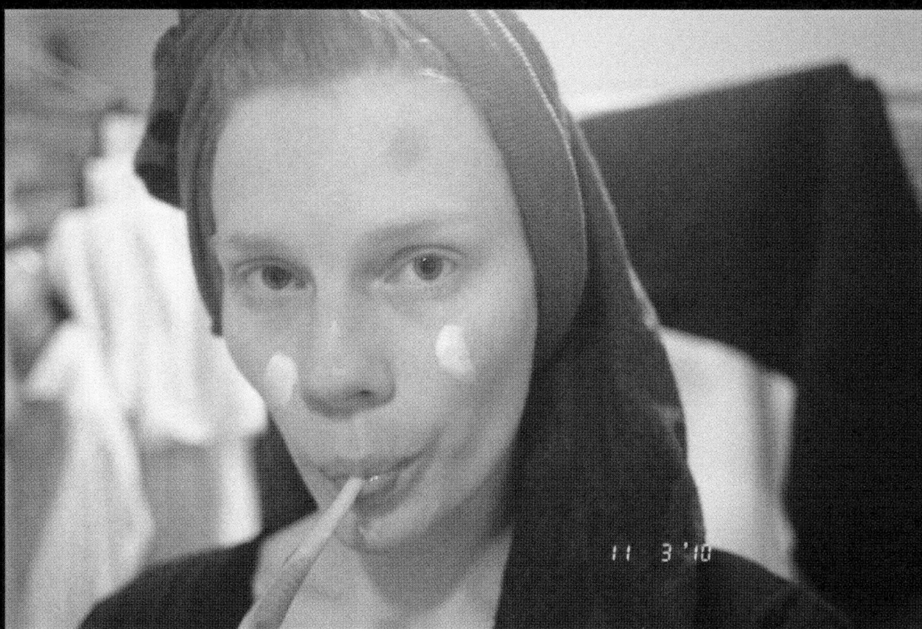
11 3 '10

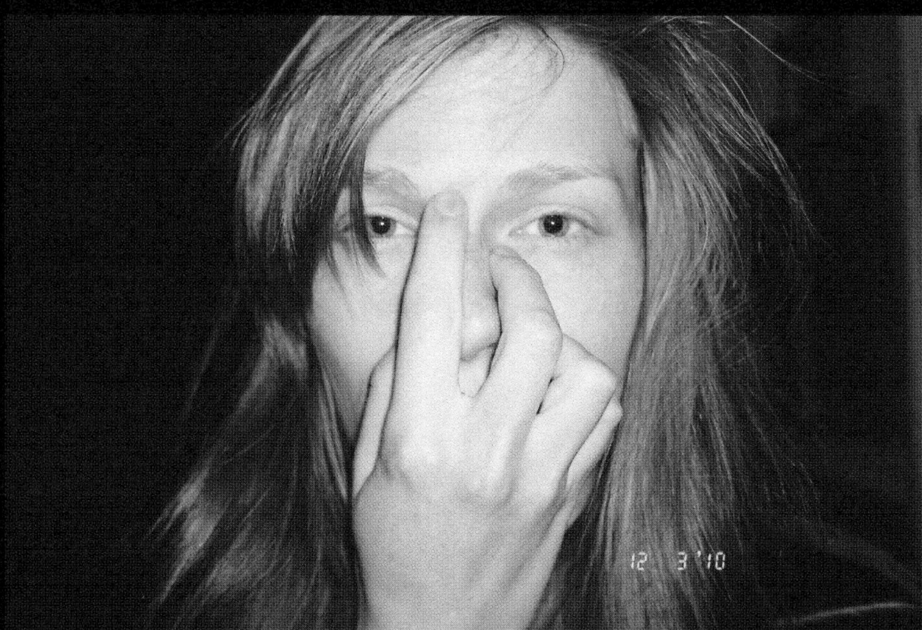
12 3 '10

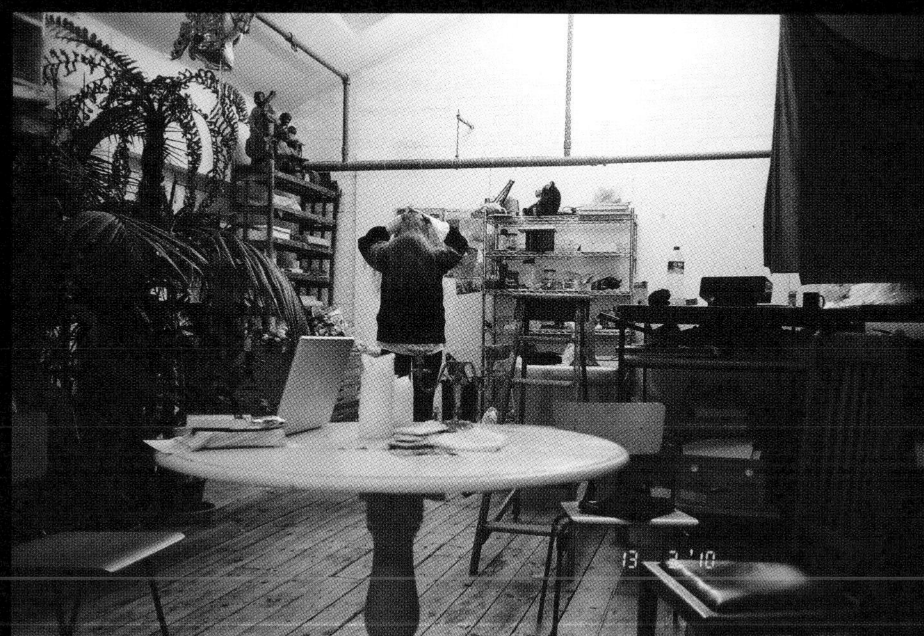
13 3 '10

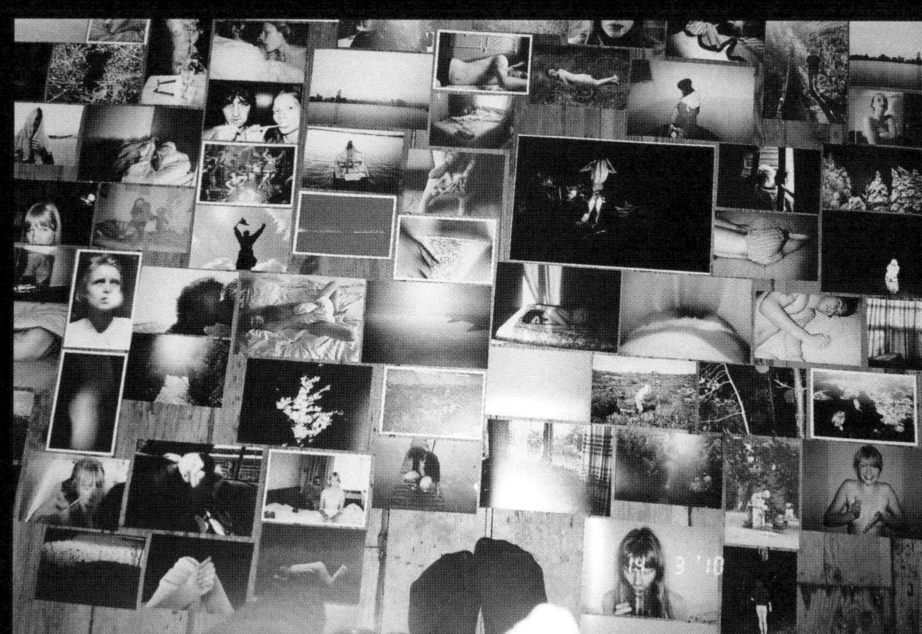

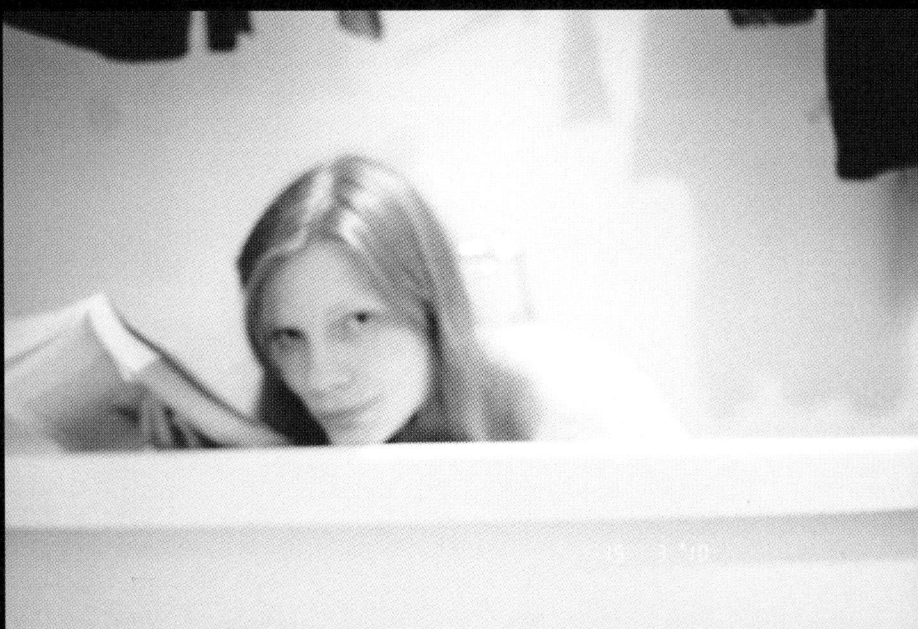

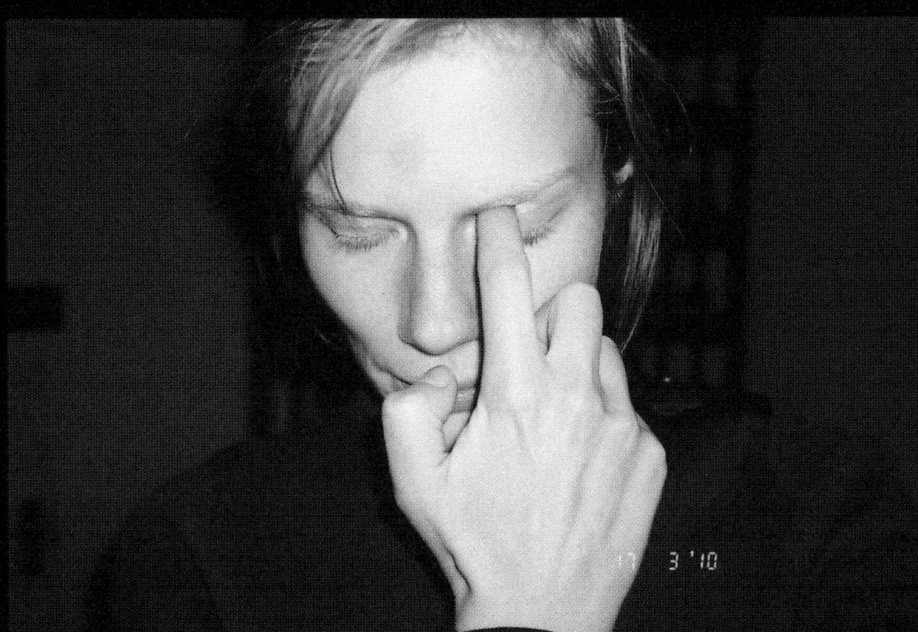

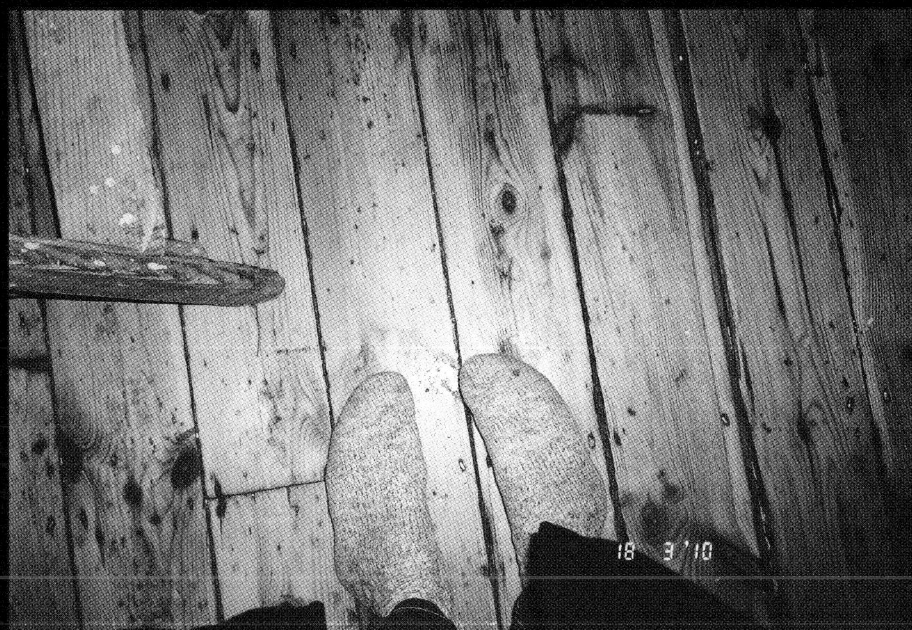
18 3 '10

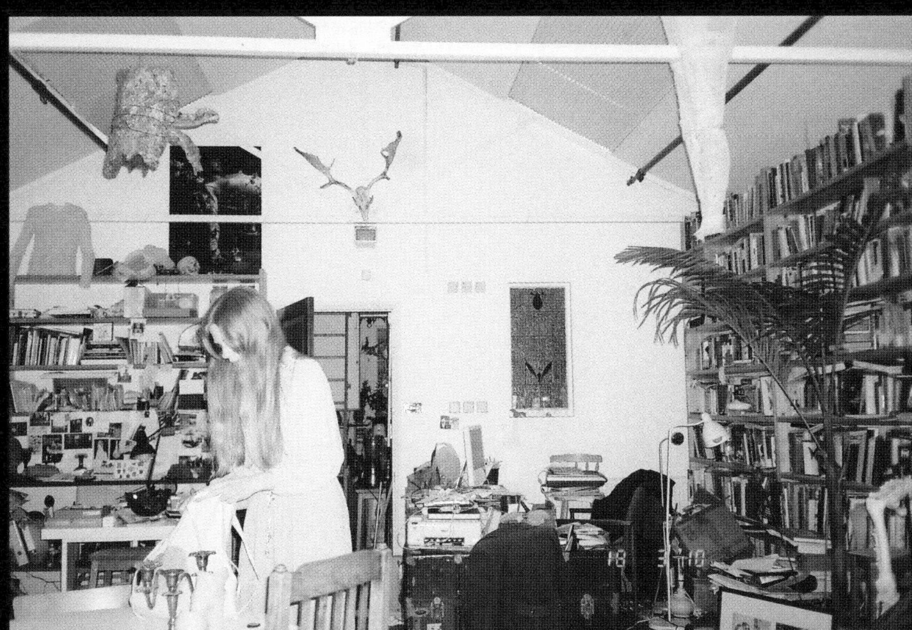
18 3 '10

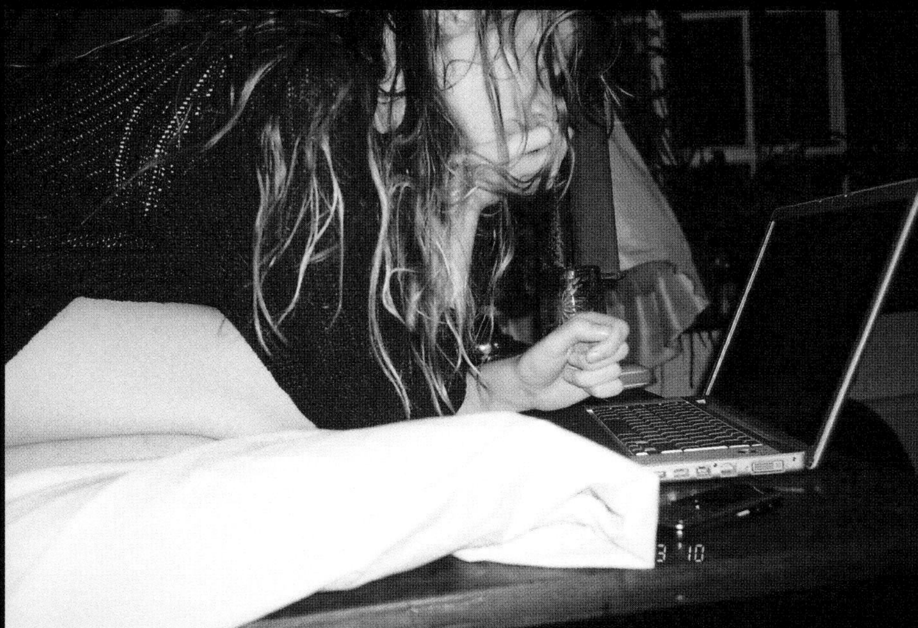
3 '10

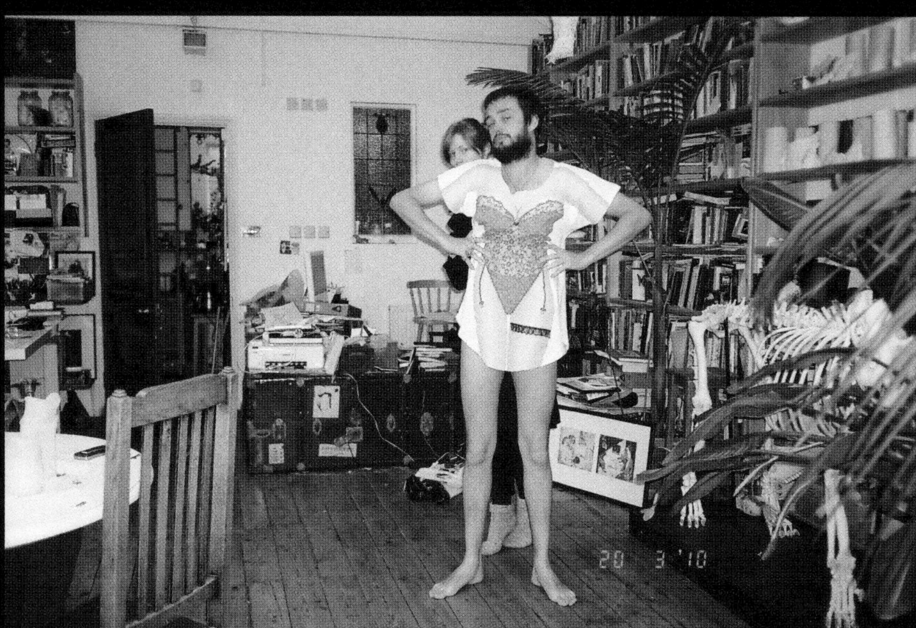
20 3 '10

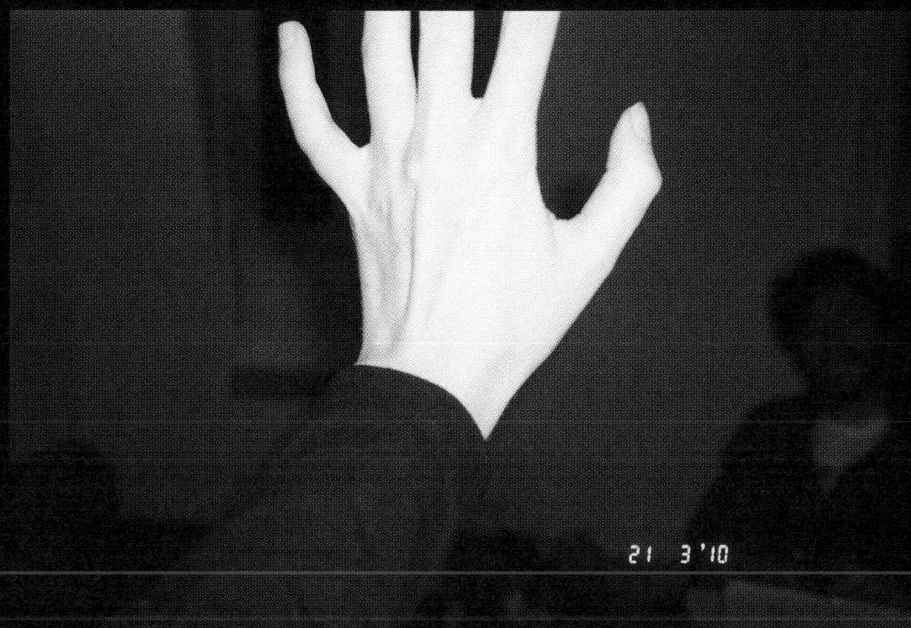
21 3'10

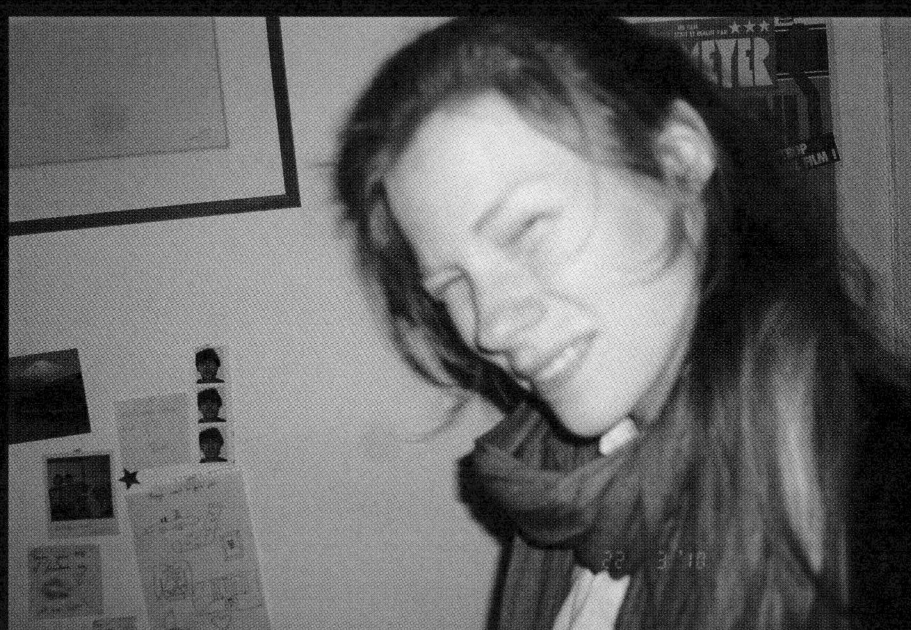

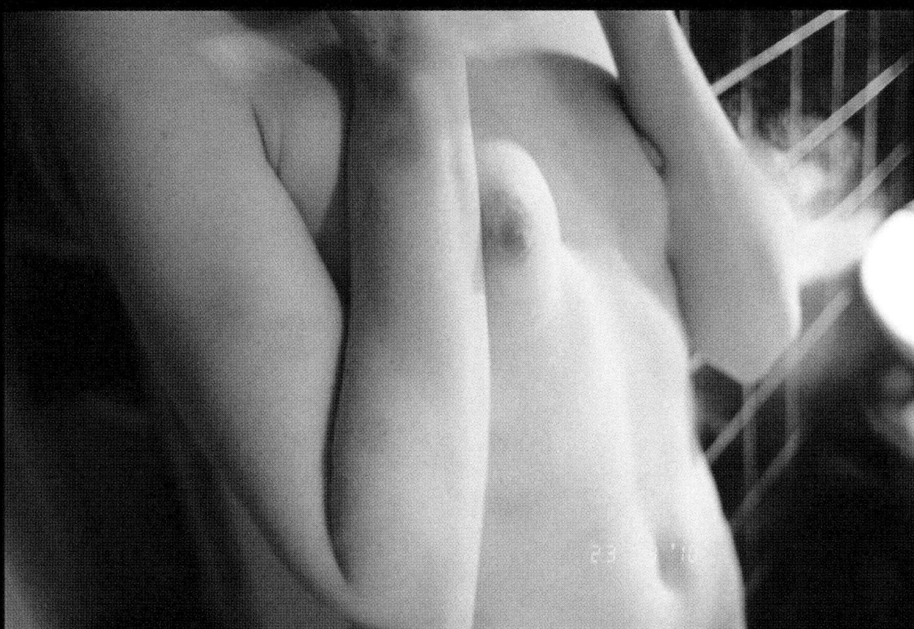

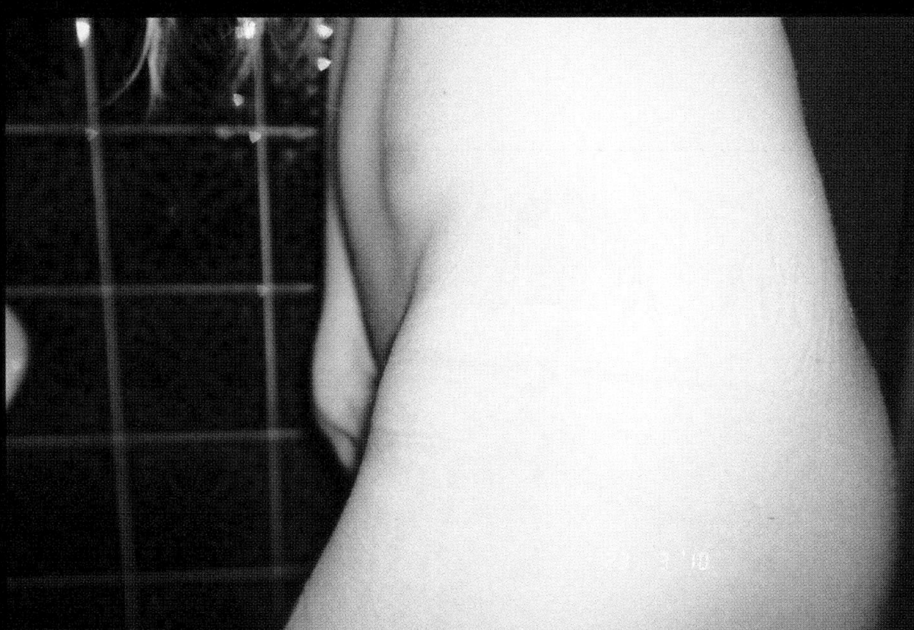

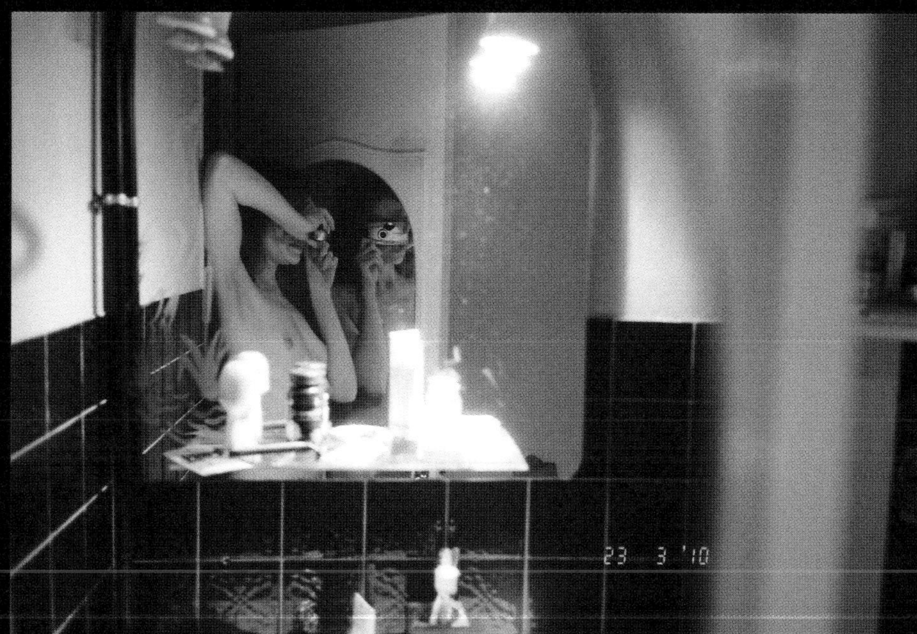
23 3 '10

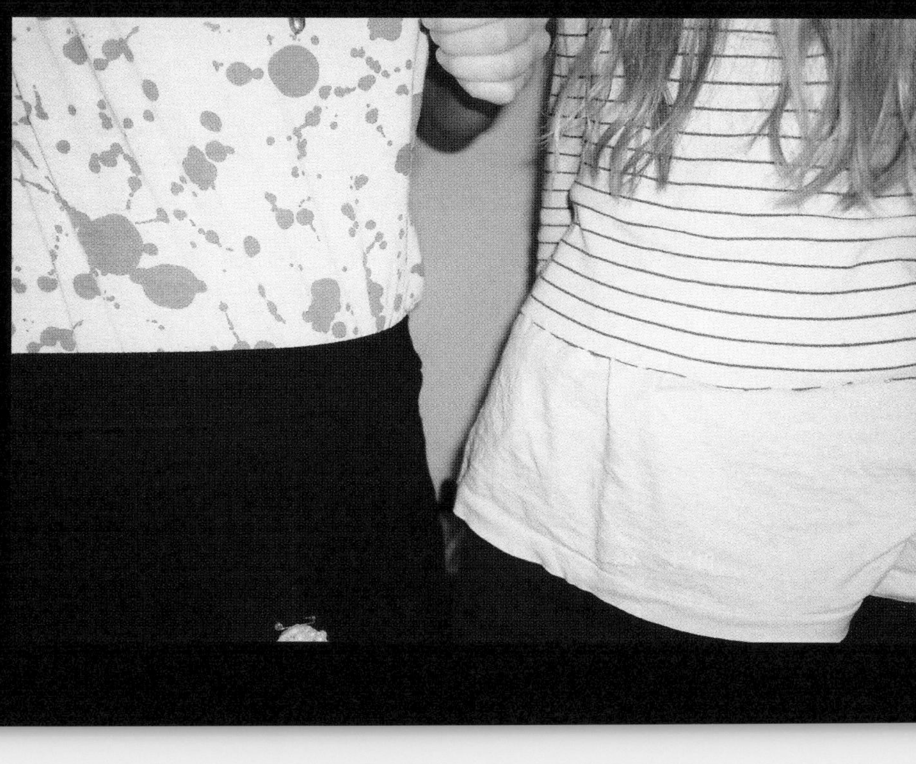

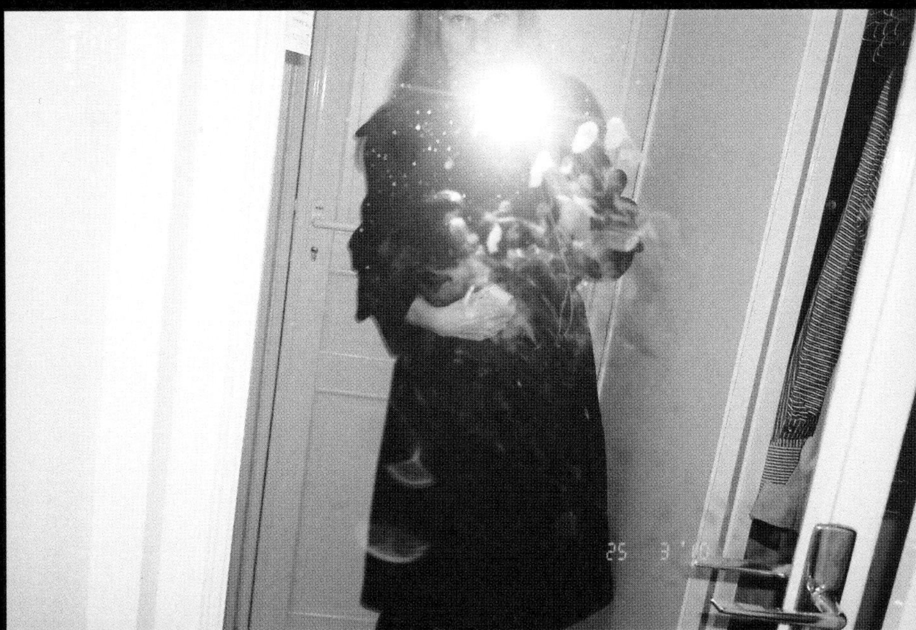
25 3 '10

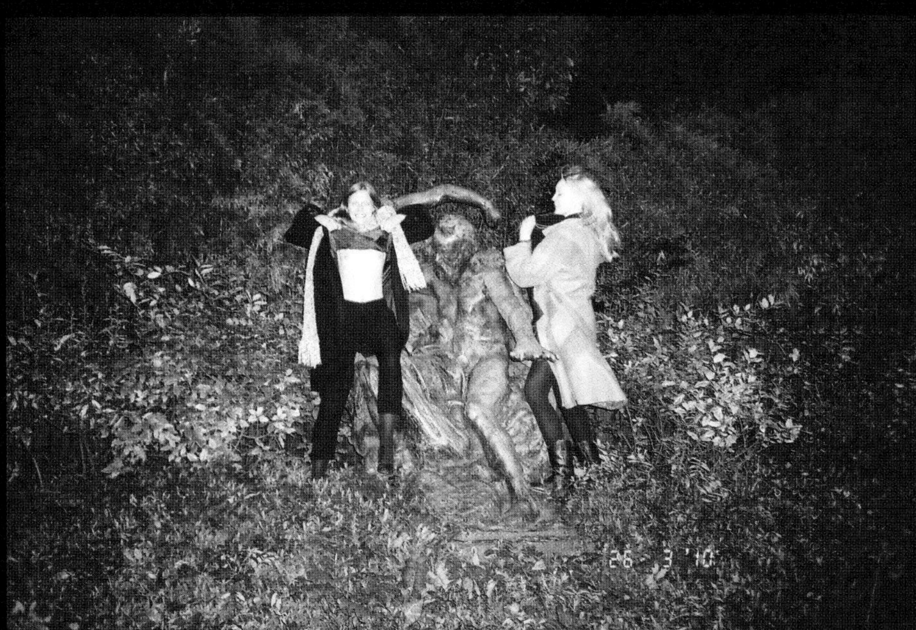
26 3 '10

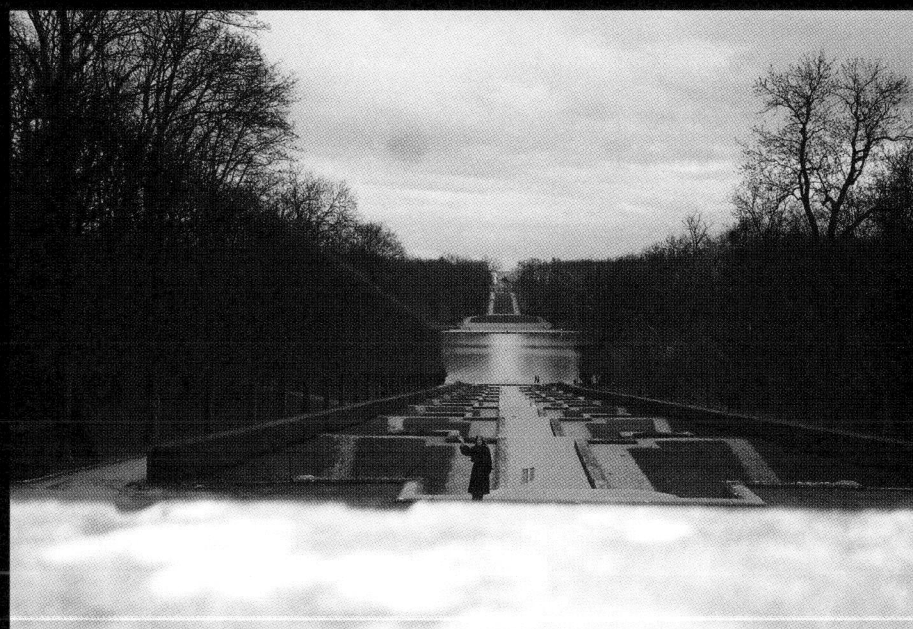

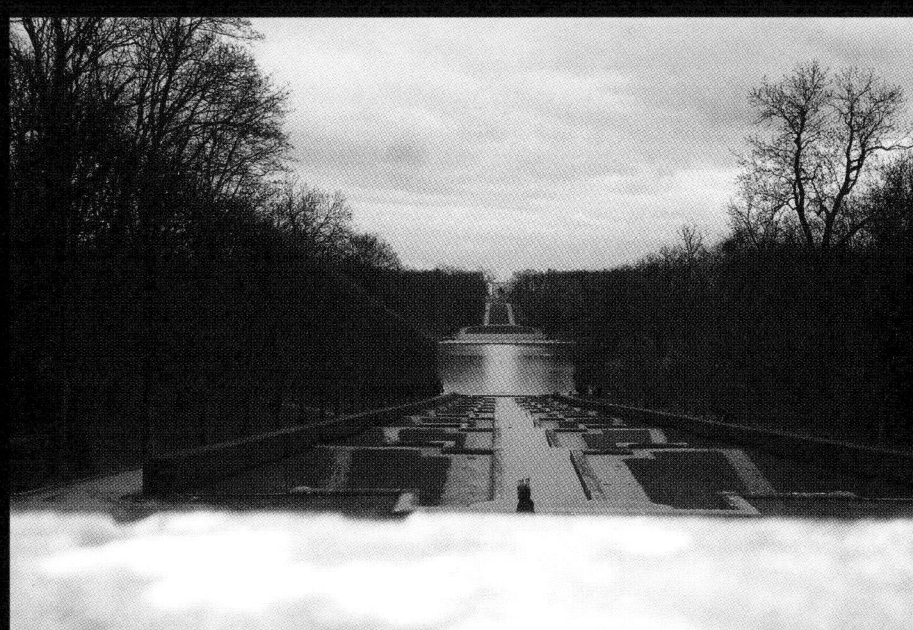

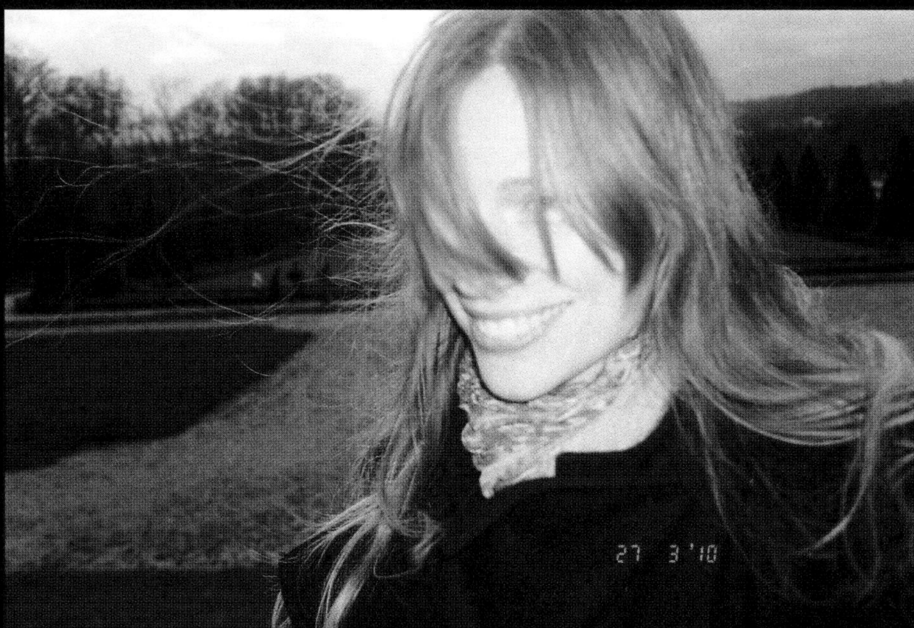
27 3'10

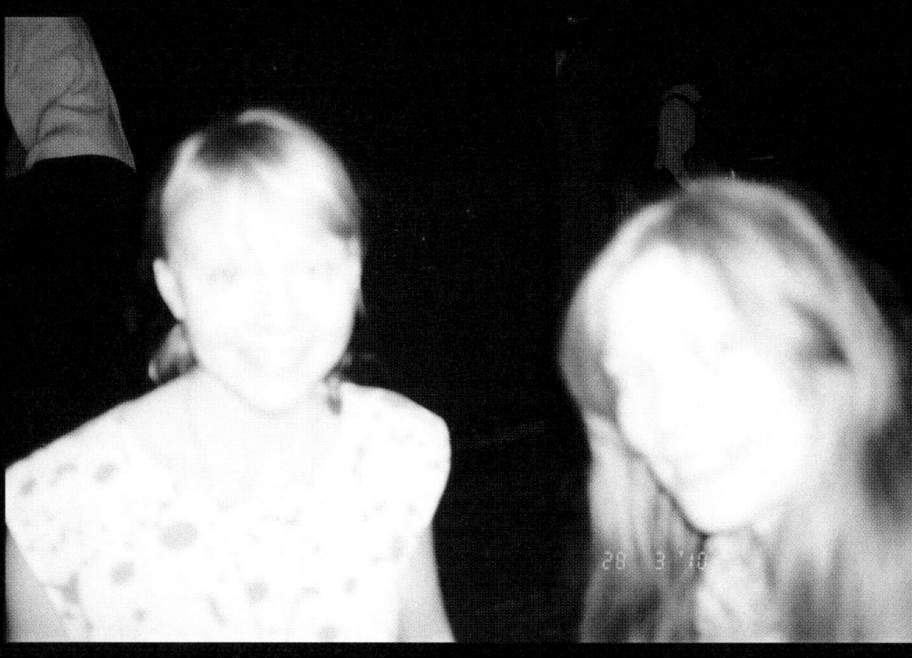
28 3'10

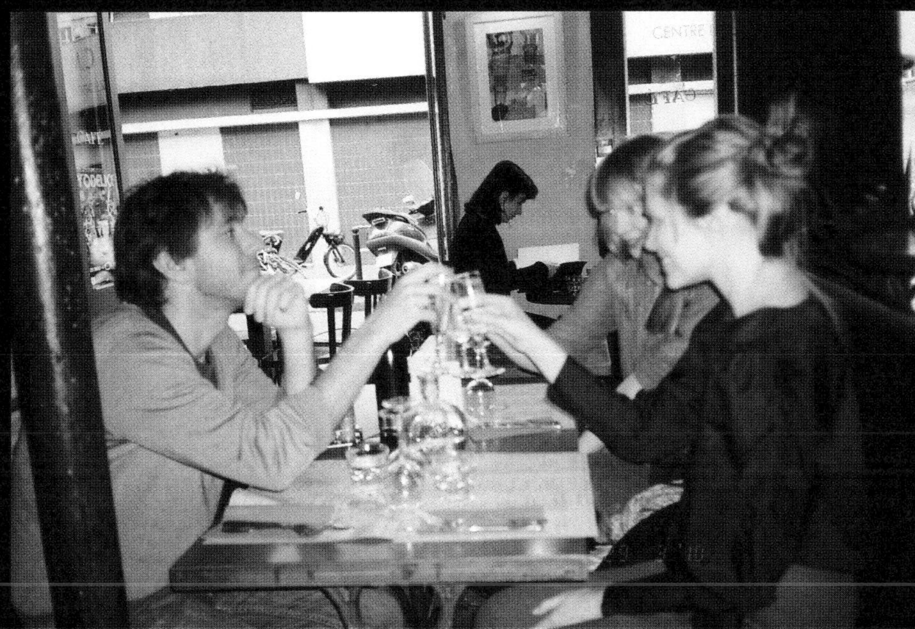
CENTRE

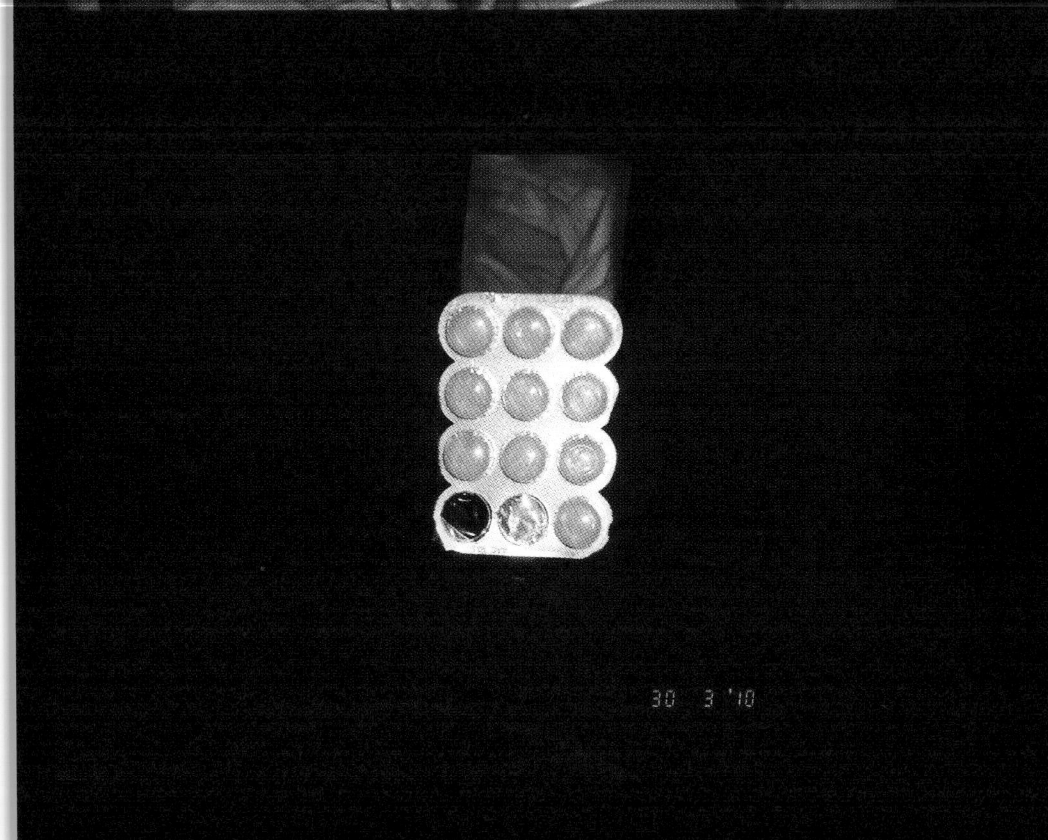
30 3 '10

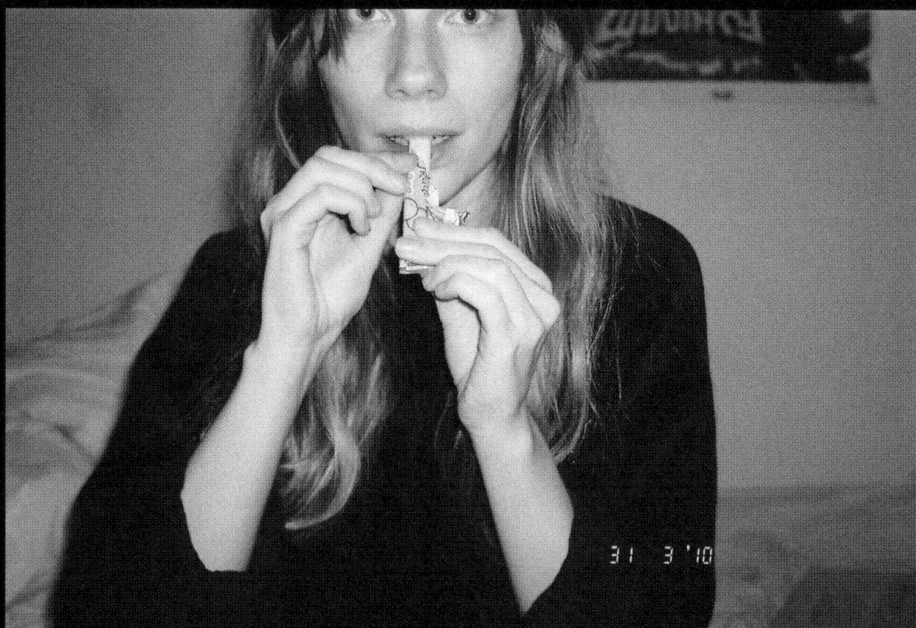
31 3 '10

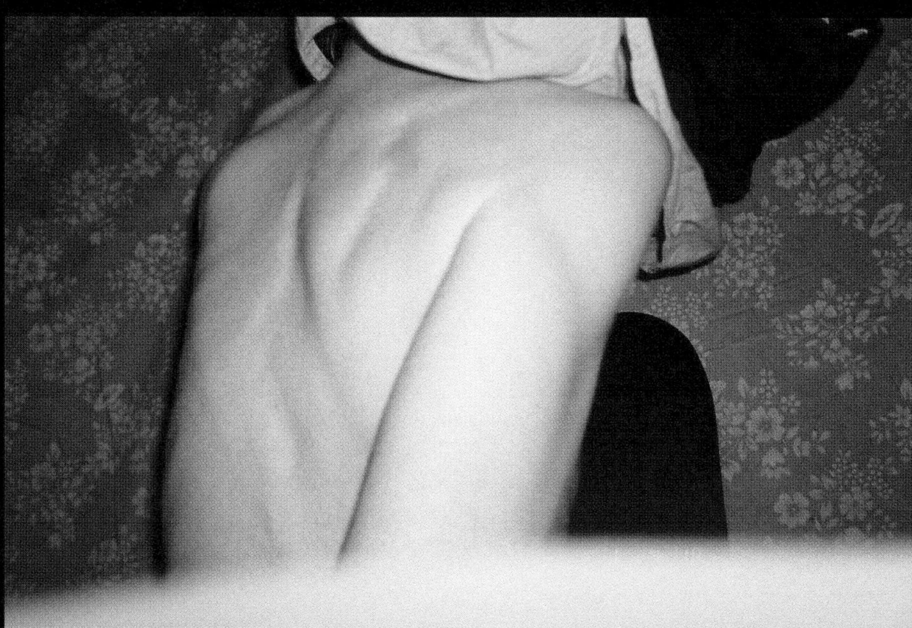

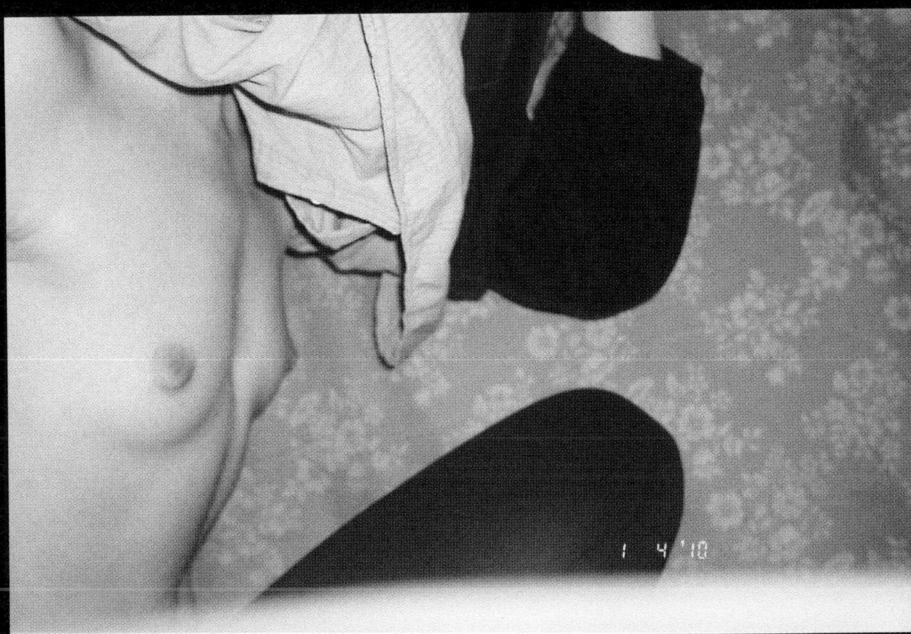
1 4 '10

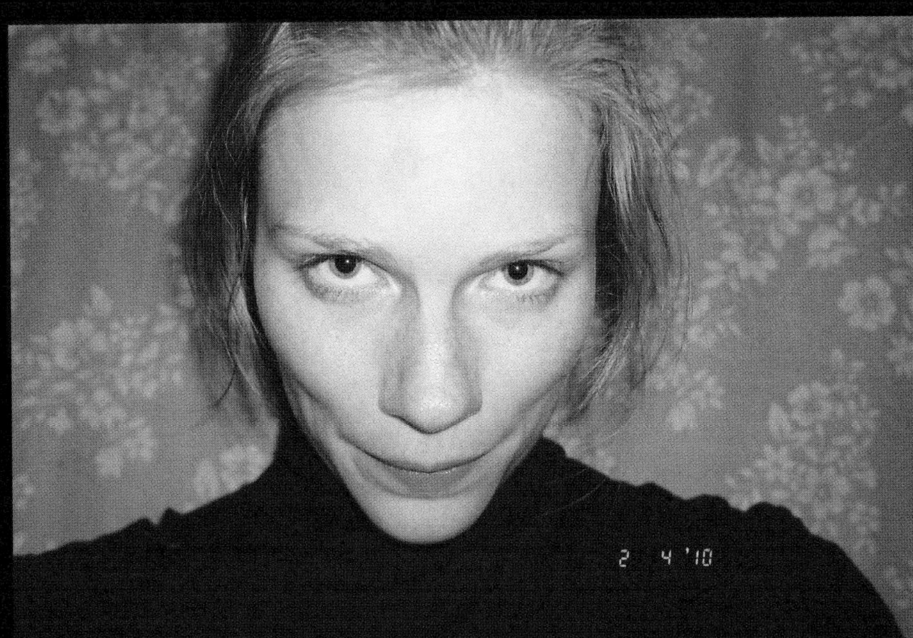
2 4 '10

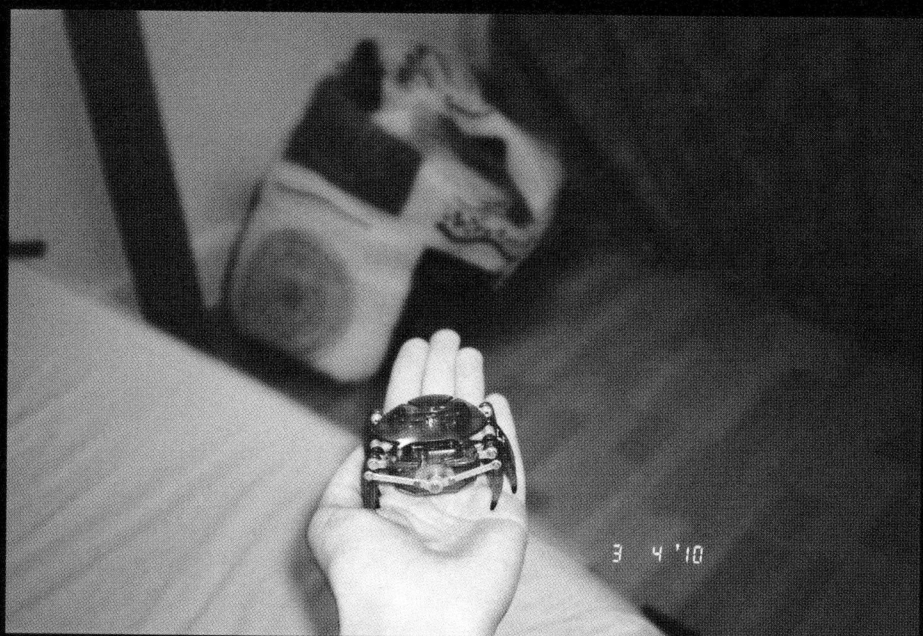
3 4 '10

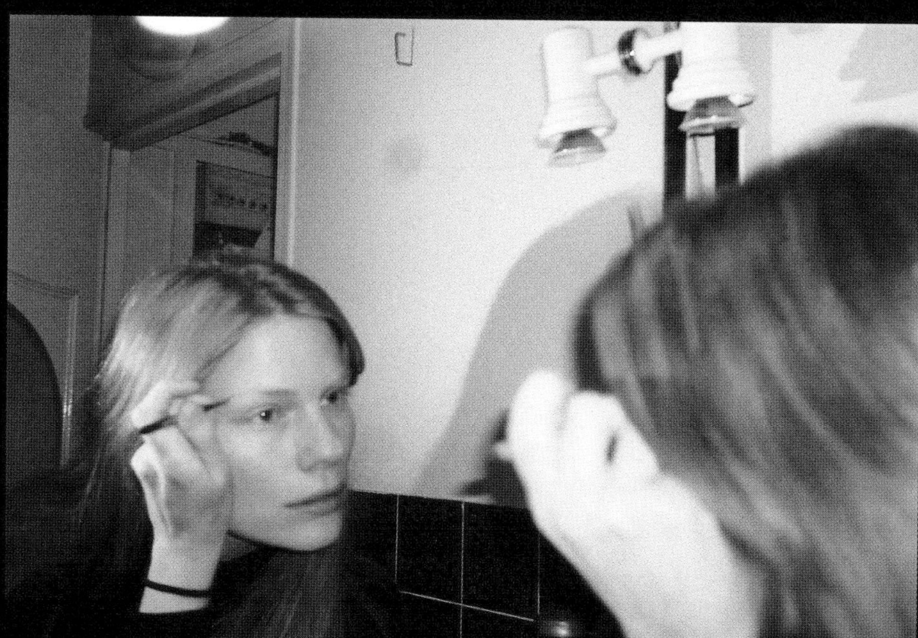

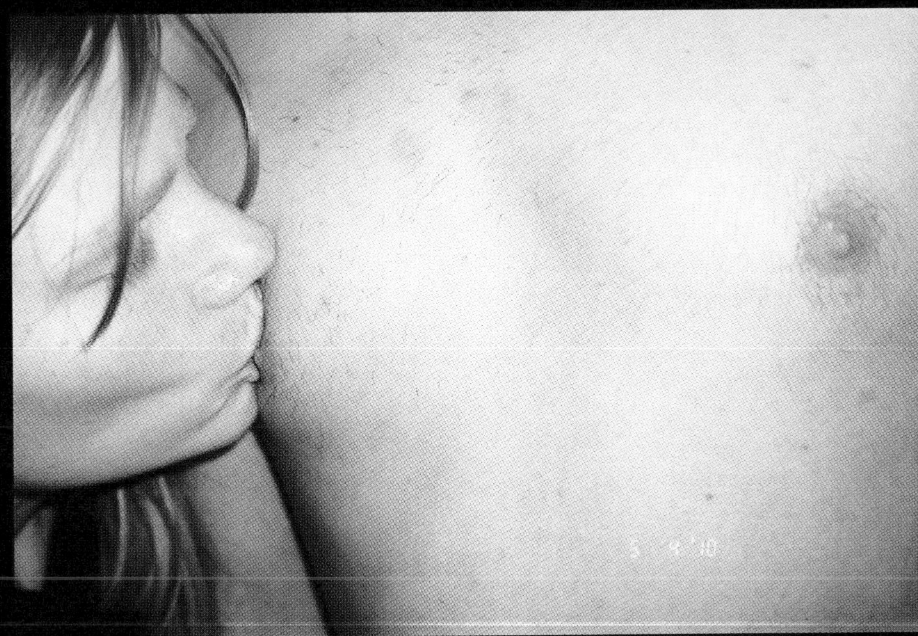

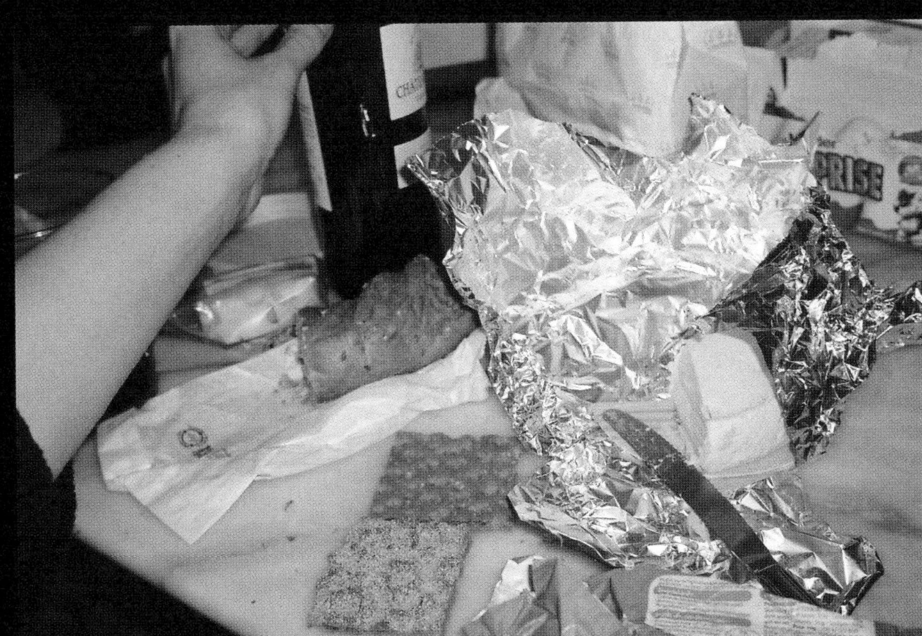

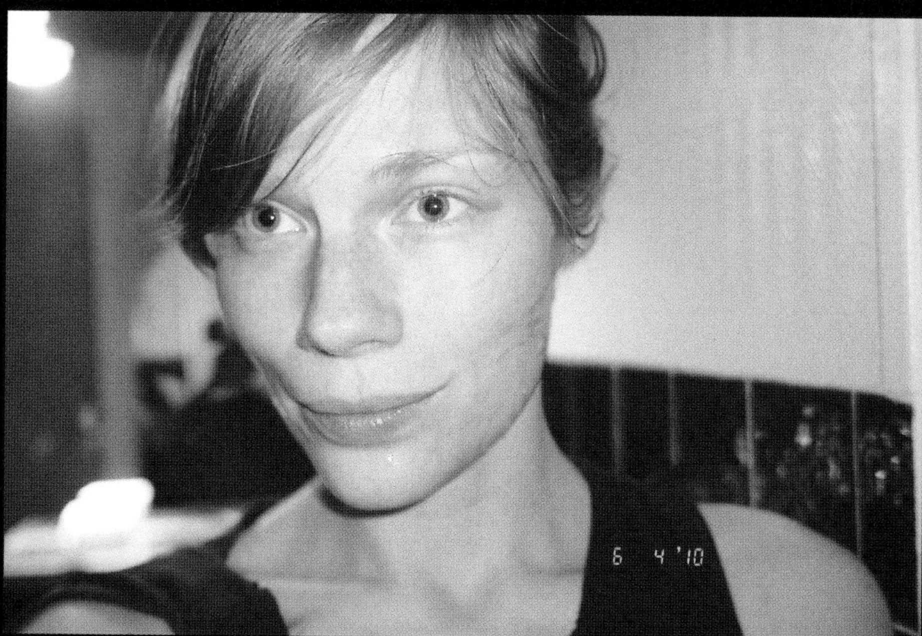
6 4 '10

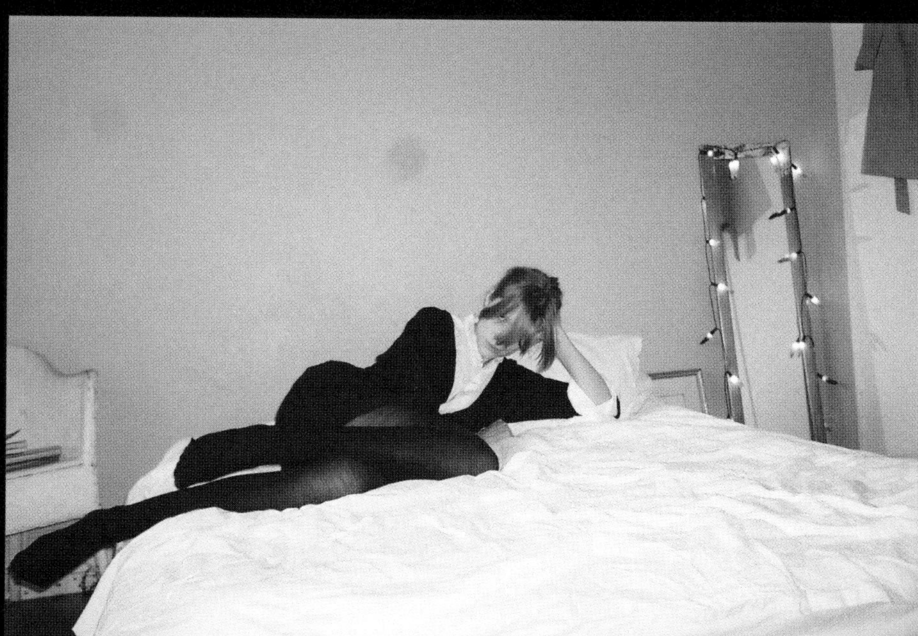

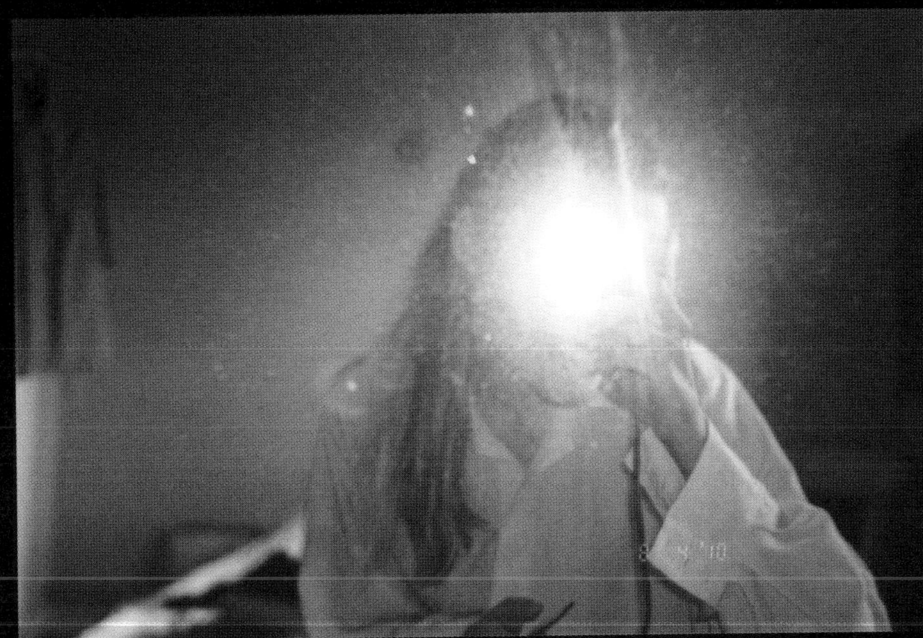
8 4 '10

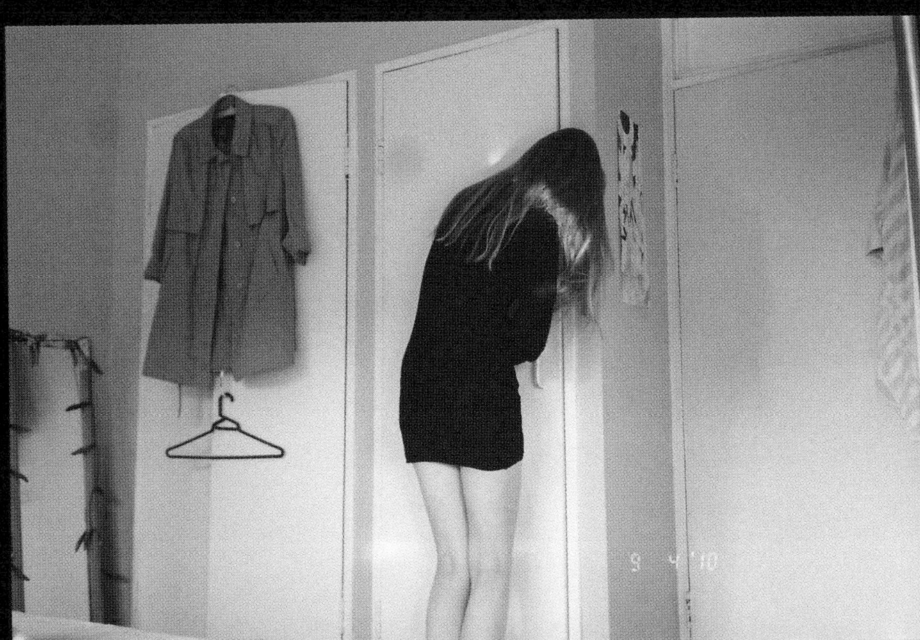
9 4 '10

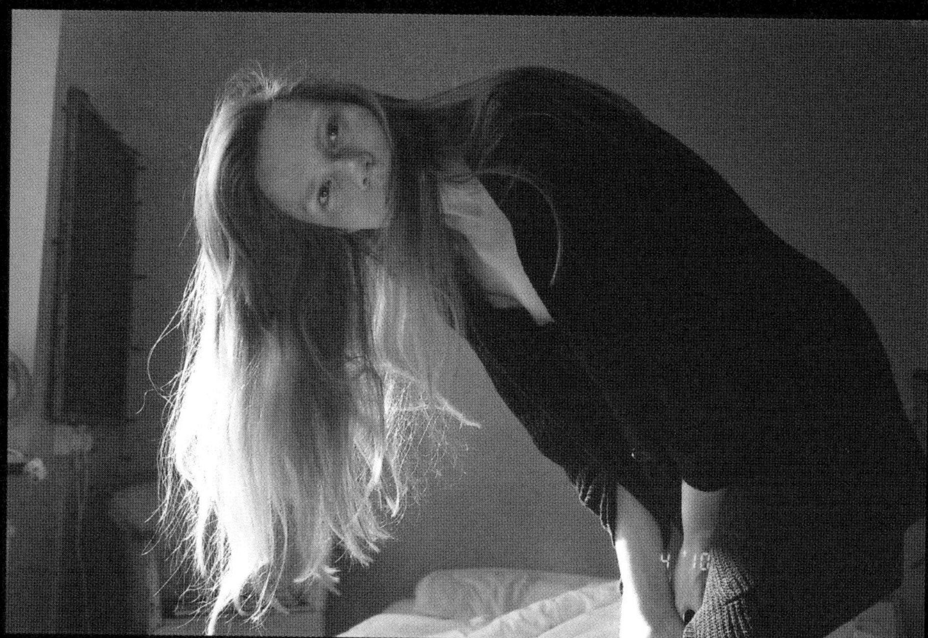

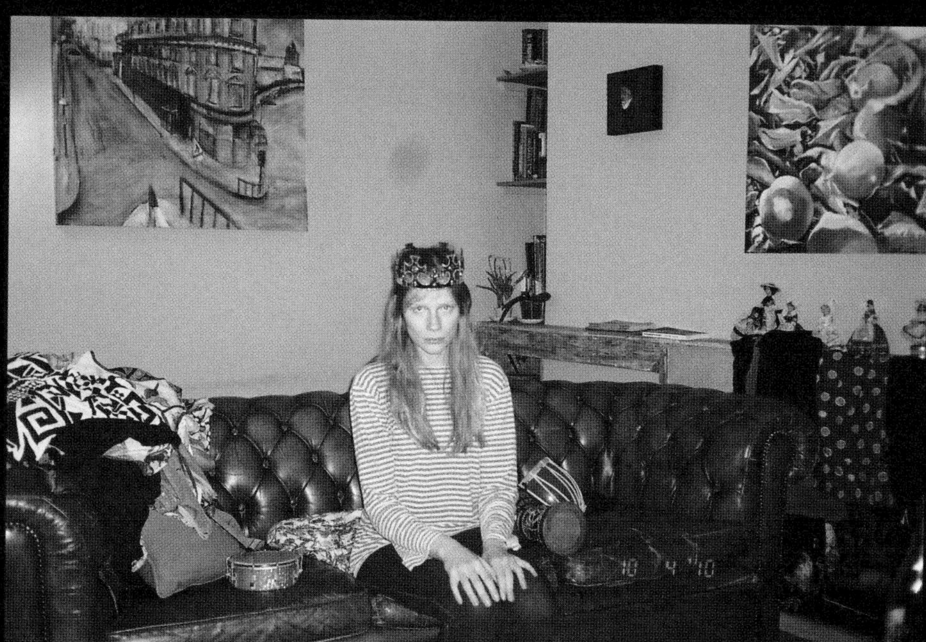

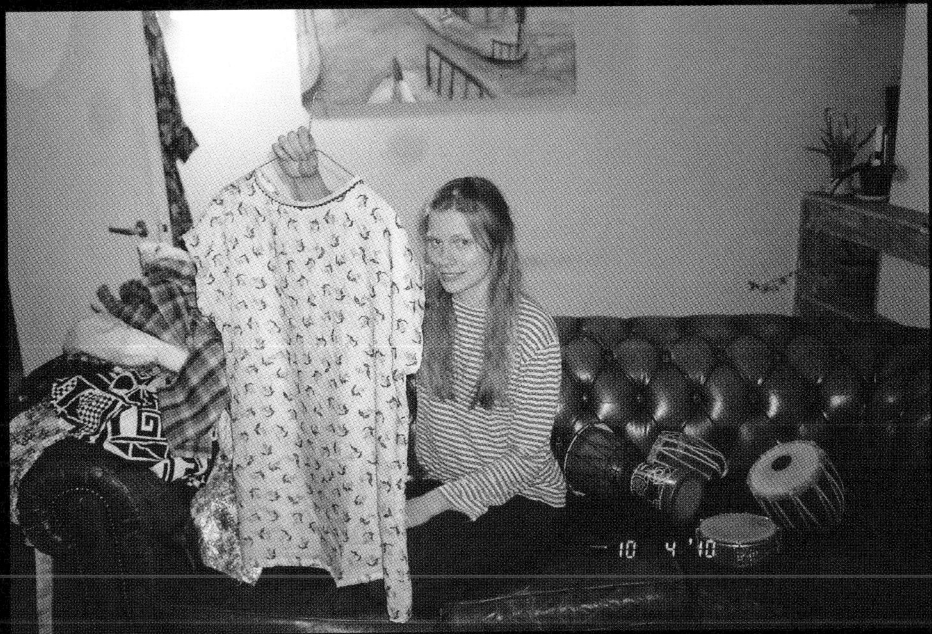
10 4 '10

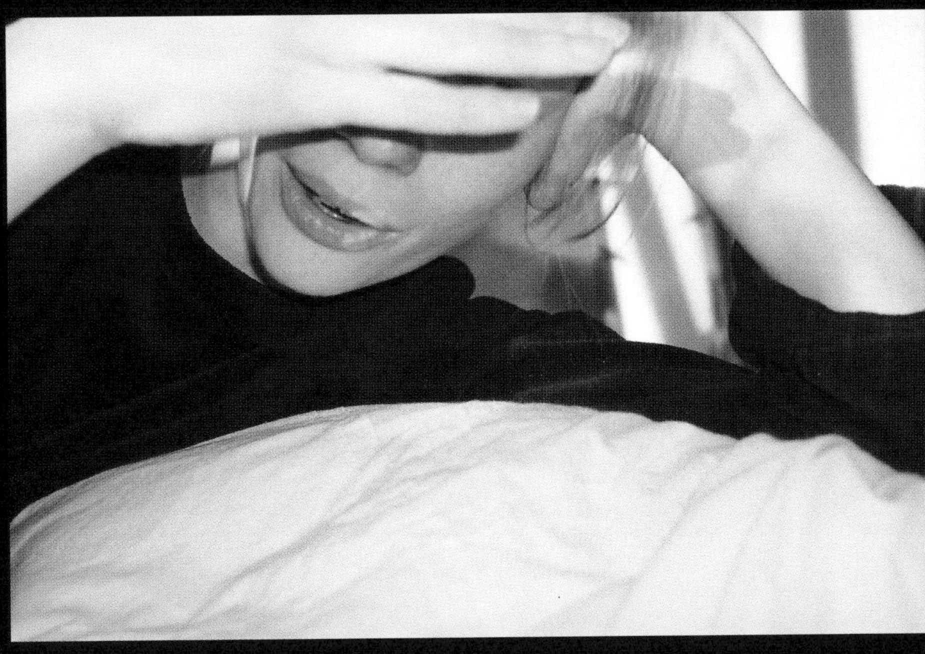

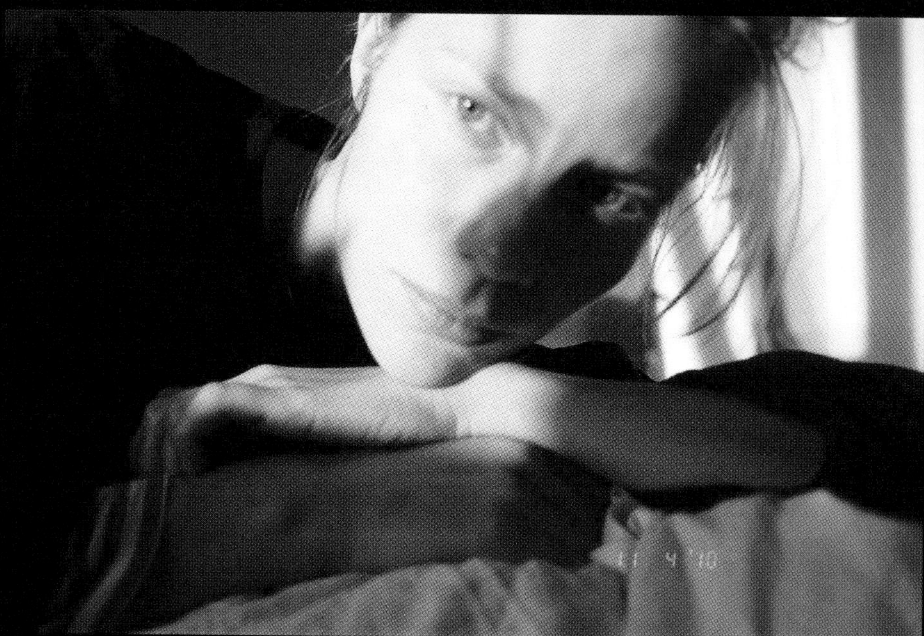
11 4 '10

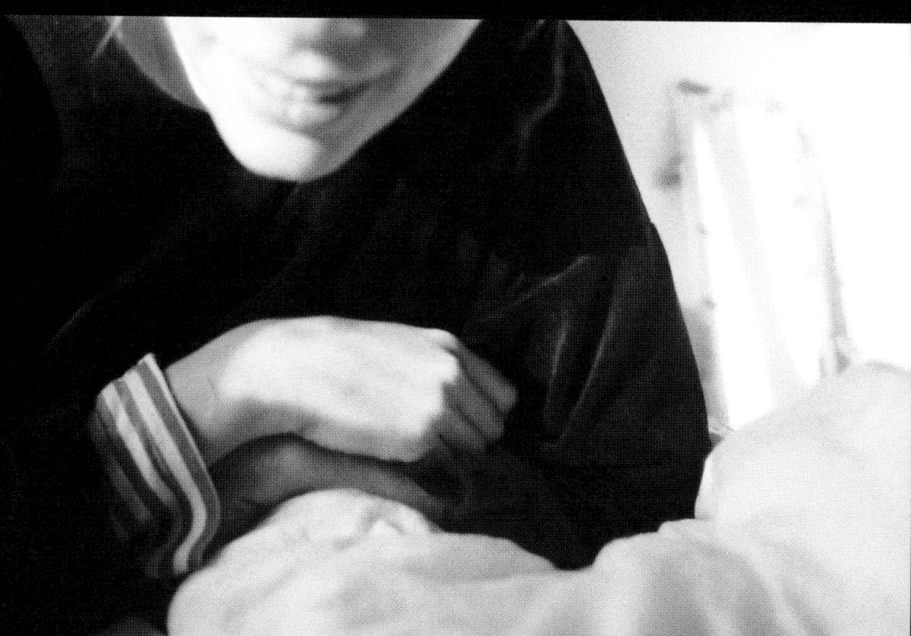

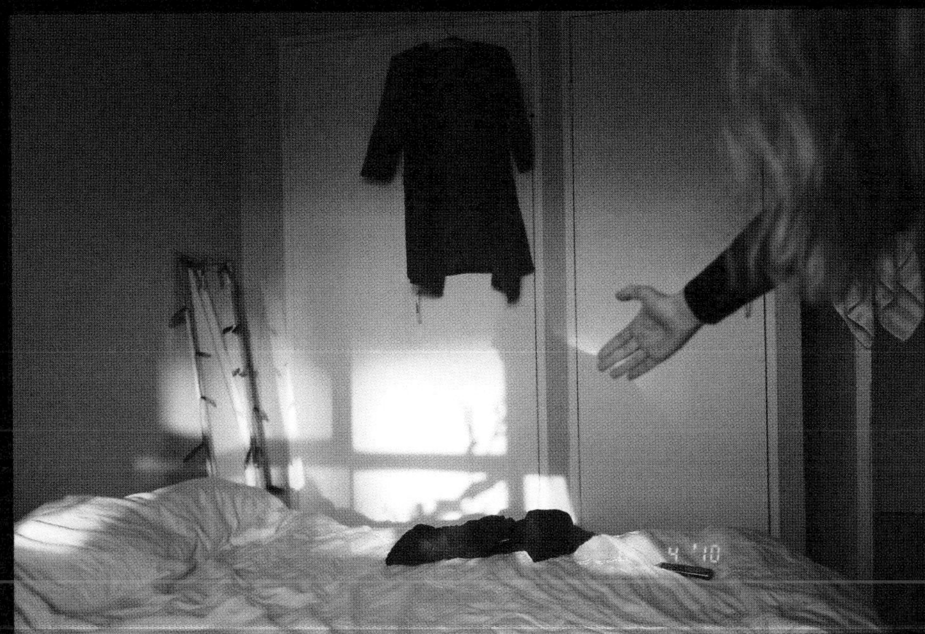

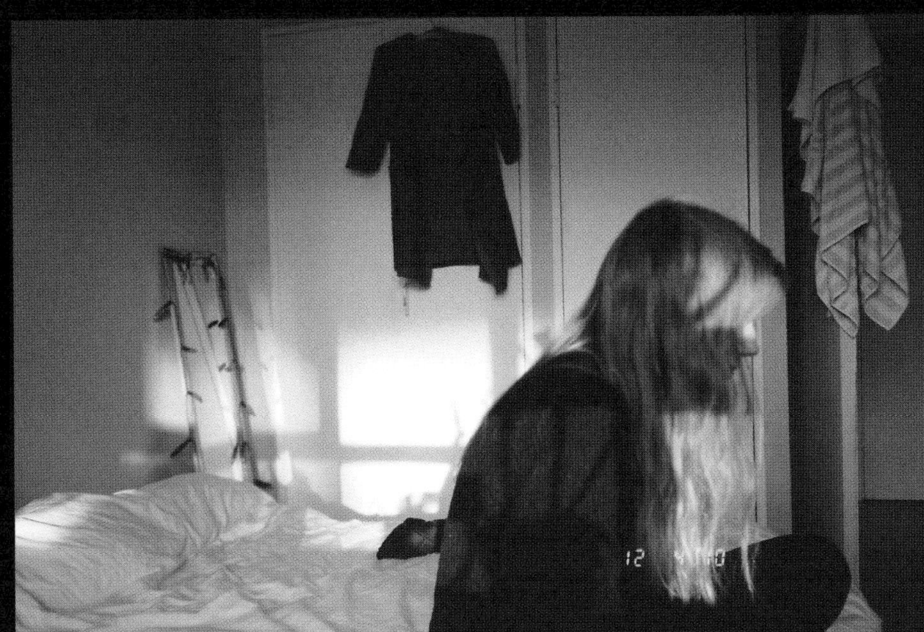

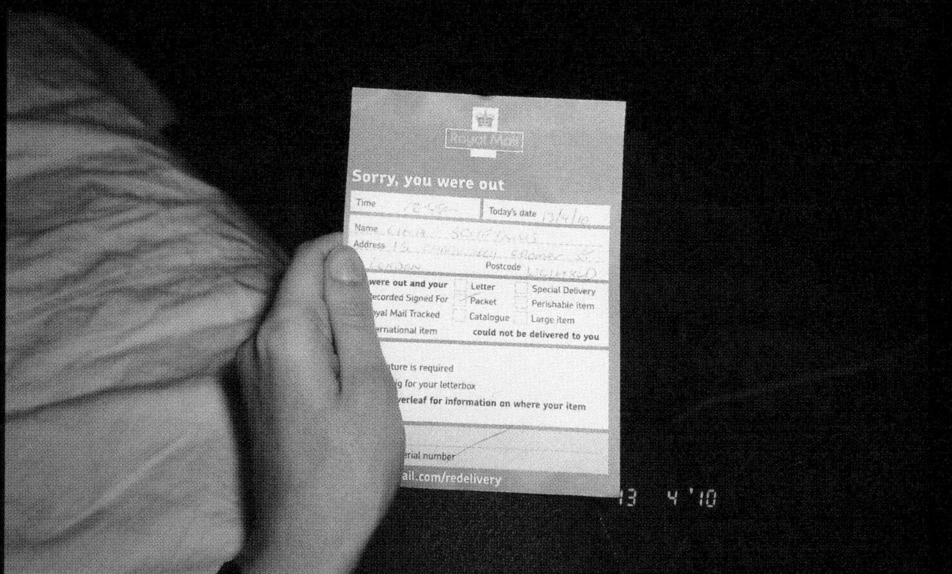
Royal Mail
Sorry, you were out
Time
Today's date
Name
Address
Postcode
Letter
Packet
Catalogue
Special Delivery
Perishable item
Large item
could not be delivered to you
13 4 '10

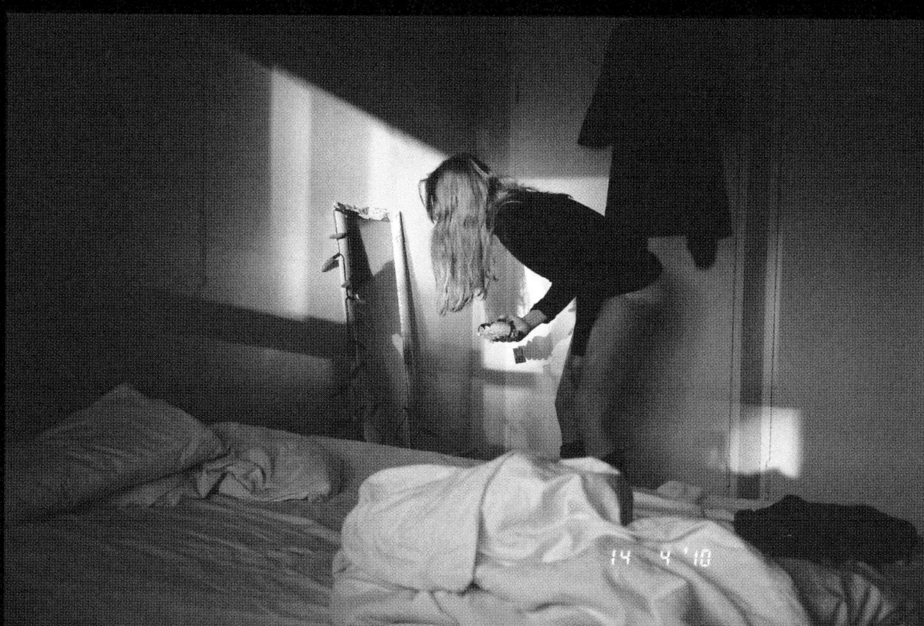
14 4 '10

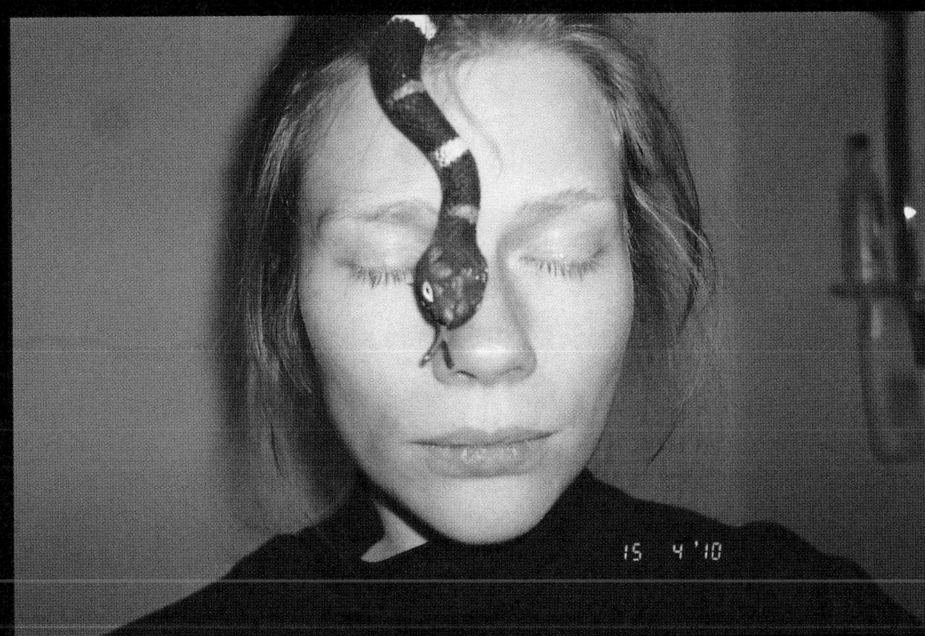
15 4 '10

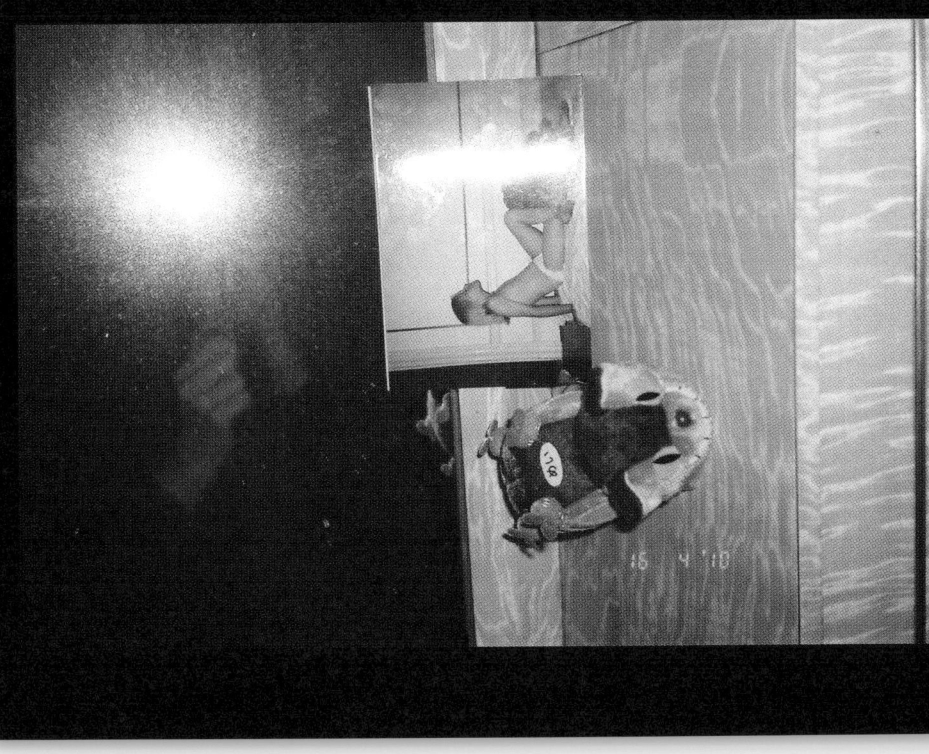
15 4 '10

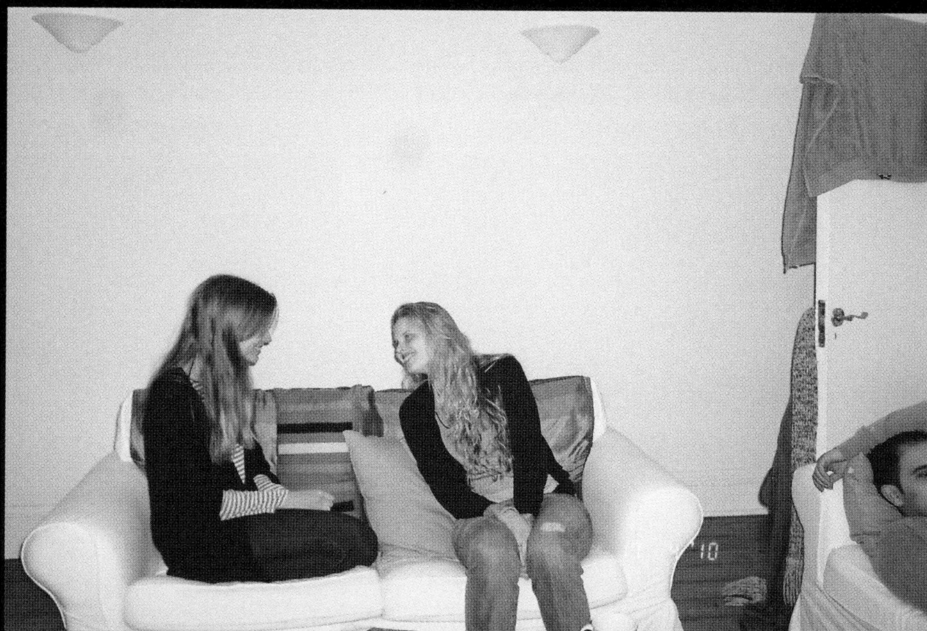

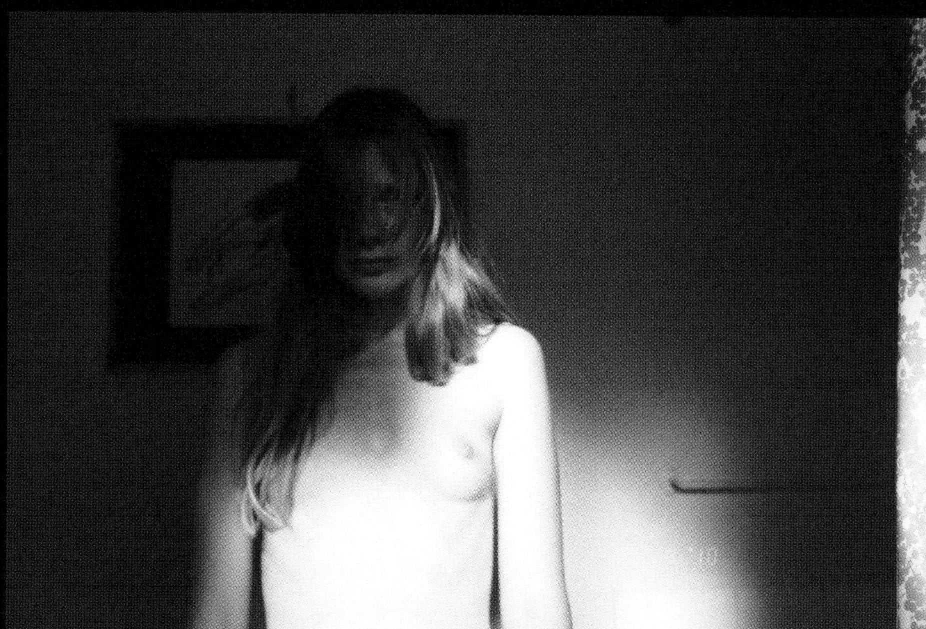

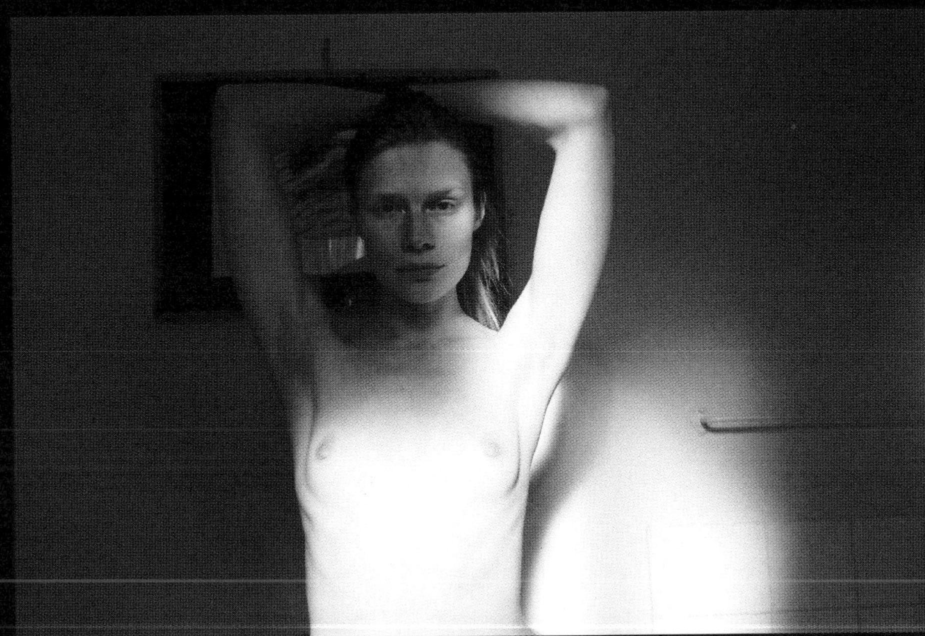

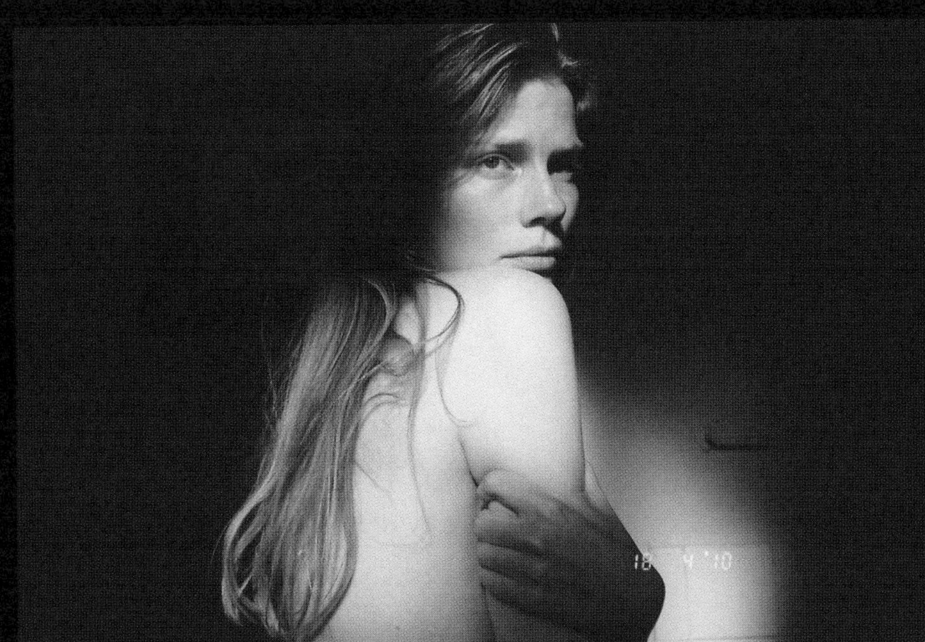

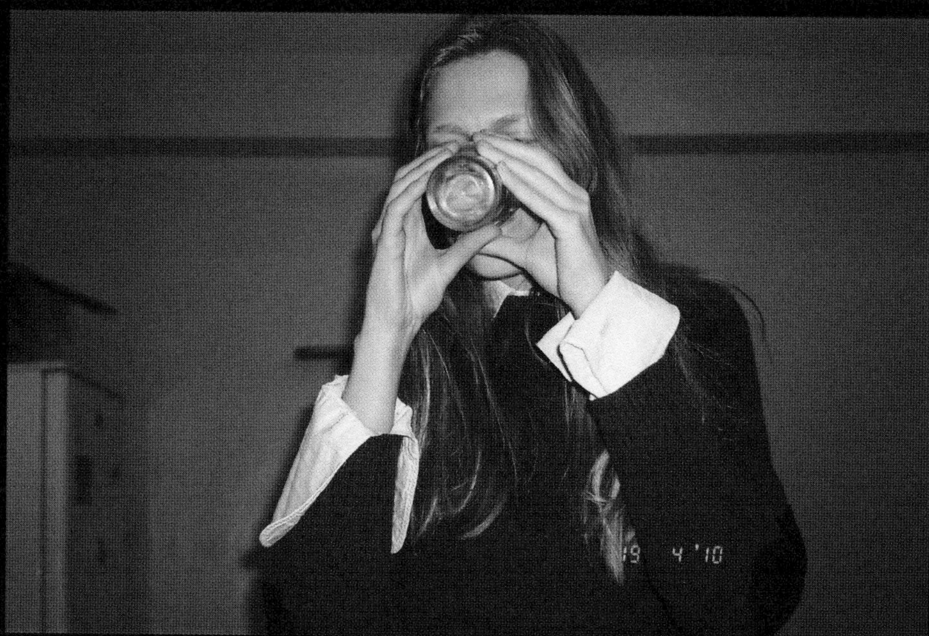

18 4 '10

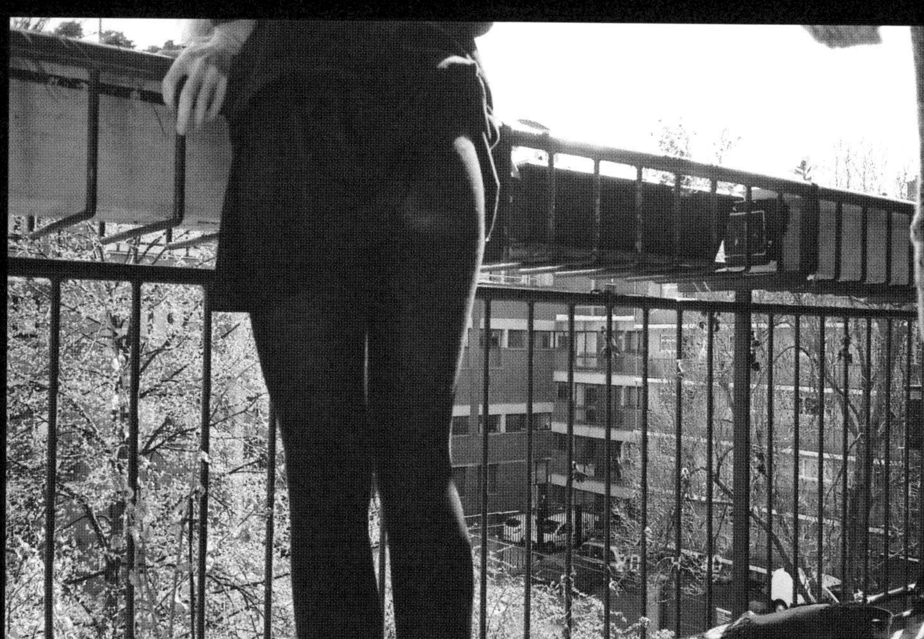

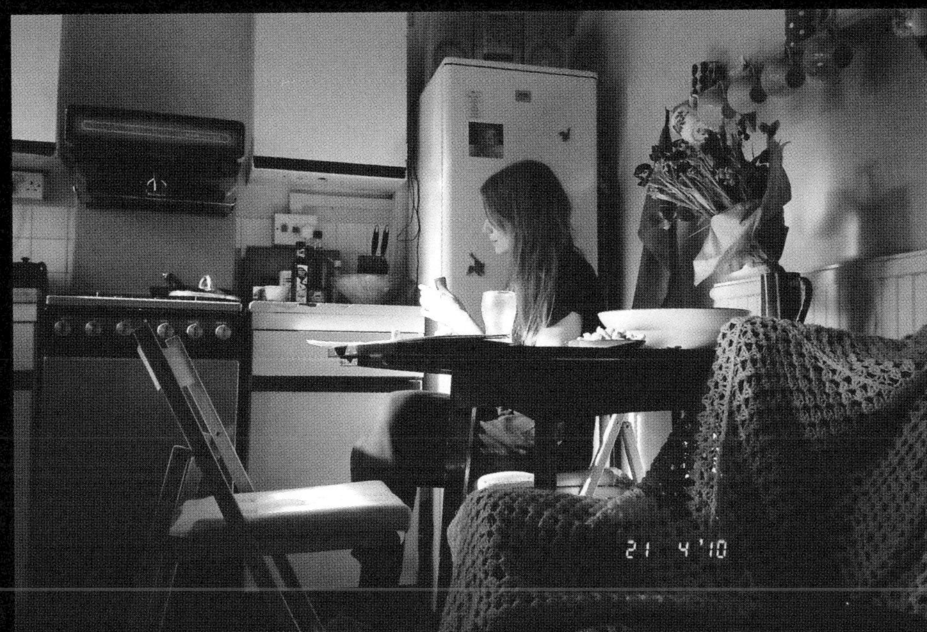
21 4 '10

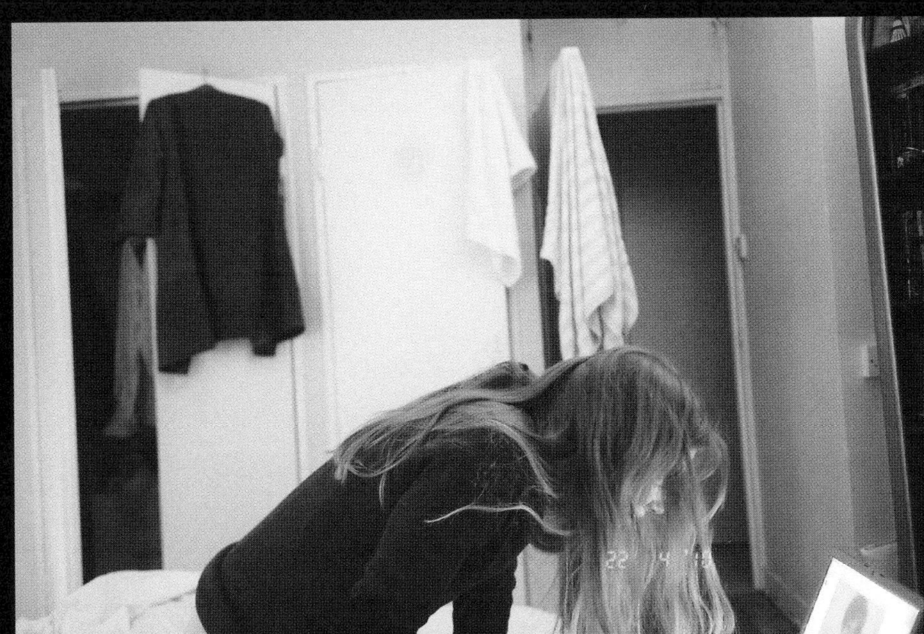

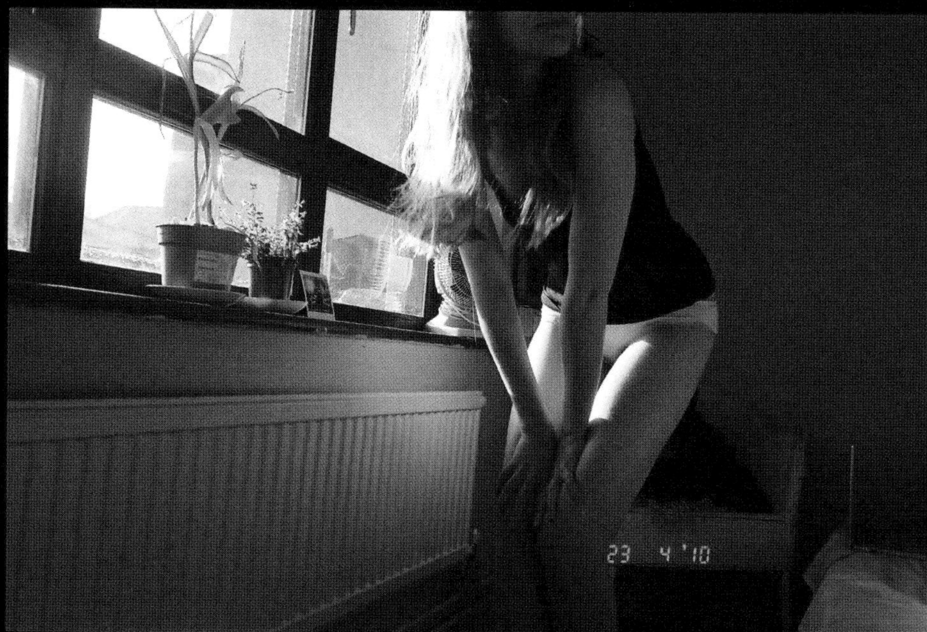
23 4 '10

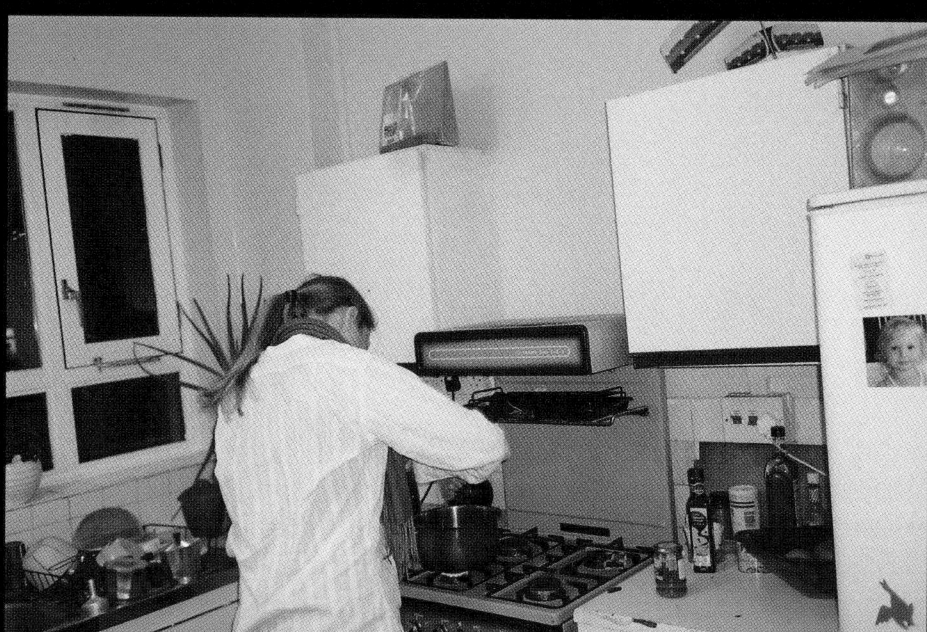

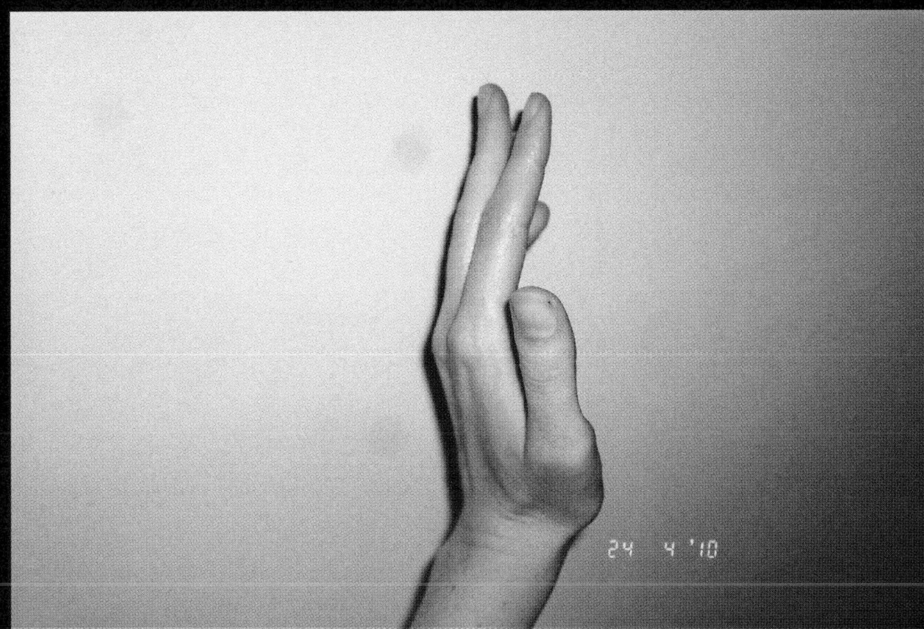
24 4 '10

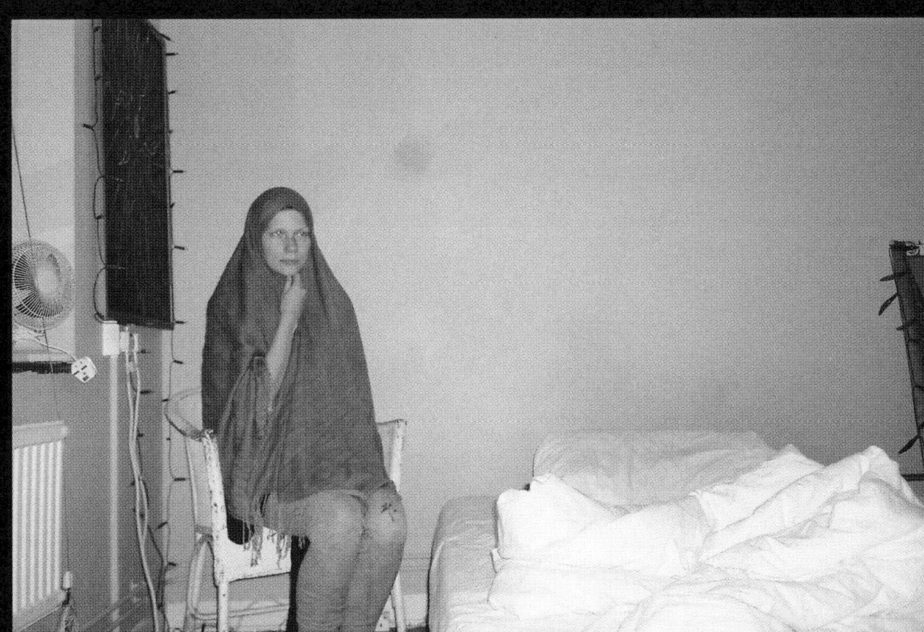

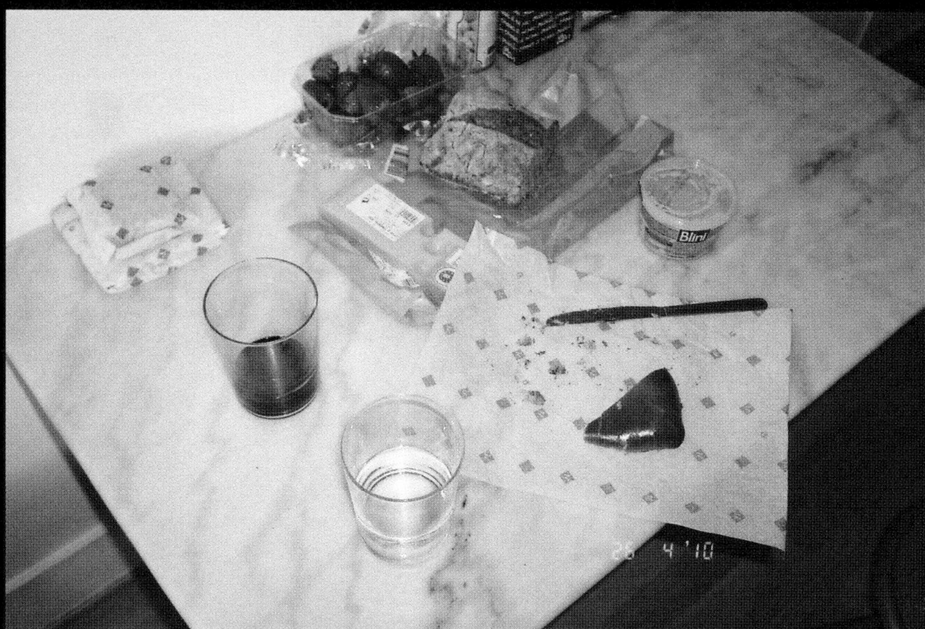
Blini

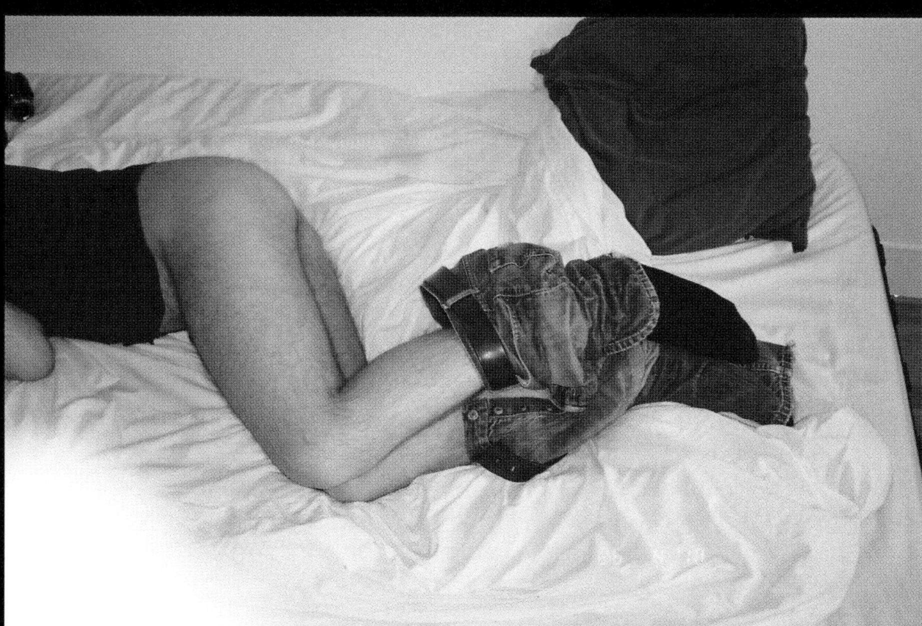

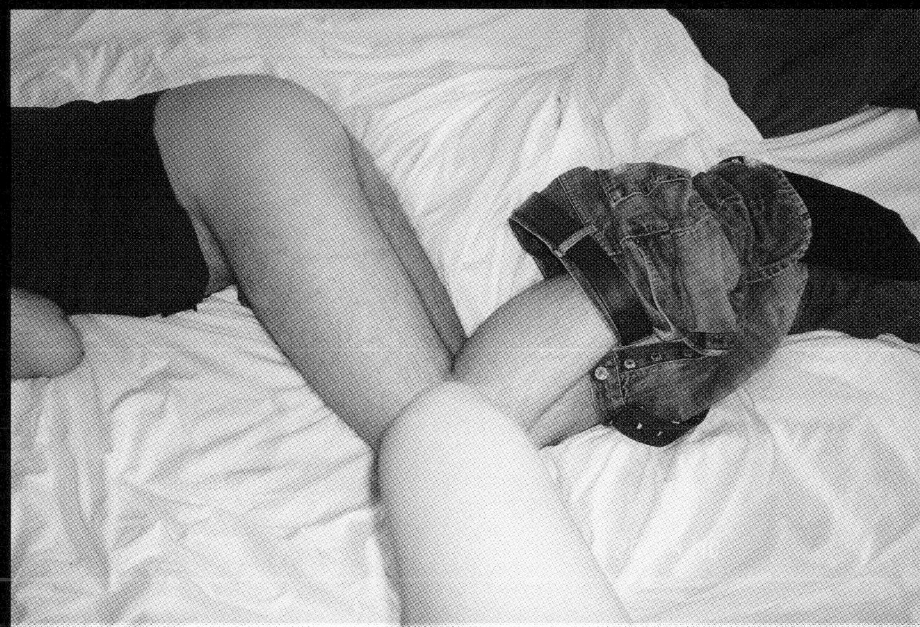

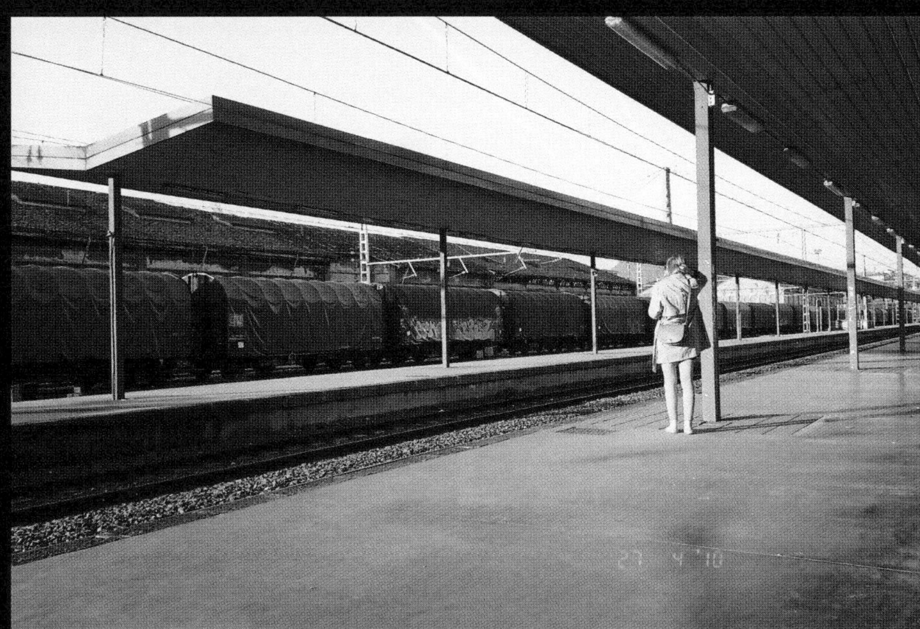

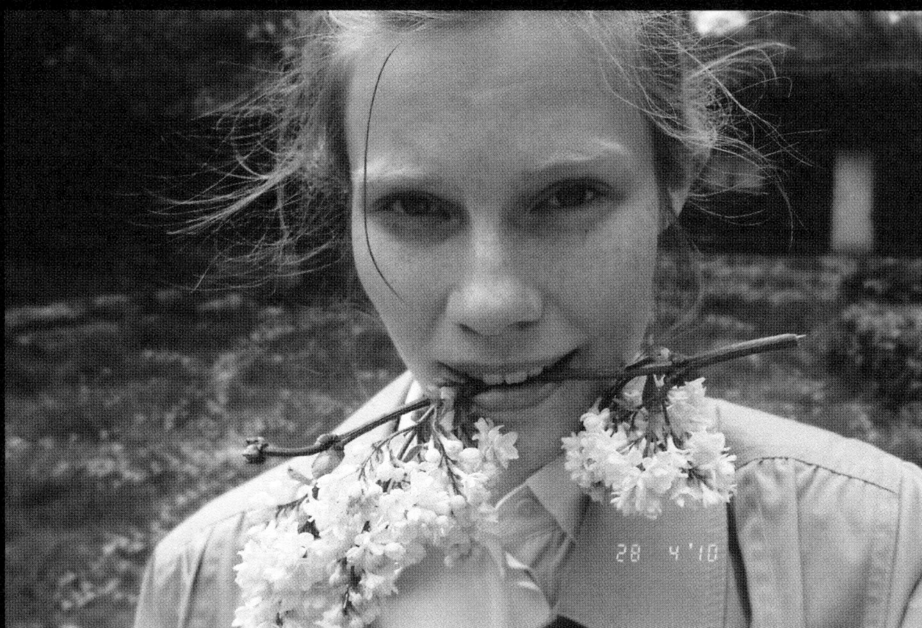
28 4 '10

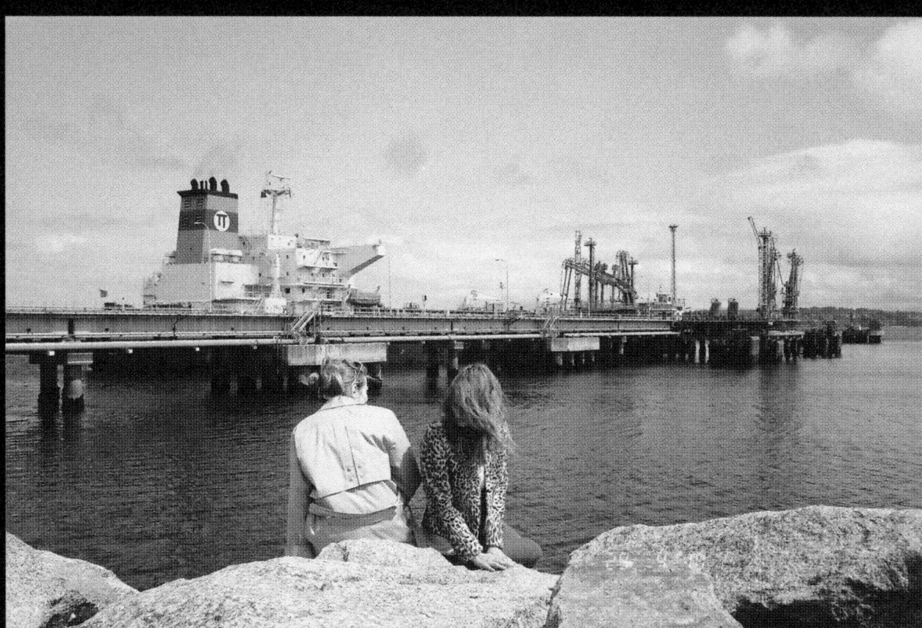

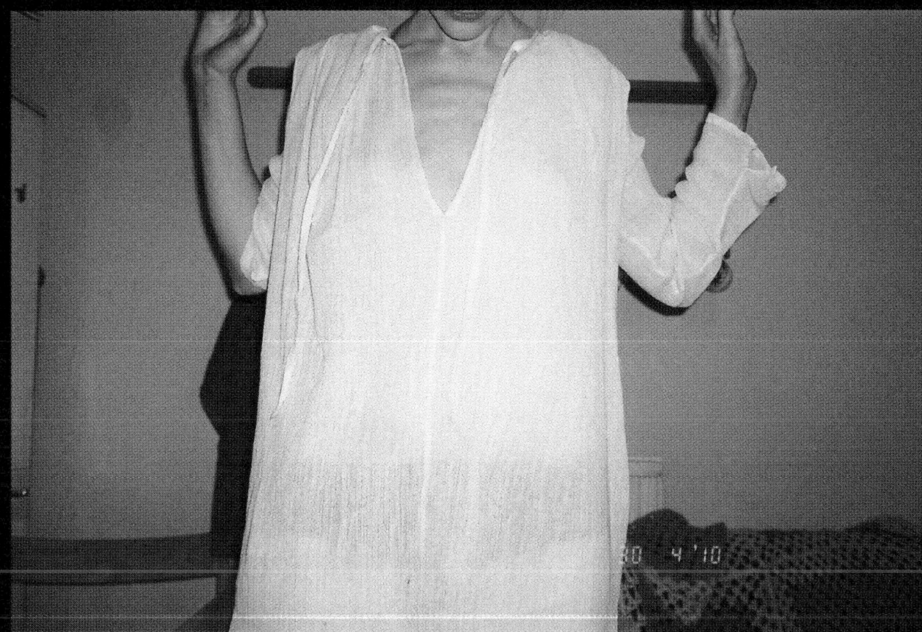
30 4 '10

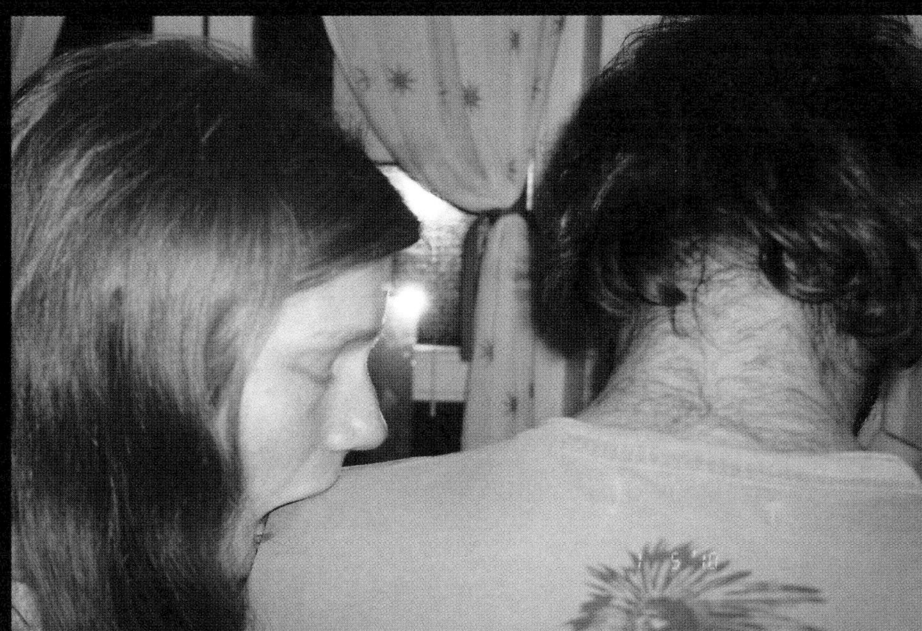

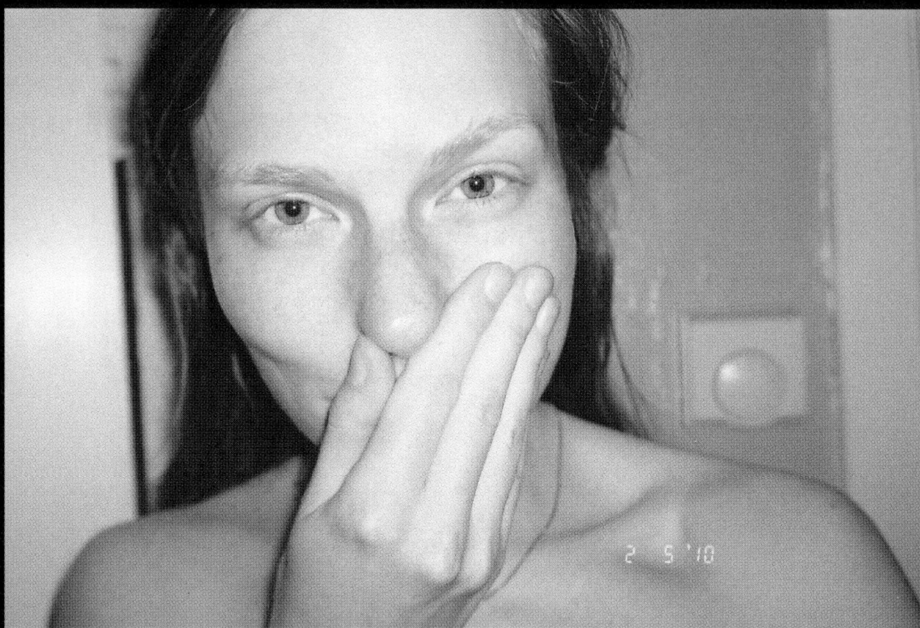
2 5 '10

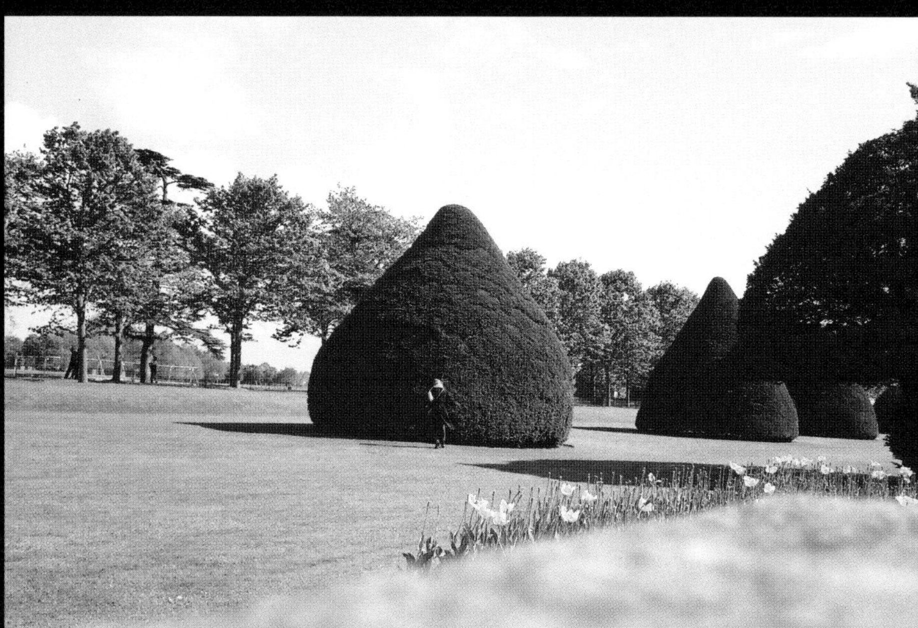

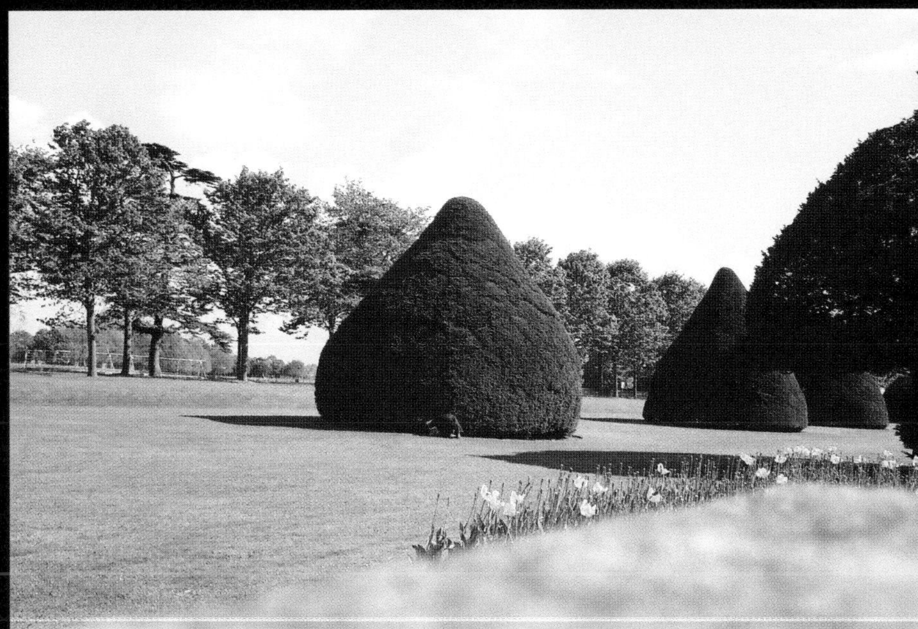

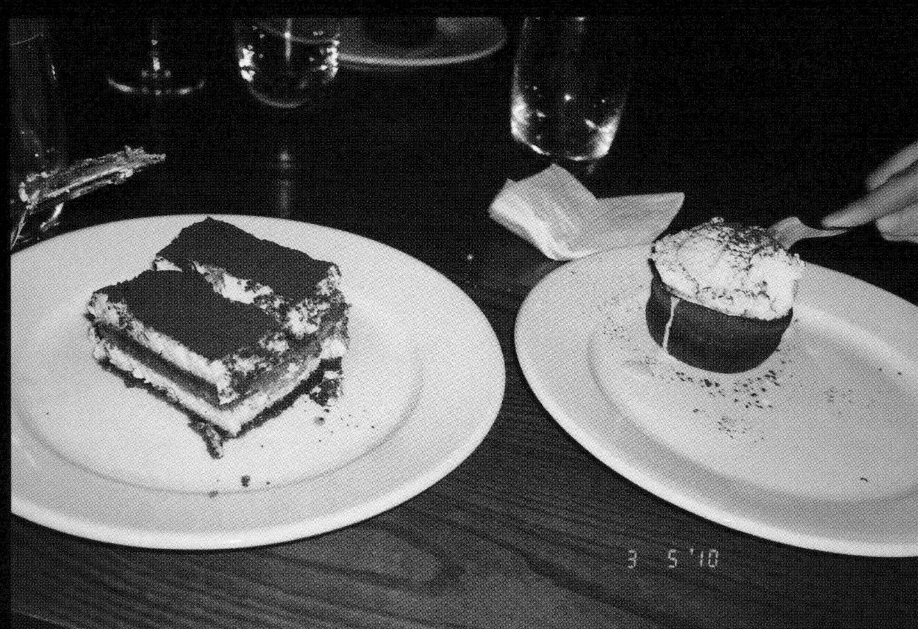
3 5 '10

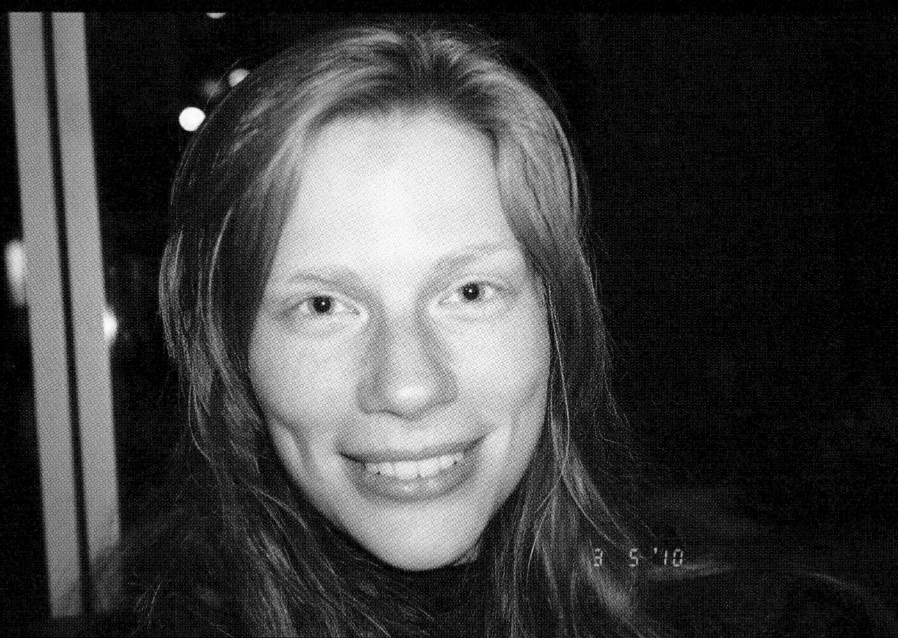
3 5'10

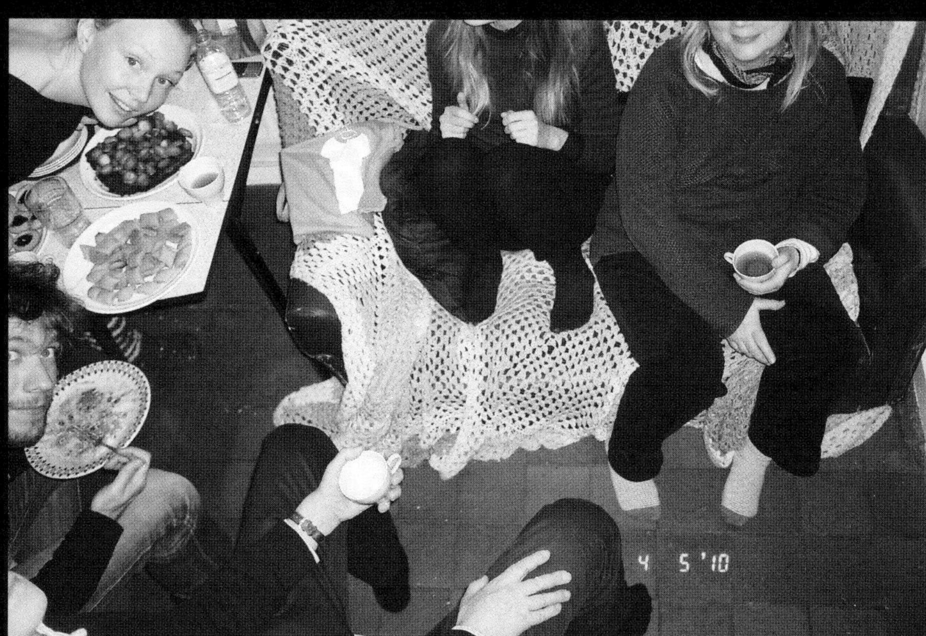
4 5'10

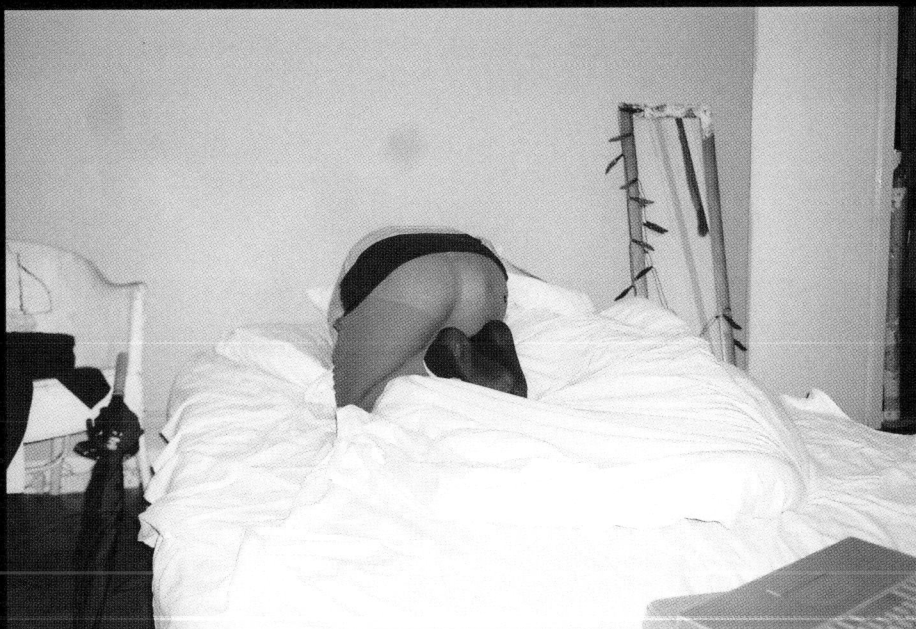

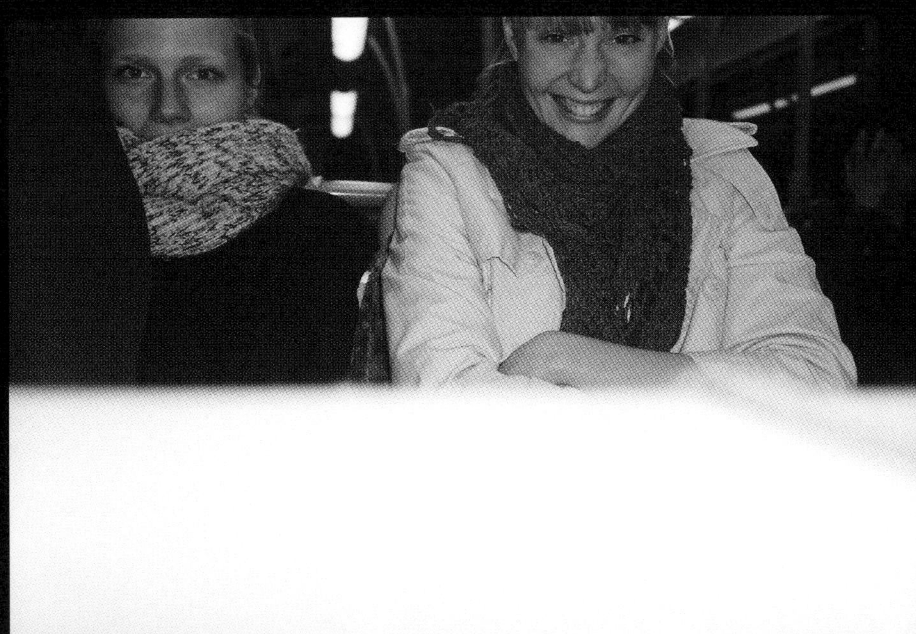

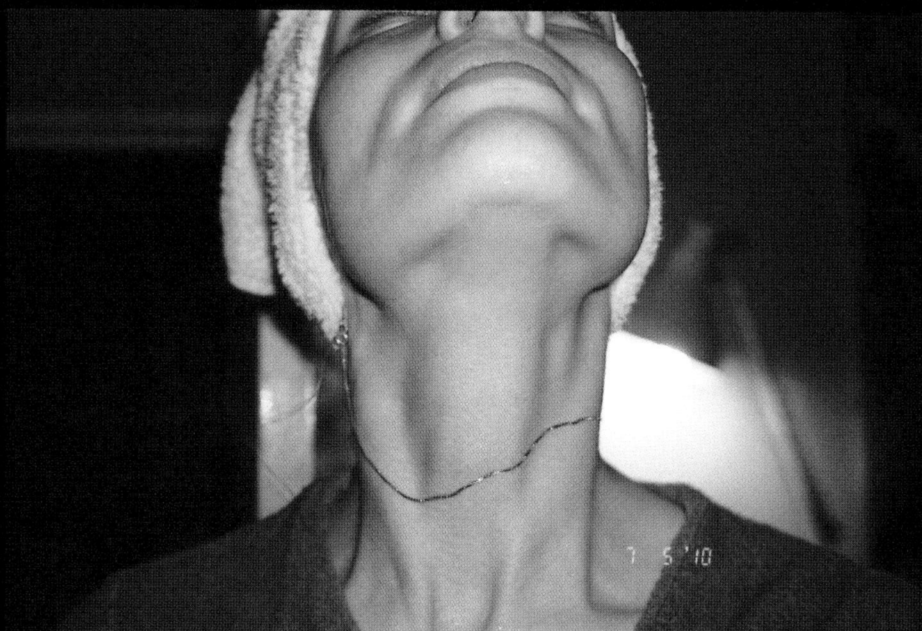
7 5 '10

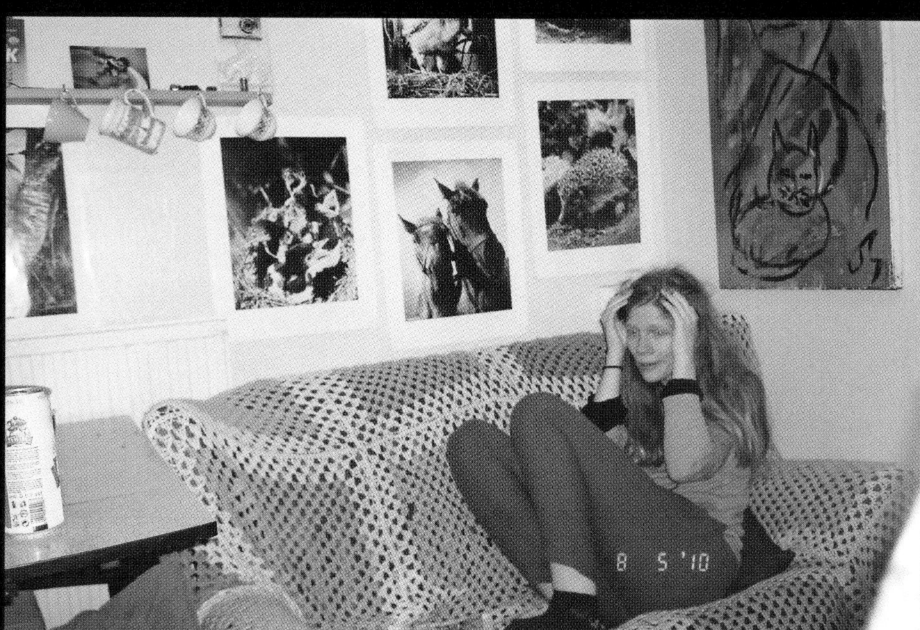
8 5 '10

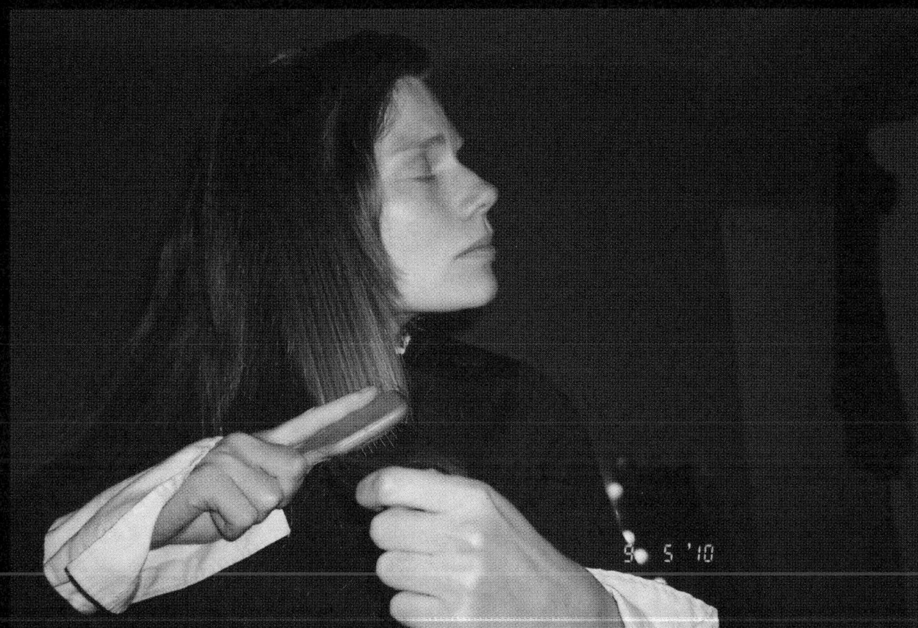
9 5 '10

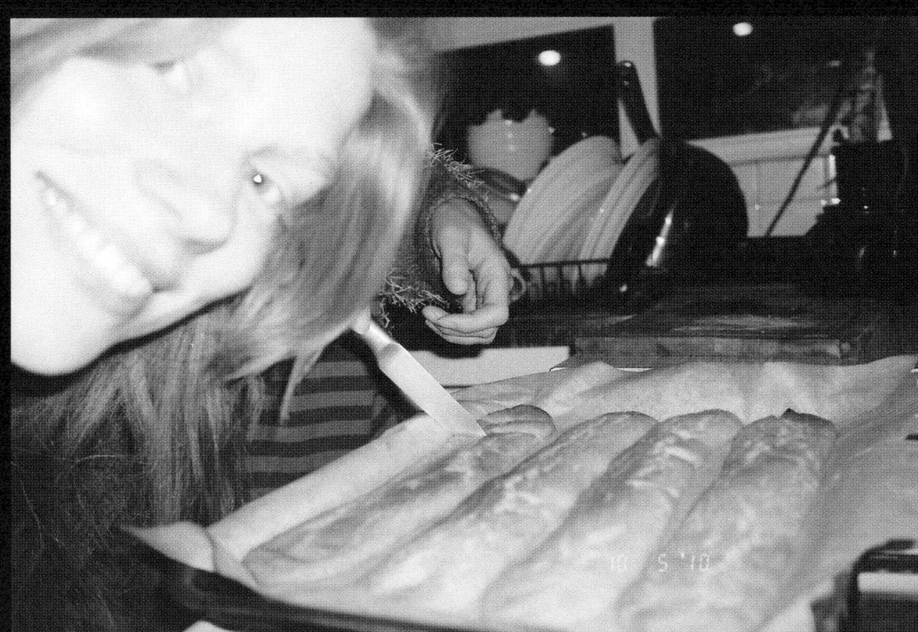
10 5 '10

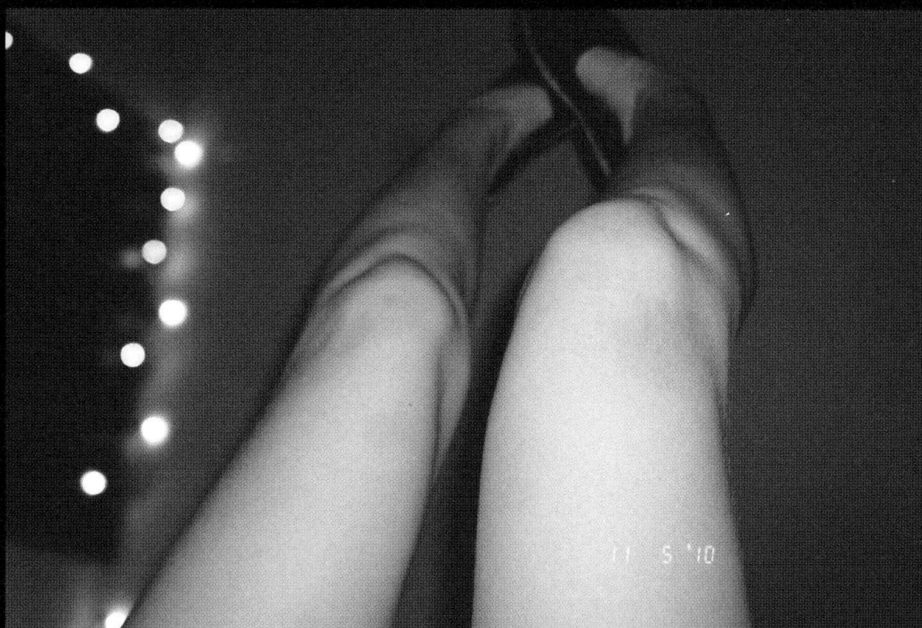
11 5 '10

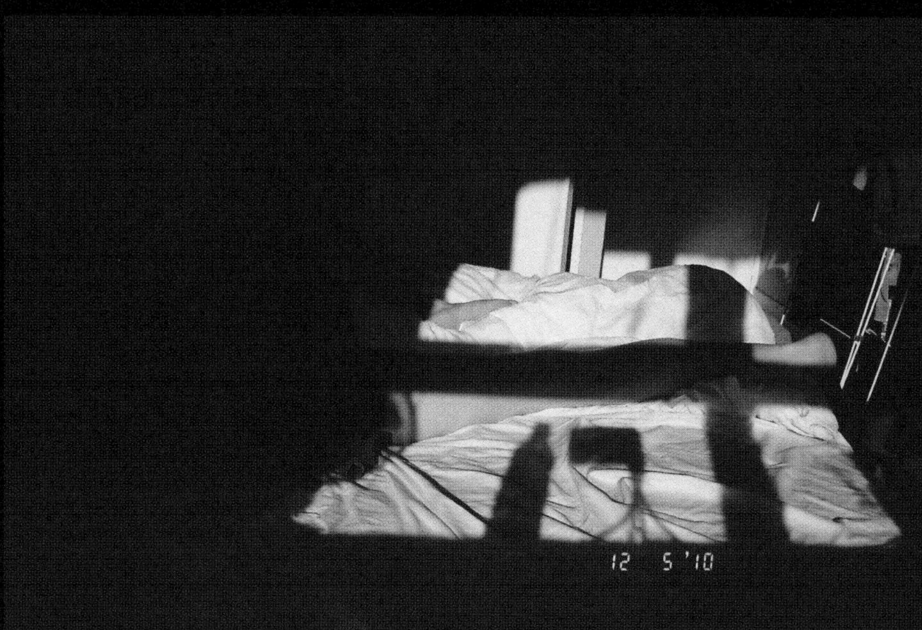
12 5 '10

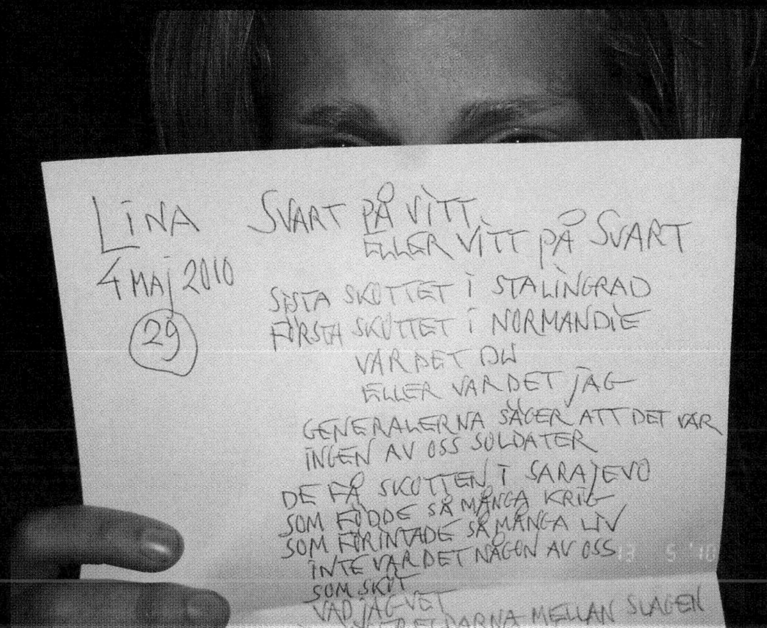
LINA
4 MAJ 2010
29
SVART PÅ VITT
ELLER VITT PÅ SVART
SISTA SKOTTET I STALINGRAD
FÖRSTA SKOTTET I NORMANDIE
VAR DET DU
ELLER VAR DET JAG
GENERALERNA SÄGER ATT DET VAR
INGEN AV OSS SOLDATER
DE FÅ SKOTTEN I SARAJEVO
SOM FÖDDE SÅ MÅNGA KRIG
SOM FÖRINTADE SÅ MÅNGA LIV
INTE VAR DET NÅGON AV OSS
SOM SKÖT
VAD JAG VET

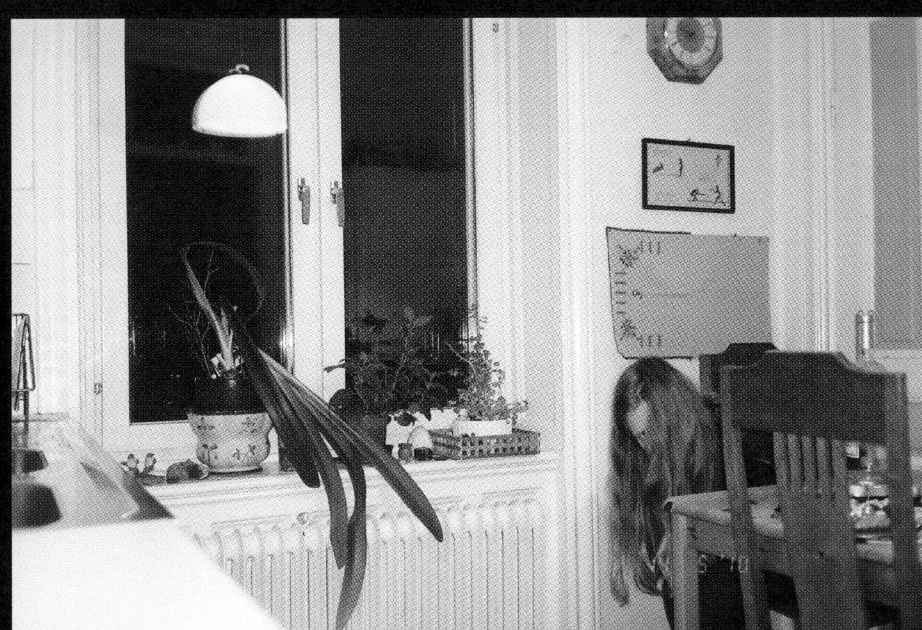

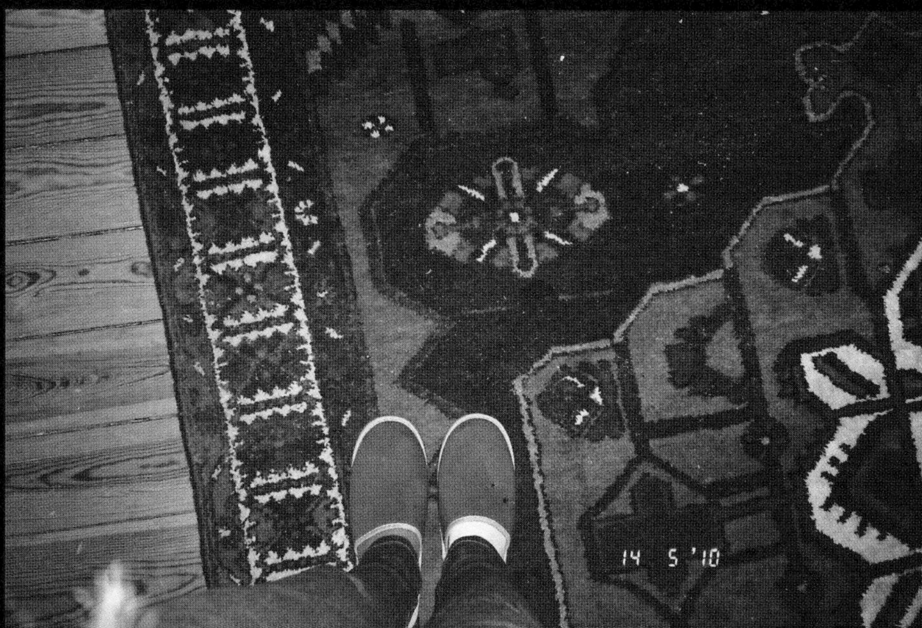
14 5 '10

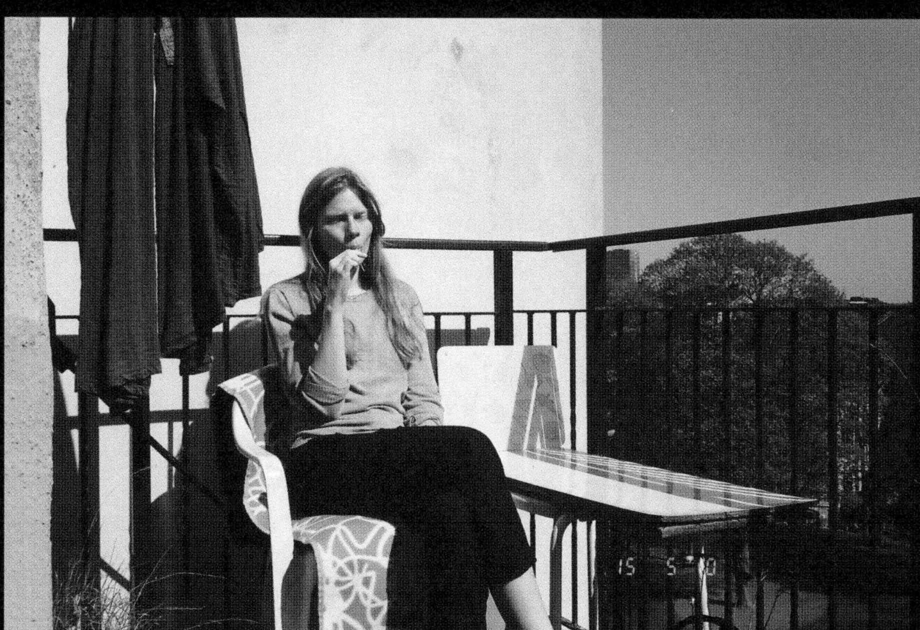
15 5 '10

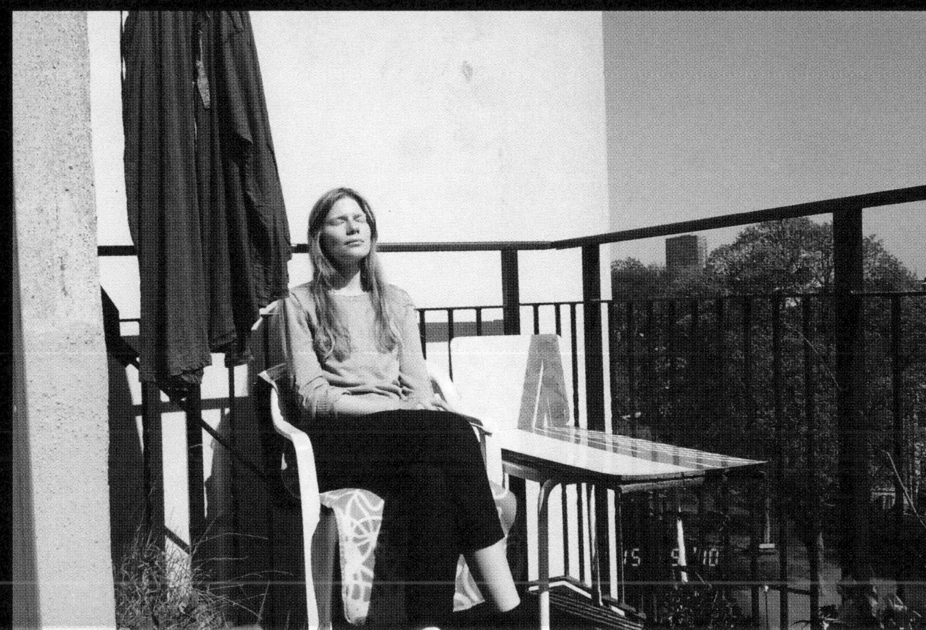
15 5 10

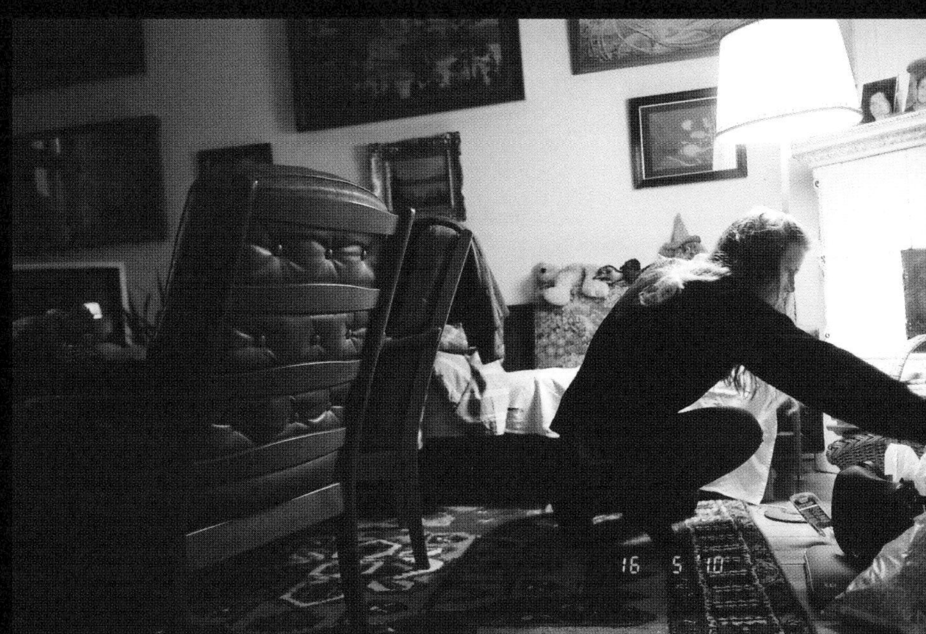
16 5 10

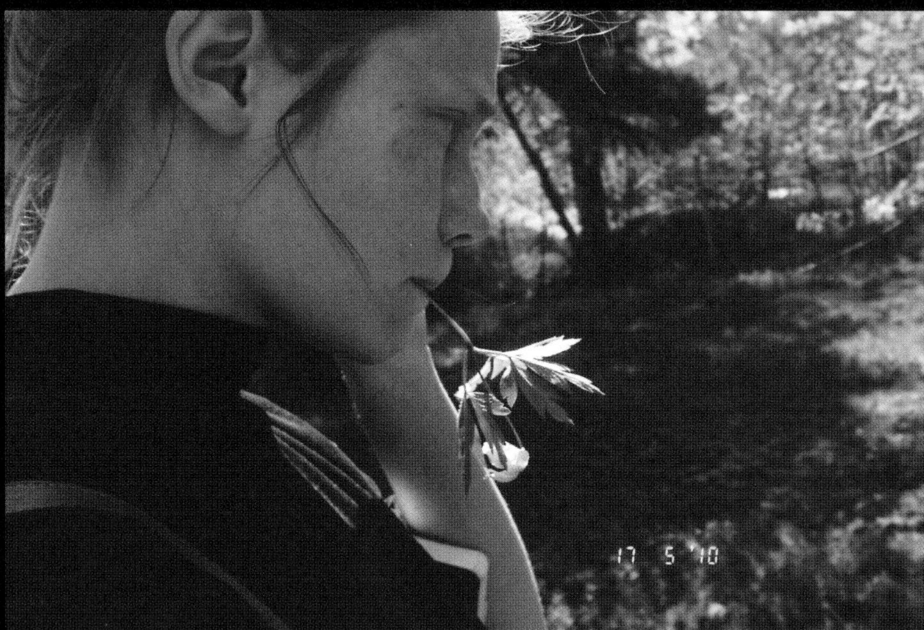
17 5 '10

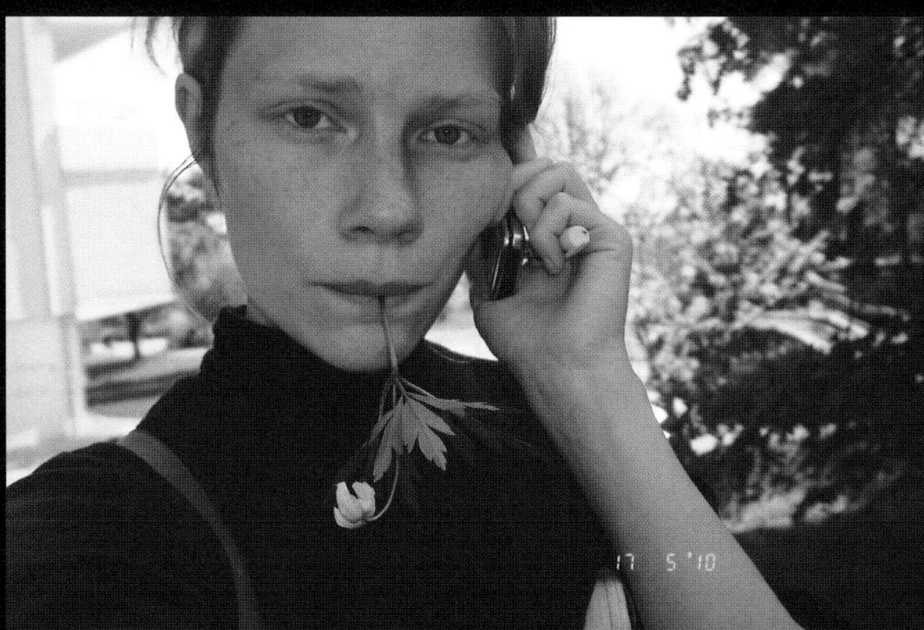
17 5 '10

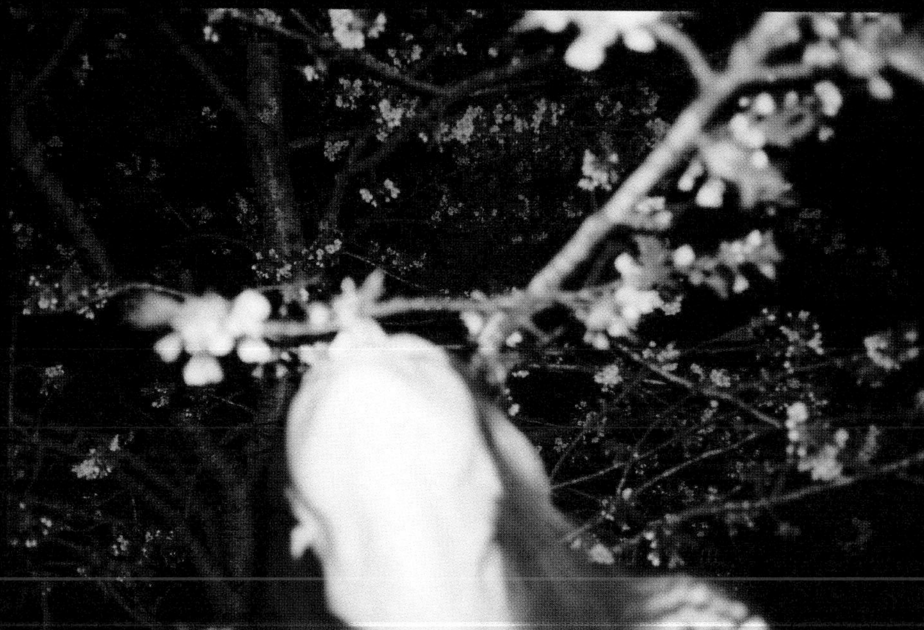

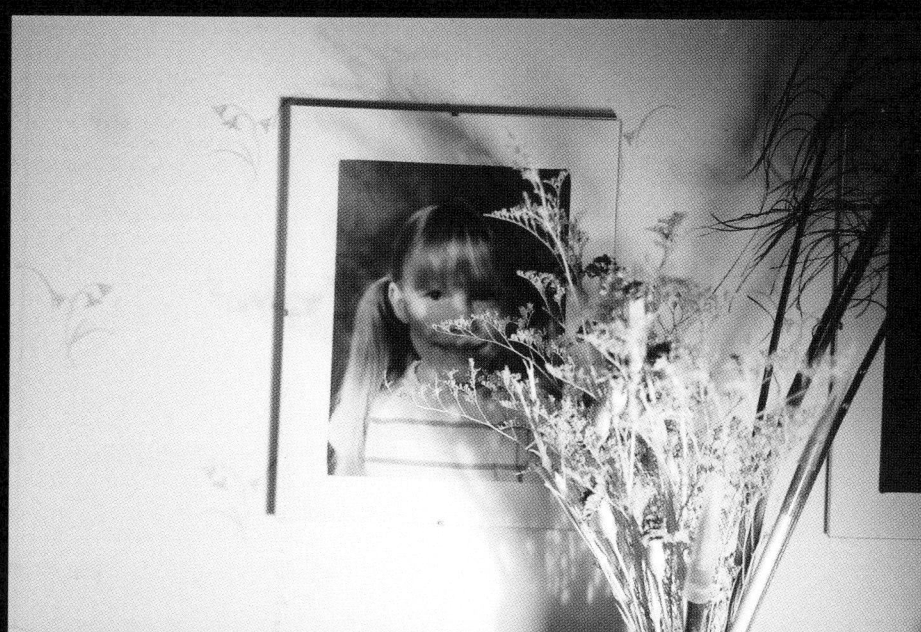

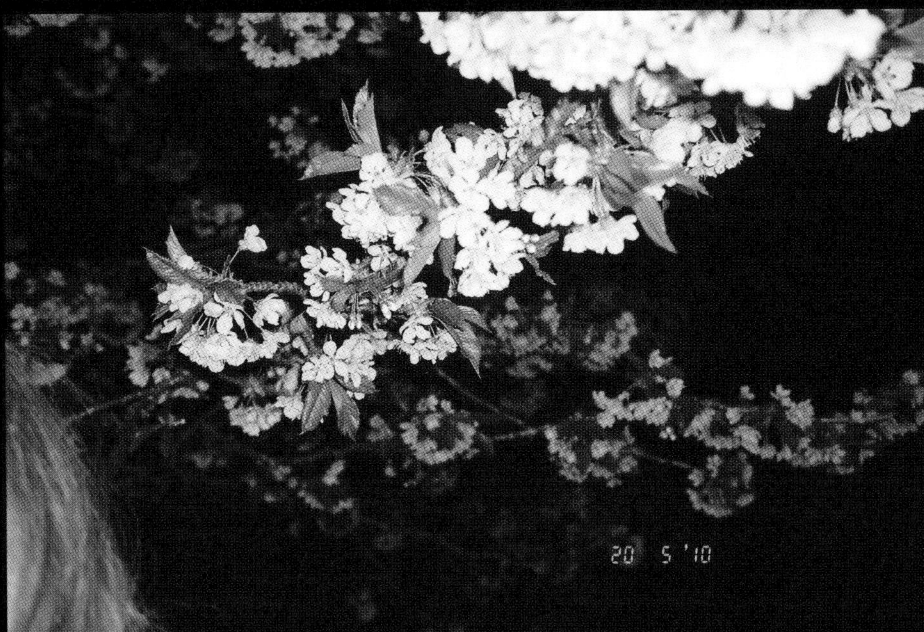
20 5 '10

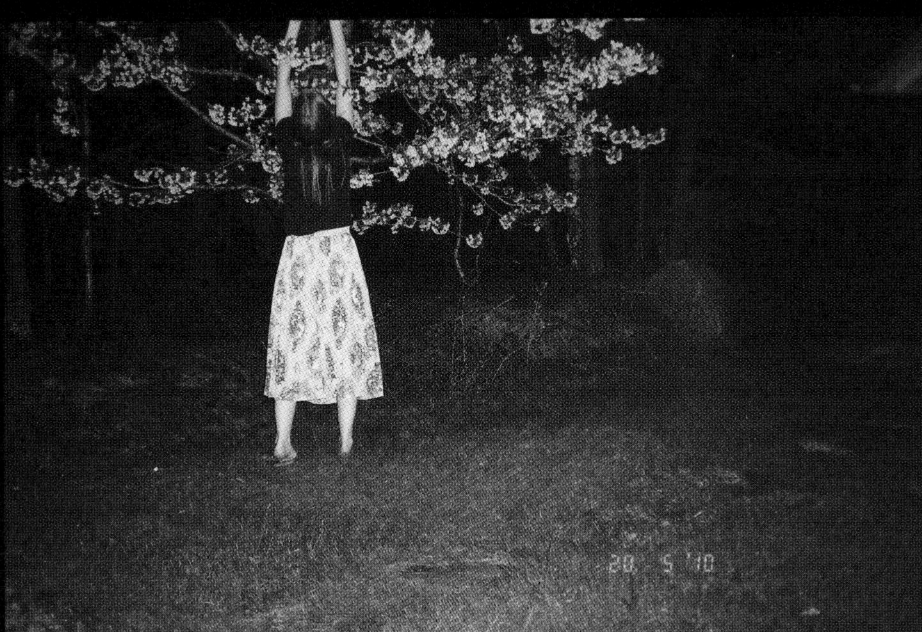
20 5 '10

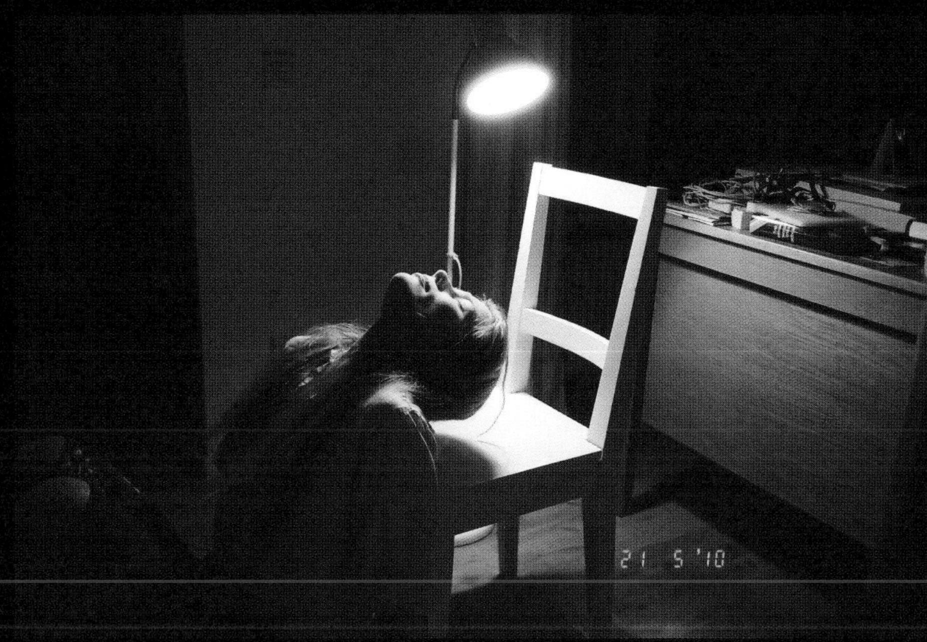
21 5 '10

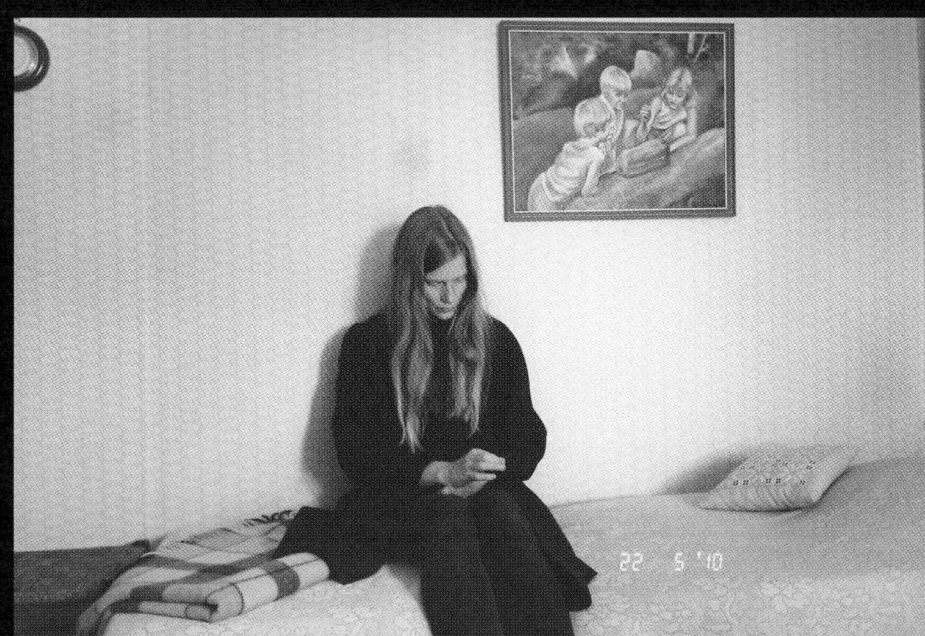
22 5 '10

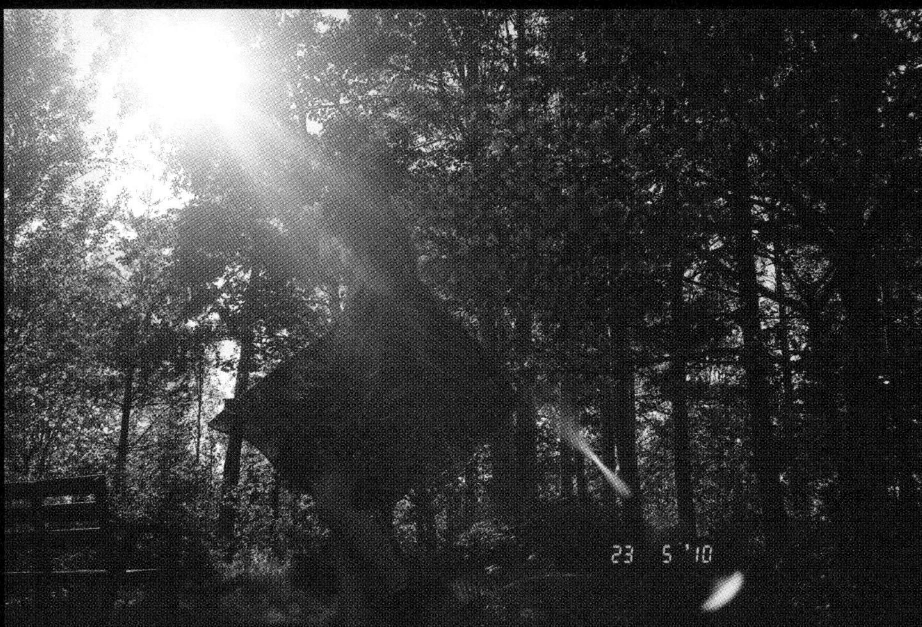
23 5 '10

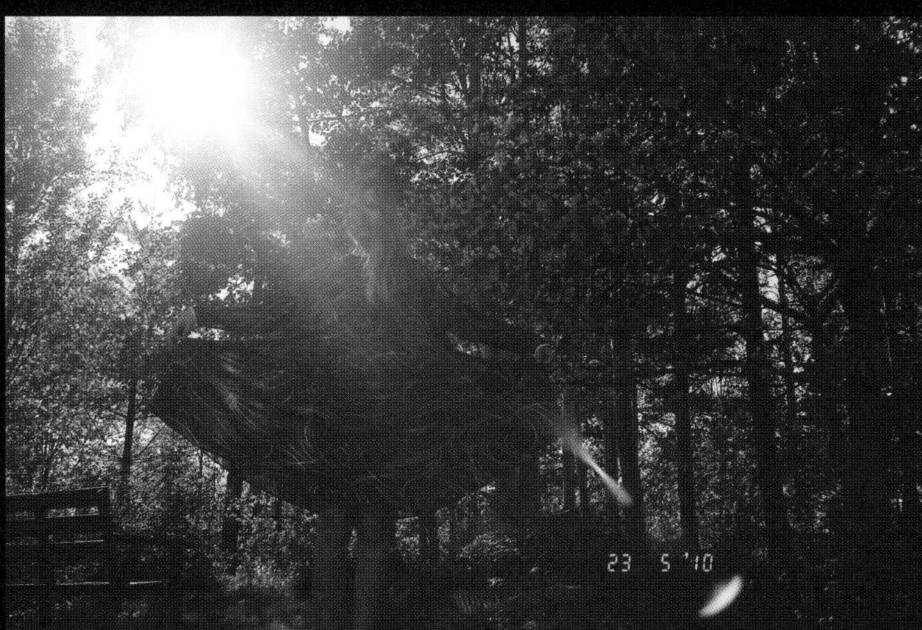
23 5 '10

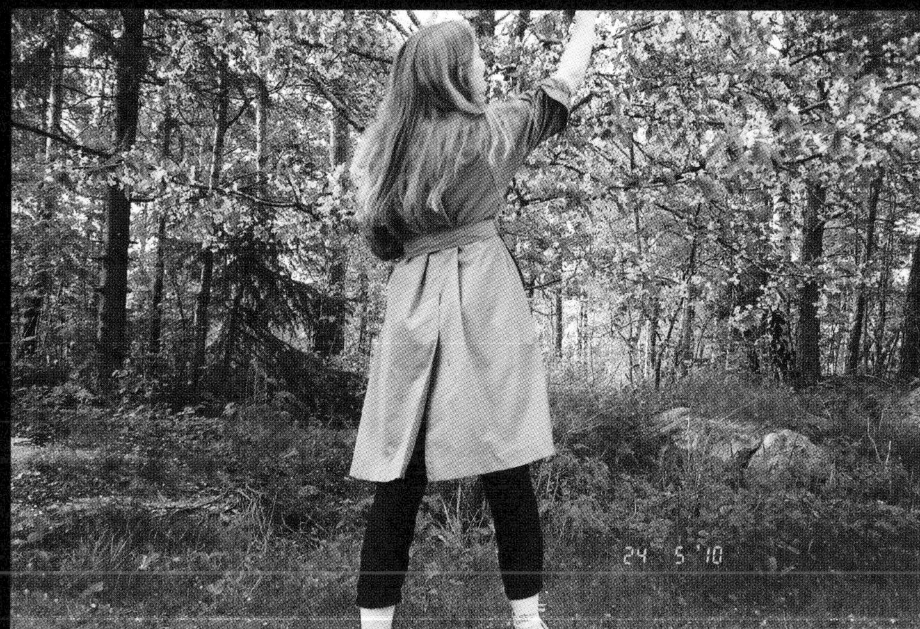
24 5 '10

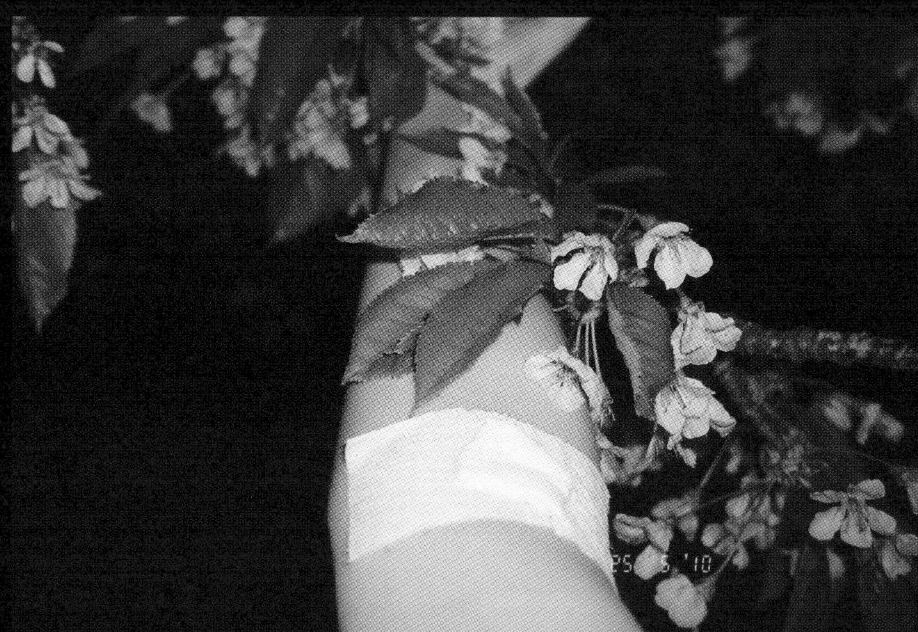
25 5 '10

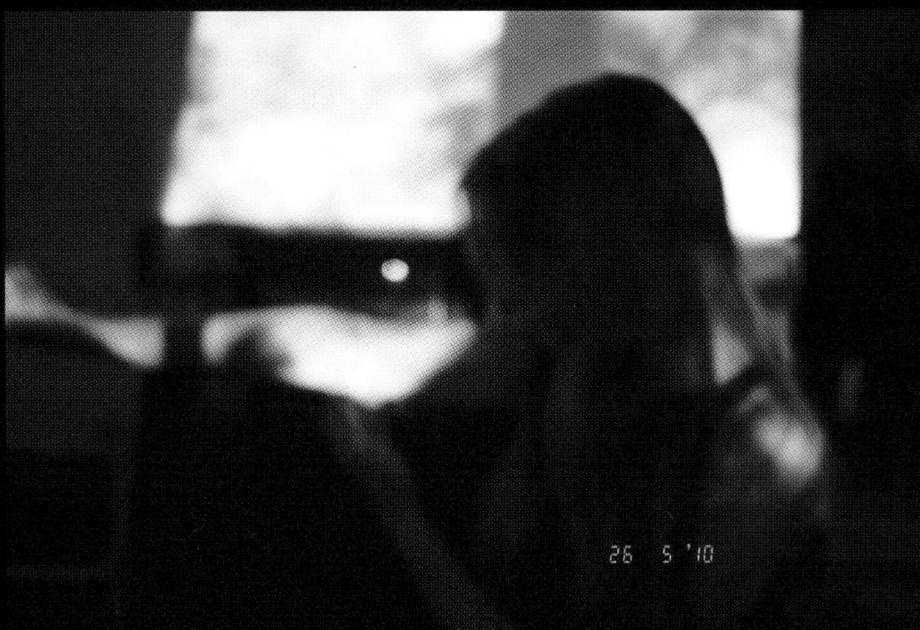
26 5 '10

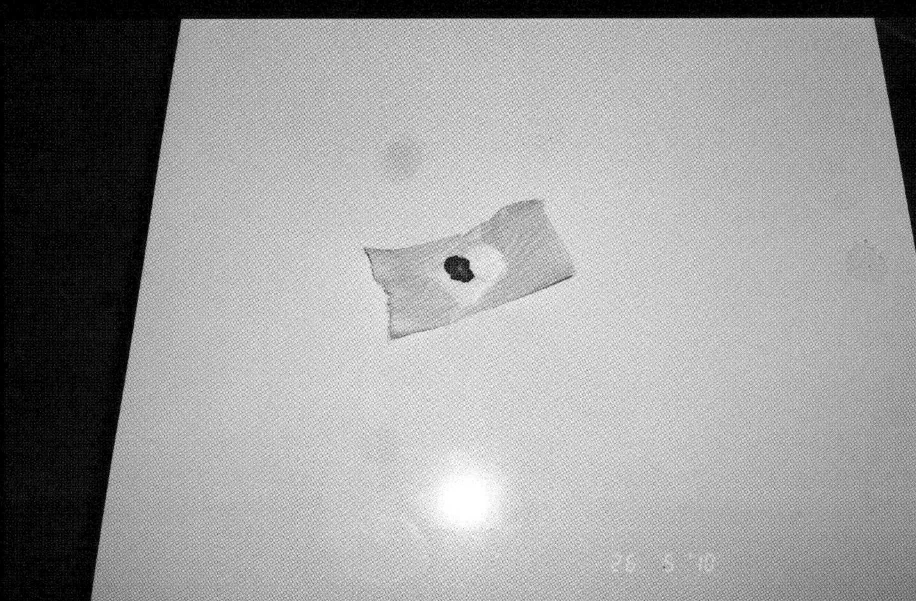
26 5 '10

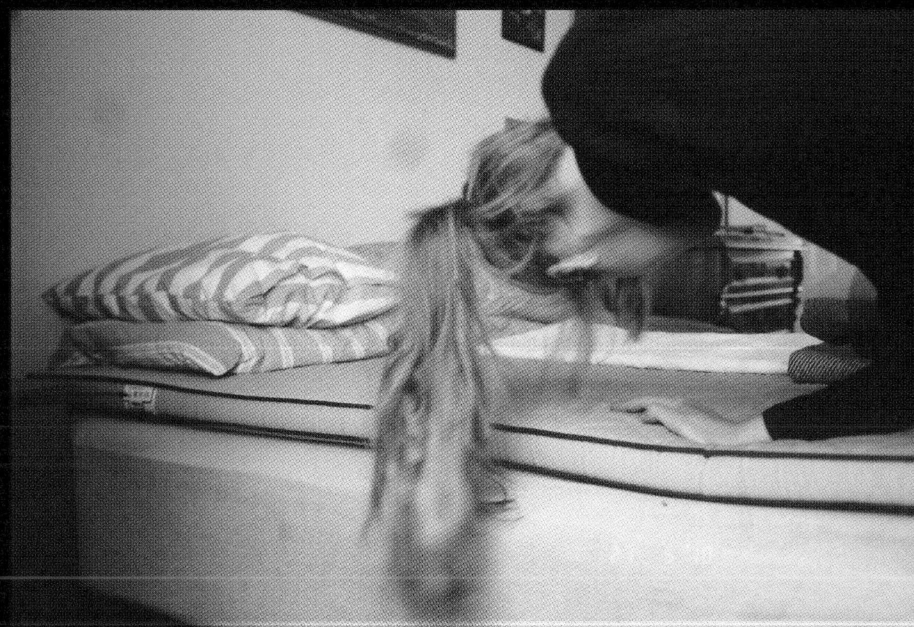

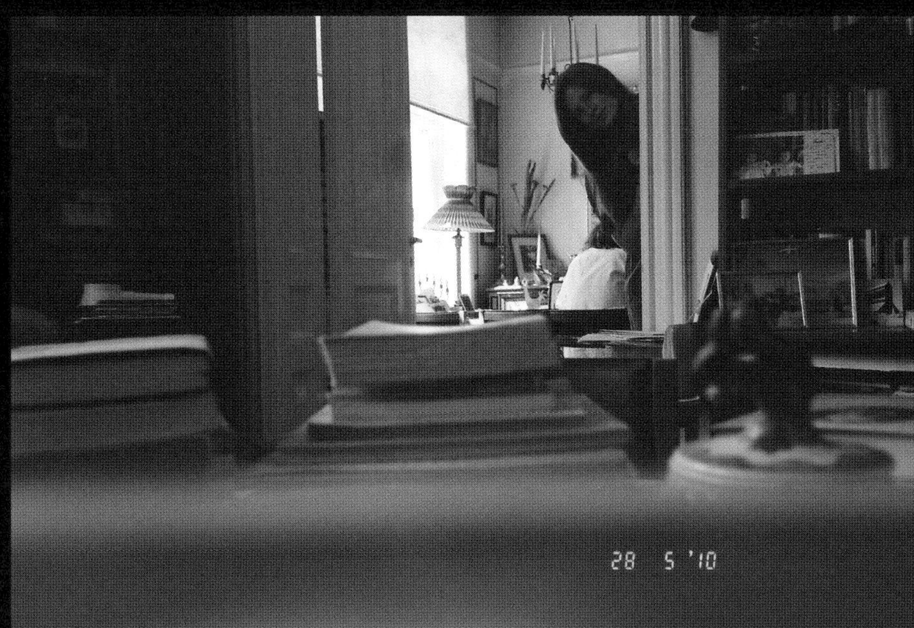
28 5 '10

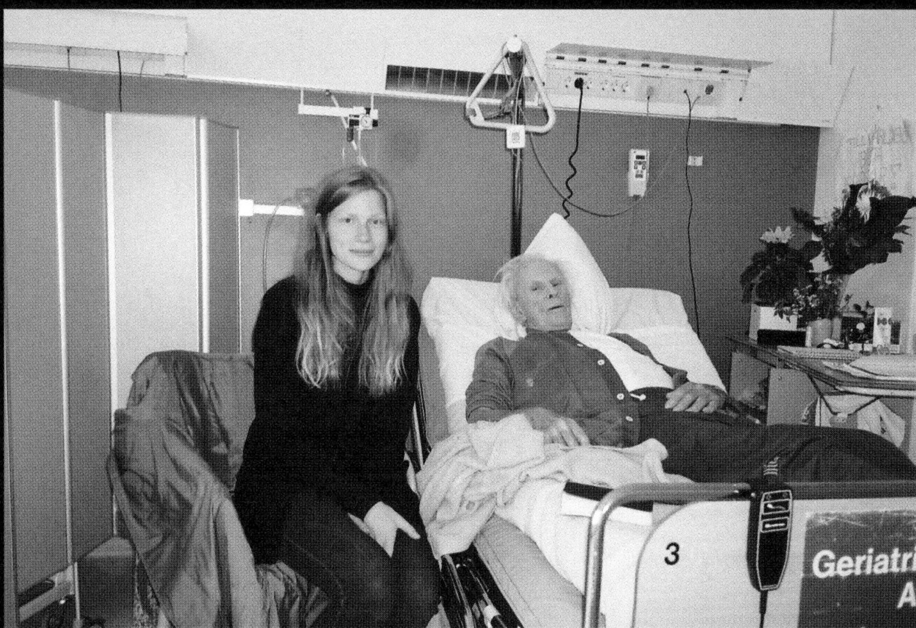
3
Geriatri

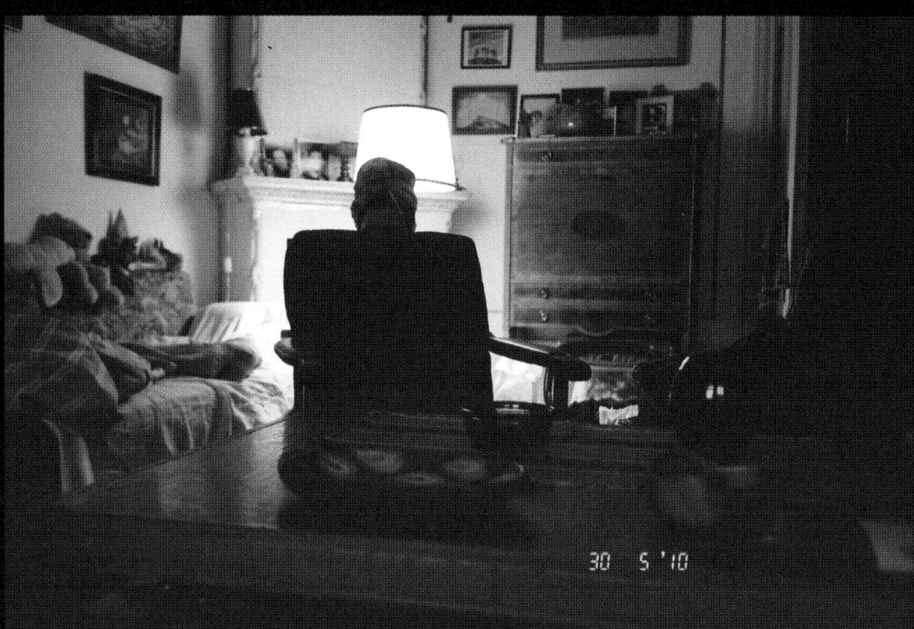
30 5 '10

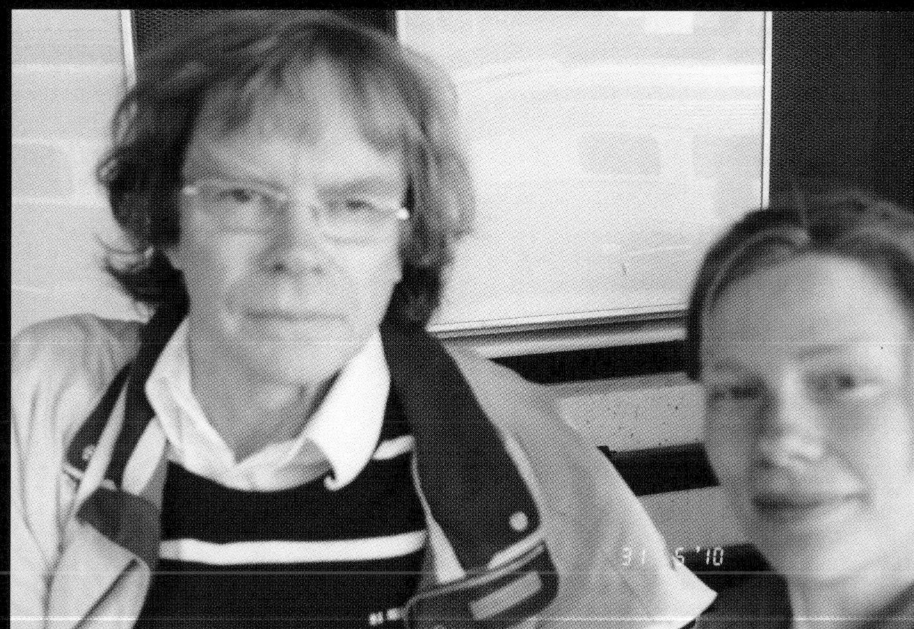

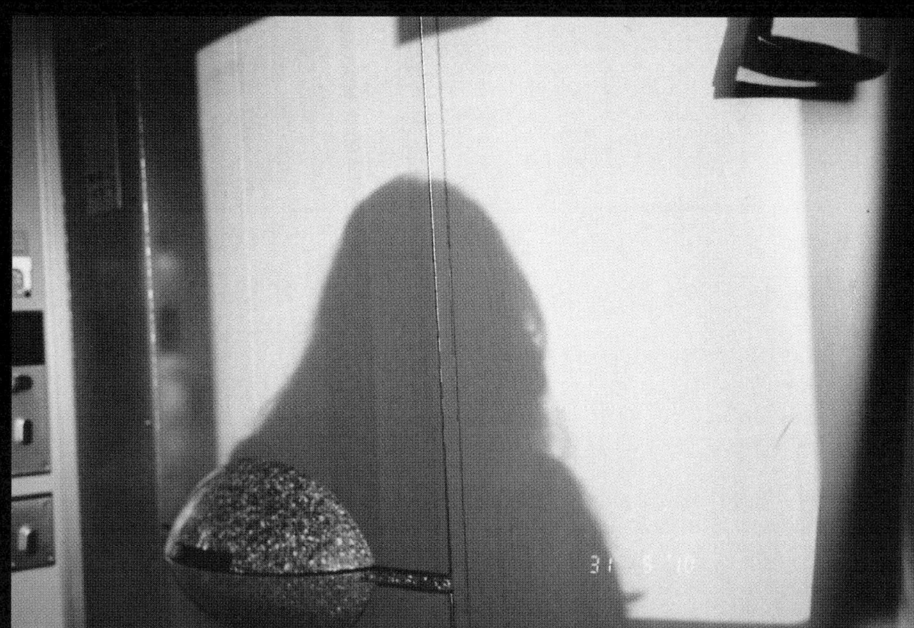

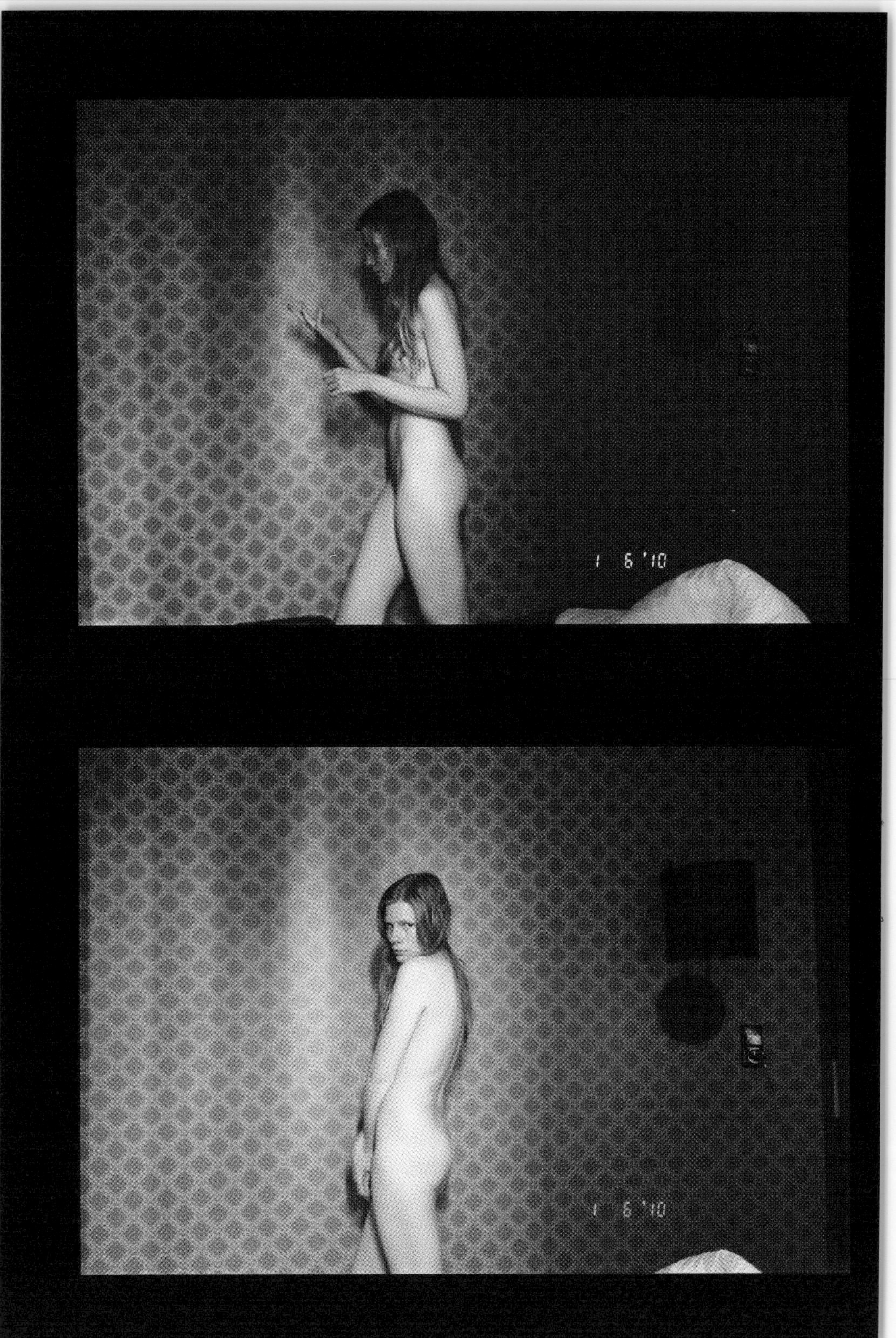
1 6 '10
1 6 '10

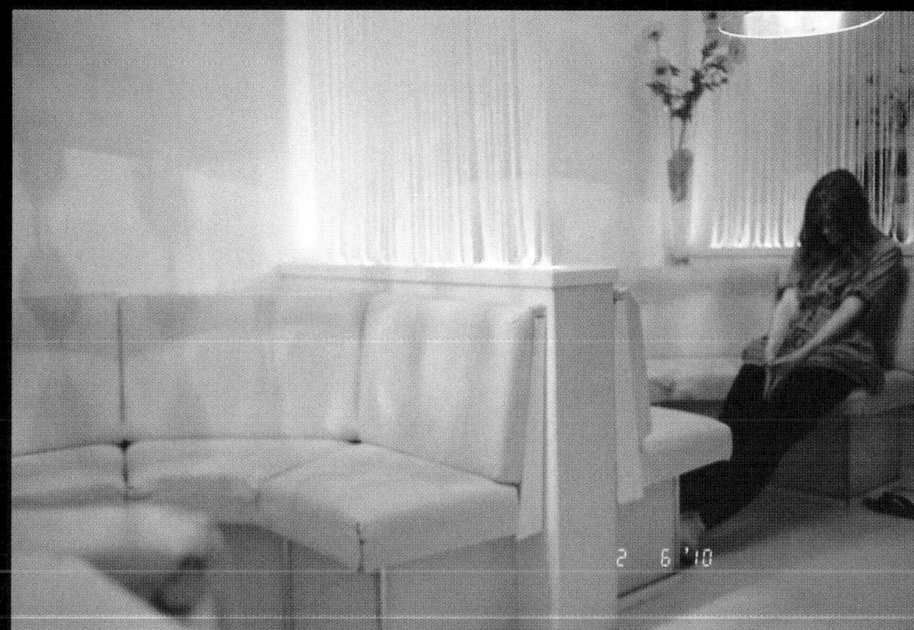
2 6 '10

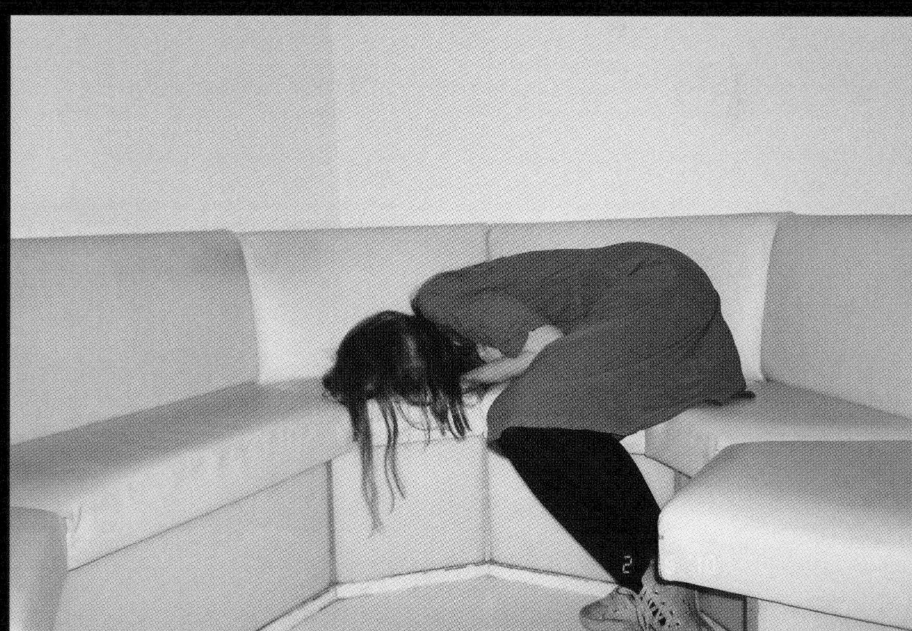

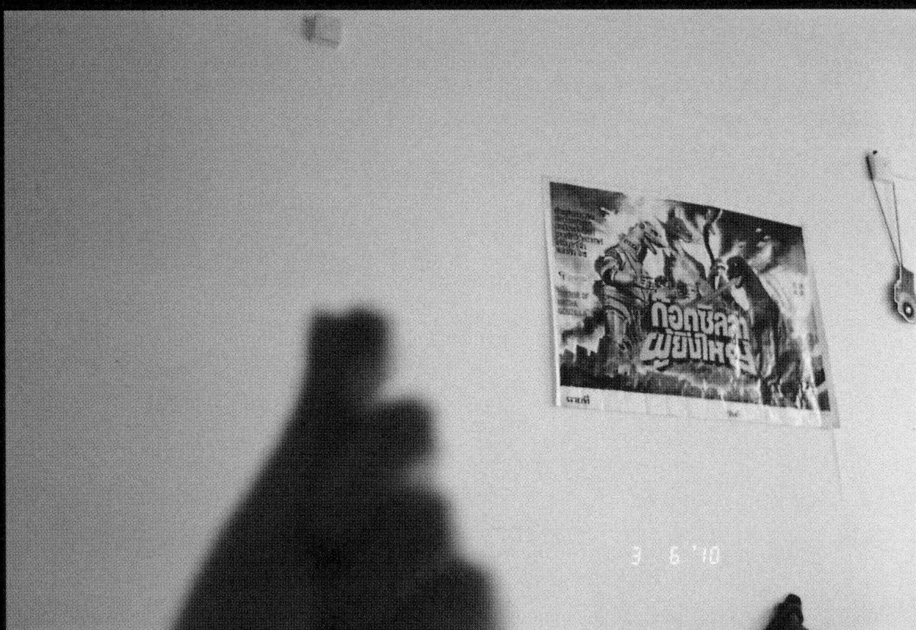
3 6 '10

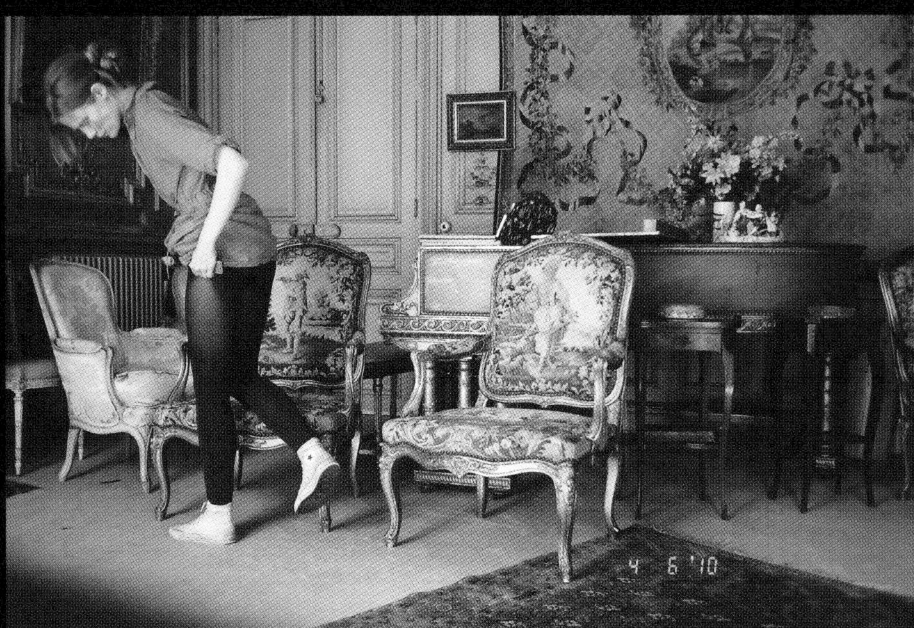
4 6 '10

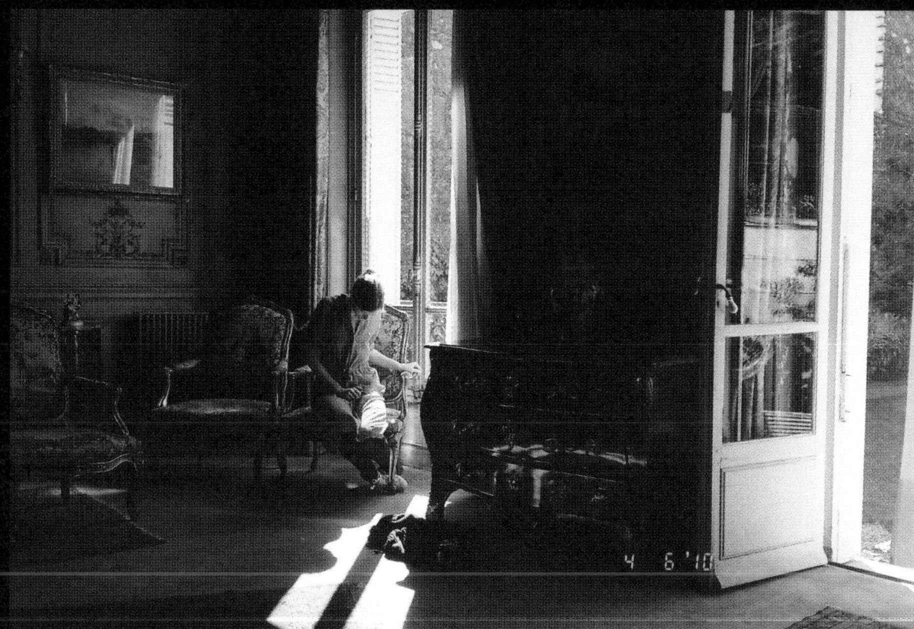
4 6 '10

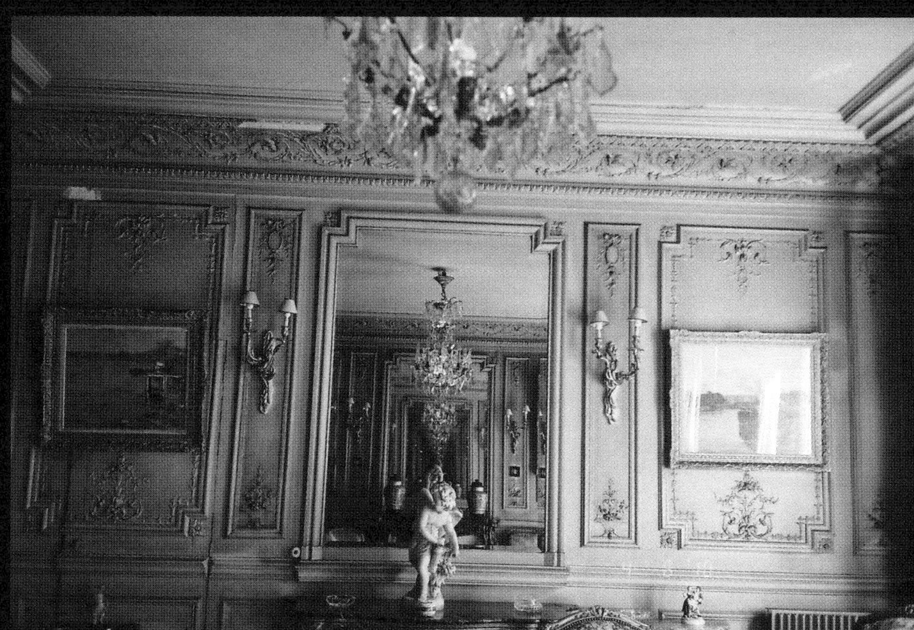

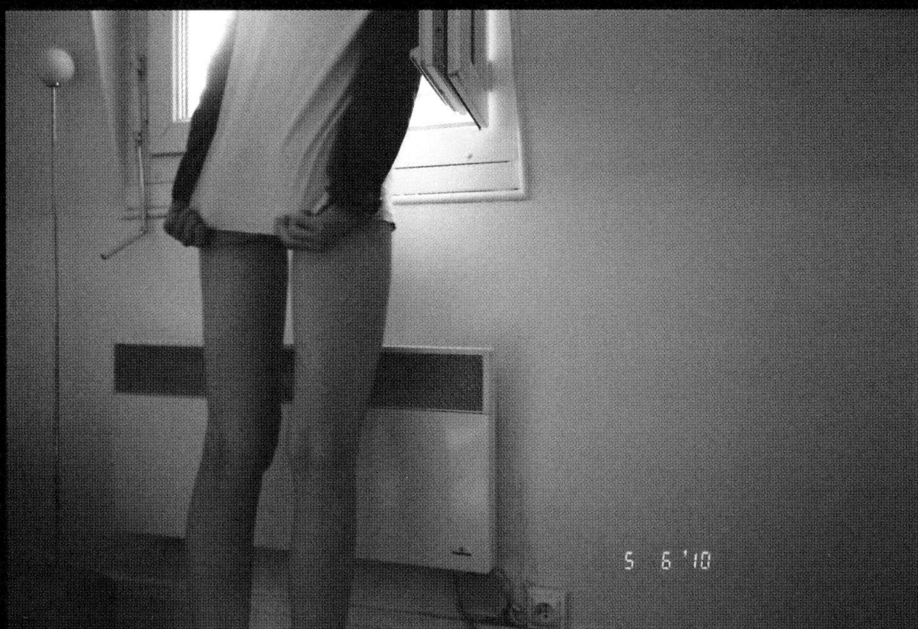
5 6 '10

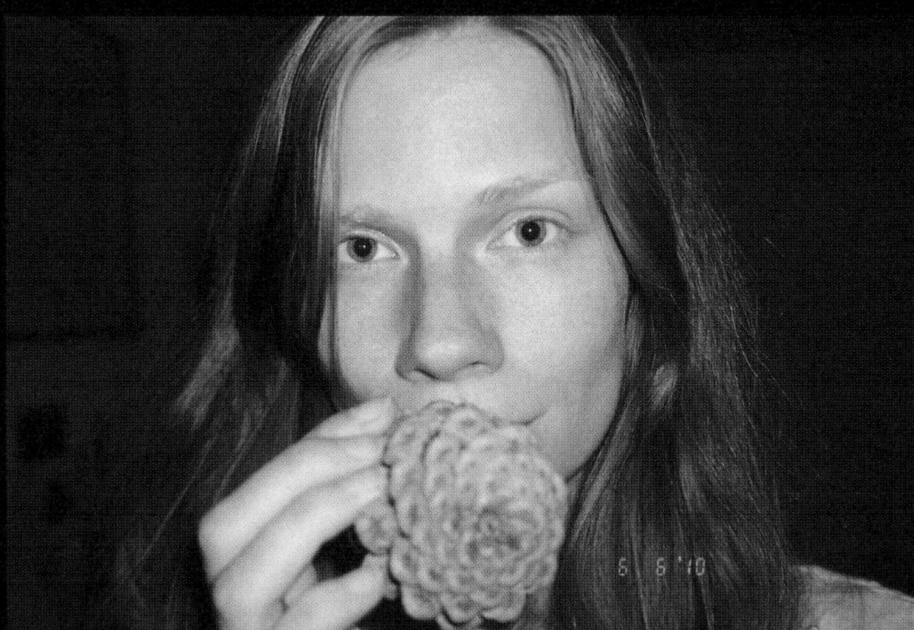
6 6 '10

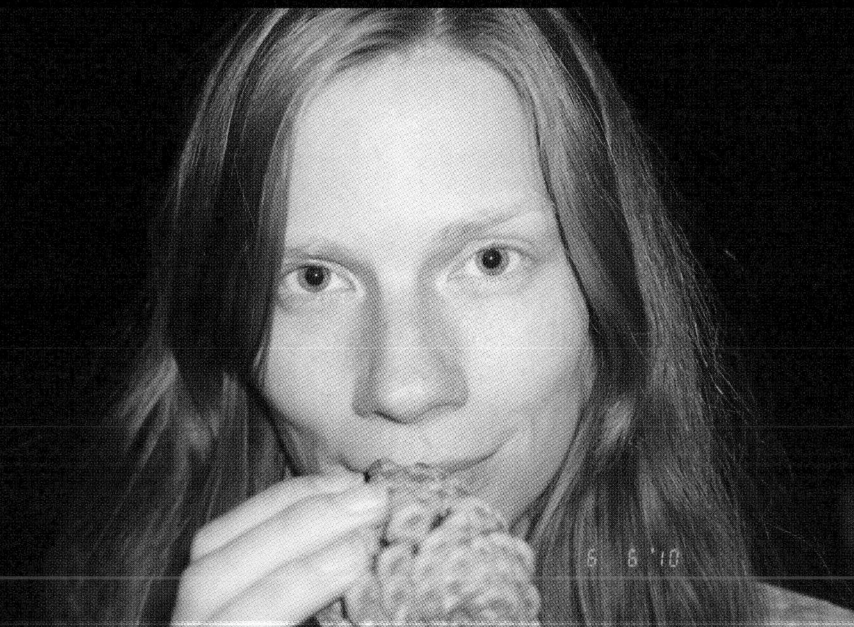
6 6 '10

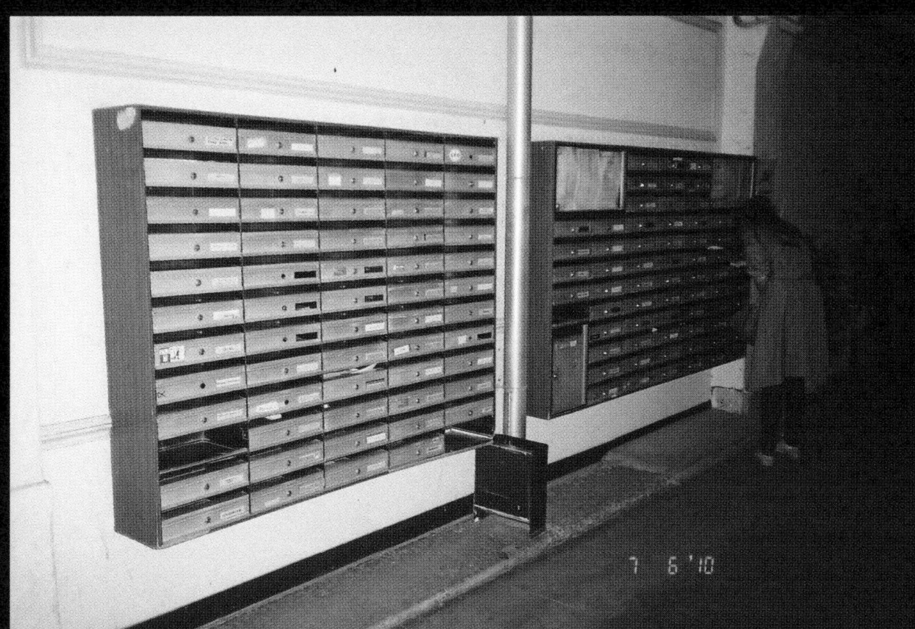
7 6 '10

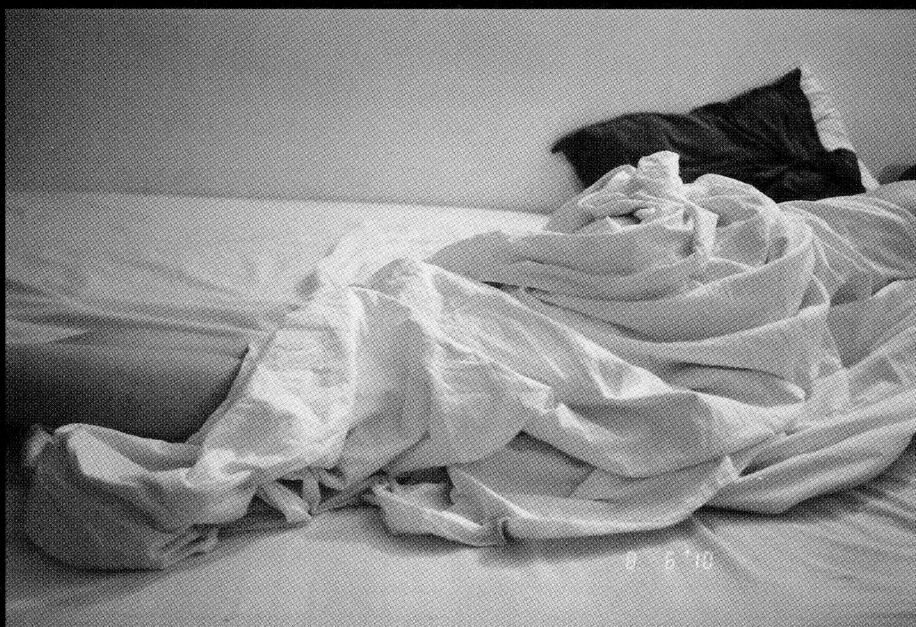
8 6 '10

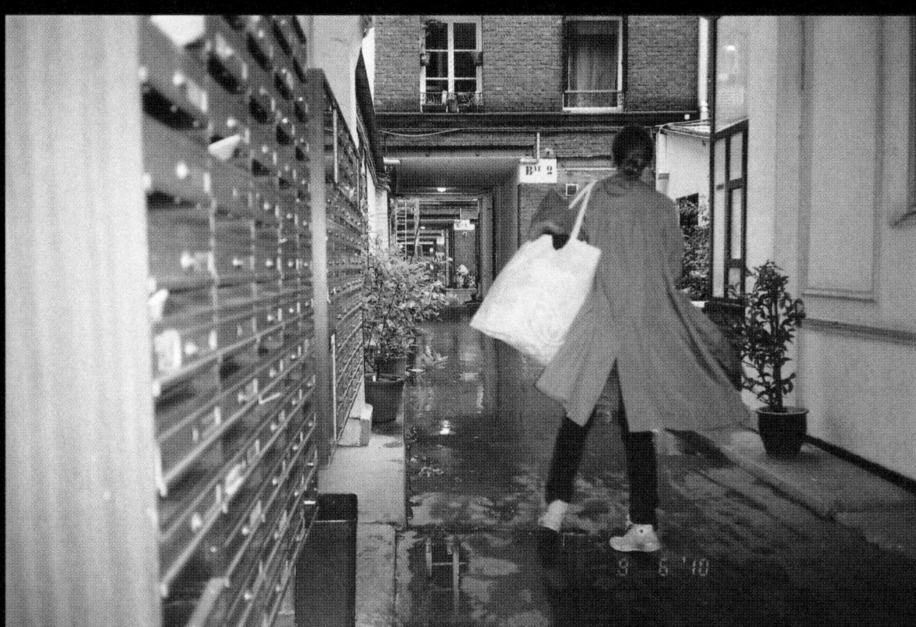
9 6 '10

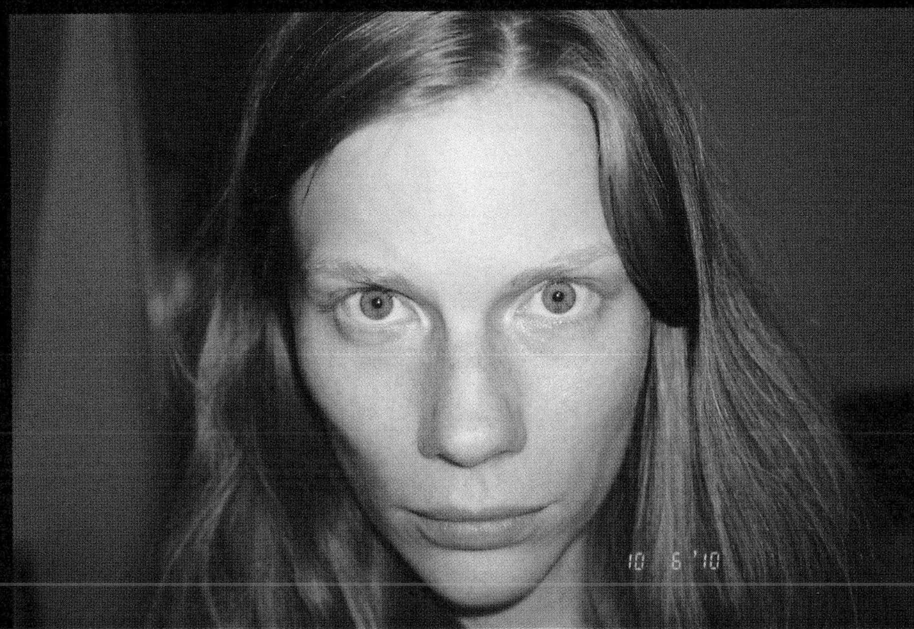
10 6 '10

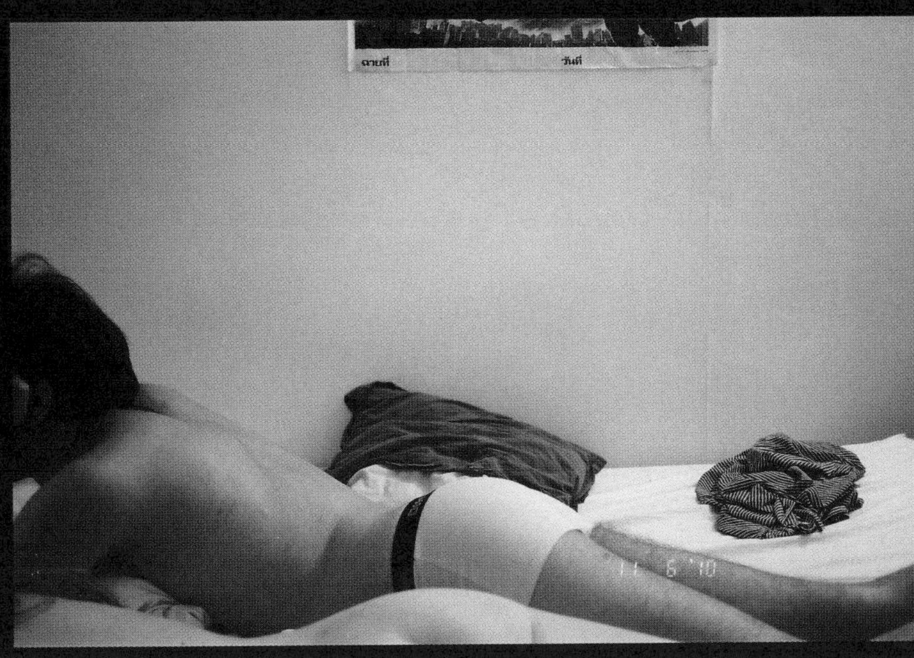
11 6 '10

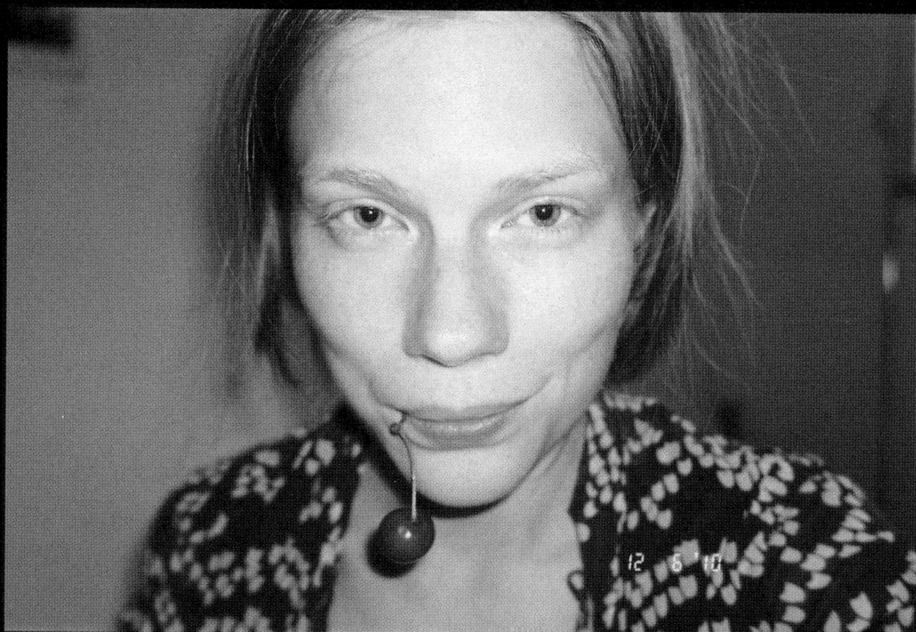
12 6 '10

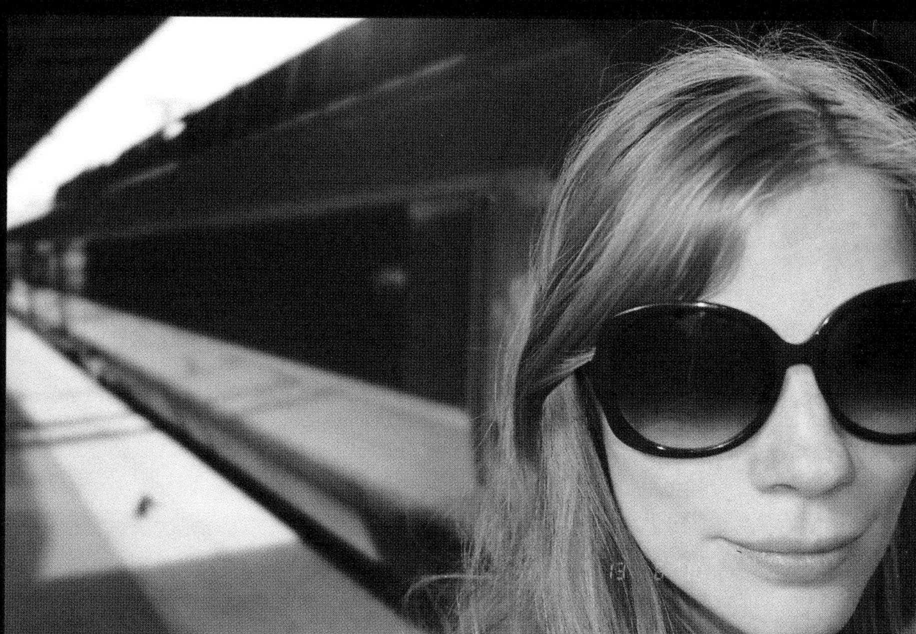

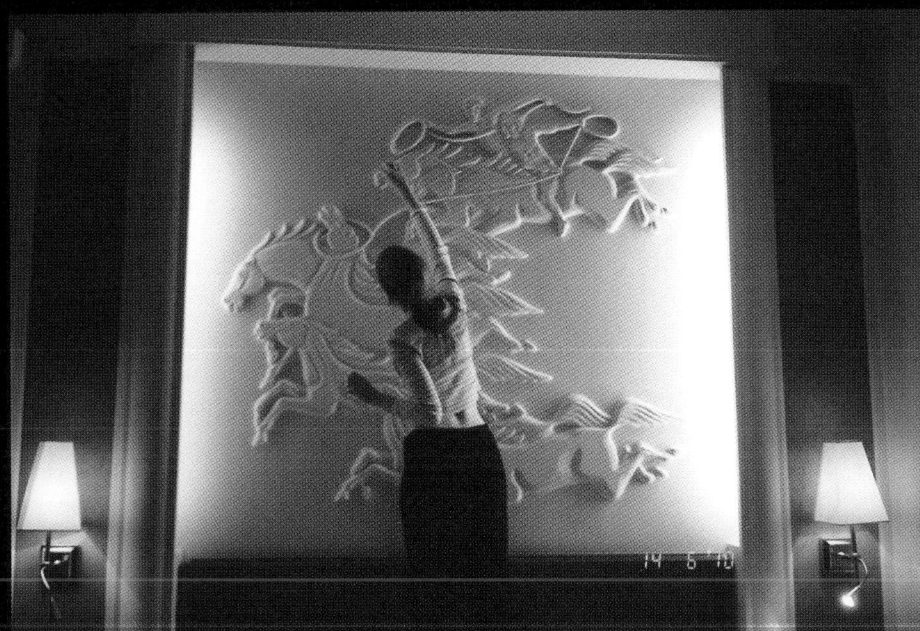
14 6 '10

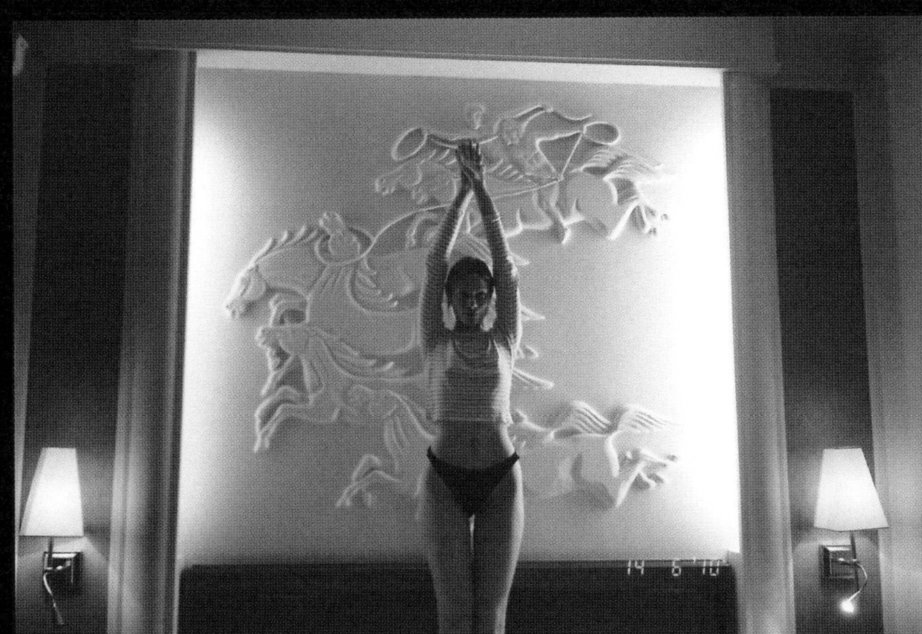
14 6 '10

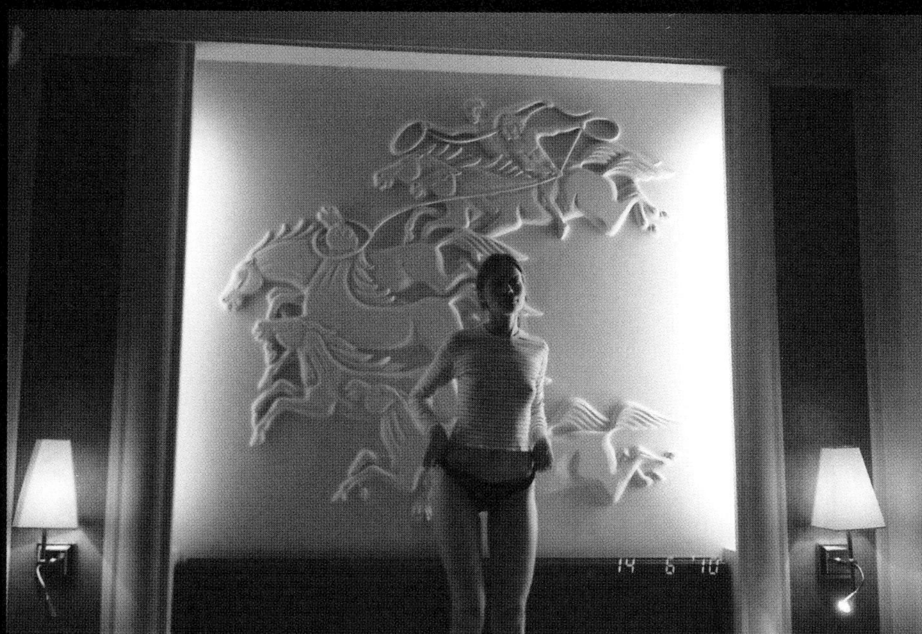
14 6 '10

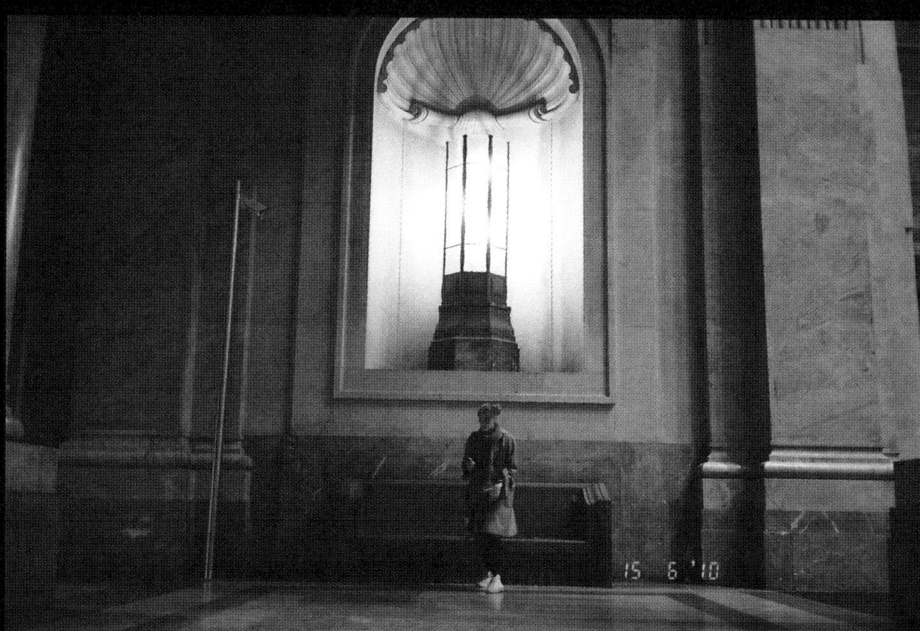
15 6 '10

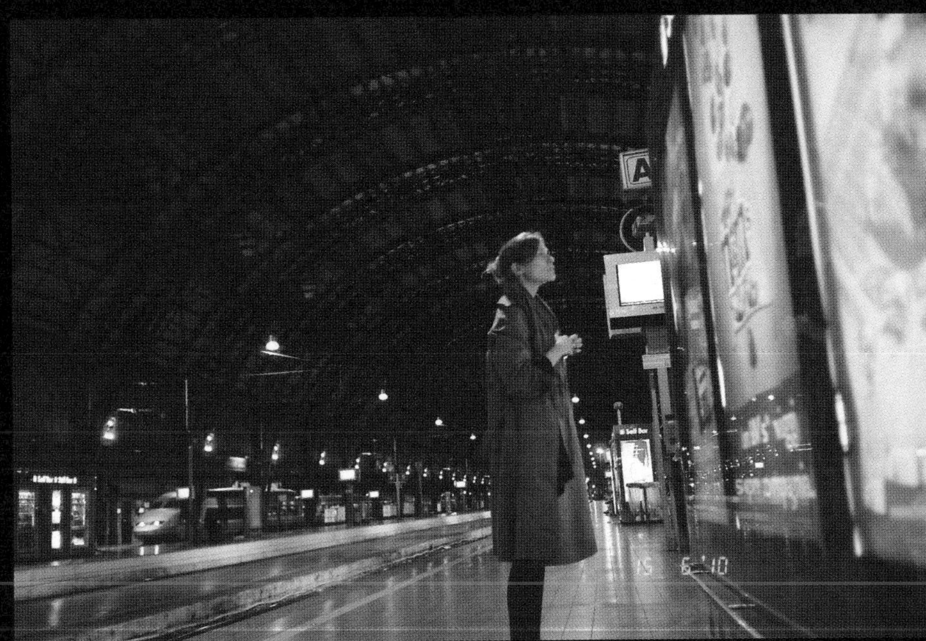

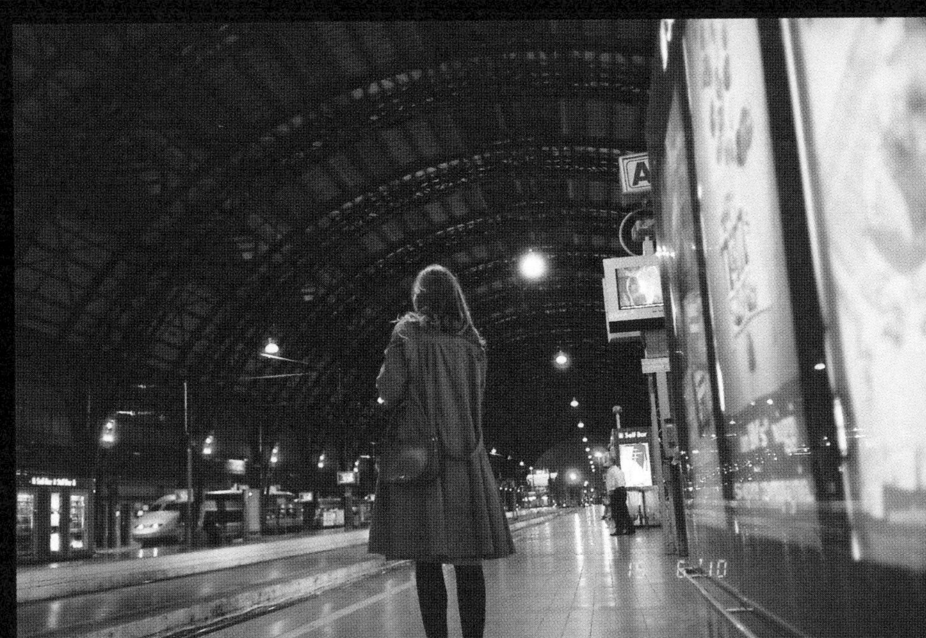

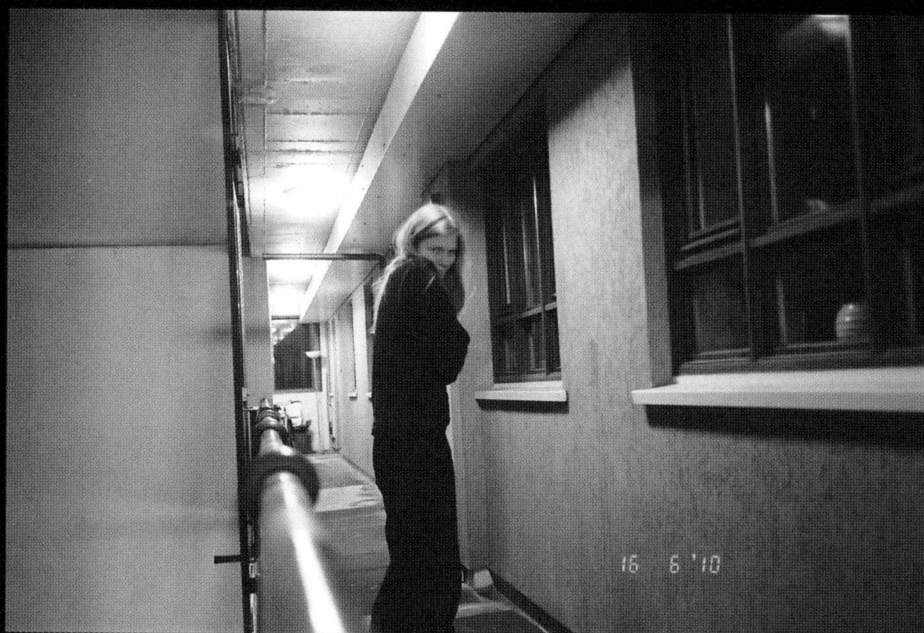
16 6 '10

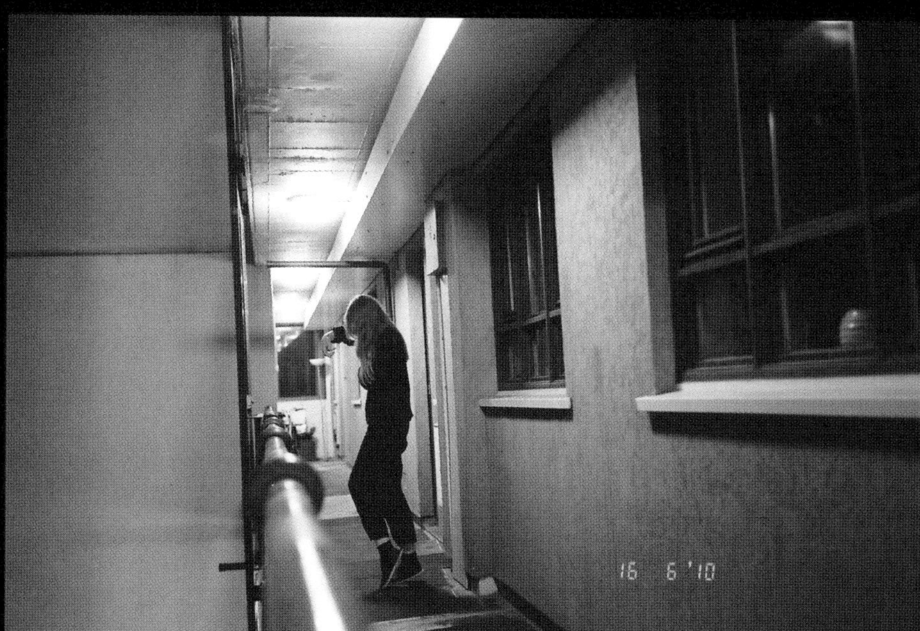
16 6 '10

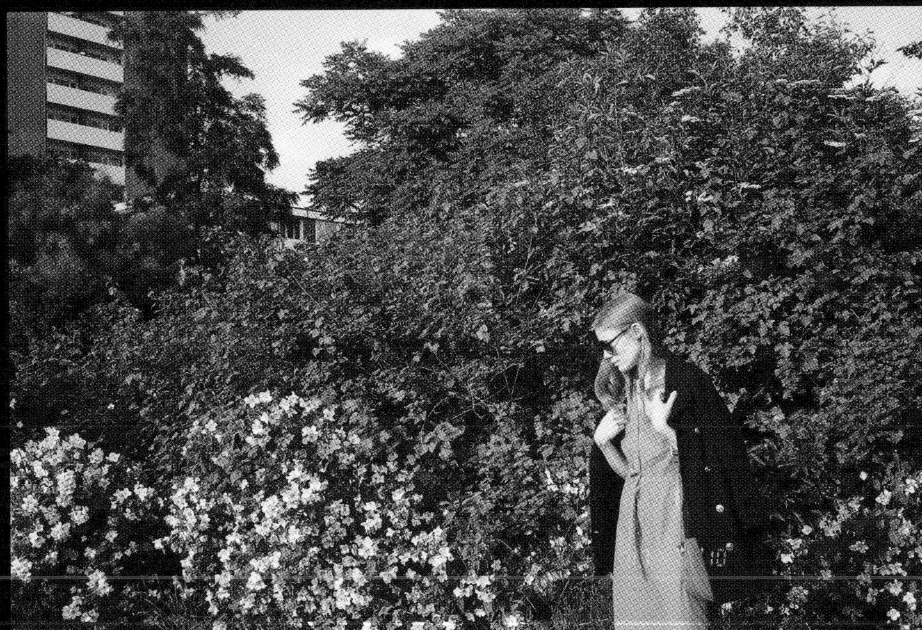

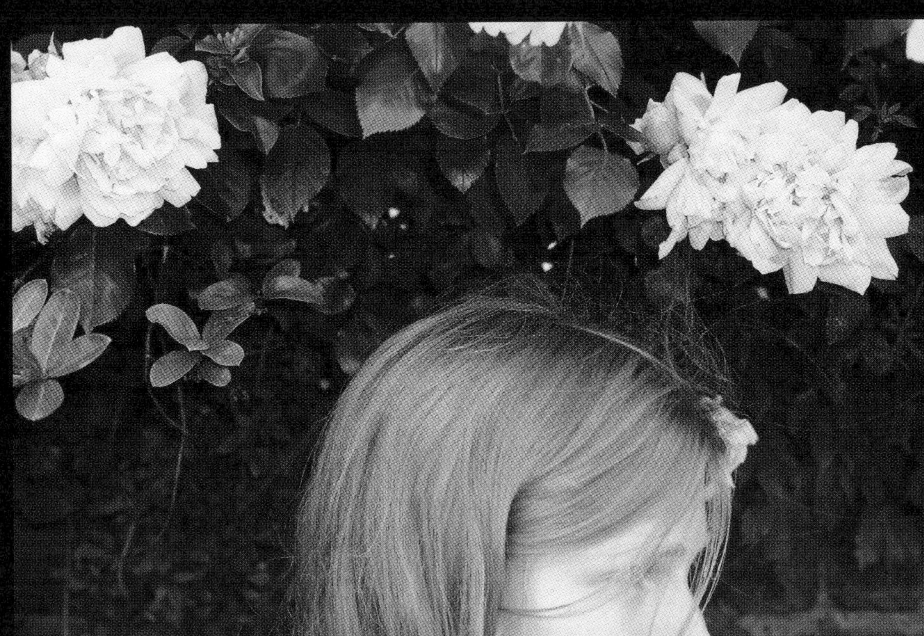

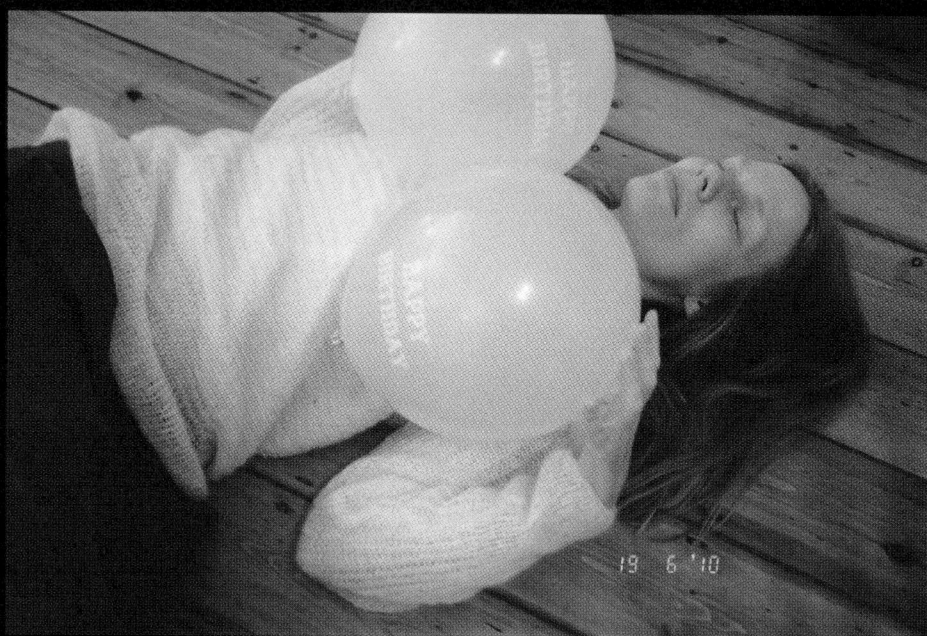
HAPPY BIRTHDAY
19 6 '10

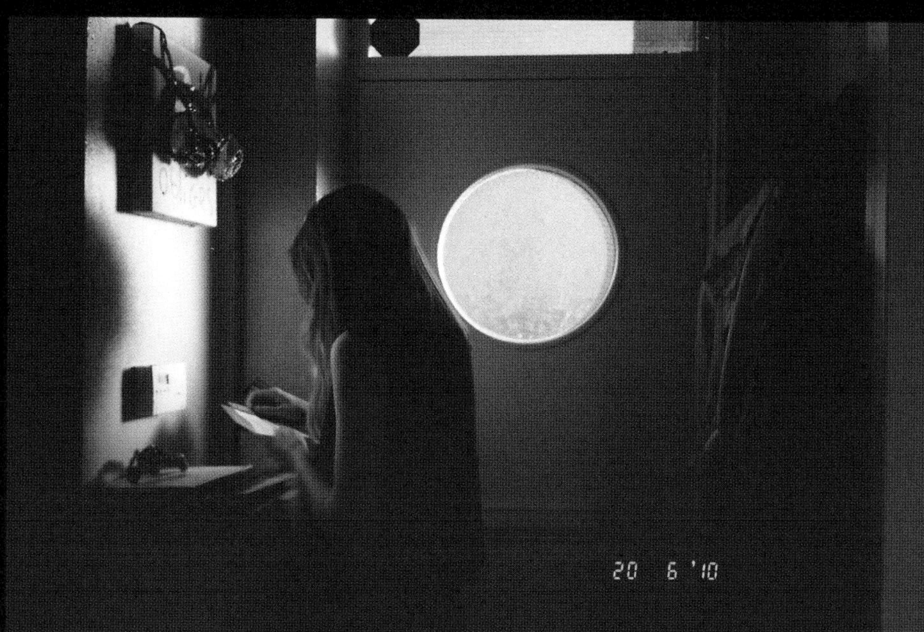
20 6 '10

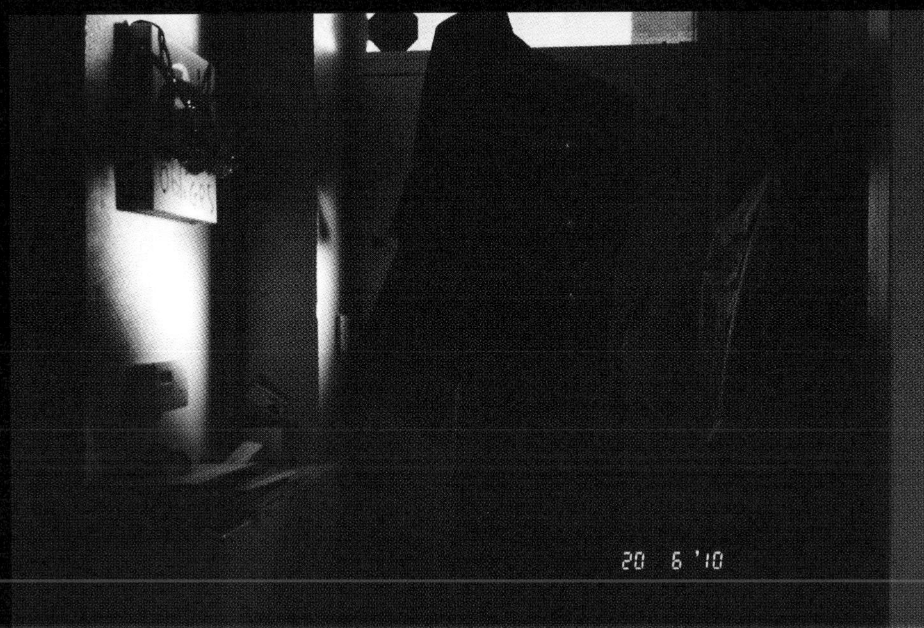
20 6 '10

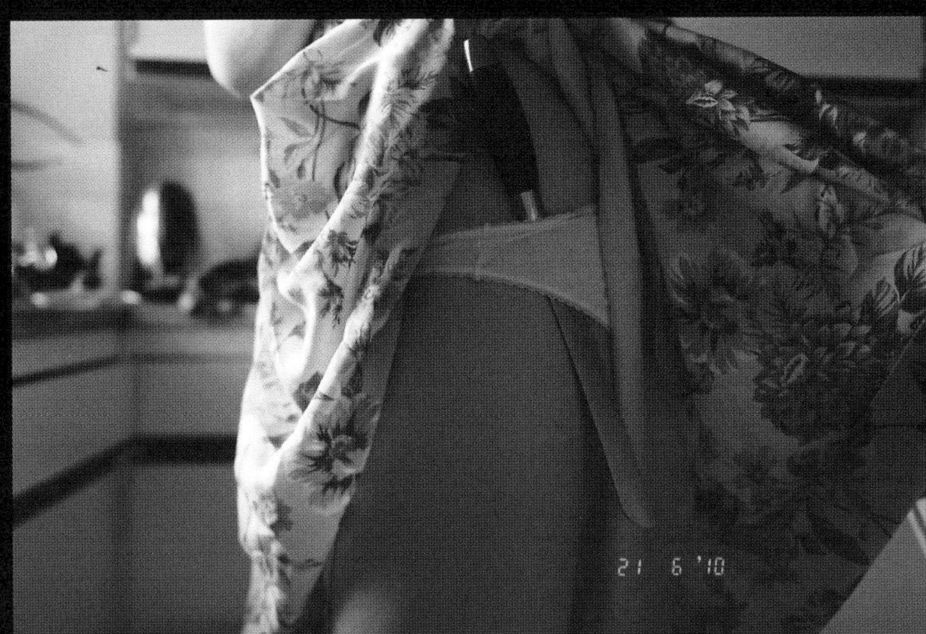
21 6 '10

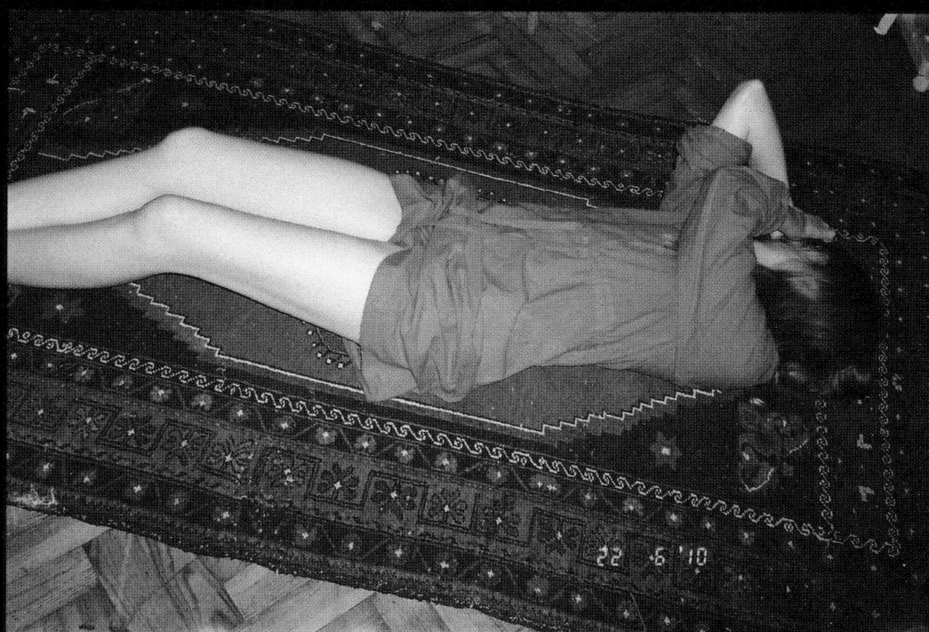
22 6 '10

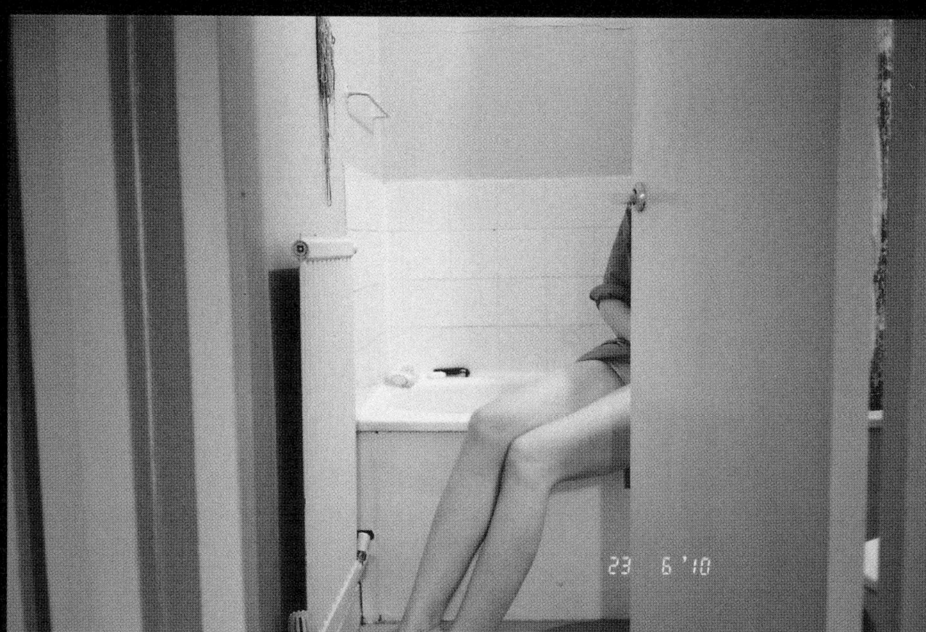
23 6 '10

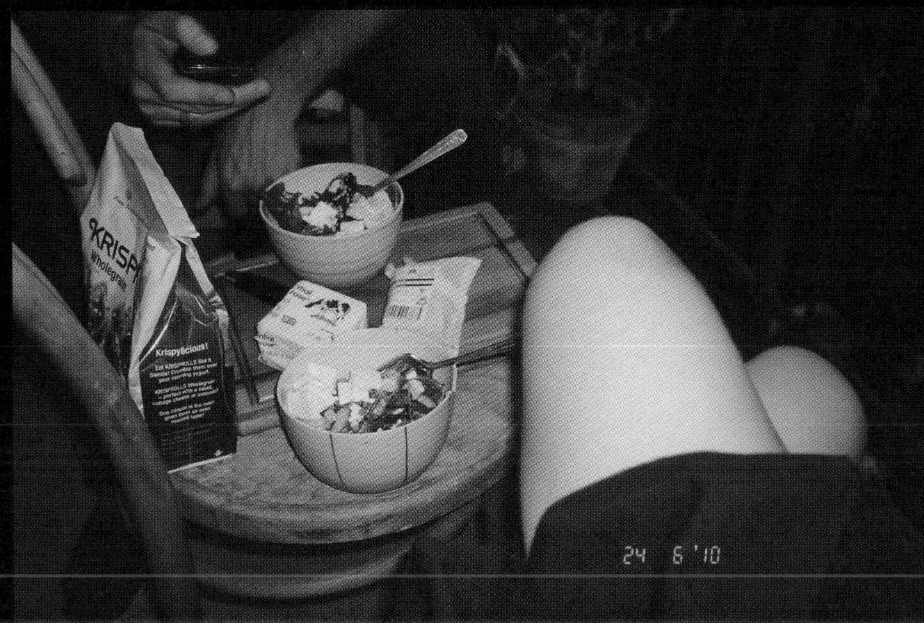
KRISP
Wholegrain
24 6 '10

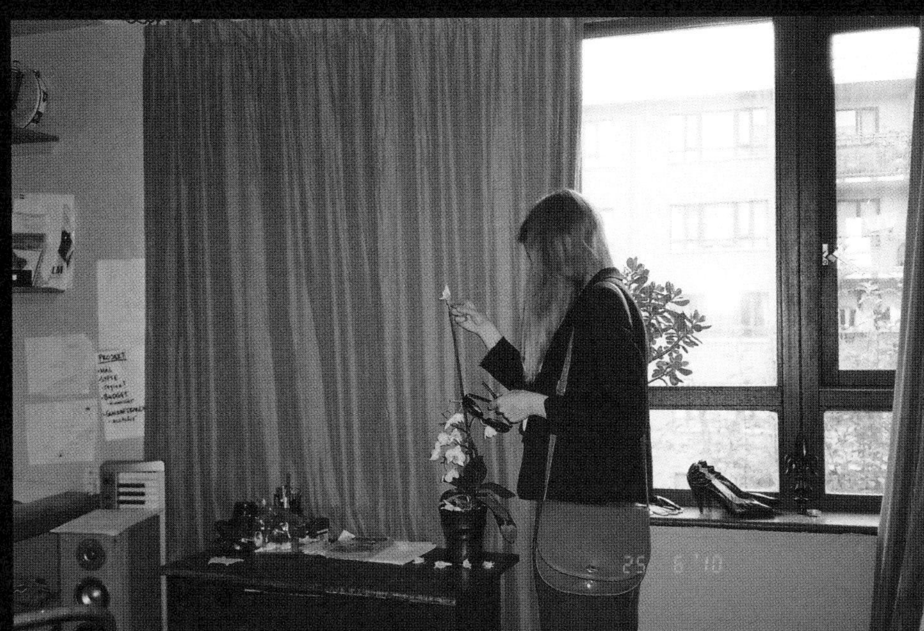
25 6 '10

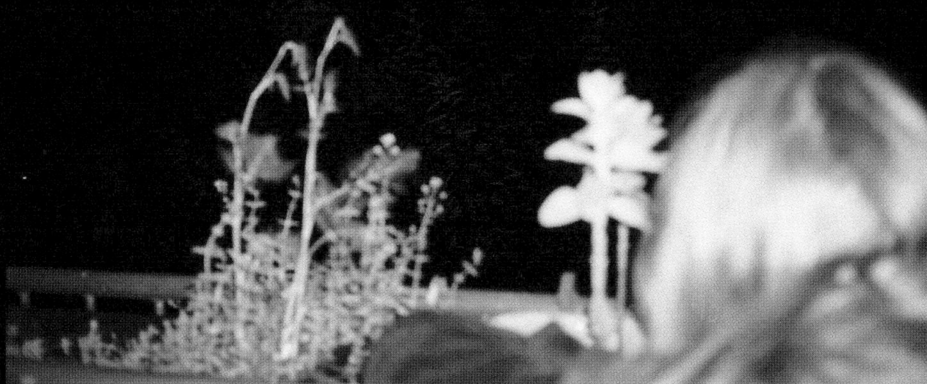

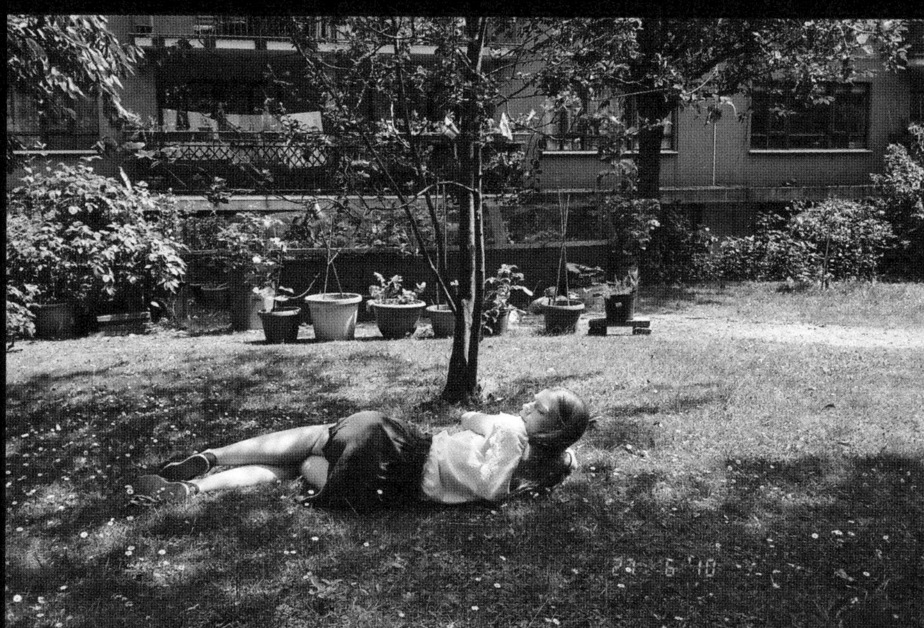

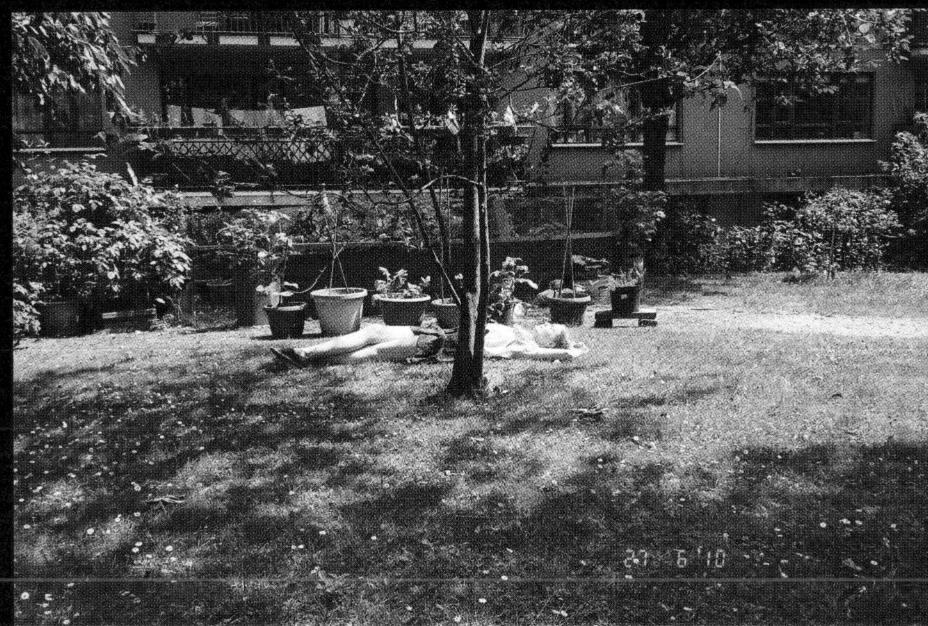
27 6 '10

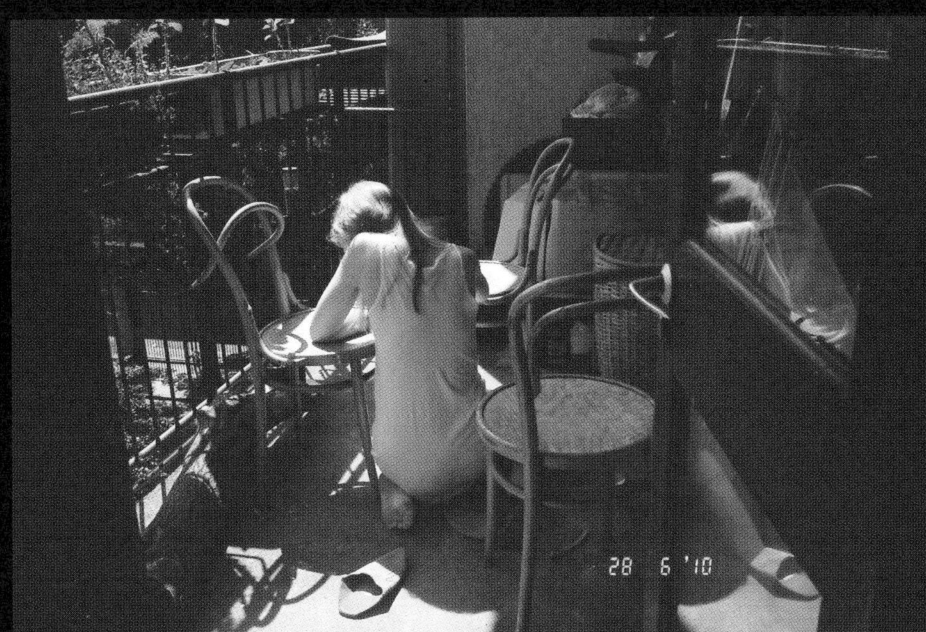
28 6 '10

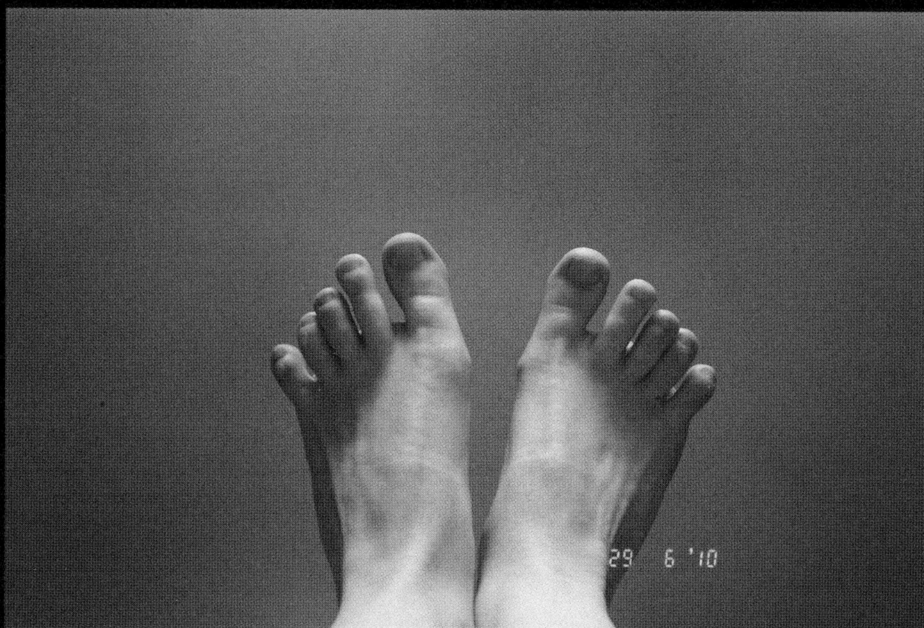
29 6 '10

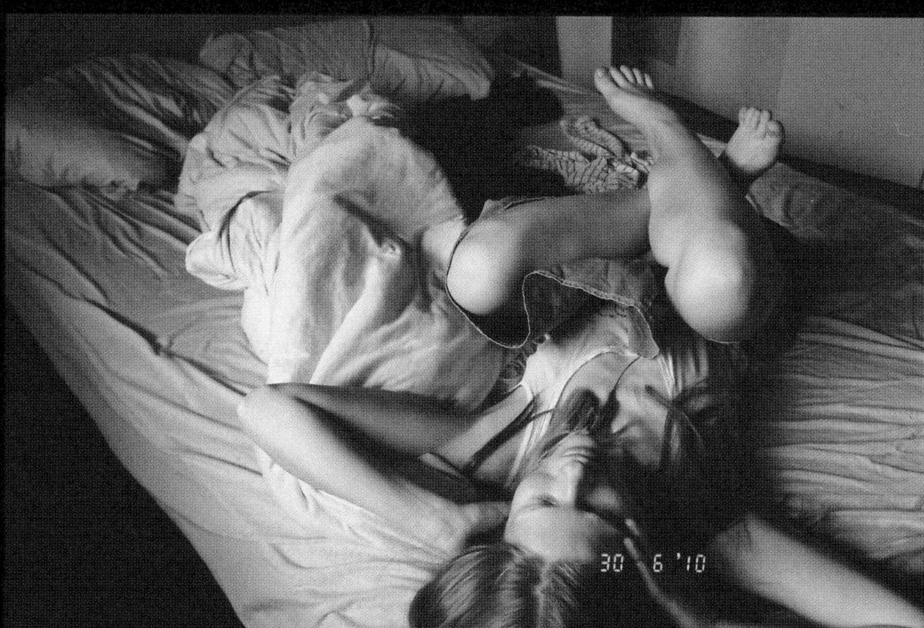
30 6 '10

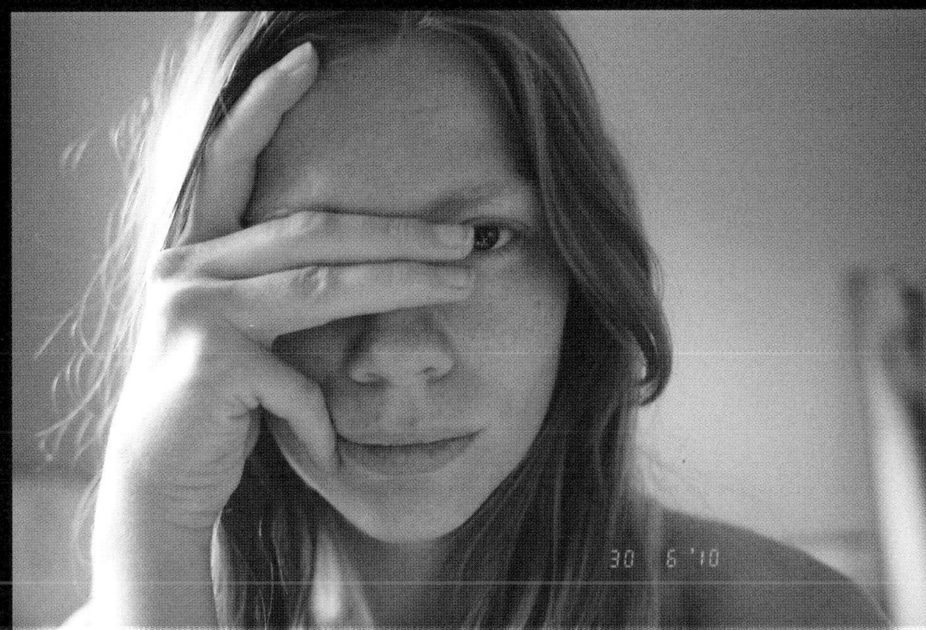
30 6 '10

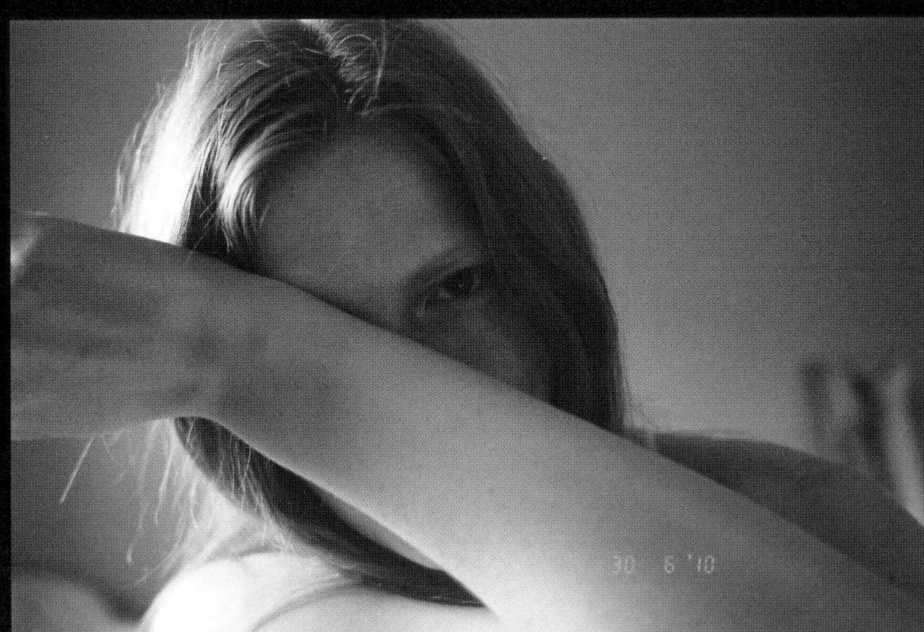
30 6 '10

14

by Lina Scheynius
All photographs taken between 2009 and 2010
Thanks to Amanda, Ana, Aleksandra, Cecilia, Emeric, Hanna, Irvis, Mum and Dad, Wynd

First edition of 1000
Published in November 2023
by David Desrimais, Lina Scheynius and Emma Zampieri

Legal deposit: December 2023
ISBN 978-2-36568-082-0
Printed in Lithuania

JBE Books
90 rue de la Folie-Méricourt
75011 Paris
jbe-books.com